中国工业企业创新成果年度报告（2021—2022）

苏子越　主编

中国财富出版社有限公司

图书在版编目（CIP）数据

中国工业企业创新成果年度报告. 2021—2022 / 苏子越主编. — 北京：中国财富出版社有限公司，2022.12

ISBN 978-7-5047-7829-1

Ⅰ. ①中… Ⅱ. ①苏… Ⅲ. ①工业企业管理—成果—中国—2021—2022 Ⅳ. ①F426

中国国家版本馆CIP数据核字（2023）第003354号

策划编辑	宋 宇	**责任编辑**	邢有涛 刘静雯	**版权编辑**	李 洋
责任印制	尚立业	**责任校对**	张营营	**责任发行**	黄旭亮

出版发行	中国财富出版社有限公司		
社 址	北京市丰台区南四环西路188号5区20楼	**邮政编码**	100070
电 话	010-52227588 转 2098（发行部）		010-52227588 转 321（总编室）
	010-52227566（24小时读者服务）		010-52227588 转 305（质检部）
网 址	http：//www.cfpress.com.cn	**排 版**	宝蕾元
经 销	新华书店	**印 刷**	宝蕾元仁浩（天津）印刷有限公司
书 号	ISBN 978-7-5047-7829-1/F・3522		
开 本	787mm×1092mm 1/16	**版 次**	2023年1月第1版
印 张	25.5 **彩 插** 0.75	**印 次**	2023年1月第1次印刷
字 数	575千字	**定 价**	498.00元

济宁能源

打造立足济宁、领航运河、辐射全国、联通世界的千亿级物产集团

济宁能源权属企业龙拱港，致力于打造江北最大的现代化智慧集装箱多式联运示范港、以集装箱为依托的港产城融合园区

济宁能源权属企业梁山港，国家第四批多式联运示范工程，致力于打造北方最大的内河航运中心

济宁能源总部办公大楼

济宁能源发展集团有限公司是济宁市属骨干国有企业，主营港航物流、煤电（新能源）、高端制造业、现代服务业四大板块业务。拥有全资、控股、参股公司 80 余家，从业人员 1.4 万人，位居 2021 中国煤炭企业 50 强第 36 位，2021 中国能源（集团）500 强第 175 位。

近年来，济宁能源大力实施“一体两翼、双轮驱动 + 园区经济”战略，加快由能源集团向智慧供应链集成服务商和能源物流产业服务运营商转型，构建了相互支撑、协同发展的产业体系。

面向未来，济宁能源将立足煤炭主业，大力发展港航物流，赋能物贸与金融，做优做强园区经济，优化发展现代服务业，建设亿吨大港，发展亿吨物流，培育千亿产业，打造立足济宁、领航运河、辐射全国、联通世界的千亿级物产集团。

公司生产线全貌

酒钢（集团）宏达建材有限责任公司

酒钢（集团）宏达建材有限责任公司地处河西走廊西端，位于素有“天下第一雄关”美誉的全国文明城市嘉峪关市，系中国建材集团有限公司旗下甘肃祁连山水泥集团股份有限公司的控股子公司。公司是一家利用工业固体废渣，研发、生产、销售通用水泥、特种水泥、矿渣微粉及建筑砌块的高新技术企业。经过二十余年的发展，拥有一条日产 4000 吨的新型干法水泥熟料生产线，具备年产熟料 180

高新技术企业
证书
企业名称：酒钢（集团）宏达建材有限责任公司　证书编号：GR202162000544
发证时间：二零二一年十月二十二日　有效期：三年
批准机关：

2017年度

国家知识产权优势企业

国家知识产权局
2017年12月12日

酒钢（集团）宏达建材有限责任公司

你单位被认定为2022年度甘肃省

“专精特新”企业

甘肃省工业和信息化厅
二〇二二年四月

一家利用工业固体废渣，研发、生产、销售通用水泥、特种水泥、矿渣微粉及建筑砌块的高新技术企业。

万吨、水泥300万吨的生产能力，年消纳冶金废渣和采矿废石300万吨。拥有省级企业技术中心和甘肃省冶金废渣高效利用建材工程技术研究中心2个创新平台和53项自主知识产权（有效发明专利3项）。公司是国家知识产权优势企业和甘肃省“专精特新”中小企业，先后获得国家和省部级科技奖励15项。公司的多项经济技术指标位居中国建材集团有限公司前列，科技创新能力领跑甘肃省建材行业。

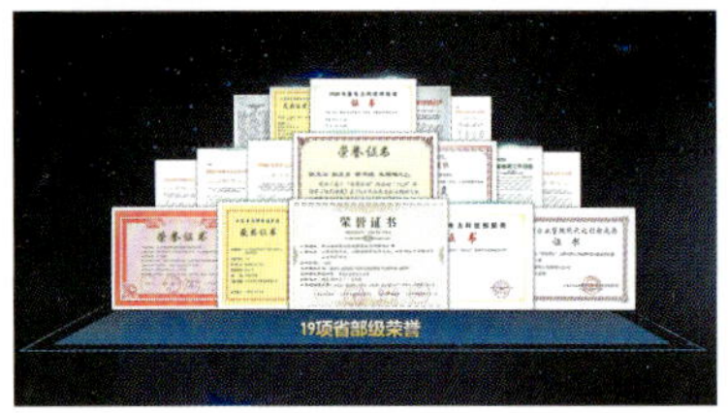

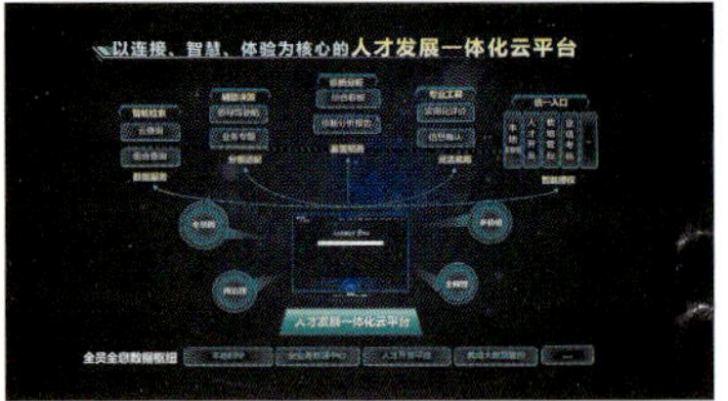

国网山东省电力公司

基于“数智＋业务”双牵引，以人才自驱成长为目标的数字化人力资源管理

为适应“十四五”规划的新要求、新趋势，国网山东省电力公司（简称“山东电力”）以人才高质量发展为目标，采用“数智＋业务”双牵引的形式，实施人力资源中台化数字转型战略，打造“三中心一平台”的数字化人力资源管理体系。利用大数据、人工智能等技术，通过构建人力资源业务中台与人力资源数据中台，建设多个微应用，创新打造全周期数智化体验中心、全方位数智化学习中心、全覆盖数智化激励中心三大中心。同时，搭建人才发展一体化云平台予以支撑，深挖全员全量数据价值，实现数据应用智慧化，提升服务价值。

“三中心一平台”的人力资源管理模式已在企业中广泛应用，有效促进了山东电力人才发展，激发了人才自驱力，为人力资源智慧型管理提供了一套行之有效的解决方案，提升了人力资源效率效益，为企业和社会创造更多价值。

中国城建院

城乡建设行业综合性的科技创新型科研设计企业

中国城市建设研究院有限公司（简称“中国城建院”）是经国务院批准设立的城乡建设行业综合性的科技创新型科研设计企业。拥有市政公用行业、风景园林、建筑工程、城市规划、工程咨询、人防工程、环境工程专项和工程监理等十几个专业甲级资质。拥有环境工程、风景园林、城乡规划、建筑设计、市政工程、综合交通、人防与地下空间、城乡生态文明研究 8 大专业院，住房和城乡建设部环境卫生工程技术研究中心和全国城镇风景园林标准化技术委员会、全国城镇供热标准化技术委员会等 8 个标委会依托设立。作为国有大型综合科技型服务机构，公司在城乡建设领域为客户提供咨询、规划、设计、工程建设、设备集成、监理等一揽子解决方案。为全国 300 多个城市提供服务，是具有丰富实践经验的城乡生态文明建设综合服务商。

陇南祁连山水泥有限公司中央控制室

陇南祁连山水泥有限公司

“祁连山”牌系列水泥为高端客户和各重点工程首选产品

陇南祁连山水泥有限公司是中国建材集团有限公司旗下甘肃祁连山水泥集团股份有限公司控股的全资子公司，现有一条 2500 吨 / 日新型干法水泥生产线，系汶川地震灾后重建和陇南市重点招商引资项目。公司年产优质高强度“祁连山”牌水泥 100 万吨，总资产 3.86 亿元，年销售收入 3.43 亿元，每年上缴税费 4000 万元以上，现有职工 192 人。生产的“祁连山”牌系列水泥为高端客户和各重点工程首选产品，可满足水利枢纽、电网、铁路、高速公路、城市基础建设等各类大型重点工程的需要，得到用户的充分肯定。

公司先后获得全国立信单位、安全生产标准化一级企业、甘肃省 2017 年投入产出调查先进集体、甘肃省工资集体协商示范单位、甘肃省模范职工之家、甘肃省工业企业环境保护标准化 A 级企业、甘肃省劳动关系和谐示范单位、陇南市文明单位、陇南市平安企业、陇南市行业信用领军企业、陇南市武都区建材企业“纳税大户”、2021 中国最具成长性建材企业 100 强、2021 中国和谐建材企业、2022 年中国创新建材企业 100 强等多项荣誉称号。公司创造的《“五

陇南祁连山水泥有限公司领导亲临现场查看水泥窑运行情况

陇南祁连山水泥有限公司篮球场

陇南祁连山水泥有限公司水泥窑

彩企业文化”建设，助推民营企业战略重组后高质量发展》《“四位一体”绩效型薪酬管理体系的构建与实施》分别入选全国建材企业管理现代化创新成果经典案例，《以深入推进企业三精管理为目标的“五抓五手一奖三星”创新体系建设》先后入选2020年全国建材企业管理现代化创新成果（案例）和第三届现代工业企业创新优秀成果·管理创新成果第一等级。

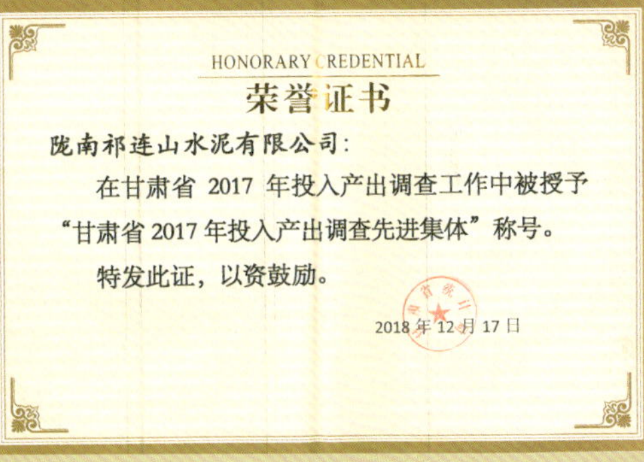

安全生产标准化

一级企业（水泥）

编号：AQBJCI201700019

中国安全生产协会颁发

2017年8月2日（有效期三年）

国家安全生产监督管理总局监制

HONORARY CREDENTIAL

荣誉证书

陇南祁连山水泥有限公司：

在甘肃省2017年投入产出调查工作中被授予“甘肃省2017年投入产出调查先进集体”称号。

特发此证，以资鼓励。

2018年12月17日

陇南祁连山水泥有限公司

贵单位创造的“以深入推进企业三精管理为目标的‘五抓五手一奖三星’创新体系建设”

获2019–2020年度全国建材企业管理现代化创新成果

典型案例

中国建筑材料企业管理协会

二〇二〇年十二月

陇南祁连山水泥有限公司

2021中国最具成长性建材企业100强

中国建筑材料企业管理协会

二〇二一年十一月

辛集市建投燃气有限公司

城镇燃气智能调度管理创新体系的建设及应用 为燃气安全生产运行保驾护航

燃气管网的安全平稳运营对于社会公共安全有着直接的影响，关乎人民群众的切身利益及社会经济的可持续发展。近年来，随着“智慧燃气”“互联网＋”等新技术和新应用的出现，城镇燃气企业对信息化的要求越来越高。当前，城镇燃气企业数据量大、数据追踪能力弱，无法实现对数据的统一汇总，存在“信息孤岛”现象。针对这些问题，辛集市建投燃气有限公司将燃气管网数据采集与监控（SCADA）系统、地理信息系统（GIS）、GPS 管网巡检系统、生产管理系统等诸多系统相结合，成立了调控中心，通过对数据进行整合，建立了一个完整的综合信息化平台，以此实现燃气管网输配调度的高度智能化、科学化、信息化、自动化和互动化，从而更好地为燃气安全生产运行保驾护航。

辛集市建投燃气有限公司－调控中心

调控中心远程数据监控

编委会

记录创新是对创新时代、创新企业的致敬

——国务院原派驻国有重点大型企业监事会主席，中国工业经济联合会执行副会长　路耀华

中国工业企业创新大会，是全国范围内工业领域唯一的全面聚焦、展示、发布、推广、交流、分享工业企业管理创新和相关企业各项工作理论创新与实践创新成果的优质平台与媒介。第二届中国工业企业创新大会主题为“创新求变　行稳致远”，在新冠肺炎疫情反复、国内外形势错综复杂的局势下，具有重要的现实意义。

党的二十大提出，“从现在起，中国共产党的中心任务就是团结带领全国各族人民全面建成社会主义现代化强国、实现第二个百年奋斗目标，以中国式现代化全面推进中华民族伟大复兴”。明确了新时代新征程中国共产党的使命任务，深刻阐释了“中国式现代化”。我们一定要认真学习领会，深入贯彻落实。“中国式现代化”必将对国家治理创新和企业管理创新提出更高的要求。党的二十大报告中指出，加快实施创新驱动发展战略，加快实现高水平科技自立自强，以国家战略需求为导向，集聚力量进行原创性引领性科技攻关，坚决打赢关键核心技术攻坚战，加快实施一批具有战略性全局性前瞻性的国家重大科技项目，增强自主创新能力。

可以这样讲，中国正处于一个创新时代，创新已经成为从中央到地方，从政府到企业，从行业到区域，甚至是普通民众的自觉追求。创新成果征集活动，应时应势应需而生。值得欣喜的是，工业企业创新优秀成果（案例）、论文征集活动从第一届到第三届，参与的企业越来越多，申报的成果质量越来越高，公开出版的《中国工业企业管理创新成果年度报告（2020）》逐渐成为企业创新的案例式读物，为构建中国工业企业创新体系提供了优质的理论成果与实践案例，奏响了中国工业企业创新的“最强音”。

基于工业企业创新优秀成果（案例）、论文征集活动举办的中国工业企业创新大会，已经成功举办了两届，为敢于创新、矢志创新、锐意创新的中国工业企业搭建了实践者与决策者的对话平台，展示了我国工业企业创新的良好风貌与创新的热情。本届大会增加了科技成果创新案例，在创新理论、创新实践方面有新的成果，充分反映了当前工业经济转型升级的新特点。科技创新和科技创新管理的重要性日益凸显。

科技创新管理的重点是搭建创新链。从创意到形成市场价值的全过程，既包括研发链，也包括产业链（产品—小试—中试—产业）和市场链（商品供应—流通—销

售—服务）。这三条链形成了一个有机的系统，可称之为“创新链”。在创新链中，各环节联结互动，链条间整合贯通，呈现出研发牵动产业、产业构建市场、市场引导研发的螺旋式推进态势。创新管理将创新链纳入管理范畴，在拓展科技发挥作用的同时，也契合了当今时代发展的要求。科技管理应覆盖创新链的所有环节。进入21世纪，科技创新成果不断涌现且呈现出群体突破的态势，研发链被大大压缩，研发与其他环节的联结更加紧密，对创新链强化管理的需求则急剧上升。随着科技基础条件、资金、知识产权、信息等创新资源的社会化程度明显提高，科技项目的工程化、集成化趋势愈加显著，科技人才的流动化、国际化、团队化日渐突出，迫切要求科技管理覆盖整个创新链的所有环节。

借此机会，我给中国工业企业创新大会提三点建议，分别是：围绕创新、记录创新、服务创新。

围绕创新：抓创新就是抓发展，谋创新就是谋未来。一切以创新为中心，做好顶层设计，向创新求发展，向创新求成效，向创新求未来，做有生命力的创新，切忌为创新而创新，为迎合创新而忽略创新的本质。

记录创新：中国工业企业创新大会，工业企业创新优秀成果（案例）、论文征集活动及年度报告的出版，甚至说我们创新征集活动和创新大会的主办方、联合主办方，包括参与申报活动的企业主体，因创新而聚，不约而同地用实际行动记录着一件事，那就是创新。记录创新，是一个平台、一个企业对创新过程的忠实复刻与留存，是对创新时代、创新企业的致敬，意义非凡。

服务创新：作为具有汇聚、整合各方资源的创新平台，中国工业企业创新大会除了碰撞观点、展示成果、交流学习，还应该注重历届企业创新成果的应用与推广。想企业创新所想，急企业创新所急，帮助企业打破创新瓶颈，通过专家智库资源送智慧进企业。

（节选自第二届中国工业企业创新大会暨第三届现代工业企业创新优秀成果论文发布仪式视频致辞，略有删减。）

以现代工业筑牢“家底” 以创新求进书写新篇章

——重庆市人民政府原副市长，重庆市人大常委会原党组副书记、副主任，
中国工业经济联合会主席团主席，重庆市企业联合会原会长 余远牧

党的二十大报告明确提出，“坚持把发展经济的着力点放在实体经济上”。这是我党在精准把握世界经济发展新特点新趋势之下得出的论断。振兴实体经济，能促进本国就业、提升经济质量，正在成为国际竞争的重要内容。只有具备强大的经济竞争力，才能在纷繁复杂的国际政治经济形势中站稳脚跟，并获得长足发展。

一个国家的经济竞争力，是在实体经济充分、持续、高水平的发展中形成的；同样，一座城市的经济竞争力，是在实体经济的发展壮大中提升的。党的十八大以来，重庆坚持把发展经济着力点放在实体经济上，实施“制造强市”发展战略，工业经济规模不断壮大，产业结构持续优化，现代化工业体系加快构建。其中，2013—2021年，全市工业增加值年均增长8.6%，高于全国年均增速2.5个百分点。规模以上工业企业利润总额年均增长17.5%，为全市经济发展提供了有力支撑。

2022年5月，在中共重庆市第六次代表大会报告中提出的今后5年工作11项重点举措中，列在首位的就是“深入推动产业优化升级，不断壮大实体经济”。美丽山城着力发展实体经济，具备百业创新发展的优秀基因。

一是工业体系完备，占了一个“全”字。从体系上看，重庆市工业门类齐全，形成了具有持续竞争力和支撑力的工业体系，战略性新兴产业和传统制造业形成了比例结构合理、相互促进提升的动态优化格局。

二是上下一心求新求变，占了一个“变”字。党的十八大以来，重庆市深入推动创新发展，加快打造具有全国影响力的科创中心，让科技创新成为高质量发展的关键“变量”。2021年，重庆市高技术和战略性新兴制造业增加值分别增长18.1%和18.2%，有力推动了工业经济结构的转型升级和持续发展。

重庆市企业科技创新成果最直观的体现是创新主体和平台的大幅增加。十年来，累计建成10个国家级工业设计中心，建立40个国家级企业技术中心，其中长安汽车在国家级企业技术中心评价中持续位居行业第一。在这样的实力影响下，重庆市产业核心竞争力不断提升，技术创新速度不断加快，创新驱动形成产业新优势，创新成为企业发展的强劲动力。

创新永无止境，同时创新也离不开根基的稳固。制造业是重庆经济发展的“家底”，实体经济是构筑未来优势的根基。在这一城市发展特征基础上，重庆市将继续坚持制造业高端化、智能化、绿色化发展方向，一手抓传统产业转型升级，一手抓战略性新兴产业发展壮大，心无旁骛地把现代制造业搞上去、把实体经济发展好。

“满眼生机转化钧，天工人巧日争新。”重庆，从来都是一个创新求变的城市，在高低错落中，在炫目的交通环境中，我们倚仗最乐观的态度，倚仗山城厚重的制造业基础，持续将创新精神贯入每一个工业因子，在全面建设社会主义现代化国家的新征程上，迈向创新型城市前列。

党的二十大报告提出，构建高水平社会主义市场经济体制，坚持和完善社会主义基本经济制度，毫不动摇巩固和发展公有制经济，毫不动摇鼓励、支持、引导非公有制经济发展；还提出了许多与企业发展密切相关的重大部署，为推动企业高质量发展指明了方向。我们要深刻领会和把握党的二十大报告核心要义，切实用党的二十大精神武装头脑、指导工作，坚定不移地支持实体经济发展，坚定不移地推进新型工业化，坚定不移地建设现代化产业体系，为奋力谱写制造强国建设新篇章做出新的更大贡献。

（节选自第二届中国工业企业创新大会暨第三届现代工业企业创新优秀成果论文发布仪式现场致辞，略有删减。）

数字化、全链接的协同化、绿色化成为新趋势

——中国工业经济联合会工业经济研究中心主任，
中国工业报社党委书记、社长　徐金宝

中国工业企业创新大会，是全国范围内工业领域全面聚焦、展示、发布、推广、交流、分享工业企业管理创新和相关各项工作理论创新与实践创新成果的优质平台。基于工业企业创新优秀成果（案例）、论文征集活动，已成功举办两届，2022年是第三届；基于工业企业创新优秀成果（案例）、论文征集活动，成功举办一届中国工业企业创新大会，今年是第二届。这项活动的特点在于理论与实践相结合，参与者、策划设计者、实施者、总结者相统一，在此基础上的交流对话更有意义，所以越来越受到企业管理者的关注和欢迎，活动影响力越来越大。

第三届工业企业创新优秀成果（案例）、论文征集活动，共收到管理创新、党建创新、科技创新、财务管理创新优秀成果（案例）、论文近千项（篇），展示了我国工业企业创新的良好风貌与创新热情，在数字化、协同化、绿色化方面特点明显，增加了科技成果创新案例，在创新理论、创新实践中有新的提升，充分反映了当前我国工业经济转型升级的新特点。

借此机会，我和大家分享三点认识：

一是企业必须数字化，已经成为共识。以互联网为代表的新一代信息技术所带来的新一轮工业革命和社会经济革命，在广度、深度和速度上都是空前的，因此，企业的制造也要数字化。数字化是企业信息化的整体升级，核心差异在于是否实现数据在线。通过数据洞察业务，企业实现精益运营、智能决策、业务模式转型，实现战略流程组织一体化、研发生产营销服务一体化，并与企业外部的供应链、市场、政府治理等数据流打通，形成所有管理和业务环节的有效数据资产，再结合人工智能、分析技术，发挥这些数据资产的价值，成就企业不断演进的智能化、智慧化。

二是工业企业“产业链全链接的协同化”正在成为管理创新领域的新内容。全球产业链正处在深度重构的关键时刻，给中国企业带来了巨大挑战。中国已经将保障产业链发展上升到了前所未有的高度。要实现产业链全链接的协同化，中国企业和产业集群须大力发展产业链建设，促进国内大循环，并积极投身国际大循环发展中。市场呈现网络化、绿色化、国际化、韧性化的“四化”发展趋势，传统的以企业为中心的

垂直产业链结构，仅能实现上下游点对点的衔接；而多层级、全链接的网络结构，能将研发生产、采购物流和市场销售等环节与产业生态进行融合打通，在帮助企业打造韧性产业链的同时实现跨行业与区域的联合，形成产业链协同网络。这种实现“链—网”进化的企业，称为“全链接的协同企业”。研发链、产业链和市场链这三条链形成一个有机的创新链，呈现出研发牵动产业、产业构建市场、市场引导研发的螺旋式推进态势。

链主企业作为组织者与驱动核心，整合上下游企业，以数字平台实现产业链的一体化，实现跨行业、跨区域的产业协同，定义标准及规则，实现绿色产业链创新发展。专精特新企业作为创新关键节点，提升自身数字化和供应链整合能力，保障产业链关键节点稳固，基于核心技术和管理竞争力，向上下游延展，拓宽业务领域，成为跨网络节点。跨境出海企业作为全球布局先锋，借助全球商业网络平台，打造采购、贸易、物流、资产管理的数字化协同平台，保障企业跨国运营和合规安全，提升产业集群协同竞争力。

三是工业企业绿色化，是使命更是机遇。新能源技术将引发一场影响深远的产业革命，碳中和市场是一片蓝海，这给制造业企业在多个领域带来了机会，绿色制造技术和产品将大有可为。在“双碳”目标背景下，制造业企业要有紧迫感，树立绿色理念，打造绿色制造工程。

（节选自第二届中国工业企业创新大会暨第三届现代工业企业创新优秀成果论文发布仪式现场致辞，略有删减。）

目　录

第一部分　实践类成果

搭建燃气企业客户智能交互管理平台
实现精益化管理目标

河北省天然气有限责任公司

河北省天然气有限责任公司（以下简称“河北省天然气”）成立于2001年4月27日，是经河北省人民政府批准，由河北建设投资集团有限责任公司出资设立的一家从事天然气输送、销售及综合利用，危险货物运输，液化天然气进口，输气管线运行、维护等业务的现代化燃气企业。公司注册资本19亿元人民币，新天绿色能源股份有限公司、香港中华煤气（河北有限公司）和高康资本（投资管理有限公司）分别持股55%、43%和2%。

河北省天然气始终秉承“安全供气、改善环境、致力民生、服务大众”的社会承诺，以调整河北省能源结构、改善大气环境为己任，积极投资能源基础设施建设，推进燃气事业发展，为将河北省发展为绿色生态省份做出了不懈努力。经过20年的发展，河北省天然气拥有长输管线千余千米，城市管网近4000千米，压缩气站36座，LNG（液化天然气）站8座。逐步形成了管道天然气与压缩天然气并举、长输管线与城市燃气相连的供气网络。现已成为中国石油天然气集团有限公司、中国石油化工集团有限公司、中国海洋石油集团有限公司在河北省最大的天然气承销商，为省内50余家市县内的近万家公福商业用户提供天然气供应服务，累计为河北省供应天然气200多亿立方米，减少二氧化硫排放27.43万吨，为河北省能源结构调整和环境可持续发展做出了突出贡献。

一、实施背景

河北省天然气秉承“以安全生产为基础，以经济效益为中心”的发展策略，承接中国石油天然气集团有限公司、中国石油化工集团有限公司、中国海洋石油集团有限公司等资源，通过以京邯线（北京—邯郸）、高清线（高邑—清河）、十线管网为骨干的长输管线输送，为省内用户提供天然气供应服务。但随着河北省城镇化进程的推进，经济发展速度加快，加上大气污染治理，天然气供需矛盾日益严峻，对天然气销售管理提出了严苛要求，亟须颠覆传统用人用工思路，革新管理理念，采用新方式，借助信息化手段，引入现代科技提高工作效率。以用户销售管理为龙头，以用气计划为核心，以价格管理、线上交易、市场管理等为支撑，以科学决策为目标，建设客户关系智能交互管理平台，即CRM智能交互平台（以下简称“平台”），以实现对上下游用户的合理协调管理。

（一）加大业务透明度，实现信息及时共享

河北省天然气一直非常重视上下游用户关系的合理化管理，但在河北省天然气近几年传统的管理模式下，由于没有实现信息的自动统计、汇总、分析，也没在业务层面打通与生产运营、分子公司及燃气用户之间的信息化联系，针对数据统计汇总，只能通过人工方式完成数据编辑和统计，从而造成大量信息填报、汇总的重复性工作，如销售日报统计、历史数据的汇总分析，以及未来用气的趋势分析等，未形成自动汇总统计功能，且不能做到对销售形势的快速反应。

通过信息化管理平台的建成，可实现流程、数据一体化处理，实现天然气销售网络化管理，增加业务的透明度，提高业务管理工作的及时性、可靠性，建立健全生产—营销规范，有利于各级单位全面、及时、准确地了解实际情况，掌握一手信息。通过信息化管理平台，可以从容应对和处理日益增长的用气需求，充分利用大数据为制订供气应急方案提供辅助分析。信息化管理有利于地区之间的业务协同，强制性地统一了河北省天然气的业务规范，实现了信息的高度共享，以及对市场的快速反应。

（二）提高决策科学性，实现资源合理配置

随着信息技术的飞速发展，信息化在企业客户关系管理中所起的辅助支撑作用日趋凸显。客户关系管理信息化不是单纯地实现数据信息电子化，而是实现由传统客户关系管理模式向具备自动化数据挖掘、统计分析、信息预测等管理新模式转变的重要手段。

平台高度、全面地集中了河北省天然气的数据信息，实现了上下游信息的高度共享，各级部门可以及时有效地获取相应的信息，特别是销售数据信息，从而有效推动河北省天然气管理和决策的科学化，有利于宏观管理和决策，对河北省天然气事业的发展起到了极为重要的作用。同时，平台实现了销售结算从计划上报、计划批复、合同订立、气款预付、气款结算的全过程管理，对得到的海量信息进行快速综合处理，对各环节进行分析和预测，对河北省天然气销售信息、气款结算等情况进行测算和模拟，进而避免了决策的盲目性，为科学决策提供可靠的依据，从而提高了决策的科学性。

（三）强化业务规范，实现信息资源整合

河北省天然气虽然有一套天然气营销管理模式，但还无法从根本上解决日益增加的业务需求及高强度工作，针对用户用气计划管理，难以应对大量统计分析工作。如下游

燃气用户用气计划的上报、用气计划的审批、用气符合率验证、用气交接、合同管理、气款结算等日常业务，还是每日人工填报和汇总，未实现管理的流程化和信息化。同时，也无法利用信息化的工具快速为管理决策层提供数据支撑。

平台实现了对用户的静态、动态信息整合管理，及时掌握了用户动态，对用户进行了分级、分类管理，向用户提供了针对性和个性化的技术支持和服务。平台在河北省天然气调控中心集中部署，同时能与河北省天然气其他业务系统实现信息资源共享，加强了信息资源的开发利用，按照信息共享、互联互通的要求，把资源整合作为提高应用水平的关键，打通孤岛，协同业务、共享信息，构建了“一体化信息平台”。

（四）优化和重构业务流程，实现精益化管理

面对复杂的业务类型，庞大的人群和巨额的资金信息，平台借助信息技术手段，将河北省天然气业务的诸多环节纳入统一的体系，实现了管理手段的现代化，进而实现了管理程序的规范化，对于提高业务的工作效率和管理水平具有重大的现实意义。通过计算机程序的约束机制，平台实现了统一业务管理办法和流程的强制推行，实现了经办业务、资金监管等方面的规范化管理，全面提升了河北省天然气业务经办能力和水平。

平台实现了精细化管理，把每个管理环节、工作层面、工作流程都涵盖在系统的有效控制之下，对每一项销售经营活动，从成本投入、资本回报、技术分析等全要素层面进行综合效益考核评价，使任何一个环节和要素上的效益、效率潜能都得到了最大限度的释放，为客户关系管理工作有效管控、精细化管理奠定了坚实的基础。

二、基本内涵

平台以“统规、统建、统维”思想为指导，遵循统筹规划、规范标准、共建共享的原则，汇聚核心资源，通过开放的“微服务+插件”架构体系，紧密结合使用需求，形成“平台+数据+应用”的模式；规划建设“标准统一、数据集成、安全可靠”的天然气营销数据中心，全面贯通天然气生产与销售；充分利用数据可视化技术手段，以灵活、多变的方式将丰富的生产销售业务信息实现全方位、多样化的集中呈现和深入分析，为天然气生产运营、综合管理、分析决策提供数据支撑和决策支持。逐步形成统一业务标准、统一服务治理和优化信息资源共享的能力，打通销售业务系统壁垒，实现数据资源共建共享、互联互通及综合利用。做到统一展现、集中分析，为管理层及时、准确地做出决策提供参考依据。

三、主要做法

（一）建立一体化平台架构，确定平台职能

平台以用户数据、资源商数据、销售分析、市场管理等各类数据为基础，以标准

规范和信息安全为保障，以市场营销业务流程为主线，支持与河北省天然气已建设的智能调度应急指挥系统、仿真模拟系统、安全生产管理系统相对接，支持以短信、App等形式向用户推送消息，具备信息主动提醒传送机制，实现了数据共享，部门间相关业务的高效协同，以及各业务环节共享用户资源，为领导层提供了决策支持。CRM智能交互平台总体设计架构如图1所示。

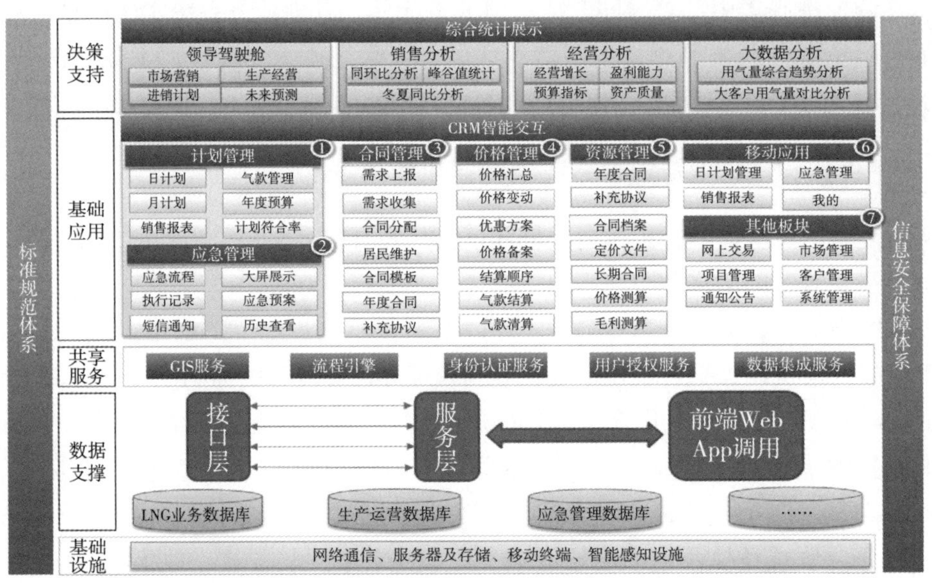

图1 CRM智能交互平台总体设计架构

（1）基础设施层是平台建设和运行的基础，是整个大数据平台的根本基石，包括网络通信子系统、移动终端子系统等，这些子系统的作用是为上面的中间件或者用户准备其所需的计算和存储等资源，保证用户能够把这些数据高效、快捷地存储，而后进行高效的数据分析和挖掘。

（2）数据支撑层是整个系统的数据管理与输入输出交换中心。包括LNG业务数据库、生产运营数据库、应急管理数据库等。数据中心依托成熟的数据库管理软件，按照统一的标准建立平台数据库，实现数据的集中存储与管理，为应用系统提供数据支撑。

（3）共享服务层主要提供核心业务服务，包括流程引擎、身份认证、数据集成、查询分析及数据处理等服务，一方面满足上层业务应用的需要，另一方面为其他系统建设提供标准的数据源接口，为河北省天然气的生产各个过程提供数据支持，提高数据应用价值，从而全面提升河北省天然气数据资源管理水平。

（4）基础应用层是平台建设的核心，分为PC（个人计算机）端应用系统与移动端应用系统两部分：PC端应用系统包括了系统门户、权限管理、计划管理、价格管理、合同管理、资源管理、市场管理、项目管理、销售分析、经营分析等管理模块；移动端应用系统包括日计划管理、销售报表、应急管理等模块。该层是一个开放式的结构，可以不断添加构建其他应用系统，与其共同组成集成应用层。

（5）决策支持层通过基础应用层业务系统建设，利用企业内外部资源信息、管道运营期业务数据及营销数据进行建模分析，为河北省天然气领导层的决策提供数据支撑。主要包含领导驾驶舱、销售分析、经营分析、大数据分析。

（二）通过“云计算”，搭建平台建设模式

平台基于云计算建设模式，根据“1+N”设计思路，主要划分为两大板块、三个体系，采用集中部署方式，由三大模块组成。

两大板块中的第一大板块是综合业务基础平台建设，包括基础设施、数据中心、支撑平台三个组成部分；第二大板块是应用建设，基于基础平台的软硬件设施，可快速新建、集成各类应用。

三大体系包括安全、标准、运维三个部分。安全体系包括完善安全基础设施、健全安全规章制度、提升安全监管能力；标准体系采用国际、国家和部门行业已发布的标准，制定相应的信息化建设标准；运维体系包括强化基础平台、数据、应用等运维工作。通过安全、标准、运维体系建设，形成稳固、安全、可靠的信息平台保障体系。

三大模块包括基础模块、业务模块及统计分析模块。其中，基础模块是系统建设和运行的基础，包括系统管理和客户管理，这些内容是系统运行的支撑模块；业务模块是系统建设的核心，包括计划管理、合同管理、价格管理、资源管理、线上交易、应急管理、市场管理、项目管理等内容，是整个系统生产数据、销售数据、经营数据、日志数据等数据的管理与输入输出交换中心；统计分析模块是基于基础模块的系统数据和业务模块的业务数据，对企业内外部资源信息、管道运营期业务数据及营销数据进行建模分析，为河北省天然气领导层管理决策及时提供相关数据支撑，主要包括领导驾驶舱、销售分析、经营分析。CRM智能交互平台模块化设计架构如图2所示。

平台采用云计算模式，实现了办公业务的集成化处理，兼顾行政办公和业务办理两方面。采用SOA（面向服务的架构）理念，对新的业务、新的需求，只需通过支撑平台即可完成业务系统的拓展，使得各类行政办公、业务功能完全融入一个整体平台。

平台在建设时充分考虑了资源整合问题，实现资源整合共享，最大限度利用现有资源。通过新开发、替换和整合系统，整合数据等手段，保护历史数据，实现各部门间资源信息的共享，避免重复建设，最大限度节约了资金投入。

（三）精细化功能模块，建立智能化管控平台

平台主要功能模块包括：计划管理、合同管理、价格管理、结算管理、气款管理、

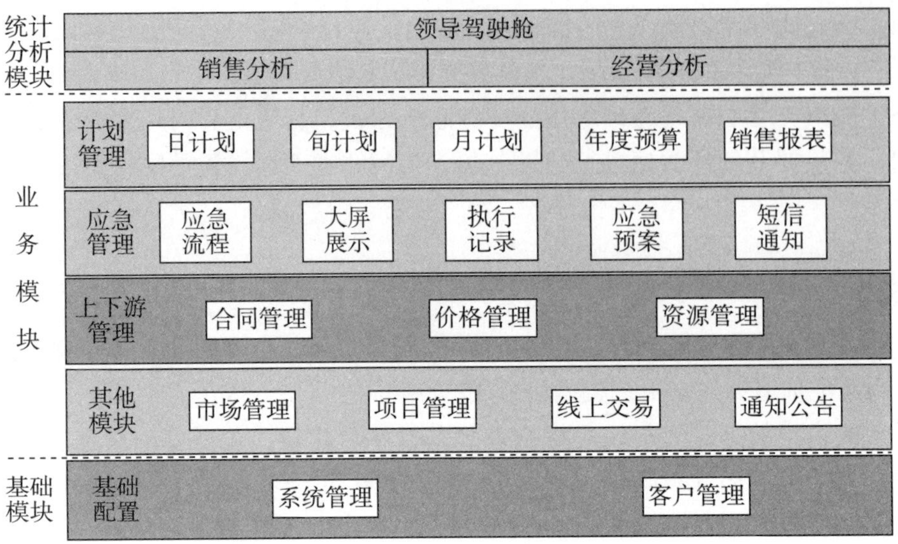

图2　CRM智能交互平台模块化设计架构

市场管理、项目管理、销售分析、经营分析、客户管理、在线交易、应急管理、价格备案、通知公告、驾驶舱、系统管理等方面。

1.建立基础管理架构，保障系统安全运行

基础建设是平台安全运行的基础和保障，也是支持全部业务应用的底层架构。平台搭建基础管理子系统作为本项目的基础模块，为整个系统提供用户信息、权限管理、字典管理、流程管理等功能。平台为防止恶意注册，搭建了安全可靠的用户中心，保障系统运行及数据的安全性。平台设置的域内单点登录模式简化了系统间的登录流程，提供的协作服务实现了群组多人实时交流，提高了办公效率。在保证数据安全的同时，平台通过提取公共组件、公共服务，提高了开发效率，缩短了开发周期，提升了系统的高度可重用性。

2.规范日常计划制订，科学指导生产调度

河北省天然气以往的用气需求量计划工作的提交、审核、变更、分发与布置操作对接效率较为低下，数据模板不统一，不具备信息审核提醒功能，且无法实现自动化模拟站点接气计划。

平台搭建的计划管理子系统通过日/旬/月/年计划的提报、审批等操作，指导基础生产开发，规范日常生产计划制订。平台通过估算预付金额，结合用户余额实现系统科学催款；通过资源智能调配，精细指导天然气购销，完成系统实际和计划的符合率考核。通过平台建设，进一步提升了日常上下游资源科学调度水平，最大化保障了安全稳定供气。

3.建立智能化价格机制，大力支持经营战略制定

市场配置资源最重要的市场机制是价格机制。平台搭建的价格管理子系统通过气量、价格、优惠方案等指标调整完成了智能化计算报价，为公司提供了切实可行的销售策略，并实现了在线结算管理。平台通过规范资源商合同、补充协议等，结合上游资源的成本测算及下游结算数据，实现了公司毛利测算，为河北省天然气全面经营战略的制定提供了市场数据支持。

4.数据深度挖掘分析，多手段监控企业运转状况

平台搭建的销售分析、经营分析子系统通过智能化深入分析河北省天然气销售经营数据，多手段监控河北省天然气运转状态，促进了公司健康可持续化发展。平台基于海量生产数据，结合销售简报、销售日报、利润分析等数据来源，按照不同的周期、用户等维度实现了信息分析。同时，平台分别从资源、用户、管线、地区等维度完成了同环比、冬夏同比、峰谷值等数据的统计，实现了气量及利润等数据的销售统计分析，以及盈利能力、资产质量、债务风险、经营增长、预算指标、对标企业等经营数据的统计分析。平台实现了基于生产数据、销售数据、仿真数据、系统数据的数据挖掘和统计分析，进一步推进了销售和价格数据的快速准确预测。

5.规范上下游合同管理，实现自动化大数据计算

合同管理是企业管理的一项重要内容，平台搭建的合同管理子系统通过规范上下游合同管理，实现了合同电子化，形成了河北省天然气合同电子档案。平台实现了从合同需求收集到合同分配、合同文本自动生成、合同PDF版上传、合同数据综合展示等全链条管理，高效地促进了合同数据信息填报、分析、查阅等工作开展。同时，平台实现了根据合同量和价格数据自动进行合同大数据的分析计算，为后续做出正确优质的决策提供了可靠支撑。平台进一步促进了河北省天然气“重合同、守信誉”合同管理核心理念的落地执行，搞好合同管理，对于河北省天然气经济活动的开展和经济利益的取得，都具有非常积极的意义。

6.全方位把控项目开展，提高企业经营管理水平

平台搭建的项目管理子系统实现了对河北省天然气各项目全过程、全方位的组织、控制和协调，提升了项目智能化管理水平，进一步促进了企业生产经营综合管理工作的开展。平台提供了按照项目类型进行定期进度上报的功能，具备自动分析、汇总统计项目信息数据的能力，满足了实时跟踪项目计划执行进度的要求，完成了各项目计划、进度、变更、分析、监控等全生命周期的智能化过程管理，促进了河北省天然气项目在约定的时间和批准的预算内，按照要求的质量，实现优质产品交付的目标。

7.嵌入应急响应流程，指导生产减少损失

河北省天然气依据应急预案和应急工作指南，将应急流程嵌入平台，搭建了应急管理子系统。该子系统能够在应急状况下指导基础生产开发，规范生产计划实施方案，最大化满足用户需求，减少用户损失。平台具备提前预置应急事故上报功能，通过销售计划应急预案与应急仿真模拟系统数据交互，对上游资源或下游数据、变更数据进行仿真模拟，从而实现资源申请和下游供气指定。管理人员可通过系统大屏跟踪应急事故数据及时处理的过程，记录应急事故执行过程。同时，平台实现了通过查看上游资源、受影响的下游用户的计划量和应急量的对比分析，直观反映事故所造成的销售影响。

8.搭建线上交易系统，规范采购流程

平台搭建线上交易管理子系统，通过交易流程规范化管理，实现交易用户入围、在线挂单、在线摘单报价、最终达成交易的天然气在线交易流程。通过严格的供应商审核流程管理，核对供应商资质，确保其满足要求，合法经营。此外，通过线上下单、最优方案推荐和线上对账的方式，规范了采购流程，减少了人为失误，提高了工作效率。

9.移动协同办公，进一步促进信息化管理

借助移动互联技术，平台搭建移动应用管理子系统，实现了移动化办公。办公终端及移动终端的协同工作进一步促进了河北省天然气信息化管理。平台移动应用管理子系统的搭建实现了手机端应用，达成了管理人员随时随地进行业务审批，业务人员和用户随时随地办理业务的目标，这些便捷的操作功能进一步提高了工作效率。因此，移动应用突破了办公的地域限制，提高了日常工作的便利性、高效性和及时性。

10.搭建领导驾驶舱，辅助管理层科学决策

充分利用数据可视化技术手段，提供便捷的可视化展示界面，对河北省天然气气量指标（销售量、达成率、同比及环比、增长率等）、利润指标（总额、总额同比、总额预算达成率、总额同比损益分析等）等关键数据进行集中展示和深入分析，做到统一展现、集中分析，辅助管理层了解公司生产运营情况，为管理层及时准确做出决策提供参考依据。

（四）加强关键信息监控，维护平台及数据安全

河北省天然气客户关系交互管理实施信息化建设对安全性有较高的要求，因此，平台采取了全方位的安全措施。通过建设安全、标准的运维体系，完善了基础设施；

通过健全安全规章制度，提升了系统安全监管能力，保障了平台和业务数据的安全；通过加强关键信息安全防护，依托实时监测、态势感知、通报预警、应急处置、追踪溯源等手段建立了平台安全防护体系，创建了稳固、安全、可靠的CRM智能交互信息平台，维护了平台软件及业务数据的安全。

平台菜单权限通过角色分配控制，如通过字典表短信发送、上报时间、短信内容、客户地区等实现，根据用户类型的数据权限分为站场、调控、省天然气、用气客户、外部单位等进行控制过滤。系统角色支持在线CRUD（增加、检索、更新、删除）操作，角色创建后分配所属菜单及所属用户，将用于角色绑定，用户与角色为一对多关系。角色存在有：投资部、调控中心、管理层、分子公司、企业用户、线上交易用户等。

平台通过单元测试、集成测试、系统测试、验收测试这几个阶段，对系统的功能、业务、界面、易用性、初始化等部分进行了详细的测试，测试用例覆盖率100%，测试用例执行率100%，测试用例通过率100%，测试过程中共发现漏洞1181个，并且都及时得到了有效解决。目前系统已经实现了平台设计需求所描述的所有功能。

（五）全面推进平台试运行，确保上线进度及质量

河北省天然气于2020年7—10月完成了基础数据输入，进入了平台上线试运行阶段。该阶段搭建了系统试运行平台，主要完成了数据库挂接，创建了基本组织框架、人员基本信息架构，分配了各部门负责人账号，完成了已有数据导入信息化系统数据库工作，开始了平台试运行。平台使用内网环境，映射部分端口供外网访问，把风险降到最低，服务器部署于河北省天然气生产调度中心，统一进行管理，保证安全运行。

河北省天然气于2020年11月—2021年7月对员工进行了集中的平台应用培训，进入了平台试运行指导操作阶段。该阶段主要通过四次线上线下平台应用培训指导，帮助相关人员尽快熟悉平台布局架构，了解平台各项功能模块及工作流程，进一步推进平台快速上线正式运行。2020年11月，在河北省天然气调控中心对投资部全员进行了第一次现场培训指导，完成了河北省天然气2020年度冬季应急实操演练。2020年12月，在河北省天然气会议室对总公司、分子公司相关业务人员进行了第二次现场及在线培训指导，完成了系统已上线运行的所有模块，主要包括计划管理、客户管理、系统管理、合同管理、价格管理等的学习。2021年5月，在中国煤炭地质总局航测遥感局国家西部3S空间信息产业化基地对分子公司进行了第三次在线培训指导，完成了系统已上线运行的所有模块，主要包括合同管理、价格管理、销售报表、销售分析等的学习。2021年7月，在河北省天然气调控中心对投资部全员进行了第四次现场培训指导，完成了河北省天然气2021年度夏季应急实操演练。

经过十二个月“统一领导、分块运行”的平台试运行阶段，河北省天然气完成了系统安全建设，做好了数据维护工作，制定了系统运行规章制度。从系统试运行的情

况来看，系统各项功能模块、性能参数、布局风格、流程架构均达到了设计标准及预期效果，总体上满足管理要求。系统业务模块已在进一步扩充完善，系统运行也日趋稳定。同时，系统已具备正式运行的组织机构保障，各单位已较熟练掌握其使用方法。

试运行阶段既建立健全了平台运行操作及系统维护规范，又为系统投入正式运行提供了实际运行数据和参考。该阶段全面考察了项目建设成果，充分检验了平台长期运行的稳定性、可靠性及实际应用效果。平台于2021年12月21日完成了正式验收，达到了上线运行条件，做好了相关上线准备，并于2021年1月1日正式上线运行。

四、实施效果

自2020年7月平台应用以来，以客户交互关系为核心的相关工作运行质量有明显提升，计划、市场、项目、线上交易等方面的管理工作得到了很大的改善。目前平台已有机构126个，包含总公司、销售分公司、分子公司、用气客户等部门，包含内外部用户196人，并发用户数过半。

（一）促进管理水平提高

1. 实现业务电子化管理

平台实现了客户关系管理电子化，很好地整合了各种相关业务功能，在规范业务流程的同时也大大提高了工作效率。与之前的人工上报数据的方式相比，通过系统上报数据不仅缩短了上报时间，也提高了所上报数据的准确性，为及时向上级管理部门上报数据信息提供了便利。

2. 实现业务标准化管理

平台设立了完整的客户关系交互管理工作流程，例如，实现了从计划填报，到部门审核、公司审核、问题处理、公司验收，再到专工归档的标准化流程管理方式。每一项工作不论如何复杂、进展到何种程度，都能做到全面管控，彻底解决了业务数据的遗漏和处理分析不到位等种种弊端，实现了工作的标准化。此外，平台能够通过计算机软件记录并展示每个流程环节，落实每一流程的责任人信息，并指导其进行下一步工作。

3. 实现业务透明化管理

平台创建了所有与客户关系模块相关的日常管理工作，包括计划管理、应急管理、合同管理、价格管理、市场管理等，废除了原有的人工记录方式，建立了一体化平台大数据库，方便价格、气款、利润等指标的记录、统计、查询及任务分配，做到大小事务透明化，实现全员覆盖、管理无盲点。

4. 实现业务一体化管理

平台在河北省天然气调控中心集中部署，集所有上下游客户关系交互管理相关工作于一体，同时能实现与河北省天然气的其他业务系统信息资源共享，保障了平台与河北省天然气已建设的智能调度应急指挥系统、仿真模拟系统、安全生产管理系统工作协调发展。

（二）促进经济效益提高

平台提高了河北省天然气经办业务的管理和服务水平，建立了统一的业务管理规范，确保了河北省天然气统一业务管理规范得以严格执行。通过计算机程序的约束机制，强制推行统一业务管理规范和流程，实现经办业务、资金监管等工作的规范化管理，全面提升了公司客户关系相关业务的经办能力和水平。燃气行业属于高危行业，一旦发生事故，会给国家和人民的生命财产造成巨大损失，同时也将破坏公司的社会形象。因而，安全被称为“燃气企业的生命线”，安全生产既是企业生产经营的基础，也是企业树立品牌形象的重要保障。因此，河北省天然气将安全生产战略作为管理客户关系的基础。

2021年8月1日—12月31日，平台总计完成了4000万余条数据统计分析，提供了100余套辅助解决方案，培养了19位管理专业人才，队伍素质显著提高。河北省天然气在市场标准规范化、计划管理精细化、节约统计工时、缩短录入查询时间、降低费用成本、提高分析决策能力等方面取得了较大收益。同时，平台通过高质量服务改善并加深了河北省天然气与客户的长期合作伙伴关系；利用现有客户资源，通过燃气生产、销售、服务一体化，降低了营业费用，改善了公司成本结构，降低了生产成本；通过降低办公支出、合并组织结构等方式，提高了资产利用率。

平台的实施进一步提升了河北省天然气的服务质量，丰富了服务形式，满足了客户多样化的需求，构建了和谐的客户关系，提高了客户忠诚度，尤其是为客户提供了更出色的服务，以及针对客户的问题快速提供了解决方案。平台在国内具有行业领先技术水平，经历为期一年半的运行，为河北省天然气节省相关客户管理、市场运维、数据支撑决策、安全生产运行等企业管理费180万元以上。

（三）促进社会效益提高

平台质量可靠、技术先进、性能稳定，具有较高的推广应用价值，为推进中国企业管理现代化提供了示范。平台使用一年多以来，河北省天然气CRM业务管理工作质量稳中有升，优质服务水平得到提高，社会对公司的认知度得到提升。平台的使用实现了数据一体化流程处理，建立健全生产—营销规范，有利于河北省天然气各级单位全面、及时、准确地了解实际情况，掌握一手信息。尤其是平台的决策支持系统能够对收集到的信息进行归总和分析，对天然气业务状况、资金收支平衡、资金调剂等情况进行测算和模拟，从而避免了决策的盲目性，提高了决策的科学性。

平台实现了上下游信息高度共享，对河北省天然气事业的发展发挥了极为重要的作用：一是有利于宏观管理和决策。平台信息化建设高度、全面地集中了河北省天然气的数据信息，各级部门均可以及时有效地获取相应的数据信息，特别是资金的运行数据，从而有效推动河北省天然气管理和决策的科学化。二是有利于地区之间的业务协同。政策信息化建设强制性地统一了河北省天然气的业务规范，实现了信息高度共享，使得长期以来业务规范流程难以推动执行的问题迎刃而解。

（四）促进生态效益提高

平台采用“大集中”管理模式，所有客户端的本地化操作最终都体现在河北省天然气本部的系统服务器上，所以计划上报、合同指定、在线交易等功能都能直接在系统上远程实时实现，不需要传统的纸质文件传递，减少了审批时间，从而在整体上节省了办公开支，提升了办公效率。平台的高质量建设及科学化运行为河北省天然气树立了品牌，提高了公司在业内的影响力，同时降低了工作环境对客户关系交互管理相关工作的影响及资源的消耗，大大提高了生态效益。

平台基于B/S架构（浏览器/服务器模式）进行部署，所有数据保存在河北省天然气调控中心机房服务器上，不存在分散管理数据的问题。同时由于平台运行在调控中心内网上，而且有河北省天然气信息中心的专业维护人员对服务器进行全天候维护及网络安全监测等方面的管理，基本上不存在人事信息、机密数据等外泄的可能性。

平台进一步推进了河北省天然气始终以安全生产为基础，以经济效益为中心，以投资河北省内主干长输管线和城市管网为重点，以市场合作、有序竞争为手段，以管道批发和城市燃气两个核心业务为支撑的经营理念。同时，平台的长期稳定运行促进了河北省天然气气源供应的多元化和供气网络布局的科学化，也为河北省天然气打造为华北地区领先的现代化燃气企业集团添砖加瓦。

主创人：王学庆　吴军荣

参创人：苏　雁　冯晓霞　杨海军　孙作勇　关　东　寇振华　高军锋　李跃杰

高质量经营管理体制机制研究与实践

中天合创能源有限责任公司煤炭分公司

中天合创能源有限责任公司煤炭分公司（以下简称“煤炭分公司”）隶属于中天合创能源有限责任公司（以下简称“中天合创”），2015年9月在内蒙古自治区鄂尔多斯市乌审旗工商局登记成立。中天合创是由中国中煤能源股份有限公司（以下简称“中煤集团”）、中国石化长城能源化工有限公司、申能股份有限公司、内蒙古满世煤炭集团股份有限公司四家股东单位投资设立的大型煤炭深加工企业，四家公司的持股比例分别为38.75%、38.75%、12.5%和10%。公司于2007年10月注册成立，负责开发、建设、运营中天合创鄂尔多斯煤炭深加工示范项目，总体建设规模：建设2座煤矿，生产能力为1600万吨/年（受冲击地压影响核定产量）；其中煤炭分公司主要负责葫芦素、门克庆两座煤矿及配套选煤厂的建设、生产和运营管理。葫芦素煤矿设计生产能力为1300万吨/年，配套选煤厂设计生产能力为1300万吨/年，产品通过输煤栈桥运输至图克镇化工园区；门克庆煤矿设计生产能力为1200万吨/年，配套选煤厂设计生产能力为1200万吨/年，产品主要服务于区域外各大电厂和中天合创化工园烯烃化工项目。

煤炭分公司在全面转入生产运营期后，为降低成本费用，提升经济效益，抵御市场风险，增强市场竞争力，探索研究高质量经营管理有效的管控体系，寻求动力源泉，激发企业活力。

一、实施背景

（一）准确定位，锚定目标

目前煤炭分公司葫芦素煤矿和门克庆煤矿两座现代化矿井已进入全面生产运营阶段。两矿作为国内大型高产高效矿井，拥有配套洗煤厂，具备煤田整装、装备一流、技术先进、自动化信息化程度高，人员总量少、文化程度高，煤炭销售渠道稳定、市场前景良好、一体化运营抗风险能力强等诸多优点。然而在实际开采过程中遇到的困难和挑战比前期勘察设计时增加了很多，给安全、生产、成本控制造成很多不可控影响。矿井受到强矿压影响，安全管理压力倍增、安全成本投入激增；实际涌水量增大，给环保管理、生产组织造成困难；采掘过程中遇不同类型的地质构造，给生产任务完成和采掘效率提高造成阻碍；矿井正常采掘接续被打乱，需重新布置和调整，产能不能达到设计要求，产量规模效应不能显现。面对内外部环境，针对如何将优势转化为核心竞争力，将劣势和不足加以改进以实现效率、效益最大化的问题，煤炭分公司积极探索转型发展及高质量发展新路子、新方法。

（二）分析形势，顶层设计

加强成本费用控制，不断提高经济效益，是企业高质量经营管理的必由之路。在煤炭行业处于黄金时期时，企业注重的是“能出煤”，有煤就有利润，不注重成本管理和费用节约，管理比较粗放。从2012年起，煤炭行业形势急转直下，煤炭企业面临产能过剩、需求疲弱、进口煤冲击、价格持续低迷等诸多不利因素，加之受我国产业结构调整不断深化，节能减排和环境保护压力加大的影响，绝大部分煤炭企业经历了亏损，经营状况不容乐观，生产出现严重困难，随之而来的是落后产能的退出和企业的兼并重组。公司的管理人员认识到，成本的高低成为企业能否生存的关键因素，应当充分分析国际国内煤炭行业发展形势，围绕公司建设国际一流煤化工企业目标，审时度势，创新管控模式和手段，研究适合自身发展的高质量发展管理体系。出于国家能源安全、国民经济发展、社会稳定和生存发展的需要，煤炭分公司加快转型升级、提高管理质量势在必行。

（三）强基固本，发展破题

新时代我国经济发展的基本特征就是由高速增长阶段转向高质量发展阶段，推动高质量发展是未来一个时期内确定发展思路、制定经济政策、实施宏观调控的根本要求，是经济发展过程中各个方面优化调整的庞大系统工程。煤炭分公司紧跟时代步伐，立足自身发展，破解难题，实现高质量发展。

二、主要内涵

煤炭分公司高质量经营管理体制机制，通过深刻理解高质量发展内涵，研究探索高质量发展途径，强化顶层设计，精准施策应对，促进公司发展壮大。

（一）高质量经营管理体系的特点

树目标、优体系、固流程、转方式、强管理、见成效，全面构建现代企业经营管理体系。以市场经济为根本遵循，以全面预算为纲领导向，以经营盈利为工作目标，以法人责任为治理主体，以制度建设为管控核心，以绩效考核为有力抓手，以对标一流促管理提升，以权限界面促高效运转，以创新管理助转型发展，以定额量化促精益管理。全方位构建权责清晰、管理科学、措施得力、执行有力、成效显著的现代企业经营管理体系，持续提升公司管理水平，推动公司高质量发展。

（二）高质量经营管理体系的管理原则

因企施策，统筹推进，齐抓共管，精益管理。建立管理理念，明确管控目标，制订管控措施，落实管控行动，配套激励手段，分析经济形势，推广典型示范，工作闭环管理，信息化管理，工作成效可量化检验评估。

（三）高质量经营管理体系的管理目标

煤炭分公司实现"质量、效率、效益、管理"四个提升，打造高产高效的现代化煤炭企业，实现区域一流、行业领先。

（四）高质量经营管理体系"111356"管理思路

"1"是指1个中心：经营管理工作以公司年度目标任务为中心。

"1"是指1个管理平台：推动智能经营管控平台与内部市场化核算信息平台深度融合。

"1"是指1个管理认识：推动精准成本分级分类管控向精细化延伸，让一切成本皆可控理念深入人心，一切作业以精细化目标为准则。

"3"是指3个抓手：以绩效考核、生产经营目标责任书、高质量发展及提质增效特别奖励为抓手。

"5"是指5个突出：突出"稳、领、高、优、控"管控思想。"稳"是要稳生产、稳经营、稳发展；"领"是将党建融入经营引领，把方向、管大局、促落实；"高"是提高单产单进水平、提高设备运行效率、提高产品质量、提高经济效益、提高工作执行落实力；"优"是优要素投入、优销售结构、优考核激励、优队伍组建、优系统布局；"控"是控制成本费用、控制经营风险、控制非效益投资。

"6"是指6个要效益：强化生产组织管理，向单产单进提升要效益；强化目标分解管理，向落实管理责任要效益；强化成本控制管理，向全要素降成本要效益；强化企业内部管理，向降低管理成本要效益；强化产销衔接管理，向优化质量结构要效益；强化分配激励管理，向管理创新创效要效益。

（五）高质量经营管理体系框架内容

高质量经营管理体系包括：制度管理体系，授权管控体系，界面管理体系，预算管理体系，考核评价体系，定额价格体系，管理创新体系，经营管控体系，对标提升体系，风险防控体系。

三、主要做法

（一）完善制度管理体系，因企建章立制保高质发展

在公司转入生产运营期后，原基建期的制度很大程度上已不适应公司发展及管理需要，转型须先建章立制。近三年，公司持续推进制度的“废、改、立、释”工作，围绕管理需要，废掉制度24项、修改完善89项、重新订立79项。2021年以来，党建管理类、安全管理类、防冲管理类、生产技术管理类、机电运行管理类、人力资源管理类、审计监督类、经营管理类重要核心制度相继出台，保障公司运行稳定有序。目前公司有制度322项，涵盖了所有业务，满足工作需要。重要制度基本固化，做到了转型发展、制度先行。制度从有到优，执行规范有力，成为公司高效运转的强有力保障。

针对制度管理，公司主要开展以下两方面工作：

一方面，加强制度的宣贯和解读工作公司已组织对多项重要制度内容进行集中宣贯，开展“人人都是经营者、岗位都是利润源”学知识、学规章竞赛，使各级人员熟悉制度条款，做到心中有制度，办事有把握。另一方面，开展制度建设的信息化管理工作，将两矿制度上传至内部市场化信息管理平台中的制度管理模块，方便查询应用，实现制度信息化管理。

（二）做优授权管控体系，科学授权管理促规范运转

坚持合理适度、权责一致、计划与例外事项控制原则，制定公司《内控权限管理细则》（见表1），对战略决策、业务运营、支持保障、监督评估四个系统方面及企业文化、战略规划、工程项目管理、生产管理、预算管理、经营管理、财务管理、党群管理等24项业务389个具体事项进行了权限配置，对各管理层级合理授权，建立适合公司发展的授权管控体系，实现“角色归位”，提高管理效率，激发工作积极性，规范企业管理。

（三）做细界面管理体系，厘清业务线条促高效工作

进一步厘清管理责任界面，保障管理工作高效运作，以满足生产期的工作管理实际需要为目标，以现有机构设置、岗位人员配置为基础，对120多项工作职责所涉及的界面进行全面梳理划分，明确单位与单位之间、部门与部门之间、单位与部门之间的管理界面（见表2）1500多条，做到职责明确、界面清晰、办事高效率。

（四）构建预算管理体系，发挥预算约束和导向作用

1.建立全面预算管理办法

全面预算管理坚持符合公司发展战略、经营目标、投资计划和其他重大决议，以

表 1　煤炭分公司内控权限管理细则

编号	职权配置 / 授权级别 / 业务事项类别	股东董事层面：股东会	股东董事层面：董事会	股东董事层面：董事长	公司整体层面：总经理办公会	公司整体层面：总经理	公司整体层面：业务分管领导	公司整体层面：总会计师	公司整体层面：主管部门负责人	煤炭分公司层面：党委会/党委书记办公会	煤炭分公司层面：党委书记	煤炭分公司层面：总经理办公会	煤炭分公司层面：总经理	煤炭分公司层面：专业委员会/领导小组会议	煤炭分公司层面：业务办公会/专题会议	煤炭分公司层面：业务分管领导	煤炭分公司层面：分管财务领导	煤炭分公司层面：主办部门（单位）负责人/会议	主办部门（单位）	会签/协办部门（单位）	集团（股份公司）	备注
1	战略决策系统																					
1.1	贯彻保障																					
1.1.1	贯彻落实党的路线方针政策、国家法律法规及重大决策部署的重要工作方案或重大举措									审批/前置		审批			审议			审核	主办部门	相关部门		党委职能事项由党委会审批；行政职能事项由党委会前置研究讨论，总经理办公会审批
1.1.2	贯彻落实中煤集团、中天合创董事会等上级组织及地方政府重要决定的重大工作方案或重大举措									审批/前置		审批			审议			审核	主办部门	相关部门		
1.2	企业文化																					
1.2.1	企业文化建设：企业文化管理体系建设									审批					审议			审核	党群部	各部门		
	企业文化建设：专题文化建设方案									审批					审议			审核	党群部	各部门		

（续表）

编号	职权配置 / 业务事项类别	授权级别	股东董事层面			公司整体层面					煤炭分公司层面									主办部门（单位）	会签/协办部门（单位）	集团（股份公司）	备注
			股东会	董事会	董事长	总经理办公会	总经理	业务分管领导	总会计师	主管部门负责人	党委会/党委书记办公会	党委书记	总经理办公会	总经理	专业委员会/领导小组会议	业务办公会/专题会议	业务分管领导	分管财务领导	主办部门（单位）负责人/会议				
1.2.2	宣传工作计划	年度宣传工作计划制订									审批					审议			审核	党群部	相关部门		
		重点时期宣传工作要点制订									审批					审议			审核	党群部	相关部门		
1.2.3	宣传阵地建设和管理	网站建设与管理										审阅		审阅			审批		审核	党群部	各部门		
		《中天煤炭报》										审批					审签		审核	党群部	各部门		
		《中天煤炭》										审批					审签		审核	党群部	各部门		
1.2.4	外对宣传	对外新闻宣传工作组织、管理、策划									审批					审议			审核	党群部	综合办相关部门		
		报送集团信息及宣传稿件										审阅		审阅			审批		审核	党群部综合办	各部门		

表2　煤炭分公司管理界面（综合办公室）

序号	业务摘要	本部门管理界面	二级单位/业务部门管理界面	备注
1	公文、会议（行政）	1.负责制修订公司公文、会议管理制度 2.负责公司公文处理 3.负责组织公司层面召开的大型综合性会议，负责部分会议记录；负责总经理办公会议、总经理主持的业务办公会会议管理，会议记录及纪要的起草、印发 4.负责公司层面的重要会议决议事项、重要文件安排事项及领导交办事项的督促落实 5.负责为公司总经理提供文秘服务、组织起草公司行政工作报告、重要文件和总经理讲话等有关文字材料，负责文件核稿及上报重要材料的审核 6.负责公司对中煤集团信息报送和内部信息管理 7.负责公司行政公章、主要领导印鉴及介绍信的管理；负责公司所有公章启用、废止管理工作 8.负责公司保密工作 9.负责公司重要会议和活动的准备，负责公司机关会议室管理工作 10.负责办理公司人员因公出国（境）手续 11.负责总经理办公会议、总经理主持的业务办公会议所用资料上传、维护、管理	1.负责制订本单位、部门的公文、会议管理制度和业务流程 2.负责本单位、部门的公文处理 3.负责组织本单位、部门层面召开的会议，以及职能范围内的专题会、分管领导业务办公会，整理会议记录，起草、印发会议纪要 4.负责本单位、部门会议决议事项、文件安排事项、领导交办事项以及职能范围内的专题会、分管领导业务办公会决议事项的落实 5.负责为本单位、部门分管领导提供文秘服务，配合综合办公室起草公司行政工作报告、重要文件和主要领导讲话等文字材料 6.负责本单位、部门的信息撰写、审核、上报 7.负责本单位、部门管理的公章、印鉴及介绍信等 8.负责本单位、部门的保密工作 党群工作部：负责党委会会议室、党建活动室及演播室的管理工作；负责党委会无纸化资料上传、维护、管理 人力资源部：负责培训教室的管理工作 纪委机关：负责谈话室的管理工作 总调度室：负责早调会无纸化资料上传、维护、管理 机关部门：负责本部门专题会、分管领导业务办公会无纸化资料上传、维护、管理	
2	办公智能化管理	1.负责公司OA（办公自动化）系统日常维护工作 2.负责公司机关办公设备等固定资产管理	1.负责本单位、部门OA系统日常维护工作，与综合办公室对接，接受管理和指导 2.负责本单位、部门办公设备等固定资产管理	

（续表）

序号	业务摘要	本部门管理界面	二级单位/业务部门管理界面	备注
2	办公智能化管理	1.负责公司OA（办公自动化）系统日常维护工作 2.负责公司机关办公设备等固定资产管理	机电管理部：负责公司会议室智能化系统建设；负责机关会议室智能化系统的日常运行、更新和管理维护工作。（视频会议室的系统调试维护暂由总调度室负责，待机电管理部确定维管人员后移交。） 两矿、中心：负责本单位会议室智能化系统的日常运行、维护、更新和管理工作；组织限制内本单位会议室智能化系统的采购工作	

业务量计划、资本预算为基础，以经营利润为目标，以现金流量为核心进行编制。全面预算管理坚持战略引领，优化配置，坚持高质量发展；坚持价值导向，产销协同，高效率效益；坚持量入为出，业财融合，精益化管理；坚持分级管控，效益联动，精准化施策原则。将财务预算、业务预算、投资（专项）预算结合起来，形成全面预算一张表、一盘棋，建立全面预算管理信息系统，实现信息化智能管理。

2.分析预算精准应对

将年度成本预算构成指标通过图表形式与往年预算及实际完成数据进行对比，全面分析各预算指标数据形成的原因和差异，指出成本预算所体现的特点及管控不利因素，得出管控结论，提出管控重点建议，并通过年度经营工作会进行讲解宣贯，以引起各单位部门、各级人员对预算及成本管控的重视和思考，引导其从结构上、源头上对预算及成本进行根本性优化和管控，从而把握好高质量发展的脉络和根本，精准施策应对。

3.围绕发展提目标，以目标指引工作落实

围绕全年预算目标，立足当前，谋划长远，聚焦主业，深挖潜能，通过“十抓十促”措施，实现十大目标，即：抓党建促服务大局提升、抓安全管理促稳定发展提升、抓生产组织促效率提升、抓煤质质量促效益提升、抓成本控制促经营质量提升、抓“双创”工作促创新能力提升、抓对标交流促管理提升、抓工作落实促执行力提升、抓风险控制促合规保障能力提升、抓考核激励促目标提升，实现安全环保、党建、生产任务、利润及降本、投资控制、煤质提升、应收账款、物资储备、科技创新、工作落实十大主要目标。

4.围绕预算管控目标分解责任，强力推进

公司研究制定了《年度主要目标责任分解落实表》，将年度目标责任分解为具体指标，落实到各单位、部门，责任到人，明确考核兑现方式，以“6个严管”抓好推进落实工作。

（1）严要求，各单位、部门根据《年度主要目标责任分解落实表》制订翔实的管控措施，认真组织落实，确保目标行动一致。

（2）严责任，坚持提效益、提效率，降成本、降费用的“双提双降”原则，各单位、部门详细分解落实，做到人人身上有指标，将压力传到位，确保实现全年降本目标。

（3）严管控，严格投资方向管控，严格安全费、维简费列支，严格非效益投资。

（4）严执行，严肃计划考核，成本费用指标一次分解，月度提报，浪费无指标，形成倒逼机制，推进业财融合。

（5）严考核，把所有分解指标纳入考核方案进行月度、季度、半年度、年度考核。

（6）严兑现，考核结果与单位部门绩效工资、高质量发展及提质增效专项奖励等紧密挂钩兑现，与个人业绩挂钩。

（五）科学考核评价体系，正向激励调动工作积极性

1.充分发挥绩效考核指挥棒作用

强化组织绩效考核，紧紧围绕公司年度安全生产经营管理目标，坚持“稳中求进、改革创新”工作思路，以安全生产为中心，以提质降本增效为主线，发挥党建引领作用，强化生产经营管控，坚持过程控制、奖罚分明、正向激励考核原则，夯实基础绩效指标、突出关键绩效指标、严控辅助绩效指标。各单位、部门60%以上工资纳入绩效考核，制定绩效工资增减规则，发挥考核激励作用。员工考核评价标准如表3所示（以门克庆煤矿综采一队为例）。

表3　门克庆煤矿综采一队员工考核评价标准（部分）

指标类型	指标名称	序号	指标考核说明
通用型	安全意识	1	不安全行为：一般不安全行为每次考核100分；重大不安全行为每次考核200分
		2	因喝酒无法下井的人员一律按旷工处理，考核500分，扣除1000元当月安全奖
		3	喝酒人员偷偷下井的，考核责任人1000分并停工学习7天，同时联保互保人员处罚200分
		4	危险源辨识不清楚或不齐全，每少一条考核10分（10条以上）
		5	登高不系安全带，每次考核100分
		6	设备、工具存在隐患，下班未交接清楚，每次考核100分

（续表）

指标类型	指标名称	序号	指标考核说明
通用型	安全意识	7	拆卸液压系统时未卸压，每次考核责任人100分
		8	使用铁丝代替U型卡或U型卡使用单腿安装，每发现一次考核责任人100分
	劳动纪律	9	上班迟到、早退，每发现一次考核50分
		10	每月员工按正常排休休息不考核，未经队组安排进行调休考核100分/次（同工种保证出勤除外）
		11	凡请假到期不能按期归队的需提前一天和队领导请假，并通知办事员给予办理续假手续，未按要求办理续假手续者按旷工处理，旷工每天考核500分，按旷工天数累计计算，当月绩效工资如不够扣除下月继续扣除
		12	未履行请假手续，私自旷工者，每天每次考核500分
		13	调休假未审批擅自离矿，按旷工处理，旷工天数达到《门克庆煤矿人力资源管理办法》中规定的3天，上报矿经营科
	创新创效	14	修旧利废、小改小革获得奖励者，奖励的50%奖给本人，其余奖励均分结区队员工
		15	学术论文按矿内制度一次性奖励100分
		16	每写一篇通讯稿且通过队内审核者，奖励50分/篇，被公司网站审核通过登出的奖励200分/篇

2.深入实施高质量发展及提质增效特别奖励政策

公司每年实施更高目标、更符实际、更具特色的高质量发展及提质增效特别奖励方案，以高目标引领高质量发展。①精准施策，补短强弱。坚持精准施策，在全面分析经营指标预算和目标的基础上，从提质量、提效率、提效益、优管理、优结构、降成本、保重点七个方面（即“3提2优1降1保”）精准提取考核指标，精准考核。其中煤炭产品发热量（煤矿）、设备运行效率、掘进单进效率、降本控费、内部市场化应用考核指标实行月度考核兑现；利润总额、劳动生产率、物资周转效率、优销售结构增收、优生产系统降耗、国企改革三年行动、对标世界一流管理提升、创新驱动、管理软课题、修旧利废价值、机修车间创效、重点工作落实、荣誉考核指标实行半年及年度兑现。②科学目标，靶向激励。目标设定体现高质量发展的内涵和原则，按照“踮起脚来摘桃子”设定激励目标，注重“实干”，突出“实效”，公司全年单列高质量发展及提质增效特别奖励1000多万元，其中提质单列奖励200万元、提掘进效率单列奖励200万元、降成本单列奖励300万元，其他单列奖励500万元，把钱用到刀刃上，奖励向贡献大、创造效益多的单位和个人倾斜，充分发挥激励作用。③措施保障，注重实效。高质量发展及提质增效实施方案是在理性精准应对内外部因素影响，全面总结上一年度工作的基础上，结合国有企业改革动态及集团公司高质量发展新要求提出的，公司各单位、部门把思想和行动统一到公司决策部署中来，实现目标一致、行动一致。结合实际，自我加压，分步有序扎实开展相关工作，确保管理有目标、有方向、有措施、有实效。加大宣传力度，采取多种形式宣传报道在高质量发展方面的好经验、好做法，营造浓厚的比学赶超氛围，实现典型带动、示范引领、整体提升。

3. 签订《生产经营目标责任书》立下军令状

公司在年度工作会上与各单位、部门签订《生产经营目标责任书》，明确生产、环保、成本利润、费用、效率、创新、改革等重点工作任务，明确考核周期及考核兑现方式，年终统一考核，考核结果与单位部门年终奖、煤矿领导班子年薪挂钩，体现责任与担当、贡献与价值。

（六）建立定额价格体系，推动内部市场化核算降本

1. 内部市场化管理机制建设目标

卓越管理、创造利润是企业永恒的追求，在建设国际一流煤化工的宏伟愿景下，公司注重顶层设计，超前谋划，直面转型，积极施策聚焦高质量发展。起步即冲刺，新企业要有新作为，计划用“一年上轨道、两年见成效、三年上档次、五年建名企”的目标和“111356”经营管理思路的精准指引，建设“内部市场化核算机制”管理名片，打造区域一流、行业领先的煤炭行业标杆企业。

2. 内部市场化管理机制目标驱动

①愿景驱动：建设国际一流煤化工企业愿景，一流的企业需要一流的管理，有了一流的管理才能实现一流的经营业绩。②使命驱动：推进体制机制创新成为众多煤炭企业寻求管理革新和推动自身发展的一种重要手段，通过走访周边企业调研学习和座谈交流，了解对方制度流程、系统运行和考核数据，现场参观物资及维修管理工作，感受到一些矿区的管理文化氛围浓厚，管理精细，降本增效效果明显，提升了企业的经营管理水平和利润创造能力。对标先进管理，煤炭分公司在基建转生产阶段，结合自身实际，当即提出层级主体核算项目，规范管理、科学管理，做行业引领者、后来居上者、弯道超车者，用最好的项目、最短的时间，做最有益的管理改革，找到实现目标的最佳途径。

3. 内部市场化建设架构

煤炭分公司主要构建了三项管理体系（四级市场运行体系、三级核算体系、七项

基础管理体系）、九大要素市场、五大保障机制，开发了一套信息系统（见图1）。

①四级市场运行体系：矿级、区队级、班组级、员工。②三级核算体系：矿核算区队（科室）、区队核算班组、班组核算员工。③七项基础管理体系：组织决策体系、制度建设体系、定额体系、价格体系、计量体系、核算体系、文化支撑体系。④九大要素市场：产品市场（产量、进尺、工程量）、物资市场（消耗、库存、回收）、矿务工程市场、电力费用市场、辅助运输市场、人力资源市场、加工维修市场、费用管控市场、科技创新市场。⑤五大保障机制：全面预算管理、全面质量管理、全员绩效考核、全面风险管理、信息化管理。⑥一套信息系统：开发一套信息化管理和核算软件，实现信息化核算和管理。

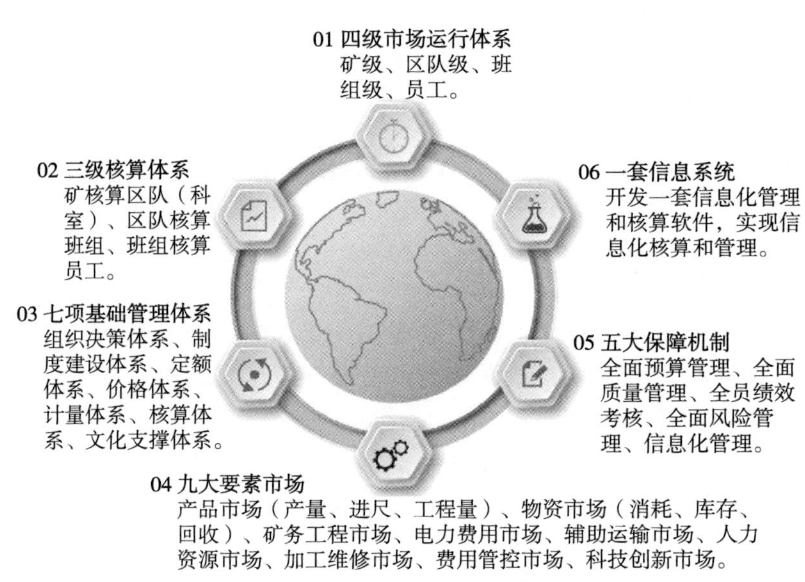

图1　内部市场化建设架构

4.内部市场化核算基本逻辑及价值取向

工资=收入-支出+其他所得-其他扣减，收入主要从产品（产量、进尺）、物资、矿务工程、电费、车辆台班、人力资源、修旧利废、科技创新、费用管控等取得。

计奖规则：各级收入=[定额（计划）-消耗]×兑现比例（%）。从上面的计算逻辑可以看出，增收的途径很明确，一方面要最大化收入（被减数），主要依靠劳动量×工程单价取得工资，真正做到按量取酬，体现劳动价值；另一方面要最小化支出（减数），要严格控制材料、电力、费用支出等各种生产性消耗，把成本支出降到最低，精细管理、科学降本。同时要在科技创新、修旧利废、减岗控员方面深挖潜能，主动作为，以最大的劳动付出、最小的成本投入、最大潜能的创新创效、最有效的激励取得最大效益（收入）。

5. 内部市场化主要创新做法

①层级核算考核机制，煤矿构建四级市场主体，逐级逐层核算。一级市场运行：经营管理部门为一级市场核算点，负责对各区队（科室）的经营考核预算指标的统计汇总和考核兑现。矿将上级公司下达的各项生产经营预算指标进行测算分解，及时掌握各项指标的考核情况，向上级公司提报各项考核指标完成情况；通过经营预算方式，向所辖区队（采煤、掘进、辅助区队）分解上级公司下达的生产经营预算指标，并进行考核结算。二级市场运行：区队（科室）为二级市场主体，与矿、所辖班组的指标分解和往来结算形成二级市场。区队核算组为二级市场核算点，负责区队对班组经营指标的汇总统计和考核结算。区队对矿制定的本区队各项成本费用考核预算指标进行测算分解，及时掌握各项指标的考核和结算情况；按要求提报各项考核指标的完成情况；通过经营预算方式，向所辖班组分解矿下达的各项生产经营预算指标，并进行考核结算。三级市场运行：班组为三级市场主体，与区队、班组内员工的指标分解和往来结算形成三级市场。四级市场运行：员工为四级市场主体，通过任务完成与日常考核进行结算。②消耗支出定额控制。物料消耗、电力消耗、生产车辆台班费用消耗、零星加工件消耗、人力消耗、费用支出都将实现定额量化包干管理，节奖超罚一定比例的工资，实现全成本、全方位管控。③实现闭环管理。从预算编制到预算定稿、目标分解、计划提报、考核执行、绩效分配、经济运行管理、整改提升实现闭环管理，堵塞漏洞。④实现平台化管理。开发建立一套全流程的管理系统，实现生产经营的平台化信息化管理。将基础信息、结算过程、生产调度、绩效考核、成本控制、经营管理等业务全面纳入，实现经营数据的综合查询、统计分析，报表报送，创新成果展示，制度上传功能。

6. 内部市场化建设取得管理创新成果

①管理依据及标准：制定各类劳动定额、物料消耗定额、服务定额，定额体系实现全面覆盖，动态控制，不断补充完善新增定额，使得管理有依据、考核有标准。②准确计量管理：对产量、进尺、电力费用、材料费、车辆台班、加工维修、矿务工程、科技创新、费用支出、人工使用等实现准确计量，使得结算有依据。③结算单价管理：制定三、四级结算单价5781项，形成全覆盖的单一要素价格或综合单价，建立价格制订、执行、考核、分析、调整机制，使得分配有依据。④全员绩效考核体系：建立全员绩效考核体系，推进全员业绩考评管理，人人肩上有指标，千斤重担人人挑。⑤编制完成矿级内部市场化管理制度，为内部市场化建设提供理论、制度支撑，汇编包含《内部市场化运行及管理办法》《内部市场化九大要素市场实施方案》《内部市场化七项基础管理体系实施方案》《内部市场化定额管理办法》《内部市场化价格管理办法》《内部市场化计量管理办法》及《内部市场化结算管理办法》；编制完成了区队级

内部市场化管理制度汇编，规范了区队内部市场化工作，汇编包含《内部市场化运行管理办法》《全面风险管理办法》《全面预算管理办法》等内容。⑥建立一套涵盖生产经营的报表，主要包括产洗销存、煤炭产量、进尺、煤质、完全成本、可控费用、投资、销售价格、专业化服务费、工效、矿务工程费、材料费、电费、储备资金、车辆台班、人工成本、故障率、区队全成本构成、修旧利废、矸石分装分运、安全费列支、维简费列支、机修车间工作量、创新成果、绩效考核、对标工作、人员结构、提质增效、内部市场化核算等全要素的经济运行套表，发挥数据作用，为公司经营管理提供决策支持。

（七）培育管理创新体系，全方位多角度夯实软实力

突出创新考核，注重创新驱动。把现代化管理创新成果、原创论文发表、专利申请、创新工作室建设、研发投入强度、高新企业研发投入指标纳入绩效考核，鼓励创新创效。把管理创新作为提质增效特别奖励的重要条款，完善管理创新考核细则，多维度调动创新积极性。

（八）做实经营管控体系，全面锻造精益化管理文化

1. 实施精准成本分级分类管控

为确保公司高质量、高目标完成集团公司及中天合创下达的年度经营目标，公司实施精准成本分级分类管控，全力推动控本降本。

（1）分级管控，突出主体。按照全面预算职责分工，突出成本控制主体责任，坚持谁使用谁负责、谁管理谁负责，精确责任到位，将成本控制按预算指标控制难易程度分为一类（重点控制类）、二类（一般控制类）、三类（政策执行类），按管控责任划分为公司部门控制类、中心控制类、矿层面控制类、区队控制类、班组控制类、员工控制类六级，实现成本控制指标全覆盖，创建全员参与管控、精细管控的新局面。

一级控制（公司部门控制类）：塌陷治理与补偿费、税金及附加费用、水土保持补偿费、管理费用、财务费用、职工薪酬、岗位承揽费、修理费，机电类专业化服务费、安全环保类专业化服务费、地测防治水类专业化服务费、后勤服务类费用、矿务工程费、环境恢复费。

二级控制（中心控制类）：洗选加工费、材料费、销售费。

三级控制（矿层面控制类）：折旧与摊销、大型材料费、电费、综合服务费、矿务工程费、安全费、维简费及其他支出。

四级控制（区队控制类）：材料费、电费、车辆台班费、矿务工程费。

五、六级控制（班组及员工控制类）：材料费、电费、工器具费、劳动保护费。

（2）分类控制，明确目标。按照成本预算构成及费用支出性质，逐类逐项制订不同的降本目标，以目标指引工作行动。其中一类（重点控制类），成本降幅目标为3%～10%，主要有材料费、电费、修理费、矿务工程费、塌陷治理与补偿费、综合服务费、洗选加工费及其他支出等；二类（一般控制类），成本降幅目标为1%～2%，主要有职工薪酬、折旧与摊销、安全费、维简费、岗位承揽费、销售费、管理费用、财务费用等；三类（政策执行类），按规定计提缴纳，主要有税金及附加费用、水土保持补偿费、环境恢复费。以材料费为例，表4为"六级"控制重要环节提示。

公司2021年控本降本总目标为完全成本降低8元/吨，矿井直接成本降低5元/吨，洗选加工成本降低0.5元/吨，力争降本1亿元以上，确保完成考核目标，确保全体职工收入保障。

（3）分期考核，有序控制。按照成本费用发生周期，按月度、季度、半年度、年度分期考核，如材料费、电费、矿务工程费、人工成本、专业化服务费按照月度考核，设备大修费、征地搬迁费等按照预计发生日期列入成本考核，确保考核真实、成本反映真实。

（4）分档奖励，效益联动。公司将年度控本降本目标分为一般档、奋进档、卓越档，一般档成本节约幅度为1%～3%（含）；奋进档成本节约幅度为3%～5%（含）；卓越档成本节约幅度为5%以上。按降本幅度分档次激励，坚持以正激励为主，谁降本多、价值创造多、贡献大，谁受益多。其中矿井成本月度实际完成幅度比最低控制目标降低或升高时，奖罚当月本单位基本绩效工资总额的一定比例。年度控本降本目标完成为一般档的单位，最多可获得年度奖金90%的奖励；年度控本降本目标完成为奋进档的单位，最多可获得年度奖金100%的奖励；年度控本降本目标完成为卓越档的单位，最多可获得年度奖金120%的奖励。各单位、部门可设定完成目标，自我加压，效益联动。

（5）编制公司精准成本分级分类管控手册，配套《精准控本降本分级分类管控重点环节控制表》《精准控本降本分级分类管控重点环节控制工作记录表》，明确每一个环节需要加以管控的事项，加大宣传力度，营造人人管经营的良好氛围，引导全员参与成本管控，在不同的岗位上做出应有的贡献。

2.加强经济运行分析及开展经营管理重点活动

主要建立产洗销存、煤炭产量、进尺、煤质、成本、可控费用、投资、销售价格、营业收入、利润、专业化服务费、全员工效、矿务工程费、材料费、电费、储备资金、车辆台班、人工成本、故障率、区队全成本构成、修旧利废、矸石分装分运、安全费列支、维简费列支、机修车间工作量、创新成果、绩效考核、对标工作、人员结构、提质增效等多种指标的统计报表，涵盖经济运行主要指标。定期开展提质增效亮点征集评选表彰活动，总结亮点，相互学习，共同进步。

表4 “六级”控制重要环节提示

指标名称	控制分类	公司部门控制	中心控制	矿层面控制	区队控制	班组控制	员工控制	备注说明
材料费	一类（重点控制类）	1.生产技术部对两矿井下巷道锚杆、锚索、钢带、网片等主要支护材料的规格型号进行统一，便于统一采购和相互调用。对两矿提供的支护材料（如锚索、锚杆、单体、托板网片等）需求计划种类、型号、数量及用途等进行严格审查，避免浪费。根据巷道类型和服务年限不断优化巷道施工设计，控制巷道断面规格，调整支护密度，避免支护过剩造成支护材料浪费，做到安全和效益最大化。对通防类材料计划、库存储备进行审核把关 2.生产技术部、机电管理部、安全监察部、地测水文部、地企环保部等部门从专业角度对矿务工程施工设计、材料使用类别及属性进行把关 3.企业管理部要深入推进内部市场化核算，强化物资市场应用效果 4.企业管理部按月出具经济运行分析报表，加强材料消耗分析 5.物资供应中心定期组织相关考核部门参与的材料计划管理、出库管理的专题会议	1.物资供应中心加强采购计划、平衡利库、采购价格、国产化替代控制 2.要结合物资库存，统筹规划安全储备资金，加大对已到货长出库考核力度 3.加强信息工具使用，动态监控材料领用情况，发现异常及时预警和跟踪	1.预算指标分解，明确矿控区队控目标，横纵向分解责任，层层有目标 2.材料定额管控，按照定额和消耗与工资捆绑，严格执行奖罚 3.大力开展修旧利废，继续坚持正向激励，扩大修旧利废范围，实现降本目的 4.加强材料计划管理，结合材料采购周期，年度提报材料计划控制在合理水平下，严禁只采不用 5.加强工程设计和设备选型管理，能统一标准型号尽量统一，防止多种储备 6.周转复用，盘活物资，该回收必须回收，该重复利用必须重复利用 7.要加强成本节约意识宣传教育，加强浪费现象曝光力度	1.材料计划提报准确性源头控制 2.领用出库控制，材料去向动态登记 3.定额消耗控制，与工资挂钩 4.机修维护控制，设备精细保养维护 5.修旧利废控制，鼓励修旧利废 6.周转复用控制，回收考核 7.优化设计控制	1.材料计划提报准确性源头控制 2.领用出库控制，材料去向动态登记 3.定额消耗控制，与工资挂钩 4.机修维护控制，设备精细保养维护 5.修旧利废控制，鼓励修旧利废 6.周转复用控制，回收考核 7.优化设计控制	1.个人工器具控制 2.劳动保护控制 3.材料使用控制	1.创新驱动，源头控本降本 2.精细管理，科学控本降本 3.全员树立“过紧日子”思想，节约成本 4.全员树立“今天的投资就是明天的成本负担”的理念 5.全员树立成本管控意识

（九）创建对标提升体系，外学经验内补短板厚基础

1. 全面深化改革

结合公司实际制定了《中天合创煤炭分公司改革三年行动落实方案》，明确10个方面，25项重点任务，制定工作台账，明确时间表和路线图，加强组织领导，全力推进改革三年行动。围绕完善现代企业制度，提高公司治理效率；推动结构优化调整，提升企业发展质量；推进科技创新，提升自主创新能力；全面推行任期制契约化管理，完善市场化经营机制；加大薪酬分配改革力度，充分激发企业活力；加强领导班子和干部队伍建设，提升选人用人能力；对标世界一流，建设世界一流能源企业；深化"总部机关化"专项整改，不断提升管理效率；推动企业深化改革，实现"两商"协同发展；加强党的建设，为改革工作提供坚强保障。

2. 务实改革行动

将国务院国有资产监督管理委员会（以下简称"国资委"）及集团公司改革月度例会精神纳入党委研究学习事项，已研究市场化选人、智能化示范矿井建设等多项改革议题，为改革指明了方向。编制《煤炭分公司改革三年行动具体工作任务推进进度表》，把改革任务纳入高质量发展、提质增效专项行动加以考核落实，确保工作扎实开展。将党的领导融入公司治理各环节，制定（修订）印发《中天合创煤炭分公司党委前置研究讨论重大经营管理事项清单》《党委工作规则》《公司落实"三重一大"集体决策制度实施方案》及《公司"三重一大"集体决策事项清单》。着力推行任期制契约化管理，已健全完善劳动合同管理，完成劳动用工调研盘点工作；完善公开招聘、竞争上岗机制。加大薪酬分配改革力度，制定公司年度《工资总额管理办法》和《煤矿经营者薪酬管理办法》，深入推进内部市场化层级核算管理，体现差异化薪酬分配。推进科技创新，按计划推进智能化矿井建设、葫芦素煤矿煤矸石覆岩离层注浆充填绿色保水开采项目、固体废物综合处理系统、门克庆煤矿矿井水深度处理工程、采煤沉陷区治理光伏发电项目等工作。

3. 全面开展对标世界一流管理提升行动

（1）深刻领会国资委开展对标世界一流管理提升行动的意图和重要意义，通过对标世界一流企业，借助国资国企大平台，全面查找自身短板和弱项，加强管理体系和管理能力建设，增强发展能力、竞争能力、抗风险能力，实现国有资产保值增值，早日实现建设国际一流煤化工企业目标。

（2）坚持标本兼治，把握精神实质，既注重指标数据的对标，又注重管理经验的学习；既注重同行业的对标，也注重跨行业的学习，以谦虚的态度，务实的工作，有

序有力有方开展好对标世界一流管理提升行动。

（3）明确重点任务，主要围绕加强战略管理，提升战略引领能力；加强组织建设管理，提升保障控制能力；加强生产运营管理，提升生产运营能力；加强生产技术管理，提升技术支撑能力；加强煤质质量管理，提升效益创造能力；加强经济运行管理，提升管理创效能力；加强科技创新管理，提升创新驱动能力；加强人力资源管理，提升人力竞争能力；加强信息化管理，提升系统集成能力；加强风险控制管理，提升合规经营能力；强化监督严肃执纪，提升履职执行能力；加强安全生产管理，提升稳定发展能力12项重点任务59项具体指标（见图2）。

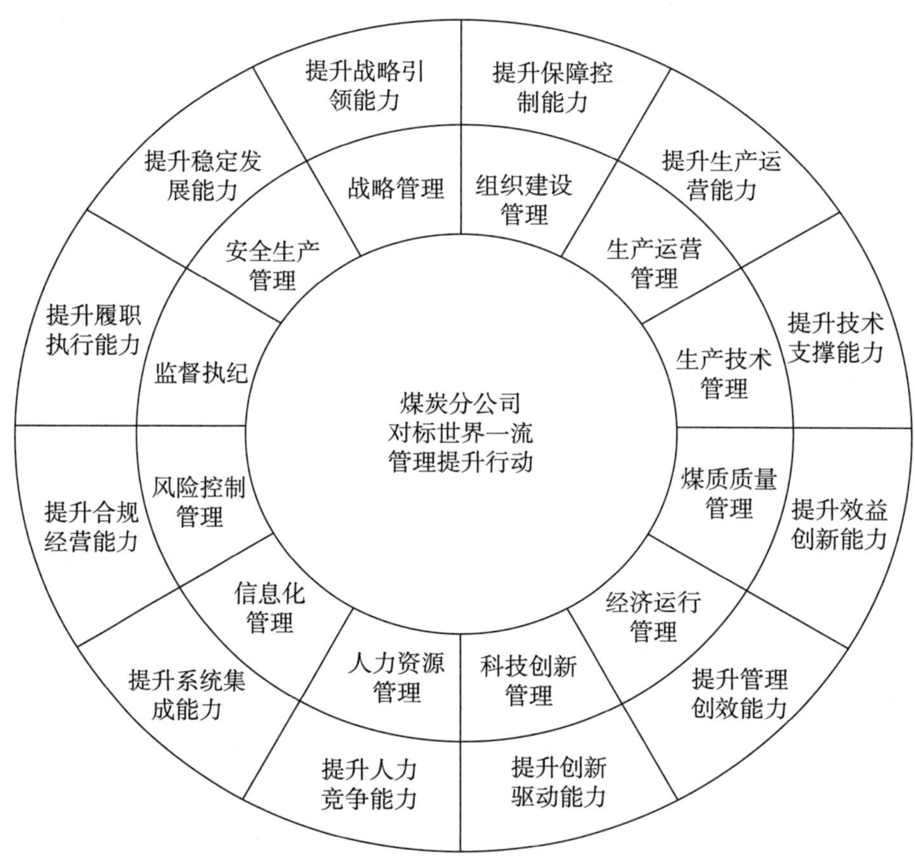

图2　煤炭分公司对标世界一流管理提升行动

（4）成立公司对标工作领导小组和工作办公室，明确工作职责，及时有序推进对标工作。建立保障机制，将对标工作纳入绩效考核，与单位部门负责人年终述职考核挂钩；将对标工作纳入提质增效专项行动工作中，通过适当形式进行总结表彰。从加强组织领导、有序推进实施、强化指导督促、抓好典型选树四个方面提出对标工作要求。

（5）公司各单位部门共计开展对标工作70余项：通过内外部对标学习，基本做到了“两全”，一是单位部门全参与行动；二是业务指标全覆盖。实现了“四个提升”，即管理水平提升，生产效率提升，经营效益提升，决策质量提升。达到了拓视野、增见识、强管理、促提升、补短板、强决策的目标。对标工作为公司全面预算管理、人力资源管理、煤质管理、生产管理、安全管理、技术管理、党建管理、经营管理提供了经验借鉴，为公司相关决策提供了依据，快速提升了公司管理能力和管理水平。

（6）葫芦素煤矿制定掘进专项提升行动落实措施，在安全管理、生产标准化管理、劳动工效提升、科技创新、提质增效、员工素质提升、区队团队建设等方面采取有力措施，着力提升掘进单进和队伍的整体管理水平，通过对比2019—2021年一季度的进尺完成情况，2021年进尺提高近40%，达成了专项提升目标。

（7）门克庆煤矿制定了煤质专项提升行动落实措施，组织了煤质提升专题会议，研究部署煤质管理工作，分析了全年采掘接续、地质条件、设备配套、生产环节等影响煤炭质量的因素，明确了“炮掘矸石、起底矸石井下分装分运、综掘矸石定时分流”及“采面排水保生产、系统脱水保指标”的煤质管理总思路，为全年煤质提升工作指明了方向，补不足、拓思路、勇创新，提高了门克庆煤矿煤质管理水平。

（十）筑牢风险防控体系，实现可持续健康发展

1. 加强法律风险管理，全面依法依规治企

牢固树立法治意识，遵从法律、敬畏法律，把依法合规作为经营管理的前提，贯穿决策、执行、监督全过程。严守法律底线，严格落实安全、环保监督部门执法要求，健全企业合规管理体系，不断提高运用法治思维和法治方式深化改革、推动发展、化解矛盾、维护稳定、应对风险的能力。

2. 健全制度体系，不断完善内控制度建设

进一步完善经营风险管理制度，出台《违规经营投资责任追究暂行办法（试行）》《违规经营投资责任追究工作指引（试行）》《法律纠纷案件管理办法》三项管理制度，重新修订《合同管理办法》。全面加强合规管理理念，增强法律风险防控意识，进一步提升公司管理人员的合规意识和行动自觉。

3. 统筹发展和安全，有效提升重大风险管控水平

在认真做好年度重大风险评估工作基础上，严格贯彻《关于加强中天合创煤炭分公司重大风险管控与内控缺陷整改有关事项的通知》（中天合创煤司〔2020〕139号）及《重大经营风险事件报告暂行办法》（中天合创煤司制〔2020〕17号）相关要求，认真执行重大风险季度监测和报告工作机制，重点排查重大风险识别不及时、监测预警不到位、认定标准不统一等问题，重点看风险研判是否到位，预案措施是否科学有效。及时发现和应对经营管理过程中的新增风险和风险事件，按季度汇总分析各类重大风

险应对措施和重大风险事件监测处理情况。

4.突出问题导向，加大内控体系监督评价和整改力度

结合行业特点和业务实际，研究制定定性与定量相结合的内控缺陷认定标准、风险评估标准和合规评价标准，确保内控体系监督评价工作有据可依。开展公司《内控手册》修订工作，统筹开展各类内控缺陷和风险问题整改工作，边查边改，实施源头整改、系统整改、联动整改，建立内控缺陷整改台账，对近三年发生的风险事件和内控缺陷整改情况进行复核，针对重大内控缺陷及重大风险事件，举一反三开展专项排查工作，及时填补管理漏洞。

5.持续优化合同管理质量，防范化解合同履行纠纷

针对《中华人民共和国民法典》对企业生产经营带来的影响，研究、梳理主要业务合同风险管理细则，完善合同管理制度和标准合同文本，强化合同会签、签订重要环节时限要求，杜绝合同倒签等不规范现象，持续加强合同履行的跟踪、监控和考核。合同主办部门和履行单位、部门要高度重视合同履行管理，保证公司按约履行合同付款义务，密切关注对方当事人履约能力的变化，积极采取有效措施妥善处理可能发生的合同履行纠纷。合同审查率达到100%，实现了国资委提出的100%的法治工作目标。

6.着力提升案件管理水平，合法合规处理法律纠纷案件

认真办理案件纠纷代理，最大限度维护公司合法权益和社会形象。积极组织、协助常年法律顾问认真办理案件纠纷，采取各种诉讼应对措施，到相关单位调查走访，积极调查取证，到法院认真阅卷，组织答辩应诉，制定周密详细的诉讼策略，最大限度维护公司的合法权益和社会形象。

四、实施效果

2020年，在管理思路、工作目标的引领下，公司完善管控体系措施，加强工作落实，狠抓“十抓十促十目标”及49项提质增效具体工作任务，经常深入基层做形势任务宣讲；开展“立足岗位做贡献，我为发展献一策”征集表彰活动；举办学知识明目标竞赛活动；制作并印发提质增效专题简报。提质增效专项行动的成效符合公司预期，提质增效专项行动的影响力得到提升，公司经营质量明显提升。2020年公司全年商品煤发热量比年度计划提高166大卡，创造效益约1.5亿元。葫芦素煤矿2020年全年原煤发热量超计划233大卡，同比提高228大卡，煤质提升成绩突出。商品煤平均单位成本比年度预算降低14.47元/吨，超额完成年初确定的“单位成本降5元、控本降本1亿元”的降本目标。掘进单进水平不断提升，6月完成进尺710米，7月完成进尺705米，8月完成进尺738.5米。公司开展机修车间现场对标，加强激励调动，机修车间任务安

排到位，考核到位，两个机修车间年创造价值由2019年的500万元左右上升到2020年的2000万元以上，效率提升了3倍，2020年葫芦素煤矿机修车间创造价值2300万元；门克庆煤矿机修车间创造价值2268万元，实现了管理提升和创效的目标。

2021年，公司充分发挥党委“把方向、管大局、促落实”和经理层“谋经营、抓落实、强管理”引领聚合作用，坚决抓好抓实国企改革三年行动和对标世界一流管理提升行动，贯彻集团公司“存量提效、增效转型”发展理念，上下一盘棋、合力一条心、凝聚一共识、达成一结果，经营业绩创历史最高水平。2021年度煤炭产品平均发热量比计划提高115大卡，提质增效1亿元以上。煤炭产量完成全年预算的113.42%，全员劳动生产率比计划提高14.9%；储备资金比考核标准降低17.2%；修旧利废创造价值2787万元；发挥机修车间作用，加工、修复物资价值6011万元；商品煤成本同预算口径比下降8.2%，利润完成年度预算的1355%，同比增幅1083%，创历史最高水平。

五、结语

集团公司将蒙陕基地建设作为第二经济增长引擎打造，作为引擎的重要一员，公司承担着集团公司的重托，以及股东和员工的期望。因此，公司致力于深入推进混合所有制管理体制研究，全面总结推广先进管理经验，科学研究应用深部开采技术，攻关重大科技、管理创新课题，夯实基础，不断创新，发挥第二引擎的力量，打造行业一流的煤炭企业。

主创人：程茂玖　贺　军

参创人：王贵民　丛　利　李铁华　黄海阳　黄　贺　杨思慧　朱　影　崔效通

以"十要素"为核心的发电企业精细化管理实践

陕西商洛发电有限公司

陕西商洛发电有限公司（以下简称"商洛发电"）成立于2011年4月，是中国500强企业陕西投资集团有限公司（以下简称"陕投集团"）的全资子公司。商洛发电投资运营2台660兆瓦国产超超临界燃煤发电机组，2020年6月29日，转入商运期，主营业务为电力、热力的生产与销售。

2021年，商洛发电实现发电量60.64万千瓦时，供热55.33万吉焦，营业收入19.65亿元。在煤价暴涨的艰难时期，商洛发电推行以"十要素"为核心的精细化管理模式，成为陕西省同类型发电机组经营成果最好的煤电企业，树立了陕投集团煤电经营的标杆形象。

截至2021年年底，商洛发电拥有职工367人，总资产54.80亿元，净资产9.6亿元。

一、实施背景

（一）加快建成现代企业制度的需要

国有企业是党和国家最可信赖的依靠力量，是党治国理政重要的物质基础和政治基础。精细化是经济社会发展的必然趋势，推行精细化管理是加强国有企业内控体系制度化建设的有力手段，是国有企业加快现代企业制度建设的有效途径。

（二）提升企业盈利能力的需要

当前，新一轮电力体制改革深入推进，在燃煤发电领域，电量、电价市场化交易改革落地见效、持续深化。市场经济中最核心的竞争指标就是单位经营成本，商洛发电距离煤源远，燃料成本偏高，在竞价上网的形势下，经营压力倒逼企业必须自我改革、提质增效，实施精细化管理是商洛发电适应市场竞争、实现稳健经营的必然选择。

（三）打通内控流程壁垒的需要

传统发电企业普遍采用直线职能制的组织结构，这种组织结构存在一定的内在缺陷，难以适应市场环境的迅速变化。为突破部门间流程壁垒、防范内控风险、提高管理效率，精细化管理成了一种可行的解决方案。推行精细化管理，穿透部门直达岗位进行放大镜式的责权利探讨与规划，以超详细的制度文本形式，以超完备的流程管控标准，力争做到事事有人管、人人有事干，流程无断点、管理无盲区。

二、成果内涵和主要做法

（一）精细化管理的理论基础

所谓精细化管理，就是以精细操作和走动管理为基本特征，通过有效的人本机制，提高员工素质，规范作业流程和作业标准，消灭管理漏洞，控制作业过程，获得良好的作业效果，从而提高企业整体效益的管理方法。

想了解精细化管理的人也许会问："精细化管理与我何干？我如何去实现？我应该做什么？"商洛发电结合实践给精细化管理的定义是：精细化管理是企业由现状通往更精确、更细微、更协同，从而更有竞争力的一个持续优化的管理推进过程，它必须充分利用现代的管理科学和先进技术，在对效益与效率的不断评估权衡中实现管理水平的持续提升。精细化管理是因企业而异的，是因企业的发展阶段而异的，但其追求数字化、精致、细微、协同的最基本的理念则是一以贯之的。

（二）精细化管理的实施原则

1. 坚持安全第一

实施精细化管理，首先要强化"三基"，即打牢基础，夯实基层，苦练基本功，持续提高员工操作技能素质，加强运行及设备管理，确保安全生产的顺利进行。

2. 坚持提质增效

实施精细化管理，必须体现到经济效益上来，通过健全制度、规范流程、明晰责权等途径，坚持电力特色，坚持问题导向，重点是建立规范高效的运作体系，核心是推动企业改革发展与降本增效。

3. 坚持信息化引领

信息化是现代企业适应市场竞争的必由之路，要以建设好企业信息化平台为核心，以管控一体化为方向，努力建成涵盖企业生产、经营、行政管理全业务流程的全集成应用平台，打通部门间流程壁垒，推动企业实现高质量发展。

（三）精细化管理的工作目标

商洛发电2017年开始推行精细化管理时设定的目标是：学习借鉴优秀企业先进管理理念、经验和方法，按照“一年成型、两年成优、三年行业领先”的进度安排，着力构建“精细、高效、规范”的生产经营管理制度体系，努力实现“一保三增两降”（即保证安全，岗位增值、企业增效、员工增收，降成本、降风险）工作总目标，在国内发电行业精细化管理实践中打造样板工程。

（四）精细化管理“十要素”的具体内容

1. 岗位标准化管理

工作目标：岗位配置合理，岗级设置科学，岗位权责利明晰，作业标准与流程明确。

重点工作：集约化设立部门机构，合理划分部门职责，科学定岗、定编、定员，全员编制岗位标准（《岗位作业指导书》）。

2. 作业精细化管理

工作目标：在岗位职责及作业标准明确的基础上进一步规范作业流程管控，强化绩效考核兑现，科学引导价值分配，确保制度落地、安全生产、合规经营。

重点工作：加强制度建设，规范流程管控，实施部门及员工绩效考核制度；生产部门重点推行班组小指标竞赛，严格“两票三制”制度；职能部门重点推行目标管理，强化问题导向理念，聚焦绩效目标实现。

3. 干部走动式管理

工作目标：坚持管理重心下移、关口前移，让管理者把精力更多地放在生产现场，强化流程控制，确保安全生产。

重点工作：落实领导干部走动管理制度，加强信息化建设，完善发现问题反馈整改闭环机制，充分发挥领导干部的业务本领与管理能力。

4. 全员岗位描述

工作目标：在完成岗位作业指导书后，要求全体员工对各自岗位必须熟练掌握的核心内容须通过“三述两清”（岗位描述、手指口述、解答讲述，一口清、一图清）形式实现流畅描述。

重点工作：全员岗位描述达标率为100%，每年组织开展岗位描述竞赛。

5.基本功修炼

工作目标：提高员工综合素质，包括但不限于理论知识、专业技能、身心素质、职业素养等。

重点工作：做好员工专业技能与综合素养的培训教育工作，开展劳动竞赛、技能比武、学历提升、继续教育、文体活动、中心组理论学习等人力资源开发工作。

6.双险双控

工作目标：对生产经营全领域的危险与风险进行预控与管控，确保企业安全生产、稳健经营。

重点工作：加强安全管理制度建设，落实“两票三制”，加强两措执行，加强机组运行分析，加强设备维护与运行管理，加强外委单位及承包商管理；做好企业生产经营风险信息库更新完善工作，开展专项风险评估，做好“三重一大”、党风廉政建设等全面风险管理工作，防范和化解各类经营风险。

7.五项技术应用

工作目标：编码、定置、标识、看板、颜色五项技术在生产经营领域广泛实施，推动管理向表单化、卡片化、信息化、简单化方向发展。

重点工作：完善阀门管道介质流向与色环色号标识、污染物信息公示及职业健康危害提示；实施档案通识编码、企业视觉识别，开展示范岗评选，打造企业文化廊（路）、管理信息看板、厂务公开栏等；加强生产现场工器具定置摆放，检修现场看板管理，办公场所定置摆放等。

8.成本精细化管理

工作目标：成本费用归口责任明确，经营成本可控在控，挖潜增效成果明显。

重点工作：实施全面预算管理，成本费用实现全口径归口管理，成本指标计划到岗、落实到岗、考核到岗，每个人都有一两招降本增效之策。

9.营销精细化管理

工作目标：机组灵活可靠、服务电网质量过硬。

重点工作：开展机组灵活性改造，提高深度调峰性能，提升服务网调能力［深度调峰、AGC（自动发电控制）跟踪、设备可靠性等］；加强运行管理，模范遵守调度指令，提升电能质量（电压、频率和波形）控制水平；环境友好能力（环保、职业健康）建设。

10.行为养成

工作目标：在企业管理取得一定成效后，不断固化员工行为养成，参评质量评价体系或行业先进认证。

重点工作：巩固办公场所5S（整理、整顿、清扫、清洁、素养）定置管理成果，员工日常行为禁忌规范建立与实施，君子文化落地生根；省市文明单位、平安单位创建，安全生产标准化等级单位达标，电力行协标杆班组创建等。

（五）在推行精细化管理中形成的重要经验

自2017年以来，商洛发电以精细化管理理念为统领，以“十要素”落地为途径，通过多年努力，管理制度、管理流程更加完善，管理方法、管理手段更加有效，管理基础不断夯实，基本形成了系统完备、科学规范、运行高效的国有企业管理体系，企业总体管理能力明显提高，在国内发电企业精细化管理实践中取得了显著成绩。商洛发电成功推行精细化管理的经验可以概括为四方面：“一企一策”“两化融合”“三项业务”“四大特色”。

1.“一企一策”

商洛发电按照陕投集团管理创新工作“一企一策”原则，深入分析电力行业发展形势、深刻研究企业管理能力提升的内在规律，提出“一年成型、两年成优、三年行业领先”步骤安排，强调“效益至上”理念，实行内部市场化管理，提出一系列独创做法或理念，并在实践中取得显著成效，基本形成了具备电力特色、具有极强推广价值的精细化实施方案，真正做到了“实事求是、尊重规律，一企一策、易企易策”。

2.“两化融合”

商洛发电坚持“电力标准化与内控精细化”齐抓共建的有效手段，提出“两化融合、以评促改”的工作思路，将电力标准化体系建设作为管理提升的目标，将“十要素”落地作为管理提升的手段，将争创主流奖项（贯标评级）作为检验管理提升成效的手段，将经营效益提高作为管理提升的唯一标准。

3.“三项业务”

在“双碳”战略及电力市场化交易的背景下，面对距离煤源远、煤炭价格持续高位运行的巨大挑战，面对全电量，以及传统燃煤火电已沦为兜底保供的调峰机组进而带来的安全运行风险的影响，商洛发电调集资源、持续聚焦“电量营销、燃煤成本、安全生产”三大核心业务，着力提升关键流程环节精准管控与潜力激发。

4."四大特色"

（1）理念先行：坚持"从管理抓起、从干部做起"的实施理念，把岗位描述的重点放在管理干部群体，将管理提升的枪口对准经营流程。率先提出"业精融合，提升业务流程精细化"理念并将其写入年度方案，接续实施。总结提出"艰苦奋斗、精打细算"的经营理念，换脑子、转观念，成功推行常驻人员（含职工）用能收费模式，试点传统外委项目自理做法，以市场化的做法践行精细化管理理念。

（2）价值引导：对参加陕投集团"三述两清"竞赛的选手，给予奖励并重用；对在精细化工作中做出突出贡献的人员，坚持提岗激励；在干部提拔环节，将岗位描述达标作为必要环节，不达标、不任命。

（3）载体创新：商洛发电结合行业特点，研发"基于私有云的电厂管控一体化"信息系统（CMIS），该系统具备设备状态深度分析及全面诊断、发电成本实时精准测算、生产经营管理辅助决策、全业务线上审批等功能。基于该系统，商洛发电将"十要素"管理元素在功能开发阶段融入业务流程，实现了"十要素"上线，保障了要素落地的质量与效率。

（4）以人为本："事业成败、关键在人"，人才始终是企业发展的核心要素。商洛发电积极践行人才兴企战略，大力推行"三功两素"成果落地，提高员工履职能力与综合素养。商洛发电以超前理念，布局智慧电厂建设，大力推动现场危险作业自动化替代工程，已完成运行操作实时分析与绩效排名系统的开发上线，正在大范围布置机器人智能巡检系统，重点推进人员实时定位安全管理系统，关注员工职业健康，打造幸福和谐劳动关系。

三、实施效果

（一）管理水平

1.基建管理水平

通过实施精细化管理，商洛发电一期发电工程提前40天建成投运，在陕投集团同期获批的三个火电项目中拔得头筹。1号机组从首次并网至168小时试运结束，仅15天，刷新了电力建设工程史上同类型机组整套试运时间最快的纪录，在陕西省同时期开工建设的5个火电项目中，工期最短、质量最优。

2.安全管理水平

商洛发电两台机组开工建设至今，安全形势平稳，未发生任何不安全事件或环保事件。商洛发电是陕西省安全文化示范企业，商洛市健康企业、安全生产标准化一级达标企业；获得全国“安康杯”职工安全应急技能知识竞赛活动优秀组织单位奖，陕西省争做“职业健康达人”活动优秀组织单位奖。

3. 生产管理水平

商运后，1号机组于2020年7月27日首次并网至2021年4月2日调停检修，连续安全运行248天，创国内新投火电机组连续运行最高水平。根据中国电力企业联合会发布的机组能效对标数据，商洛发电两台机组的能耗指标处于同类型机组一流水平。

4. 经营管理水平

商洛发电坚持新发展理念，围绕主责主业做强做优热电产业链，持续提升企业抗风险能力，逐步形成“以电能供应为主体，以电网增值服务为辅助，以热电汽多联产及固废高附加值综合利用为补充”的经营格局，在煤价暴涨的2021年度成为陕西省同类型机组经营成果最好的煤电企业。

此外，通过实施精细化管理，商洛发电还获得商洛市文明单位标兵、商洛市优秀工业企业、陕投集团示范党委、陕投集团精细化管理工作先进单位、陕西省电力行业标兵班组等荣誉。

（二）经济效益

1. 国有资产保值增值

2021年，商洛发电完成发电量60.64亿千瓦时、预算完成率113.44%，实现营业收入19.65亿元、预算完成率128.32%。在煤价普遍高涨的严峻形势下，商洛发电成为陕西省内同类型火电企业经营成果最好的单位，实现了国有资产经营业绩目标，树立了陕投集团煤电经营模式的标杆。

2. 热电产业增效显著

商洛发电围绕主责主业做精做细热电产业链，2021年非电收入1.87亿元，成为商洛发电冲抵煤价上涨、减少亏损的关键因素。其中辅助服务收入1.25亿元，在深调容量仅占全省容量10.47%的情况下，收益占比达到18.8%，稳居全省电网29个统调火电厂第一，在实现经济效益的同时助力电网消纳新能源发电量2.2亿千瓦时。

3. 能效指标行业领跑

机组直接厂用电率4.45%，处于行业领跑水平，以设计值5.32%、年发电量60亿千瓦时测算，每年因多供电而增加的收入达到2220.59万元；供电煤耗299.80克/千瓦时，处于行业一流水平。

（三）社会效益

商洛发电两台660兆瓦燃煤火电机组2021年参与陕西省电网深度调峰，共增加收益9899万元，按深调电量补偿价格0.45元/千瓦时测算，保障电网直接消纳了2.2亿千瓦时的新能源发电量，减少标煤消耗量约68193吨，减少二氧化碳排放量约17.73万吨，对国家“双碳”目标的实现起到了巨大的推动作用。

主创人：郭进民　王战锋
参创人：曹　斌　任战宏

应用约束理论优化风险管理　持续改善、健全“1+2+X”招标采购管理体系

河北西柏坡发电有限责任公司

河北西柏坡发电有限责任公司（以下简称“西柏坡电力”）始建于1991年12月，位于革命老区石家庄市平山县境内。按照国家电力体制改革总体要求，公司于1998年6月改制为有限责任公司，为河北建投能源投资股份有限公司（以下简称“建投能源”）控股，是国家电网河北南网主力发电厂和建投能源的核心资产。目前总装机容量2520兆瓦，一、二期工程4×330兆瓦亚临界燃煤发电机组分别为国家“八五”、河北省“九五”重点建设项目，三期工程2×600兆瓦超临界燃煤发电机组为国家“十一五”重点建设项目。

2021年西柏坡电力面对新冠肺炎疫情防控、能源保供、煤价飙升、资金紧张等多重严峻考验，坚决贯彻落实集团公司和建投能源的部署安排，砥砺攻坚，各项工作呈现出稳中有进、稳中提质、稳中增效的良好态势，向石家庄市区供热面积达6000万平方米，保证了居民供热需求。

西柏坡电力继承和发扬西柏坡精神，坚持管理创新，在华北电网率先通过质量、环境、职业健康安全、党群体系认证。先后荣获全国文明单位、全国电力行业优秀企业、全国清洁生产示范企业、全国优秀工业园区、全国质量管理优秀企业、中国企业文化建设先进单位、全国模范职工之家等称号，连续多年位居河北省百强企业之列，连续七次被授予“河北省文明单位”称号。

一、实施背景

党的十八大以来，随着国家治理体系和治理能力现代化的不断推进，法律、法规和其他要求越来越明确具体，招标工作监督越来越严格，招标采购活动成了内外部审计的重点检查领域。国资委召开的对标世界一流采购交易管理体系推进会上指出，2021年中央企业采购总额超过13万亿元，公开采购率达到90%、电子招标率达到80%，

中央企业200万元以上采购交易数据全部纳入监管范围，国资委累计向中央企业提示各类风险问题近1700个，给国有资产造成较大流失风险和隐患。

西柏坡电力以简御繁、避虚就实，抓主要矛盾，将公司最关键的脉络明晰化，把复杂的事情简单化，以应对不断变化的环境。公司一直非常重视招标采购管理工作，为全面贯彻落实法律、法规和其他要求，在保证招标采购工作合法、合规、合情、合理的基础上，自2018年以来，持续改善采购实务操作程序和管理流程，注重监测和定期分析，以程序完整、文件规范、行为正确为管理目标，建立健全招标采购质量管理体系。

二、理论内涵和主要做法

约束理论是一套管理理念和管理原则，用于解决管理活动中什么需要改进、改进什么、怎么改进、改进成什么等问题，可以帮助企业识别出在实现目标的过程中存在着的制约因素，并进一步指出如何实施必要的改进措施，从而更有效地实现企业目标。约束理论的管理思想是将有效决策建立在数据和信息分析的基础上，抓“重中之重”，使最严重的制约因素凸显出来，避免管理陷入处理大量的事务中。

西柏坡电力始终坚持党的领导，始终坚持在公司党委的领导下组织招标管理工作。工作实践中，基于追求持续成功的质量管理方法，当面听、直接问，激发相关方的积极性、责任心和参与热情，领导层创造良好内部环境激励员工积极参与其中；应用约束理论，将自我评价作为重要工具，识别内控风险点、优势、劣势及改进的机会，以过程为基础，评价与目前程序的符合性并采取适当的纠正措施和预防措施，进行有效管理；应用PDCA（策划—实施—检查—处理）循环管理，将新流程和改善活动制度化，持续改善成效显著。用审计思维落实标前准备工作，用约束理论优化内控风险管理，实现过程控制，用外部督查的方法定期组织“回头看”，招标质量管理体系使企业方针得到充分落实。

（一）分析存在的约束，识别创新的需求和改进的机会

党的十八届三中全会以来，在以习近平同志为核心的党中央坚强领导下，立治有体，施治有序。国家层面冲破思想观念的束缚，突破利益固化的樊篱，在招标法系发布了发改法规规〔2018〕843号文、发改办法规〔2020〕770号文、国家发改委第16号令等多项法律、规定和其他要求，持续深化招标投标领域“放管服”改革，努力营造良好市场竞争环境。然而，当前招标投标领域还存在一些亟待解决的突出问题，主要集中在以下几个方面。

1.传统招标工作效率低，数据实证可追溯性差

传统招标规章制度烦琐，操作流程复杂，采购周期较长，大部分采用人工方式以

书面文件的形式操作，整个招标过程成本高，缺少监视、测量、分析、评审和报告环节，不能很好地和相关方保持信息沟通，也很难获取到反馈和建议。

2. 投标人资格条件设置高门槛或主观性条件，串通投标、挂靠和违法分包频发

挂靠、转包和违法分包行为隐蔽性越来越强，很难核实，只能通过提高资质等级规避风险，但这又导致资质“高消费”现象泛滥、低资质企业被迫挂靠。投标人串标、围标来排挤竞争对手，导致竞争不充分，严重干扰了招标投标活动秩序。

3. 招标文件编写质量不高，不能满足评标和履行合同需要

招标文件盲目执行或是照抄照搬习惯性做法，主要技术参数和保障性条款落实不到位，不能形成有效竞争，恶意低价中标情形屡见不鲜。

4. 评标流于形式，评标过程不严谨

评标委员会组成不规范、评标方法不科学不严谨，评标流于形式，对评标的公正性及质量产生不良影响。专家的入库管理、评标水平和职业素养有待进一步提高。

5. 合同管理监督不到位，项目管理出现偏差

招标管理是一项系统性工程，若商谈合同细节、合同与招标文件的一致性、履约管理、竣工验收和供应商评价等环节疏于管理，招标就不能起到提升采购质量的作用。

6. 普法教育不及时，迎检工作疲于应对

相关工作人员由于招标专业继续教育不到位，学习不积极主动，守法合规经营意识不强，有效文件、有效记录管理不规范，在接受审计、监督检查时需做的额外工作量大，有效沟通困难。

7. 招标代理委托服务不到位，管理不规范

招标代理必须随机应变，具有处理突发问题的能力。如果招标代理整体素质不高，执业过程中就会出现不专业、不规范的行为。代理人若不熟悉业务，则不能利用专业知识按项目特征为招标人提供咨询建议，或编写的招标文件格式内容“千篇一律”。

（二）采取措施解除约束，多管齐下不断创新

理念是行动的先导。西柏坡电力针对识别出的七项约束，组织关键要素、具体要素进行自我评价，多措并举解除约束，以实现理念、过程、方法及管理体系的创新，增强招标组织管理过程的稳定性，尽量避免管理不规范的情形发生。

理念创新，从“招不招”转为“招得好不好”，“招不招”是解决程序和底线问题，“招得好不好”则是解决质量和效率问题；过程创新，从纸质招标投标转为全流程电子招标投标，借助互联网完成采购交易；方法创新，在招标方案策划、招标文件编写、评标专家管理、供应商管理及合同条款设定等方面实现商务、技术、经济和法律的融合；管理体系创新，委托招标时选用第三方交易平台，引入竞争机制，提升招标代理服务附加值，为招标人生产经营增值赋能。

1. 坚持党委对招标工作的领导，党建与招标管理深度融合

坚持党委对招标管理工作的领导，公司领导班子成员为招标领导小组成员。公司党委按照党中央部署，时刻牢记“中国共产党是什么、要干什么”这个根本问题，以咬定青山不放松的执着、行百里者半九十的清醒奋力前行，不为任何干扰所惑。公司党委书记、总经理带头讲团结、讲原则、讲正气，对重要工作亲自部署、重大问题亲自过问、重点环节亲自协调、重大事项亲自督办，以上率下，形成“头雁效应”。公司党委着重强调招标组织工作要把纪律挺在前面，既要规范招标投标活动、提高工作效率、降低企业成本，又要预防腐败，要求红线不能碰、底线不能破，要让“红红脸、出出汗”成为常态。招标管理在做到应招必招的同时，兼顾“三重一大”决策，采购方案制订或变更严格按程序执行，不能出现规避决策、违反决策程序、擅自变更等违规情形。

“畏则不敢肆而德以成，无畏则从其所欲而及于祸。”官有所畏，业有所成，用党的纪律和规矩引导党员发挥先锋模范作用。西柏坡电力概算超过1000万元的项目，由公司分管领导担任项目负责人，对项目的合规性终身负责，营造了风清气正、清正廉明的干事创业氛围。每月招标工作计划、招标工作总结提交公司党委会、领导班子会讨论通过，畅所欲言、集思广益，铸就了踔厉奋发的工作局面。

2. 坚持系统思维，激发内生动力，落实新发展理念

非知之难，行之惟难。西柏坡电力坚持创新为先、风控为要，在践行社会主义核心价值观的基础上，把改革的着力点放到加强系统集成、精准施策上。以创造社会价值、促进生产经营与民生融合、提高盈利水平、加速绿色低碳转型为发展战略，通过领导作用培育“危机紧迫、民生融合、和谐高效、中流砥柱、价值体现”企业价值观。五个价值观既有各自内涵，又是一个相互贯通、相互促进、相互影响的整体，其系统地回答了关于企业发展的目的、动力、方式、路径等实践问题，既明确要求把新发展理念贯彻到企业发展的全过程，又强调了必须做到齐头并进、统一贯彻。同时，公司应激励员工积极参与进来，确保新发展理念在各个方面各个层级落地生根。

3. 强化敏感岗位管理，落实管办分离，相互制约和监督

招标管理内部控制的决策、执行和监督相互分离，确保不相容岗位相互分离、制约和监督，设招标办公室、项目承办部门、项目招标工作小组。招标办公室专门负责招标组织工作，全过程参与，内部做好服务、指导、检查、监督和考核；外部对招标代理机构和评标委员会工作进行监督，以防范应否未否、中标人不符合中标条件的审计风险。

西柏坡电力以集团公司、建投能源管控要求为基本原则，定期组织普法教育，并及时将适用的法律法规及其他要求汇编成册，营造学法、知法、懂法、守法氛围。强化日常监督管理，对小毛病早提醒、小缺点早批评、小错误早纠正、小问题早处理，把问题消灭在萌芽状态，切实把铁的纪律转化为行动自觉。

4. 明晰制度规则，塑造良好的公司外部形象

西柏坡电力明晰制度规则，规范市场秩序，坚守原则和底线，持续优化营商环境，向量身定做、设置高门槛、限制排斥潜在投标人等说“不”，做到了“八个不”。完善涉企保证金管理机制，只收取投标人缴纳的投标保证金和中标人提交的履约保证金、工程质量保证金和农民工工资保证金（如有）。实现保证金到期微信提醒等功能，防止出现因项目承办人遗忘、疏忽导致保证金未及时退还的法律风险。

5. 从确认采购需求开始，分类管理，泛招标问题基本解决

西柏坡电力采购管理体系区分燃料采购、物资采购、后勤服务采购和工程施工采购，不同采购需求选用不同的采购方式，具备招标条件的采用公开招标方式。始终恪守“零库存”管理理念，市场竞争充分的物资不储备，备品备件管理结合框架协议厂家备、低值易耗适量备、事故备品直管公司共享备，尽可能做到少备或不备。非招标采购品通过建投商务网询比和电子商城采购，方便快捷的一站式交易、一站式结算、一站式评价，促成了可靠的供应商合作关系和数字化的全面质量管理。

6. 四位一体贯标，从品质控制、品质保证提升到品质管理

建立健全招标采购质量管理体系，以相关方为关注焦点，明晰职责范围和管理分工，将有效决策建立在数据和信息分析的基础上，将招标活动和相关资源作为过程进行管理，将相互关联的过程作为体系来看待、理解和管理，以提高招标文件编写质量为突破口，以投标企业信用评价为抓手，以收取涉企保证金为监视测量手段，持续实施风险评估和策划过程，持续改进总体绩效，坚持合作共赢的原则，塑造公开、公平、公正和诚实守信的招标人形象。

西柏坡电力坚持问题导向，实施标杆对比，闭环管理不符合项。为提高招标成功率，使用系统的方法对获取的数据进行有效评审，及时发现了一些潜在性、隐蔽性的

“卡脖子”问题，识别绩效差距，制订改进计划并加以监督，改进过程遵循策划—实施—检查—处置（PDCA）循环管理，并将工作经验纳入规范化管理流程。为尽量减少恶意低价中标情况，结合市场调研确定科学合理的门槛，回归主要技术参数本质要求，精准描述对实质性响应的要求和验收标准，将异常低价作为评审因素，明确评审标准。

内部审核日常化，对制度流程适宜性、采购时效性、资格条件设置公正性、规则透明性、过程合规性等进行检查，提出对策建议，配合项目承办部门规范日常招标采购工作，对发现的问题立行立改，建立长效机制。持续完善招标采购质量管理体系，做到职责清晰、原则明确、程序完善、工作依据充分、内容方法得当和反馈应用顺畅。

7. 全面实现全流程电子招标，基于数据分析，优化采购效果

自2020年2月起，西柏坡电力全面实现全流程电子招标，工作过程被有效记录和管理，交易活动在公司外部实现了标准化、规范化、智慧化和数字化。为推动管理智慧化与业务数字化的融合应用和集成创新，公司将招标采购管理与公司多个管理模块关联集成，搭建系统管理体系，建立了标准化的管理规范、操作规范和服务规范。从流程管理入手，对每一流程进行详细分解，明确各步骤的工作标准和功能需求目标，公司内部流程基本实现标准化、规范化、精细化和数字化。利用基础数据信息，对已完成项目分类整合，结合内外部数据比对，并具体应用在招标文件编写上，进而实现项目管理、费用管理和目标管理。

8. 建立健全内控机制，实行项目负责制

公司从实际需求出发，推行体系化管理，用制度力量促进行动自觉。在选择招标代理机构、编制招标文件、组织评标委员会评标、公示评标资料等关键环节，加强过程管理，确保可控在控。建立健全招标活动内控机制，以岗位管理、流程管理为落脚点实施精细管理，以管理制度、程序文件和管理流程明晰招标活动任务、时限和标准，解决了谁来干、干什么、怎么干、什么时间干、干到什么程度、干好干坏会怎样的问题。按制度办事的观念强了，推诿扯皮明显少了，工作效率明显提高。

建立日报、周报、月报、年报机制。招标办公室在开标前一天落实标前准备工作，开评标情况当天第一时间报告招标领导小组。每周公告工作完成情况和下周工作安排，对需要关注的事项依据紧急重要程度醒目标注。在公司主页发布，月度招标计划批复情况及公示月度招标结果，月度工作分析坚持问题导向。月报、年报呈送公司党委、招标投标领导小组审阅，并以下发会议纪要的形式督促招标办公室落实整改，关闭不符合项。

实行项目负责制，深度凝聚员工智慧和力量。按照“谁承办谁负责”的原则，以项目为管理单元，公司委派的招标人代表对项目总体负责。项目承办人负责过程控制、全面质量管理及合规性检查等具体事务；招标代理对招标组织工作和招标文件的合规性负责；招标办公室负责服务、指导、检查、监督和考核，主动接受工作效能督查和公司内控评价。

9.以招标文件质量为抓手，以问题为导向，招标活动质量持续提升

招标文件是招标活动的基础及重要指导文件，西柏坡电力实行“一项目一编制”，在确认采购需求后即启动招标文件编写工作，在招标计划获得批复后招标文件经招标领导小组组长签发后公告。西柏坡电力自2018年起全面使用国家八部委联合发布的标准招标文件，并结合项目具体特点和工作需求编写专用条款内容，通过对前附表内容不断创新和反复试错，将持续改善成果固化为招标文件条款内容并与招标文件正文无缝衔接。固定条款越来越多，重复工作越来越少，管理创新成效日益凸显。招标文件作为有效管控文件，严格执行编写、审核、批准和签发管理流程。采购变更事项实行备案制，通过推行《采购项目变更申请表》《计划外资金申请表》，管控项目变更和超概定标。

10.落实招标人主体责任，招标人代表担任评标委员会负责人

落实主体责任，招标人依法组建评标委员会，强化评标委员会组织工作。唱标结束后，工作监督、招标代理和招标办公室三方同时在场，结合项目特点和工作需求，科学合理地按专业分类确定评标专家，随机从河北省统一专家库抽取评标专家，既有项目相关专业人士，也有财税管理、审计管理或全过程咨询方面的专业人士。明确由公司委派的招标人代表担任评标委员会负责人，并由其负责组织评标工作。

评标采用线上独立评审方式，程序性事务由第三方交易平台线上操作，招标代理和评标委员会全过程接受工作监督和纪检监察。招标办公室收到评标资料后在定标确认初核环节抽样复核评标活动质量，对应否未否、中标人不符合中标条件的问题，一经发现，立即敦促招标代理组织原评标委员会复核，同时将评标专家评标质量记录在日常评价管理台账。依法履行信息公开责任，建立公正高效的异议处理机制，切实增强评标环节监督效果，提高异议的处理效率，加大处理力度。

11.做好供应商管理信用体系建设，构建高质量供应链体系

实施投标企业日常信用评价管理机制，建立违规违约供应商的档案及信用数据库，确保信息可追溯。管理投标企业秉持合作共赢、促进交易的工作理念，不断优化营商环境，塑造公平、公正、公开和诚实守信的招标人形象。依据《招标供应商评价管理实施细则》，结合《投标企业日常信用评价管理情况》，落实评标委员会认定的围标、串标和弄虚作假事项，3日内完成信用评价管理，7日内在公司主页公告，3年内不允许其参加招标人的采购活动。在集团公司和建投能源系统企业中建立共享制度，对评价结果纳入观察期、黑名单管理的供应商联合惩戒，形成震慑效应。通过建立健康可持续发展的供应商关系，潜在投标人参与投标的积极性不断提高。

12.“回头看”工作常态化，后评价助力招标活动质量提升

依据法律法规和其他要求，西柏坡电力将诸多过程作为系统来管理，定期评价优势、劣势、机会和威胁，并采取适宜的措施加以改进。选择招标计划完成率、招标管理不规范发生率、项目资金结余率作为关键绩效指标，通过对标和内部审核，识别出良好实践、风险、问题、不符合项和改进机会，采取纠正措施关闭不符合项，从而提高过程的有效性和工作效率。

一般项目由招标办公室对招标工作进行检查，评标工作结束后，核查合同与招标文件、投标文件是否存在重大偏差，从问题发生率、节资率、工作效率和相关方满意度四个维度梳理问题清单，形成评价意见。重点项目由集团公司委托第三方机构纵向分析全过程，重点关注采购策略、授权效果、采购效率、供应商管理、合同变更、分包管理及监管机制等专项问题。通过开展招标管理后评价工作，找到提升管理水平的方法，问题整改取得成效。

13.开发招标管理软件和手机小程序，确保有效沟通

坚持规范管理与“小、实、新”相结合，聚焦大事小情，激活末梢神经，实现有效沟通“零距离”。简明清晰的管理流程，稳妥靠谱的有效记录，将招标工作的可追溯性落到了实处。创建协同办公系统，开发客户端小程序，通过手机“实时指尖办”。持续完善招标采购管理软件，实现无纸化办公，提高了工作效率，也达到了保密的要求。开设三个邮箱和五个微信群，针对不同工作内容明确了不同的信息传达路径。除了在微信群点对点沟通，还组织座谈会、招标文件审核会、专项工作视频会等面对面形式的沟通。用足用好招标代理机构，对招标代理提出高标准严要求，强调痕迹管理、资料管理、闭环管理和效率管理，西柏坡电力的多项工作在建投能源系统企业中走在了前列。

14.招标档案的规范化管理，有效掌握项目招标过程

西柏坡电力高度重视招标档案管理，建立和完善了科学合理的管理制度，大数据时代下纸质档案向电子档案转化，坚持双套管理原则，有能够体现文档真实情况的纸质档案，也有能够便于查询、传输及存储的电子档案。执行严格的档案管理制度，确保招标资料齐全完整。通过招标资料的归档、交接和验收，对招标活动各个流程是否规范运作“回头看”、再检查，做好招标档案管理工作实际上也是保证招标工作质量的一种手段。相关工作人员履行相关手续后可以借阅、查询整套纸质版招标资料。

15.用审计思维开展工作，招标管理与效能监察融合

加强事前事中管理。策划招标方案时综合考虑风险分担，保险、合同计价方式及支付条件，变更与索赔、争议解决方式，以及质量安全与环保措施，同时细化管理措

施，为实现项目管理目标提供总体策划思路。在此基础上，将策划思路转化为合同语言、合同主张，为提升项目投资效益提供契约保证。遇到异议、投诉时，首先依据法律、法规和招标文件提供书面答复意见；遇到变更、索赔时，首先依据合同文件提供书面参考意见；遇到巡视、审计时，首先依据法律、法规和合同文件提供书面解释意见。

招标管理与效能监察融合。紧盯招标关键环节和载体，确保过程可控、在控。招标办公室每周向工作监督报备项目开评标计划，工作监督安排专人到场全过程监督责任落实情况并留存记录备查。评标委员会成员在开始评标前签订承诺书。招标办公室结合效能监察报告，对发现的问题制订整改措施和纠正措施，后续再跟进整改措施效果评价，关闭不符合项，形成闭环管理，将管理风险消灭在萌芽状态。

三、实施效果

（一）内部优化

建立健全了招标质量管理体系，使管理流程简洁，职责权限明确。全面实施全流程电子招标，实现了全程有规则、有应用、有记录、可追溯，做到了程序完整、文件规范、行为正确。多项实务操作技巧在建投能源系统企业中得到推广应用，也在公司外部赢得了广泛认可。

（二）经济效益分析

在公司外部塑造了良好的招标人形象，吸引更多的潜在投标人积极参与投标，确保了充分竞争。招标采购组织管理实务操作流程简洁清晰，公司内部协同管理效率显著提升，实现了工期、质量、安全和费用管控目标。关注人、机、料、法、环、测等因素，降本增效成果显现。直接经济效益统计情况如表1、表2和表3所示。

表1　资金结余率

序号	年度	概算（万元）	中标金额（万元）	资金结余率
1	2019	31686.93	30013.2783	5.28%
2	2020	41869.47	39272.6583	6.20%
3	2021	31837.52	28529.83173	10.39%

表2　招标计划完成率

序号	年度	批复项数（项）	完成项数（项）	完成率
1	2019	285	203	71.23%
2	2020	223	190	85.20%
3	2021	141	134	95.04%

表3　管理不规范问题发生率

序号	年度	招标项数（项）	问题数量（项）	发生率
1	2019年	203	9	4.43%
2	2020年	190	5	2.63%
3	2021年	134	2	1.49%

（三）社会效益分析

按计划组织招标，基本满足了公司安全生产经营需求；全流程电子招标，使招标费用大幅降低；合同款项结算及时，维护了社会稳定。该成果提出了具有创新性、实践性和效益性的办法和措施，优于原有管理模式并有重大改进，符合深化企业改革、提高企业自主创新能力和加强科学管理的总体要求，能紧密联系企业具体情况和热点难点问题，运用现代管理科学理论，践行精益管理理念。经实践证明，该成果对西柏坡电力发展起到了促进作用，明显提升了公司管理水平和管理效率，经济效益显著。此外，对建投能源系统内企业或其他国有企业也有较为突出的借鉴价值，值得普遍推广。

应用约束理论优化风险管理，建立健全招标采购质量管理体系，提升了招标投标活动质量，取得了良好的经济效益和社会效益，并得到了有关部门的肯定。但随着改革创新的推进，招标采购质量管理体系的广度和深度还将不断拓展。后续围绕国内新冠肺炎疫情多点散发等新情况、新挑战，西柏坡电力将未雨绸缪，不断优化管控手段，着力提升招标采购活动质量，将创新成果融入公司信息系统集成应用，不断提高招标采购管理标准化、规范化、精益化水平，防范风险，为公司强化采购管理、促进国有资产保值增值发挥更大的作用。

主创人：张寿岩　张文兴
参创人：曹智杰　史卫刚　鲁　安　邓志军　王东亮　张　彤　杜录平　孔　杰
付俊杰　方　芳

改革创新　百亿跨越再塑洛铜辉煌

中铝洛阳铜加工有限公司

中铝洛阳铜加工有限公司（以下简称“洛阳铜加工”）创建于1954年，是我国“一五”期间兴建的156项重点工程之一，是中国铝业集团有限公司（以下简称“中铝集团”）旗下四级全资子公司，是集铜镍及其合金板、带、箔、管、棒材，铝镁材加工和配套的技术、检测在内的研、产、供、销于一体的综合性有色金属加工公司，下设5个部室、4个职能部门、1个营销公司、1个技术中心、1个检测中心、3个生产厂、2个事业部，共有职工1600余人。可生产有色金属加工材合金牌号175个，品种760余个，规格上万种，年产能13.8万吨。产品广泛应用于航空、航天、冶金、机电、电子信息、5G、新能源、建筑、化工、轻工、能源等国民经济各行各业。

洛阳铜加工历经60多年发展历史，拥有我国铜加工行业最早的“国家级企业技术中心”和“国家认可实验室”，以及“中国有色金属工业重金属加工材质检站”和“国家铜合金标准样品生产许可证”，通过国家系列管理体系认证，是国家高新技术企业及河南省创新龙头企业。公司取得近百项专利，工艺技术、产品开发科研创新成果，形成了自身的品牌优势和核心竞争力；先后承担了大批国家级项目，参与编制铜加工行业重要产品国家标准，研发与生产一直保持着行业主导地位，是国内极具影响力的综合性有色金属加工企业。

一、实施背景

洛阳铜加工位于“九朝古都、牡丹花城”洛阳，1954年筹建成立时称为洛阳有色金属加工厂，1965年正式投产，1967年更名为黄河冶炼厂，1972年更名为洛阳铜加工厂，1998年改制为洛阳铜加工集团有限责任公司，2005年中铝集团收购洛阳铜加工集团有限责任公司核心资产，成立中铝洛阳铜业有限公司（以下简称“洛阳铜业”），2016年7月洛阳铜业集中产供销主业资源，成立了中铝洛阳铜加工有限公司。

洛阳铜加工经历了国有企业改革漫长的探索和发展过程，作为当年计划经济时代铜材一卷难求的“铜老大”，更深刻体验到市场经济下民营企业迅速崛起、攻城略地的残酷市场竞争。特别是近些年来，因行业产能过剩、市场价格倒挂等外部环境因素，企业适应市场变化的能力弱，产能利用率低、资产负债率高、劳动生产率低、产品成本缺乏竞争力等问题凸显，造成企业连续亏损，职工队伍士气低落。

2021年是中央企业贯彻落实《国企改革三年行动方案（2020—2022年）》的关键之年，也是国家“十四五”的开局之年，做强做优做大国有经济，提升改革综合成效，是中铝集团实现企业高质量发展的首要目标。

同年1月，洛阳铜加工作为中铝集团、中国铜业有限公司（以下简称“中国铜业”）推行职业经理人市场化改革的试点单位，致力于在铜加工行业利润率持续保持低位运行，新冠肺炎疫情传播的高度不确定性，金属原料价格跌宕起伏，能源、环保成本持续上扬，原料、销售“两头在外”的行业市场竞争趋于白热化的外部环境下，刀刃向内、破釜沉舟，实施市场化改革创新发展举措，提振干部职工士气信心，一举甩掉连年亏损的帽子，努力担当国家、社会双重责任，切实把改革成果转化为经营效果，实现国有企业本质脱困，倾力再塑洛铜辉煌。

二、内涵和主要做法

2021年，洛阳铜加工党委始终贯彻“党建是搞好央企的法宝”的重要理念，立足公司管理经营现状，充分发挥党委把方向、管大局、促落实的作用，团结和带领干部员工“转观念、转作风、转方法”，以“市场化改革”为主线、以“全要素对标”为路径、以“工作任务清单”为抓手，实施刀刃向内的“三项制度”改革，统筹推进“11511”[①]经营策略的实施。在此之下，洛阳铜加工的盈利水平、运营质量均取得了新突破，提前5个月完成市场化改革首年利润目标，2021年共实现加工材销量11.55万吨，实现利润7112万元，超年度目标3512万元，同比增利10141万元；实现营业收入100.87亿元，在企业60多年发展历史上首次跨越百亿元大关，提前实现了洛阳铜加工扭亏为盈、本质脱困的目标。

按照中铝集团、中国铜业的顶层设计，洛阳铜加工深刻理解市场化改革内涵，准确把握市场化改革方向，精准聚焦市场化改革主线，敏锐捕捉市场化改革关键，由内向外建立起同利同向、有机善变的市场化管理机制；通过全要素对标打造市场化运营体系，扬长避短，集合“技术研发+极限降本”的竞争优势综合发力，跑出高质量发展的动力加速度；以工作任务清单为抓手，强化公司治理、执行和创新能力建设，激发干部员工主动性、积极性、创造性，用“三转”推动企业效率、效能、效益“三提升”。

① “11511”中的“1”代表党建引领铸根魂；“1”代表深化改革添活力；“5”代表五个“并进”补短板；“1”代表清单管控抓落地；“1”代表价值创造强弱项。

（一）以市场化改革为主线，建立同利同向、有机善变的管理机制

市场化改革要求企业按照市场这根“指挥棒”的方向实现良性有机运转。洛阳铜加工严格遵循市场法则，按照“市场化选聘、契约化管理、差异化薪酬、市场化退出”的基本要求，发挥三项制度改革的功力效能，从源头激活企业内生动力。

1.实现经营主体的市场化

洛阳铜加工按照“整体推进，分类实施，一厂一策”的原则，在产供销相对独立的管棒厂、铝镁板带厂实施事业部改革，通过面向全员的选聘，分别与当选的两个事业部领导班子签订经营协议，明确年度利润三级（底线、年度、挑战）目标，建立工资总额与利润完成度同向联动机制和超额利润分享机制，实施月度考核、季度跟进、半年预警的管理模式；同时建立责权利对等机制，在责任封闭管理的基础上下放薪酬分配权、选人用人权等管理权限，做到“既放得开，又管得住”。通过模拟经营主体的市场化运作，管棒事业部2021年实现销量9578吨，考核利润完成1147.39万元；铝镁事业部年度产销量同比增长45.70%，累计实现净利润421万元。中铝洛阳铜业检测技术有限公司在完成由第一轮契约化经营模式改革到第二轮职业经理人制度改革的蜕变后，实现外部创收314.59万元，同比增幅6.11%，有效激发了经营活力，提高了经营业绩。

同时，洛阳铜加工根据各产线特点，率先在铝镁板带厂宽厚板生产线推行了“模拟市场”的赋能承包试点，明确责、权、利，划定承包红线，将工资收入与经营效果直接挂钩，2021年实现产量9255吨，同比增长49%，员工平均收入在实施减人增量的前提下同比增长19.88%。

2.做好组织机构的加减法

洛阳铜加工经历了数次管理变革，虽然组织机构的数量一直在压缩，但是整体管控水平未得到有效提高，特别是在制约铜加工行业发展的关键环节——装备和质量管理方面尤为突出。2021年的市场化改革实行了“机构能增能减”的策略，根据经营所需做好加法：成立了工艺质量管理部、装备保障部，将原有装备管理、工艺质量管理职能由生产管理部统一管理变为分部门专业管理，强化了装备和质量的管理职能，弥补了当前的管理短板。用好减法：打破业务模块壁垒，优化压减部门内设机构，业务模块由101个减少到69个，精简比例达32%以上，组织运行效率得到显著提升。

3.推行绩效考核的差异化

洛阳铜加工制定“一厂一法”考核指标体系，以业绩考核定收入，强化考核结果

导向作用，合理拉开薪酬分配差距。营销公司重点考核订单净值对利润的贡献，鼓励业务人员提量提价，对超过目标单位加工费收入部分，直接按吨提成奖励，收入分配差距最高达到8倍；技术研发中心实行新品研发项目团队负责制，把薪酬向骨干员工、关键岗位倾斜，收入差距拉大到3倍；生产系统划小核算单元，做到多劳多得，优劳优得，重点解决“为谁干”的问题，让以绩取酬成为常态，保持职工团队工作状态饱满，干劲十足。

4.构建用工机制的动态化

建立全员竞争上岗、动态考核、离岗培训及退出机制，形成“岗位有竞争、保岗有实力、在岗有考核、收入凭贡献”的常态用工激励机制。

封存干部职级，强化管理职务。经过管理岗位全员竞聘，洛阳铜加工管理人员从330人压减到200人以内，占比由之前的22%降至12.8%，超过对标的先进企业。其中：中层管理人员从42人压减到33人，精简21%；业务主管从152人压减到100人，精简34%。精简下来的管理人员充实到技术、生产一线，管理干部队伍进一步优化。

建立人力资源“蓄水池”——内部劳动力市场，实现人力资源竞争性流动，按需使用、共享协同。综合管理部武保模块4名复员转业门岗执勤人员，被充实调整到电子带厂，补充了生产一线人员所需；按照经营战略，熔铸厂分两批次选派27名生产操作管理人员组团奔赴江西省开疆拓土，为洛阳铜加工扩展企业经营外延、实现内外部资源共享互补做出了有益尝试和改革创新。

（二）以全要素对标为路径，集成“技术创新+极限降本”跑出高质量发展动力加速度

1.建立全要素高标准的价值管理体系

通过全要素对标行业先进标杆，拓展眼界、找准目标，采取“请进来、走出去”的办法，全方位学习先进企业的管理经验，补短板、强弱项，建立洛阳铜加工全要素高标准价值管理体系。2021年通过对标、追标，公司劳动生产率、销量、综合能耗、金属占用、结构成品率、火耗、成费比7项对标指标均高于历史水平及公司年度目标。其中：单位加工费、折旧费用2项指标超标；销量、利润、吨利润、产能利用率4项指标优化60%~100%；完全成本、人工成本、实物劳动生产率3项指标优化30%~60%；财务费用、综合能耗、综合成品率3项指标优化0~30%。

洛阳铜加工在不断拉近与行业先进水平差距的基础上，发挥以财务管理为主线的价值管理体系在对标过程中的积极导向作用，通过预算指向目标，层层分解压实，产能利用率同比增长33.46%；实物劳动生产率同比增长40.41%；加工制造成本同比下降13.45%，盈利能力显著增强。

2.建立市场驱动型内部管理运行体系

洛阳铜加工紧跟市场变化和预期，建立起“销售围着市场转，生产围着销售转，采购围绕生产转，一切围绕效益转”的市场驱动型内部管理运行体系，实现市场与现场的有效对接。

（1）围绕市场上规模：集合多方资源，因地制宜、统筹兼顾，一手抓市场做研判；一手抓现场精预算。按照市场需求推行精益化管理，以日保节、以节保月，月度产量连续突破万吨，重点产品销量屡创新高，实现了产销联动的良性发展，以市场为导向的生产运行模式基本形成。2021年，框架材料产销量全年同比增长39.78%；变压器带产销量同比增长34%；全年万元以上加工费产品销量完成年度任务指标的183.89%，年度单位加工费超出考核指标55元/吨，为实现年度利润目标提供了坚实保障。

（2）围绕客户提质量：以客户需求为导向，以质量管理体系建设为抓手，从提升成品率、降低退换货率、专题审核、QC（质量控制）小组活动等方面多管齐下，针对成品率提升，重点从工艺废品、几何损失、减少余料三个方面设定目标，做清单式推进和闭环管理，2021年固定结构成品率同比提高2.4个百分点；质量退换货率同比下降1.26个百分点，A、B类质量事故发生率为0；熔铸厂“提高框架炉熔炼炉炉龄”项目、电子带厂的“降低介质消耗”项目获得有色金属行业优秀（二级）质量管理小组荣誉称号，板带厂的“降低中厚板翘曲退换货”项目获得中铝集团优秀质量管理小组的荣誉称号。

（3）围绕质量强装备：围绕成品率提升目标，加大关键工序设备改造和提升力度。5#、7#炉改造增加了铸锭生产品种并提升了大规格铸锭生产能力；气垫式连续热处理炉生产线的投产，满足了国产替代“卡脖子”需求，成为洛阳铜加工又一柄装备“利器”；持续推进模范工厂创建，严格执行设备维护保养工作计划，挖掘设备创效能力，构建设备管理体系，为公司实现产品质量稳定和安全生产保驾护航。2021年，公司A+设备平均故障率较考核指标下降0.18个百分点；设备维修费同比下降6.8%，吨单耗较考核指标下降30.5%。

3.建立洛铜特色的竞争优势体系

洛阳铜加工凭借行业独特地位和创新团队，在技术研发方面有着得天独厚的优势。

（1）打造材料技术研发“天花板”：围绕新基建、新能源、国家重点工程对新材料的需求领域，发挥自身材料研发优势，培育高强、高导、高性能铜合金“拳头”产品，稳步实现产业化，2021年全年高附加值新产品销量比2020年同期增加78.2%，成为企业利润构成金字塔的“塔尖”。

洛阳铜加工对各级各类科研项目定向配置人、财和生产资源，确保研发储备丰厚，技术后劲持续，2021年承担多项国家级、省部级、集团重点科技项目，国家发展和改革委员会对公司所属国家级企业技术中心评价为“良好”。“一流企业定标准”，2021年洛阳铜加工主持编制完成国标3项、行标3项，主持的国家标准《加工铜及铜合金牌号和化学成分》荣获2021年度全国有色金属标准化技术委员会技术标准优秀奖一等奖；《铜及铜合金板带材产品系列国家标准研制》获2021年度中国有色金属工业科学技术奖二等奖；汽车整流子用高导耐磨无氧银铜获上海有色行业协会颁发的2021最具潜力的汽车材料应用奖。2021年共申请专利10项，获专利授权5项，洛阳铜加工一直保持着在铜加工行业的领先地位和话语权。

（2）铺设极限降本“地平线”：成本是铜加工企业的核心竞争力。洛阳铜加工抓实抓细成本管控，在各生产厂建立“节约归己，超额自担”降本机制，通过多种举措实现降本增效。2021年，熔铸厂单位加工成本降幅达4.94%；电子带厂单位加工成本降幅达15.36%；板带厂单位加工成本降幅达24.41%；公司加工材吨产品综合能耗同比下降59千克标煤/吨。

原料采购是铜加工行业的成本大头。洛阳铜加工围绕生产需求构建经营模型，紧盯金属市场行情采取长、短周期，日、夜盘双结合的方式竞价点价，2021年实现原料采购降本1400万余元；加快实施“两低、两地”战略，全面铺开内外铸锭资源互补，细化内部金属旧料流通和使用，实现管理降本614.8万元；拓宽备件辅材等采购渠道，与兄弟企业采取“联采拥量压价”等办法，实现精准降本471.8万元。

（三）以工作任务清单为抓手，强化干部执行力、公司治理能力和改革创新力建设，用“三转”推动“三提升”

洛阳铜加工重点抓好“主席台”和“前三排”等关键骨干力量的工作执行力、公司治理能力和改革创新力建设，用“转观念、转作风、转方法”推动思维变革，夯实自主管理、自觉创新的思想基础，运用清单工具抓落实，实现效率、效能、效益“三提升”。

1.工作清单提升干部执行力

洛阳铜加工结合“赶超标杆我能干成什么”大讨论，提出“学党史、办实事，学鞍钢、见行动”的工作思路，先后组织中层管理人员和业务骨干百余人次到宁波兴业盛泰集团有限公司、山东铝业有限公司、郑州煤矿机械集团股份有限公司等先进企业进行对标学习交流，开展交流研讨16次；开展“我为群众办实事”132项。党员干部思想认识进一步提高，工作作风进一步改进，市场化改革的决心和信心更加坚定。

对全体中层管理人员实行任期制、契约化管理，强化干部的责任意识和担当意识，以重点工作任务清单为抓手，管理人员分层级对工作任务清单完成情况进行周汇报、月总结、季评价，公司对评价结果严格依照《中层管理人员执行力评价办法》进行周期考核，刚性考核、刚性兑现、刚性淘汰，管理人员工作效率得到有效提升。

2. 制度建设提升公司治理力

2021年1月，职业经理人市场化改革在公司全面铺开，公司迅速建立了由3名外部董事、1名职工董事、1名内部董事共5人组成的董事会，完善了公司监事会，健全了公司法人治理结构。结合法律法规和公司经营实际修订《公司章程》，围绕定战略、作决策、防风险制定《董事会议事规则》，全面建立董事会向经理层授权的管理制度，充分发挥经理层谋经营、抓落实、强管理作用，建立起“各司其职、各负其责，协调运转、有效制衡”的公司治理结构。

通过持续推动落实“两个一以贯之”，优化制度建设，克服老国有企业的僵化思想，致力守正创新，推进管理流程再造，在内部推行简单实用的制度和流程，让员工在从事简单快乐的工作的同时，提升公司治理能力和风险管控能力。2021年，洛阳铜加工制定制度4项，修订25项，废止3项，完成“立改废”计划的100%，工作管理效能得到有效提升。

3. 运营优化提升改革创新力

国有企业改革必然会触动多方面利益，特别是在历史悠久、文化底蕴深厚的老国有企业。管理硬核的形成旷日持久，在历次改革中，虽然有形的改革行为推进如火如荼，但随着时间的推移往往是“雨过地皮湿”，组织机构压减了，职工人数从20世纪80年代的1万余人精减到现在的1600余人，但是管理思路和管理方法依然涛声依旧，那么无形的改革思维怎样才能深入人心并使老国有企业发生本质上的转变呢？

洛阳铜加工结合历次改革的经验教训，把握当前所处阶段的靶向重点和工作方法，既不生搬硬套，更不一成不变，而是结合阶段问题找准方向、精准赋能，成立了运营优化、深化改革、人力资源保障、工作清单督导、成本管理服务5个专业领导小组（见图1），从公司战略层面和组织层面加强对创新和改革的引领、统筹和带动，有针对性地开展工作。

运营优化领导小组通过突出运营评价纵向穿透职能，聚焦公司运营关键流程，从公司高管层自上而下进行垂直管理，打破横向管理界限，从组织层面“破冰、融核、渗透”，充分发挥专家库、智囊团的管理和技术优势，通过“讲方法、优机制、建平台”等路径，立足三个维度（公司、部门之间、各单位）进行系统优化，从提质、增效、降本、节能等生产经营重点入手，解决生产经营中存在的薄弱环节和难点、堵点，化无形为有形，从量变到质变，引导激发职能部门的改革思维和创新能力，使之演化成为企业创新发展的自觉管理行为，推动企业创造效益，实现良性发展，赋予企业新的生命和活力。

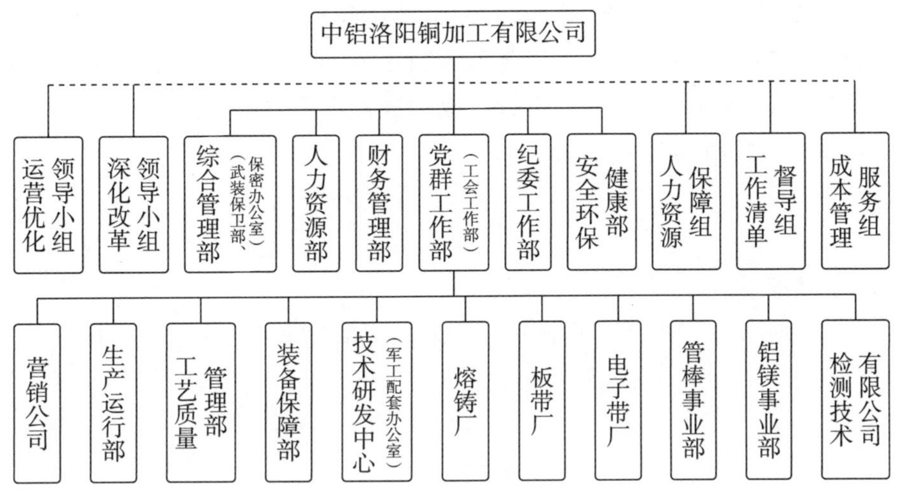

图1　组织架构

三、实施效果

洛阳铜加工通过一年来推进职业经理人市场化改革的系列管理创新，解决了一个60多年的老国有企业以往想解决而没有解决的问题，办成了过去想办而没有办成的大事。

（1）营业收入突破百亿元：2021年完成销量11.55万吨，其中：铜加工材11.33万吨，同比增加33.27%；铝镁材1808吨，同比增加45.69%。全年实现营业收入100.87亿元，历史首次突破百亿元大关。

（2）盈利能力显著增强：从2021年2月开始扭亏为盈，全年完成利润7112万元，超年度目标3512万元，同比增利10141万元，全年大幅超额完成市场化改革首年考核目标。

（3）运营质量持续改善：通过对标先进、极限降本，完全成本每吨下降851元，同比降幅达12.69%；铜加工材固定结构成品率比2020年同期提高2.4个百分点；年度质量退换货率比2020年同期降低1.26个百分点。

（4）社会责任履职担当：实现重伤以上事故为零、一般以上环境污染事故为零、新增职业病为零、重大消防和厂内交通事故为零的年度目标；加大系列节能环保设备投入改造力度，在实现降碳节能的基础上，达到汾渭平原超低排放标准等国家环保要求；完成国家重点产品任务，积极履行中央企业的责任担当。

在职业经理人市场化改革的进程中，洛阳铜加工实现了本质脱困、扭亏为盈，取得了深化改革和生产经营的“双丰收”，创造了营收过百亿元的历史性跨越。但老国有企业改革发展的道路依然任重而道远，今后一段时期将是洛阳铜加工发展的关键时期，也是洛阳铜加工推行职业经理人市场化改革的攻坚阶段。面对严峻的市场形势，洛阳铜加工将坚持党建引领、开拓创新，不断激发队伍活力，掌握生产经营主动权，2022年统筹推进“1+2+N”举措，力争实现“13513”（即年产销规模突破13.5万吨，利润1.3亿元）的奋斗目标，用两年时间实现洛阳铜加工市场化改革三年考核目标。开启新征程、展现新作为，努力把洛阳铜加工打造成为极具竞争力的铜加工材生产基地，为谱写洛铜新篇章、重塑洛铜新辉煌而踔厉奋发！

主创人：曹旗文
参创人：王华星　刘月亮　朱盘根　秦光文　诸　捷　祁永吉　李瑞华

基于多维数据模型的全面预算信息化管理系统的设计及应用

济宁能源发展集团有限公司

济宁能源发展集团有限公司（以下简称“济宁能源”）是济宁市属骨干国有企业，主营港航物流、煤电（新能源）、高端制造业、现代服务业四大板块业务。拥有全资、控股、参股公司80余家，从业人员1.4万人。2021年销售收入290.93亿元，利润21.69亿元，利税40.33亿元。截至2021年年底，资产总额达266.05亿元，居中国煤炭企业50强第36位，中国能源（集团）500强第175位。2021年获评主体信用等级“AA+”。

近年来，济宁能源大力实施“一体两翼、双轮驱动+园区经济”战略，加快由能源集团向智慧供应链集成服务商和能源物流产业服务运营商转型，构建了相互支撑、协同发展的产业体系。

面向未来，济宁能源将立足煤炭主业，大力发展港航物流，赋能物贸与金融，做优做强园区经济，优化发展现代服务业，建设亿吨大港，发展亿吨物流，培育千亿产业，打造立足济宁、领航运河、辐射全国、联通世界的千亿级物产集团。

一、实施背景

（一）科技革命助推企业全面预算信息化转型

随着新兴信息技术的日新月异和全球化进程的推进，云计算、移动互联网、大数据等新一代信息技术的广泛应用，社会信息化、企业信息化日趋成熟，多样的、海量的数据以爆炸般的速度生成，全球数据的增长速度之快前所未有。从本质上来讲，仅仅把大数据存储起来并没有太多价值，只有在合理的时间内对这些海量数据进行撷取、管理和处理，进行基于大数据的洞察、分析和优化，才能为企业带来巨大的增值价值，这也是企业推行信息化转型的根本原因。

移动互联网、云计算、大数据这几个技术创新的领域连在一起，量化的数据促进

“反馈经济”（Feedback Economy）的出现，经济发展将进入一个新的时代，经济行为很快地被纠正，经济发展趋势很快地被捕捉，由技术创新带来的新经济形态意义越来越大。

（二）大型国有企业全面预算管控模式现状调研

20世纪90年代，我国引入并推广全面预算绩效考核模式。全面预算是企业经营管控的基础，建立完善以全面预算为基础的绩效管控体系，强化预算、计划、绩效考核管理，是现代企业加强管控、激发活力、提高经营成效的重要工具。随着国有企业市场化进程的加快和改革的不断深入，绩效管控模式的创新已经成为国有企业市场化改革、提升内部管理、应对市场化竞争不可或缺的重要抓手。

近年来，企业生产经营面临的宏观形势背景剧烈变化，以往的绩效管控模式所依存的企业管理基础已经完全不同，全面预算的激励引导和考核引导作用弱化，预算、计划、考核环节脱节现象严重，全面预算刚性不足、考核滞后、效率低下；部分企业预算系统在编制、审批、管控、考核过程中问题凸显。如何将全面预算管理与信息化背景下大数据相结合，从而有效帮助决策层提高决策效率，是当前面临的主要问题。

调研中发现的问题有以下几点。

1.预算编制过于烦琐

预算编制工作是预算管理的关键节点。预算编制工作的质量决定着整个预算管理的效果与效率，现有模式下每家企业均需编制几十余张企业预算表格，最终在集团层面进行汇总，而大型国有企业集团本部的预算人员需要汇总的表格数量高达上千张，时间紧、程序烦琐、重复工作量大，工作任务繁重。

2.预算审批过于复杂

预算审批过程中，总部与权属企业、权属企业部门间都会以“理性经济人”假设为前提，从自身利益和角度出发，使得资源的安排、配置和调整成了博弈，往往需要通过几上几下反复沟通，审批时效性不佳。

3.预算指标导向不强

全面指标设置过多且按时间平均进度分解考核目标，衡量企业经营关键盈亏指标相对淡化，不考虑企业面临的实际情况，不利于企业以效益为中心灵活合理分配生产经营资源，特别是在市场形势严峻的当下，不利于企业可持续发展及长远目标的实现。

4. 预算管控过于滞后

由于缺乏系统的业务和过程指标及目标值，预算执行只能通过事后的财务审批控制，往往以没有预算为理由拒绝审批支付。如果业务已发生，会产生违约责任；如果业务尚未发生，则会对业务产生负面影响。只有清楚了将来希望怎么控制，才能编制好业财融合的预算，也才能从业务角度进行预算的差异分析和落实整改。

5. 预算考核过于简单

在考核的设置上，权属企业很少从战略目标出发，仅从问题点出发，比如材料费考核缺乏弹性，并没有根据实际月度产量情况进行动态考评。基层归口部门对于企业导向的感知减弱，往往产生逆反心理，自然也就减弱了绩效体系的激励效果。

（三）成果建设目标

济宁能源财务共享一期建设结束后，基于标准产品的预算系统已基本满足了预算的填报和日常控制，但在预算编制过程中仍存在很大的优化和提升空间。通过对系统的深入研究，逐步摸索出了一套合理、有效的系统配置方法，使用体验较好，经济效果较为明显，极具实践价值。

1. 预算管控向基层延伸

在实践过程中，以收支项目为基础、以权属企业基层部门为出发点、以全面预算为主线，对全口径预算实行绩效的全过程、全方位、全覆盖管理。按照济宁能源全面预算管理要求，对系统业务流程进行修改完善，借助系统的高度集成性，为企业和集团开展预算控制、预警、报告及自调节提供支持。

2. 预算考核流程科学合理

系统科学地实现了预算绩效目标的申报、绩效监控、绩效自评价、部门绩效管理及结果的反馈和应用、绩效综合查询分析等功能。按照预算管理一体化规范的要求，对绩效管理指标体系进行更新设置，实现多口径汇总，以及即席分析、预实分析，方便预算对标。

3. 业财一体化深度融合

与济宁能源财务共享一体化平台实现深度融合、统一管理，以及数据共享应用，为绩效大数据分析和智能决策打下基础。通过信息化顶层设计，实现集团预算可视化，在此基础上整合各业务系统，并深化权属企业预算管控应用，实现事前计划、事中控制、事后分析，从而有效控制经营风险。

二、成果内涵

（一）系统建设架构蓝图规划

济宁能源将全面预算信息化管理系统嵌入财务共享平台13个系统之中，围绕财务共享整体推进全面预算信息化建设，配套搭建了主数据系统、运销系统、物资管理系统、港航大数据平台、人力资源系统、合同管理系统和电子招标系统等业务支撑系统，充分结合战略管控要求，构建业财一体、互联互通，数据一次采集、全局共享的全流程信息化体系，为领导层决策和财务管理工作提供系统支持，为权属企业提供大数据、风险预警、资源调度和分配、交易集中处理服务。系统建设架构如图1所示。

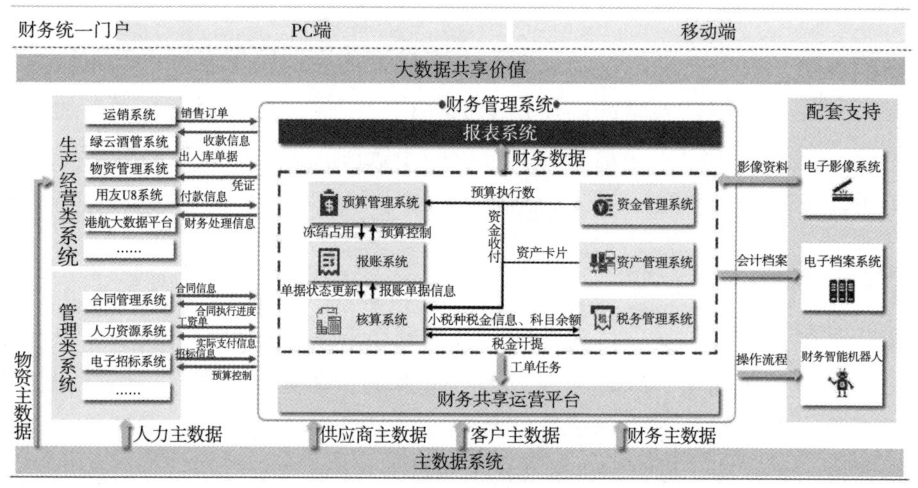

图1　系统建设架构

财务共享项目核心功能分5大模块、13个子系统，子系统分别为PC端、移动端、报表系统、预算管理系统、资产管理系统、报账系统、共享运营管理、税务管理系统、核算系统、资金管理系统、电子影像系统、电子档案系统和财务智能机器人。财务共享项目核心功能如图2所示。

以全面预算信息化管理系统为基础，实施全面预算和月度资金计划精细化管控，借助信息化技术，以税务管理系统、电子影像系统、报账系统、电子档案系统为侧翼，以财务大数据分析为抓手，连接业务、贯通财务、集中资金，实现了集预算、核算、结算“三算合一”的立体业财一体化共享管控效果，达到了优化组织架构、规范系统流程、提升业务效率、降低运营成本、强化财务管理、创造企业价值的目的。

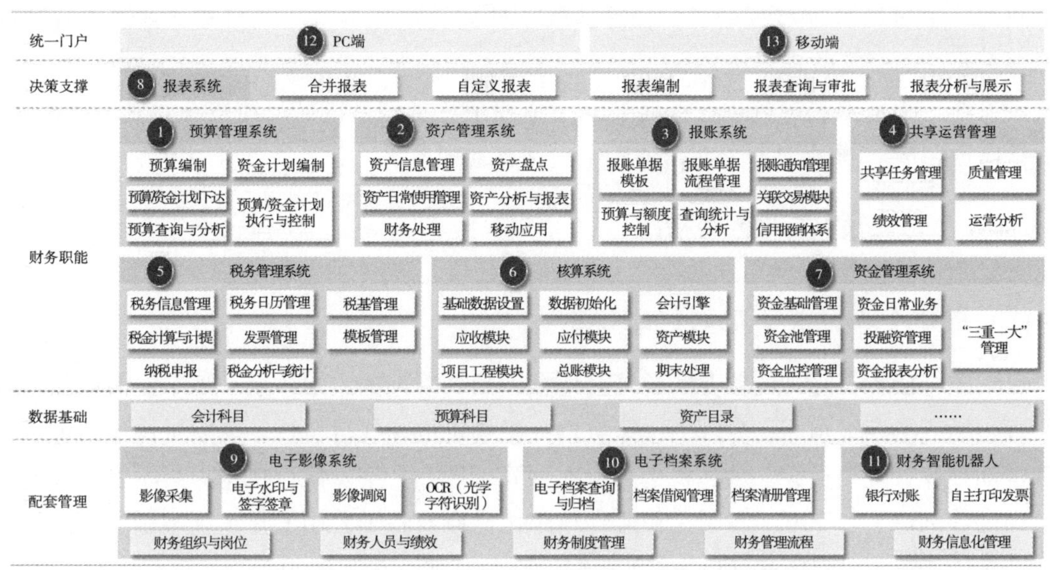

图2　财务共享项目核心功能

（二）全面预算管理总体思路

经过对业务的全面分析和深入梳理，济宁能源明确了全面预算管理的总体思路，概括为“突出战略重点、体现业务逻辑、实现业财联动、强化专业职能、规范管理口径”。同时，也进一步明确了全面预算管理系统的主要工作内容，具体为搭建组织体系、确定指标体系、梳理逻辑关系，之后进一步深入推进，逐步完善预算编制。全面预算管理系统的主要工作内容如图3所示。

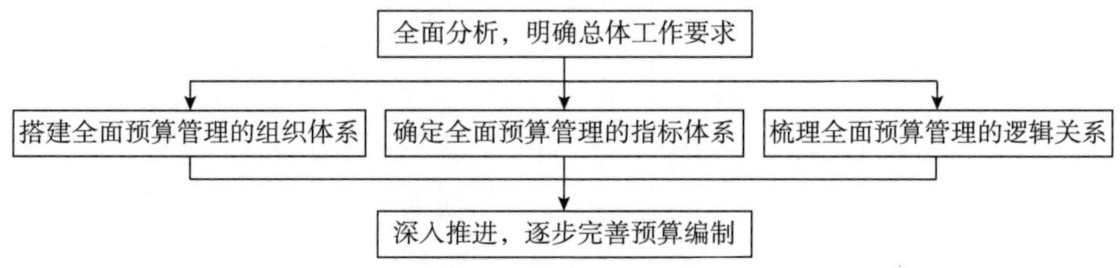

图3　全面预算管理系统的主要工作内容

三、主要做法

预算管理系统将主要承担年度及月度预算和资金计划编制与下达，调整、执行与控制，以及查询与分析等功能，以支撑企业成本费用、项目投资、合同管理、资本性支出等业务精细化、实时化和动态化管理需求。

结合预算管理系统在财务管理中的整体定位，济宁能源全面预算管理系统经过研究优化，功能主要包括预算及资金计划编制与下达，调整、执行与控制，以及查询与分析等。该系统处理流程如下：预算及资金计划编制与下达，调整和冻结占用资源等信息通过全面预算管理系统采集，计算出预算可用资源供业务处理时进行控制，在合同管理系统、报账系统等处理业务时要调用全面预算管理系统的可用资源对其进行控制，并把已占用/释放资源信息及时传递到全面预算管理系统，更新预算可用资源。

（一）全面预算管理系统搭建

1.搭建全面预算管理的组织体系

实施全面预算管理的首要问题是搭建全面预算管理的组织体系。济宁能源全面预算管理包括三类四级组织，分别为决策机构、工作机构和执行机构。决策机构包括董事会和全面预算管理委员会。工作机构为全面预算管理办公室。执行机构为集团公司和股份公司的各部门、各车间、各子公司等预算单位，以及各子公司参与预算编制的各部门或责任主体。整个组织体系以B公司的组织架构为基础，共涉及70余个预算单位。

济宁能源通过印发相关管理制度，进一步明确了三类四级组织在全面预算管理中的权利和义务，并明确了全面预算管理的具体工作流程（见图4）。

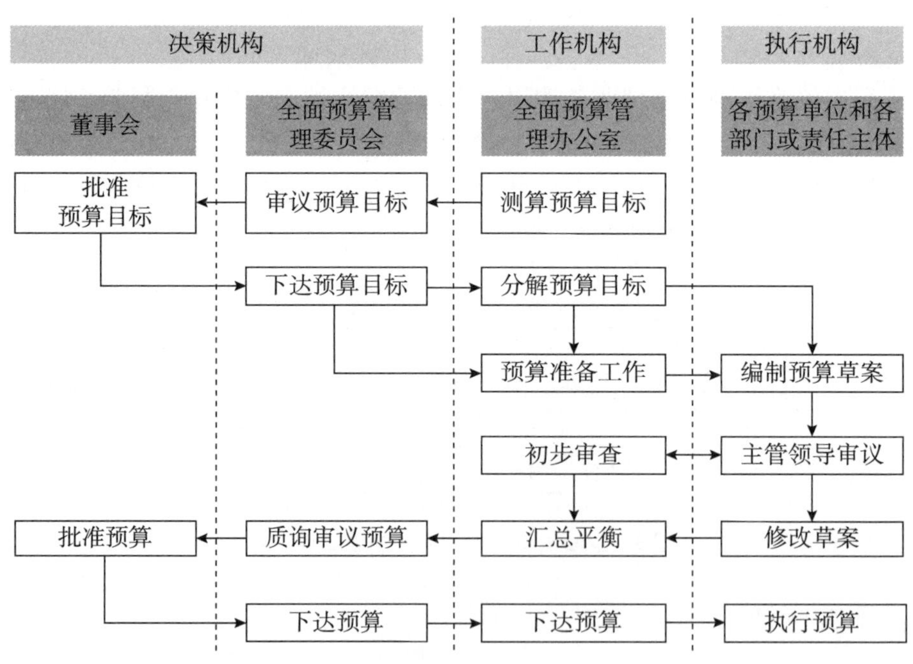

图4 全面预算管理工作流程

2.搭建全面预算管理的指标体系

济宁能源根据现有的经济业务和经济活动，并结合各级主管单位的预算管理相关要求，制定了30张逻辑清晰、关系明确的全面预算管理报表，确定了数百个预算指标和预算科目。济宁能源根据基础指标的影响范围和重要程度，将指标分为“集团—业务—产品”三级。其中，集团指标为集团公司层面的通用指标，指标影响范围较大，数值变动会影响济宁能源整体的预算结果，而指标数量较少，仅包括铜价、铝价等；业务指标为某个预算单位或某项具体业务的通用指标，指标影响范围中等，数值变动会影响相关预算单位或相关业务的预算结果，指标数量中等，包括材料的价格、消耗系数和燃动费用等；产品指标为具体产品类别的指标，指标影响范围较小，数值变动仅会影响产品类别的预算结果，但指标数量较多，包括各类产品的销售数量、生产数量，对应材料的消耗定额等。三级指标影响范围依次递减，但指标数量和针对性依次递增。产品指标递进关系如图5所示。

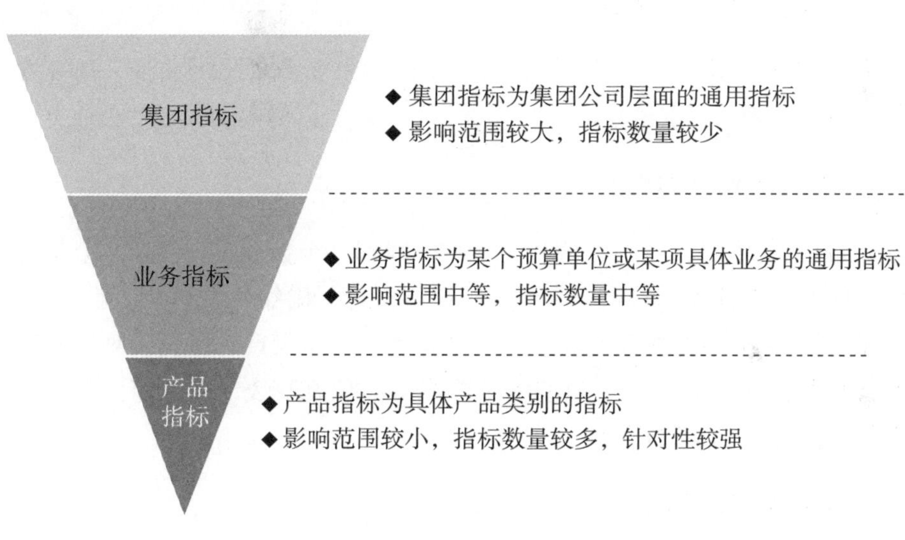

图5　产品指标递进关系

3.搭建全面预算管理的逻辑体系

济宁能源的责任主体、业务种类和预算指标较多，相应的预算逻辑也较为复杂。从责任主体角度，济宁能源明确了“上下结合、分级编制、逐级汇总”的基本逻辑；从业务类型角度，济宁能源明确了先销售预算，再生产预算和供应预算，后其他预算的基本逻辑；从预算指标角度，济宁能源明确了先基础指标再派生指标的基本逻辑。

基础指标是由预算人员判断并填报的指标，派生指标是由基础指标按照一定逻辑关系自动计算的指标。梳理指标之间的逻辑关系，实现相关指标之间的联动是工作的重点，其中梳理业务指标和财务指标之间的逻辑关系是工作的难点。

经过充分调研与访谈，济宁能源生产、销售、供应等预算报表中约一半指标为派生指标，可以由基础指标自动计算而得，最大限度地减少了全面预算编制的工作量，同时建立了业务指标和财务指标之间的逻辑关系，在预算编制中实现了业财联动。

可以看出预算管理有如下几个关键：一是预算管理是连接企业战略和执行的重要工具，在公司从战略规划到资源配置再到经营考核评价、责权匹配的管理过程中起到重要作用；二是预算管理是企业全面的业务计划与财务预算的结合；三是预算的编制过程是“自上而下”“自下而上”，企业全方位、全过程、全员参与的管理过程，需要几上几下，多次沟通与协调；四是预算管理离不开执行过程的监控、动态分析、调整及事后的考核。因此，预算管理在企业管理中重要且复杂。企业需要循序渐进、不断积累经验，逐渐提升预算管理水平。

（二）全面预算管理系统建设步骤

1.梳理并建立收支项目层级

济宁能源财务共享项目根据不同板块、不同场景业务发生的共性，研究并建立了一整套收支项目层级，目前济宁能源收支项目约500个，基本涵盖了各类业务。

2.建立多维参数模型

传统Excel表格中只有行与列两个维度，要找到一个数据需要知道它是第几行第几列。而济宁能源全面预算套表引入多维数据模型概念，比如差旅费100元，它的多维参数就是“某年、某月、某部门、差旅费、预算数、预算表页、预算表列”等，数据的控制与查询均是基于这些变量。目前济宁能源全面预算套表已建立了总分预算、财务预算、专门预算等多个参数模型。

3.设计全面预算套表

济宁能源全面预算套表由1张归口浮动表、34张固定预算表组成。权属企业归口部门需要填制的表格是归口浮动表，之所以称为“归口浮动表”，是因为部门的多个收支项目可以增减变动，不受数量限制，即业务人员可以填多行收支项目并标注好该费用的性质，比如办公室的差旅费100元，收支项目就选“差旅费”，费用性质就选“管理费用”。

固定预算表是权属企业的正式预算表，包含资本性支出预算表及资产负债表、利润表、现金流量表，以及成本费用预算表等合计34张表。基于同维度数据一致性的原则，部门填完归口表后，成本费用表也引入了费用性质维度，上述差旅费100元就会自动生成到管理费用表——差旅费预算中。同时，资本性支出预算按项目填列，便于集团层级汇总后了解整体的资本性支出预算情况。

4.配置填表及上报程序

权属企业归口部门在编制完本部门的收支项目预算后，由权属企业财务部门统一汇总，即由分预算生成总预算。该预算将作为后续上报审批环节的正式预算，同时由于表样统一，只是汇总层级不同，因此济宁能源全面预算套表数量上看似比以往减少了80%，但实际效果并未减弱，达到了“形减而神不减”的效果。数据表样的大幅优化，在减轻服务器压力的同时，也增强了业务人员的好感度，这主要得益于对归口浮动表的深入研究。

5.优化审批与下达流程

由于全面预算以多维数据模型搭建，集团层级的审批控制便不再困难，以往企业预算以Excel形式上报，每个工作簿中包含多张表格，需要把表格单独剪切汇总给集团不同归口部门进行审批。而如今借助多维数据模型，只需要配置流程，指定不同费用性质或不同表样到不同归口部门审批即可。例如，生产材料费到生产部审核，机电设备类支出到机电部审核。

审批流程的优化还表现在：集团归口部门通过指标审批功能，可以直接对某个收支项目进行审减，而企业亦可根据审批意见自动修改预算，几上几下预算审批变得清晰可查，减少了沟通成本。

6.规划预算控制方案

归口浮动表是济宁能源全面预算控制的基础，在归口浮动表上设置控制规则后，即可实现“一键控所有”的效果。权属企业部门业务人员填制表单时，所选收支项目、费用性质必须与归口表收支项目及费用性质一致，否则会报“零预算”错误，即无预算不得提报；当超预算填单时，则会报“超出控制金额不允许填报”的提示。

目前系统各类表单50余张，每张表单可选择收支项目20个左右，仅年度控制一列即需编写规则1000条。如果再按预占数和执行数两类分别控制，则需编写规则2000条，如果按月度控制则更多。经深入研究，济宁能源最终实现了“一条规则控所有”。

7.完善预算执行查询功能

前述多维参数模型中，还引入了业务方案概念，即同一收支项目分为“预算数”“执行数”“预占数”等维度。权属企业归口浮动表预算是预算数，而参与流程的表单中的数据则会由预占数转化为执行数，进而在预算日常查询分析中，很容易获得每一个收支项目预算的完成数情况。

8.实施预算分析考核

预实分析方面，借助前述会计年、会计月维度，通过取数规则自动带出近三年甚至近五年的同指标数据，并自动进行差异分析，满足同比、环比的趋势化分析需求。同时通过Java函数，还实现了月度预算进度指标的取数，即实时得知预算完成百分比，以便更好掌握业务费用发生情况，便于事前控制。

9.实现一键经营业绩评价

排名公式方面，济宁能源对不同业务板块划定了不同分值，例如煤炭企业利润总额确保目标≤0的企业（盈亏平衡企业/亏损企业），实现利润每超/欠确保目标值100万元，加/减1分，最高加/减100分；利润总额确保目标＞0的企业（盈利企业），实现利润每超/欠确保目标值300万元，加/减1分，最高加/减100分。权属企业考核得分还综合考虑了影响成本的价格、税金等特殊因素，整体评分办法有40余项，数据加工难度之大可想而知。

得益于济宁能源全面预算数据的便捷获得，目前集团层面对权属80余家企业的月度、季度、年度等主要经营指标排名，均可在一分钟内完成。海量数据基于指标、维度的集成与统一，可以快速准确计算。

（三）全面预算管理系统实施和应用

1.预算编制与下达

预算编制与下达主要任务包括对集团业务部门，权属企业年度及月度预算的录入，各组织架构层级（包括业务部门、权属企业、集团财务及归口部门等）预算编制金额汇总，跨年项目自动结转。预算信息录入表单可分多个种类，如收入预算、成本费用预算、资本性支出预算等，每类又有多张表单（支持设置并校验各科目填报金额阈值）系统嵌入预算编制模板，支持线上编辑或下载预算编制模板后线下编辑，并上传制式表格等信息录入方式。

根据各部门/权属企业填好的预算汇总，生成归口部门专业审核模板和业务财务/集团财务审核两类模板，可查询可调整，模板界面可展示修改前后数据变化情况并记录调整历史；允许于同一审批节点设置多个归口部门审批，且归口部门调整数据可实时更新同步，用户可查询历史编制记录及审批日志等。

2.资金计划编制与下达

系统内嵌的月度及年度资金计划编制表模板由用户自行填制，可设置资金计划表与预算编制表取数规则及钩稽关系。资金计划表中字段信息可根据月度成本费用预算、资本性支出预算编制金额及年度预算编制值等预算数据自动取数。系统支持各层级单位资金计划编制表汇总，支持归口部门、财务部门线上审批及调整，支持根据设定阈值触发不同审批节点审批流程，可查询、导出历史编制记录及审批日志。

系统支持线上填写或由集团对下属企业/集团业务部门进行资金计划下达的导入方式，可记录/查询资金计划下达历史记录，可嵌入资金计划下达模板；完成资金计划下达后，相关接收者可收到系统自动提示；支持根据设定阈值触发不同审批节点审批流程，支持上传公文等审批附件。

3.预算/资金计划调整

下属企业可线上向集团提出预算/资金计划调整申请，填制预算/资金计划调整编制表，系统支持预算/资金计划调整编制表导入、线上填写、审批、审批修改及下达生效功能；完成下达后，相关接收者能够收到系统的自动提示；提供多种业务处理模式，可实现批量或个别科目预算/资金计划调整，满足企业预算/资金计划追加、消减、调剂、修订、结转等多样化的调整需求；支持根据设定阈值触发不同审批节点审批流程，支持上传公文批复。

4.预算/资金计划执行与控制

发起招标申请、合同签订、编制资金计划、费用报销等涉及资金流出业务时自动校验是否超出预算及月度资金计划，并冻结占用预算资源，当业务申请退回或撤销时释放冻结占用资源，单据流转过程中可实时查询预算余额；根据实际结算金额反写实际成本数据至预算系统，若出现特殊情况或未知的系统错误，允许以手工补录的方式完成实际成本数据回写的数据录入。

为合理调配资金，实现资金流有效运转，支持设置资金计划执行率等指标，对资金计划执行情况进行考核及管理，实现严格管控资金计划超额提报情况功能。

5.预算/资金计划查询与分析

全面预算管理系统可提供灵活的界面查询功能，能够支持自定义查询，包括查询维度、查询模板自定义等；支持查询结果的追溯，能从上级汇总数挖掘钻探查询到构成此汇总数的明细数；可支持报表分析的功能，包括系统所出具的固定报表，以及可自定义的相关报告；可根据预算执行情况生成预警报告。

四、实施效果

（一）管理效益

一是支撑公司战略发展。通过快速复制能力，为公司的快速成长和扩张提供集约化的后台保障，有效保证和支持了公司战略的执行。二是加大集团整体管控力度。通过即时的数据收集与整理、定期的报告与反馈，变事后检查与稽核为事前参与和事中控制，加大了对下属机构的管控力度，降低了企业在规模扩张和经营中的风险，为集团战略方针的执行提供了有效保障。三是推动形成统一的标准及体系。通过财务制度的统一标准和统一执行，促进了公司执行力的提升。

（二）经济效益

一是全面预算实时查询执行数，由过去月度预警变为旬预警、日预警。二是通过对数据的层层挖掘，算账意识明显提升，极大提高了预算的事前管控要求。三是效率提升，采用维度向量做指标加减，预算控制逻辑更为清晰。2022年一季度，济宁能源实现营业收入118.27亿元，高于同期76.04亿元，同比增幅180.07%，实现利税14.38亿元，上缴税费7亿元。

（三）综合评价

一是业财融合。面对复杂多变的市场环境和企业外部的不确定性，企业需要做出更为敏捷和快速的应对，传统的事后核算型财务管理方式已经不能适应这种需求。济宁能源将全面预算管理向业务前端前移，从而能为业务决策实时提供财务分析和风险提示，有效解决了资源在关键业务节点的资源配置；紧密融合生产运作和产业链，实现了计划和业务的融合，紧随市场、随需应变，有效配置企业资源，使公司在激烈的市场竞争中立于不败之地。

二是控制有效。过去认为预算只要一分钱都不超，就是预算控制水平高的表现。但是，传统费控的预算控制方式背离了预算指导和促进业务的核心原则，加大了业务部门与财务部门的隔阂，降低了管理效率，削弱了业务部门的工作积极性。济宁能源全面预算管理以预算责任主体为对象，借助系统的高度集成性，取得了较好的控制效果，满足了企业内部控制的要求。

三是战略指导。济宁能源全面预算管理通过将预算延伸到共享其他模块，比如物资系统，实现了各个业务工作的集成，利用与生产经营类系统、财务管理系统的高度耦合，对企业经营战略起到指导作用，为企业决策提供了充分有效的预算分析数据。

主创人：张广宇　王崇景
参创人：郭锦华　徐　光　满文涛　梁浩然

城镇燃气管网安全运行管理创新体系的建设及应用

深州市建投燃气有限公司

深州市建投燃气有限公司（以下简称“深州公司”）隶属河北省天然气有限责任公司，为国有法人独资企业。深州公司成立于2005年，注册资本1175.811395万元，现有资产8543.55万元。经营范围包括在规划区域内生产新型燃气并提供燃气供应服务，生产燃气设备及设施，安装燃气设备及设施，提供自产产品的售后服务，销售自产产品。

深州公司始终坚持“客户至尊、服务第一、协作竞争、双赢共荣”的经营理念，具有良好的社会形象和诚信的口碑，以及一定的社会公信力。深州公司经过17年的发展，现拥有燃气管道700多千米，通过燃气管网为140多个工商业用户及4万余户居民供应安全高效、清洁经济的天然气。目前日供气量30万立方米，年供气量9000万立方米，为环境的可持续发展做出了重要贡献。

一、实施背景

随着近年来城市化进程的加快，以及华北地区气代煤工作的持续推进，天然气已经成为绝大多数城市居民的生活基础，为城市居民带来诸多便利。然而，燃气企业在实际生产运行中，由于部分企业工程施工质量不高、安全生产管理不规范，安全事故时有发生。据不完全统计，2019年全国燃气事故新闻有722起，其中室内燃气事故新闻463起，室外燃气事故新闻259起，共造成63人死亡、585人受伤。如何把控城镇燃气安全生产及提升企业运营效益，成为亟待解决的问题。

随着燃气行业的快速发展，社会对燃气行业缺乏足够的认知，燃气事故不断发生，各级政府主管部门监管日趋严格。深州公司在用户数量、燃气管线及燃气设备设施激增的情况下，不断优化管理方案，制定出了一套行之有效的管理方法，为达到最低标准“零责任事故”、最高标准安全生产“零事故”的城镇燃气安全管理工作目标奠定了基础。

二、基本内涵

为进一步提升城镇燃气安全生产管理水平，减少各类安全生产事故的发生，深州公司运行部采取了多种高标准的保障措施，逐项建立了保障城镇燃气安全运行的痕迹化管理、线路安全运行管理、工商业用户安全管理、输差控制管理等体系，创建了集管网数据采集与监控系统（SCADA）、地理信息系统（GIS）、GPS巡检管网系统、安全生产管理系统等于一体的综合信息化管理平台，保障了公司生产运行中每一个环节的安全，确保了人民生命财产安全，维护了公司自身利益。

三、主要做法

（一）加强城镇燃气痕迹化安全管理体系的基础建设

随着我国华北地区气代煤工作的推进，城镇燃气发展驶入了快车道，深州公司工商业用户、煤改气用户，输气管道、燃气设备设施等数量迅速增加。由于工作量加大，运行人员在日常工作中出现工作记录签字不及时、漏项、工商业用户检查和培训未记录或记录滞后、上级下发文件未接收等问题，并且存在事后补记录等弄虚作假情况，以及无现场影像资料等问题无法保证工作的真实性。

为贯彻“尽职免责，失职追责”的管理方针，深州公司加强痕迹化管理体系建设，一旦发生安全事故，在调查处置过程中工作痕迹将成为有效凭证。因此痕迹化管理在燃气企业日常生产运行中显得尤为重要。

深州公司从2017年开始逐步推进痕迹化管理工作，力争在各项安全管理工作中，在时间和管理内容方面，做到工作记录不留间隙、空白和死角。一旦出现追究责任的情况可通过查证记录下来的文字、图片、电子档案等资料，有效复原已经发生的生产经营活动。在工作面前，“痕迹化”成为员工的功劳簿；在事故面前，“痕迹化”变为履职免责的证据。切实实现员工履职、企业免责。

1.建立健全痕迹化管理制度

深州公司对现有安全运行管理工作进行逐一梳理，结合现存隐患，统一编制了日常管理资料归档目录（见表1），同时从实际出发，制定了痕迹化监管检查表。公司抓好痕迹化管理在日常工作中的应用，完善定期检查、抽查、突击检查基础工作，对于发现的隐患立即下发隐患通知单限期整改，形成闭环管理，并通过培训改变员工散漫、消极的状态，逐步让其形成积极主动的工作习惯。

在用户管理方面，深州公司以服务用户为突破口，抓好痕迹化在危机前预防的作用，针对用户的资料档案，实行“一户一档、专档专户”的专门管理。总结和吸取燃气投产爆炸事故案例教训，做好投产点火确认条件的管控工作，在新用户投产作业中，要求燃气设备厂商、燃气用户、燃气公司均在场，公司统一制定标准，达到相关条件后，方可点火作业。

表1　日常管理资料归档目录

序号	项目	各项资料内容
1	站场管理	交接班记录
2		日常巡检记录
3		设备维保记录
4		班组、公司、调度会议纪要
5		设备检漏记录
6		防火巡查
7		电话记录
8		各种设备的检定证书或报告
9		设备操作记录（操作票）
10		技改、投产方案的记录
11		人员上岗的培训教育记录
12		自检自查记录
13		隐患台账
14	线路管理	巡线记录
15		调压箱、阀门井检查记录
16		埋地管网检测记录
17		公福、工业用户检查记录
18		公福、工业用户安全教育记录
19		计量设备检查记录
20		管道安全保护协议
21		管道安全宣传
22		巡线工作计划
23	客服管理	开户通气工作记录
24		居民用户安全检查单
25		隐患通知及跟进单
26		到访不遇单
27		燃气表更换单
28		维抢修工作记录单
29		电话记录
30	政府文件	来文流程、回执单

注：各项记录本人正确填写，记录情况详细真实、时间准确，要及时存档。

为保证巡线质量，防止第三方突击施工造成管道破裂或在工程进展中因阻工发生的各类问题，以及员工在盯守第三方施工中更好地自我保护，深州公司先后配备巡检记录仪、执法记录仪、录音笔、照相机等各种电子设备，做到“有据可依、有据可查、责任追溯”。

2.应用智能化的天然气安全生产管理系统

为更加全面系统记录公司的各项流程审批记录和日常数据资料，深州公司使用方便快捷的安全生产管理系统。此系统可以将用户平台管理、实时监控、设备管理、运营管理、应急抢险、线路管理、GIS、阴保管理、生产论坛、知识库、巡检管理、节能环保等工作内容进行电子化记录，以供日后随时查阅或线上对比分析等。

深州公司将年初制订的重点工作计划、培训计划、应急演练计划、重点安全工作计划等录入安全生产管理系统，该系统会依据录入的各项工作计划自动提示每月需要完成的工作任务，同时可以查看完成结果和对应记录，实现痕迹化管理的电子归档。

3.使用具备责任追溯功能的智能巡检系统

为保证巡线质量，深州公司使用智能巡检系统，实现对所有线路巡检人员巡检轨迹可查，巡检情况每日监督考核，并自动生成巡检报表供领导审核。巡检人员在日常巡检过程中可将发现的各类安全生产数据，如施工、隐患、检测信息等通过该系统进行上传，为燃气管道全寿命周期提供依据。

4.推广使用TMS（运输管理系统）工程移动系统

TMS工程移动系统是一款可满足工程可视化管理的应用工具。系统具备项目内容记录、流程审批、项目验收等功能，可满足施工节点的可视化追溯，主要侧重现场管理，具有手机App端和电脑端。

深州公司为河北省天然气有限责任公司TMS工程移动系统首批试点公司之一，自2019年5月1日系统正式上线以来，在系统中已建立了130个项目，项目上线率100%。另外，还有山东显通安装有限公司、石家庄天元发展有限责任公司等共计12家供应商使用该系统，使用人数达150余人，累计生成单据8795条。

TMS工程移动系统上线后，深州公司严格要求参建供应商按照相关规定，将工程中的隐蔽工程添加到系统中进行电子记录，借助系统的云端无限存储空间扫清工程建设过程中的死角。伴随着TMS工程移动系统的应用，更多的新技术被了解和使用，极大提高了工程建设的安全性及时效性，为一成不变的工程建设注入了新鲜血液。此外，TMS工程移动系统的应用提升了工程管理水平，为把控工程质量提供了依据，保障了工程精细化管理、合理化施工和可视化归档，为公司创建优秀工程、构建安全管道提供了强有力的支持。

5.调峰CRM（客户关系管理）系统

深圳公司采用CRM系统对用气量进行上报管理，每日10:00对次日用气需求进行计划上报，15：30前对当日计划量进行修订，并要求符合率达到95%以上。针对各地的日、月、季、年的用气需求和实际用气量进行统筹把控，以保障深州公司对经营区域内的居民用户稳定供气，减少各公福、工业用户因临时出现限、减、停气等情况造成的气量偏差，对不同时段的用气情况进行调峰，同时也避免同上级气源单位出现“偏差结算、照付不议”的情况，最大限度地保障公司利益。

（二）采用先进技术，建立完善的城镇燃气输气管线安全运行管理体系

确保燃气管网的安全运行，是燃气供应安全工作的重中之重。然而，燃气输气管线建设初期程序不规范、燃气设施敷设安装不规范、燃气竣工验收和资料移交不全、违章占压、第三方野蛮施工挖断燃气管道、燃气安全运营管理体系不健全、燃气用户安全意识淡薄等因素，导致燃气管网安全运行存在极大风险。

1.建立管道全生命周期的安全生产管理系统

为规范燃气输气管线数据收集与管理，深州公司的安全生产管理系统建立了管道全生命周期的数据收集子系统。子系统将各专业数据、功能和流程关联，实现管道数据的集中管理存储和业务流程的可交叉信息化，避免相互脱节、彼此冲突或重复，加强了各专业工作间的关联互动，并通过信息反馈不断完善，形成一种正循环。城镇燃气输气管线业务生产所涉及的各专业工作被统一整合，涵盖了用户平台管理、实时监控、设备管理、应急抢修、线路管理、巡检管理等。

2.将安全风险“关口”前移，确保安全

深州公司结合“双控”体系建设，提前研判项目全寿命周期各阶段安全风险。在项目设计阶段，公司工程部会同设计院切实做好实地勘察和调研工作，工程部、安全部、运行部提前对设计图纸进行联合审查；在工程建设阶段，选择相应资质的施工单位进行工程建设，公司利用TMS工程移动系统对工程进行全面有效的把控，如隐蔽工程上传施工图片以监控施工进度进展，同时监理单位严格按照国家相关燃气工程规范标准进行监管，以保障燃气输气管线施工质量；工程竣工后，深州公司组织公司工程部、运行部、安全部，以及施工方、监理方按照国家验收标准对工程进行联合验收并形成竣工验收报告，再次确保工程的质量及规范性，避免新建工程带“病”投产运营。

3. 应用GIS建立地下管网基础信息收集系统

为实现地下燃气管网基础信息收集信息化管理，深州公司利用GIS管线坐标采集点系统对埋地管道进行三维数据坐标定位，收集管道信息数据并上传至GIS，建立管线数据库，为查询管网数据信息提供支持。同时拓展如爆管分析、预警分析、最短路径分析等各项功能，为系统提供数据信息及功能支持。

随着城镇内第三方施工的日渐密集，施工空间越来越狭窄，特别针对无示踪线、无标志球、无施工图纸的“三无”老旧PE（聚乙烯）燃气管道，深州公司采用声波探测技术、雷迪探测技术、人工探管等方式对管道进行定位，同时对新探出的燃气管道绘制管网信息图，并用二维码进行精准记录（见图1）。

图1　二维码记录燃气管道信息

4. 建立健全城镇燃气管道安全管理体系

深州公司参照城镇燃气标志标准（CJJ / T 153—2010）的要求，在管线上方每100米敷设标志桩，每20米敷设标志贴，包含燃气公司电话及危险提示等信息，增强目视化管理效果，对周边施工队或行人予以警示。

为规范压力管道风险分级并按照分级进行管理，深州公司对现有燃气管道按照直观因素法和各类因素评分法进行分级，将城镇燃气管道风险分为一级、二级、三级、四级级，针对每一级燃气管道制订不同的管控措施，并严格按照分级管理要求进行管控。

加强日常巡线管理。巡线管理应采取过程管理与目标管理相结合，并以过程管理为主的管理方法。深州公司现有运行班组2个，正式线路维护员13名，外包巡线工34名。日常巡线要求为正式线路维护员按照区域划分，每天上午与下午分别对管辖线路管网巡检一次，并通过智能巡检系统进行考核，巡线合格率必须达到100%；外包巡线工对管道线路每天上午与下午分别巡视两次。在此基础上，深州公司增加早中晚快巡，即当天值班与备班人员每天6：00—8：00、12：00—13：30、18：00—20：00驾车对重要区域及高风险区域（如存在第三方施工情况等）进行巡视，增加巡检频次与周期。同时采用小型无人机重点对施工围挡内进行巡护，避免巡线盲区，保障线路管网安全。

加强第三方施工管理。随着城镇的快速发展，各类基础设施建设大量增加，城镇燃气管道附近的第三方施工日益增多，据统计，深州公司2021年线路第三方施工达3000余起，已成为威胁管道安全的首要风险。

为有效避免燃气管道遭破坏，深州公司以加大管道安全宣传为前提，加强与地方政府执法部门沟通合作，依据有关法律法规，争取政府及相关职能部门的支持。同时积极与通信、国防、热力、自来水、电力等各主要施工单位建立管线联防联控工作机制，以此提高燃气管道保护的效率。在巡检过程中若发现第三方施工，第一时间进行制止，随即与施工单位确定行之有效的安全施工方案，并签订《管道施工安全保护协议》与《管道交叉施工方案》，施工现场安排专人进行24小时盯守。如遇施工现场管线信息不明确情况，则对管道进行人工开挖以探明管道位置；如遇长期施工或间歇性施工，则雇用临时看护人员长期盯守直至施工结束。必要时设置临时监控摄像头全程监控并记录施工进展情况，有效预防管道被第三方破坏。

通过手持终端对施工现场信息进行采集、汇报，保证相关主管部门第一时间看到现场信息，了解现场状况。巡查人员遇到管网附近有第三方施工时，通过手持终端对现场进行交底和信息采集，采集施工单位信息，并拍照取证上报。当巡查人员抵达现场，系统会自动搜索附近1000米内的在建工地信息，并按距离从近到远排列，显示每个工地距离巡查人员的距离，同时可以切换成地图模式查询，以了解工地分布信息。参照公司安全管理规定，评价现场第三方施工状况对管网设施安全的威胁情况，并划分风险等级。系统初步将第三方施工破坏预防管理分为四个等级管理，设置四个颜色，直观显示现场管网实施所处风险等级。依据不同等级配置现场监护资源设施，保障管网安全运行（见图2）。

5.加强应急管理，提高应急处置能力

为保障紧急状态下能够高效、迅速地做好抢险、抢修工作，减少或避免由处理措施不当而引发的事故，深州公司认真分析生产运行过程中存在的安全风险和问题，依据行业标准《城镇燃气设施运行、维护和抢修安全技术规程》（CJJ 51—2016），有针对性地编制《综合应急预案》《专项应急预案》《现场处置方案》，并邀请专家组对预案进行评审和修订。同时定期组织各应急小组、调控中心和主管部门开展联合应急演练，做好演练总结，切实提高公司应急处置能力，做到一旦发生事故能够高效、迅速地进行抢险、抢修，最大限度减少人员伤亡和财产损失。此外，结合公司管网管道材质特点等，配备相应的应急抢险物资，由专人进行管理并定期维护。

（三）建立输差控制管理体系

目前，深州公司主要接驳河北省天然气有限责任公司管道分公司气源，经管道输送后向下游居民用户、工商业用户及其他燃气公司供气。经多年发展，公司面临供气

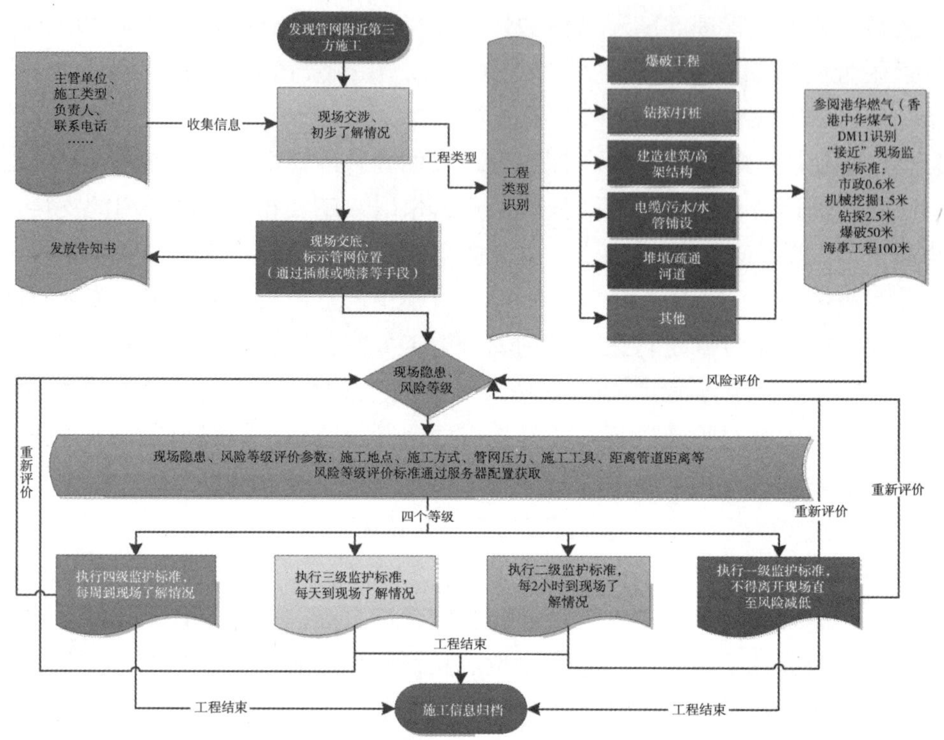

图2　第三方施工现场信息采集交互处理基本流程

结构覆盖面宽、管线延伸长、数据监控量庞大的运营局面，并且受管网损耗、燃气泄漏、计量偏差、压力温度不稳定、偷盗气情况等影响，输差（供销差）不可避免。输差大小直接关系到公司生产成本高低，并直接影响公司效益。为改善这一局面，深州公司建立了输差控制管理体系。

1.建立健全输差管控制度

输差管控工作是涉及多部门多人员的系统性工作，深州公司组建了由公司一把手牵头的输差控制机构，涉及工程、运行、客服及财务等部门相关人员，并制订了以日、旬、月、季、年为周期的输差控制目标。配备专职计量工程师，规范执行计量设备的施工、验收、启停运等环节程序，要求计量工程师对关键节点进行现场监督并签字确认，严控计量设备规范投产运行；定期开展计量专业培训，提高一线人员计量专业技术水平，以便及时发现处理计量问题；定期召开计量分析会，分享经验、总结问题，以此提高输差控制效果。

2.强化计量设备管控

把控计量方案选择与仪表选型。深州公司工商业用户一般选用流量计计量，计量精度宜控制在1.5级及以上，一旦参数不准确或管道压力出现波动就会导致计量偏差，因此流量计选型合理性是计量设备管控的重中之重。同时在选型时不仅要考虑用户用气的最大与最小流量，而且要考虑用气高峰时间段该用户所在区域管道压力，用气量应控制在所选流量计量程的$0.2Q_{max}$至$0.8Q_{max}$。如用户用气量较大则需选用双路流量计计量，一备一用；如用户用气波动较大，宜选用适合用户用气大小流量的一大一小双路流量计计量；如遇工商业用户如饭店等用气灶具工作时，则选用量程比较宽的超声波流量计计量。深州公司现有居民用户大多选用没有温压补偿的皮膜表，这种表容易因温度变化出现计量偏差。以现有煤改气外挂表为例，额定压力2500Pa，冬季采暖期室外温度为0℃时，亏损高达9.5%，因此后期居民用户的皮膜表选用带有温压补偿和数据采集远传的表，在降低输差的同时提高数据统计的准确性，对居民用户使用超10年的皮膜表及时更换。

把控计量设备的检定。为保证计量设备处于精准计量状态，深州公司制订了合理的检定原则及周密的检定计划，同时保障用户正常使用。每年邀请河北省计量监督检测研究院专业人员至现场进行计量仪表检定，保障了计量设备使用的规范性。

把控计量设备日常巡查和维护保养机制，保障计量设备实时处于良好运行状态。深州公司实施各用户计量点网格化管理制度，责任到人，增加抄表频次，及时收集计量数据，以便尽早发现计量问题；定期对流量计修正仪的数据进行检查；根据用户规模及使用特点，定期对流量计及过滤器进行清理，以保证计量准确。

3.加强日常运行管理

把控上游计量设备的检视。深州公司主动与上游供气公司建立良好的沟通关系，定期或不定期对上游交接表进行检视，积极配合协助处理上游供气设备问题。

加强管网泄漏排查。深州公司每年利用GM512对燃气管网进行两次泄漏检测，同时每月对线路阀井进行泄漏检测；在有条件的区域进行关闭阀门保压测试，观察压力是否下降；对老旧埋地钢制管道防腐情况进行开挖验证，并逐年更换为PE管道；对小区架空管道逐年列计划进行刷漆防腐，确保无泄漏。

加强日常气量耗损管理。深州公司注重日常操作、点火置换及放散等各个环节的气量损耗管理，在保证各项作业安全管理的基础上控制燃气损耗。同时增加巡线频次及巡线时间覆盖，减少第三方施工造成的燃气泄漏损失。

4.物联网表及流量计远传系统

目前深州公司新建居民用户燃气表均采用带温压补偿功能的物联网表，提升了计量精确性，同时增加远程抄表、远程缴费、偷盗气报警、故障报警等功能，极大减少了运行人员的工作量，提升了输差计算的精确性。

对工商业用户加装流量计远传系统，可以查看流量计数据波动，为公司提供压力、温度、瞬时等参数信息，通过有效分析各种数据，及时监控输差情况及规律，从而指导公司排查方向。

5.增强偷盗气管控措施，加大对偷盗气的检查力度

深圳公司实现偷盗气专项检查治理工作常态化，制定《偷盗气管理办法》，做到奖罚分明，并将其列入每年重点工作，以确保用户用气安全，坚决维护公司利益。

居民用户方面，通过TCIS（客户管理系统）对两年至三年未购气用户进行筛查，汇总后对应历年安全检查通知单记录的总购气量及止码进行核对，将异常用户及常年有人居住但无购气记录居民用户列为重点检查对象。

对于月均、日均用气量远低于正常水平的工商业用户进行重点检查，其他工商业用户采取定期检查与不定期突击检查相结合的方式，查验管线是否被私自改动、流量计铅封是否损毁、燃气设备是否被私自篡改而导致流量计超量程运行等。为了避免出现工商业用户人为破坏燃气计量设备、偷盗气情况，深圳公司在所有大型工商业用户计量设备区域安装视频监控系统，一旦有人靠近设备该系统就会自动报警，运行维护人员可在手机和调控中心实时查看监控。

（四）建立规范化的工商业用户管理体系

工商业用户普遍具有用气量大、用气时间长、用气压力高、用气地点人口密集且覆盖面广的特点。为了从根本上加强对工商业用户的安全管理，消除工商业用户管理风险，降低燃气安全事故的发生率，深圳公司依据工商业用户的特点，制定了一套有针对性的管理措施。

1.加强工商业用户本质安全管理

深圳公司根据每一个工商业用户的燃气使用需求和用气特点量身制定了供气方案在方案设计过程中，详尽地了解用户基本用气参数，以配套适用的管道管径、计量、调压等设备，同时共同设计和安装安全设施，与所有工商业用户安装可燃气体泄漏报警器、电磁阀、控制箱、UPS（不间断供电系统）、流量计远传设备、压力监控设备、视频监控设备等形成联动机制。对工商业用户燃气设备设施安装超压切断阀、超压放散阀、超流量计切断阀等防护设备，一旦发生燃气泄漏、超压报警、瞬时流量超上限时会自动报警并切断气源，以此实现本质安全。

燃气工程施工时，施工方和监理方要严格依照国家相关燃气工程规范标准，以保障燃气设施施工工程的质量；工程竣工后，深圳公司组织公司工程部、运行部、安全部及施工方、监理方对工程按照国家验收标准进行联合验收，严禁“带病”投产。

2.建立健全工商业用户管理制度

为做好投产置换管理工作，顺利完成各项目的投产，深圳公司编制了《试运投产

管理办法》，从投产分类、审批程序、投产应具备的条件、投产具体工作等方面详细规范投产置换流程。在工商业用户用气项目建设完成并经公司工程部、安全部、运行部，施工单位，监理单位等共同验收合格后，由深州公司运行部依据《城镇燃气设施运行、维护和抢修安全技术规程》（CJJ 51—2006）编写投产方案并通过深州公司OA系统进行内部审核审批。投产前由深州公司运行部组织安全部、工程部再次对用户现场方可核查，确认现场设备设施与竣工图一致，并按方案要求对用户进行安全教育后方可投产。

深州公司目前对所有工商业用户实行一户一档方式进行管理，制作完成用户资料归档目录，严格按照用户资料归档目录将用户的竣工资料、燃气设备合格证复印件、特种设备监检报告、使用登记证、培训记录、日常检查记录、隐患整改通知单、强检设备的校验报告、设备的维护保养记录等进行归档，建立该用户的全寿命周期档案。

建立用户资料归档目录，既可以有效监督日常资料档案内容是否齐全、保存是否及时，也可以监督公司运行人员是否按要求完成工作。用户资料归档目录管理是痕迹化管理在日常应用中的充分体现，一旦用户发生安全事故可随时提供详细的工作证明材料，起到尽职免责、失职追责的良好效果。

增加工商业用户的安全检查频次，增强检查效果。根据《城镇燃气设施运行、维护和抢修安全技术规程》（CJJ 51—2006）的规定，城镇燃气供应单位应对燃气用户设施定期进行检查，每年检查不得少于 1 次。深州公司在此基础上每月对工商业用户进行隐患排查，主要包括泄漏、锈蚀、可燃性气体与电磁阀联动可靠性等，对于排查出来的隐患下发隐患通知单，由用户签字确认，并按照“五定”原则完成整改。隐患通知单与隐患影像存档。此外，深州公司要求工商业用户配备专职或兼职安全管理人员，负责设备设施的日常巡检。

加强对工商业用户的安全宣传与教育。深州公司使用TCIS（客户管理系统）每月对工商业用户推送一条燃气安全信息。同时建立微信公众号，不定期发送燃气安全注意事项、燃气事故案例分析等安全知识。每年集中组织两次专项燃气安全教育宣传活动，召集工商业用户负责人或安全管理人员，以课件结合视频形式开展燃气安全知识、基本操作知识、应急措施、事故案例等培训，以提高用户用气安全意识。

（五）结合SCADA建立智能化安全管理体系

1.智能化安全管理体系的建设背景

深州公司已分别建立了地理信息系统（GIS）、安全生产管理系统、GPS巡检管网系统、视频监控系统、燃气运行管理系统（工商用户数据采集系统）等，但各系统在不同时期独立建立，不能实现数据共享，存在信息孤岛情况；当管网出现问题需要应急抢修时，无法对抢修业务实时掌控，抢修效率较低；同时由于未对各平台信息实现综合利用，无法进行深度数据分析，从而影响决策，降低公司运行整体效率。

2.建立智能化、信息化、自动化调度中心智能燃气平台

为了避免各应用系统信息孤岛情况的出现，深州公司对各系统进行整合，建设了一套集燃气运行监控管理、抢险维修指挥等功能于一体的高度智能化、信息化、自动化的平台。利用该智能燃气平台公司员工可以通过电脑端、移动端设备，使用SCADA、GIS、GPS巡检管网系统、视频监控系统对运营态势、工作动态等各种数据信息（实时、历史、空间、非空间、事件、消息等）进行科学分析，还通过与安全生产管理系统、TMS工程移动系统等其他业务系统的对接，实现了输气管网快速响应、优化控制和安全平稳调度，提高了生产运行中对突发险情和事故的预警能力、快速反应能力和应急处理能力，同时也提升了公司运行管理水平。

四、实施效果

（一）深州公司已形成制度化、程序化、规范化、智能化、信息化的城镇燃气安全运行管理创新体系

深州公司建立的城镇燃气安全运行管理创新体系以痕迹化管理、输差控制管理、制度管理、流程管理、线路管理、SCADA、GIS、GPS巡检管网系统、视频监控系统、安全生产管理系统等为基础，以“数据大融合”和“智能化管理”为手段，将一个个独立的系统打造成相互关联、相互呼应的一体化系统，具有制度化、程序化、规范化、智能化、信息化、可视化等特点。

（二）城镇燃气安全运行管理创新体系，促进业务水平全面提高

1.痕迹化管理实现了员工尽职、企业免责

通过建立完善的痕迹化管理制度、条理清晰的资料管理归档目录，结合安全生产管理系统各子系统、智能巡检系统等在城镇燃气安全运行管理中的应用，深州公司城镇燃气安全运行管理创新工作有章可循、有迹可查。

2.多措并举确保燃气管网安全平稳运行

深州公司现有管线700余千米，每年大约有3000起第三方施工，通过建立燃气管网目视化管理，管道风险分级管理，联防联控、群防群力、群防群策等工作机制，加强对地下管线勘察、设计、施工、竣工验收、安全运行等环节的信息收集，使用基于GIS的天然气安全生产管理平台及平台子系统，深州燃气管网实现安全平稳运行，未发生任何安全事故。

3.提高了输差控制效果

深州公司通过制定计量管理流程、建立输差控制管理机制、加强计量设备选型、加装流量计远传系统、配备专职计量工程师、加强安全培训、定期燃气泄漏检测等多项输差控制措施，将输差控制在合理范围，提高了企业经营管理水平。

4.提升了工商业用户规范化管理水平

深州公司从供气方案设计、施工、竣工验收、投产、维护保养、安全检查、隐患处理、安全培训等方面保障了工商业用户用气安全，并为供气设备设施实行全寿命周期的规范化管理，有效降低了工商业用户事故发生率，提高了设备设施使用寿命。

5.提升各部门协作能力

深州公司创建的智能化、信息化、自动化系统将各项燃气数据进行了整合，实现了各部门之间通力协作，增强了突发事件的应对能力，形成了具备实时互动、统一指挥、智能测距、就近响应的城市应急体系。

（三）城镇燃气安全运行管理创新体系促效益提高

经过实际应用证明，深州公司城镇燃气安全运行管理创新体系确实可以实现员工尽职、企业免责的目标；有效防范第三方施工对燃气管网的破坏；提高输差管控水平；提高工商业用户用气安全管理水平；提高应急抢险能力；保证民生日常用气质量；最大限度保护工商业用户的经济效益。

本项目采用相关因素合成计算法（PCP）进行经济效益测算，计算公式如下：

$$E_p=\sum_{a=1}^{n}S_a-F-H-(\sum_{b=1}^{n}{}_b+I)$$

1.先根据单因素测定法计算各因素的经济效益

第一因素S_1：通过建立完善的输差管控措施，增加公司效益

通过物联网表、流量计远传系统、视频监控系统等的应用，2019年（未安装设备）输差为-23.6万立方米，单价按2.68元/立方米计算，安装流量计远传系统后2020年全年输差为54.9754万立方米，安装视频监控系统一套3000元，共安装10套；安装一套流量计远传系统6000元，共安装60套。带入单因素测定法计算公式：

S_1=（549754-236000）×2.68-6000×60-3000×10≈45.09（万元）

第二因素S_2：通过管网智能巡检系统、无人机巡检、管道探测、应急指挥系统等相结合，降低了事故发生率，提升了工作效率。按深州公司年均第三方施工3000起计算，发生第三方破坏率为0.05%，每起事故抢修费用20000元，造成的其他经济损失

15000元，未通过智能管网巡检系统、无人机巡检、管道探测、应急指挥系统等相结合发生第三方破坏率为0.08%。带入单因素测定法计算公式：

S_2=（3000×0.08%）×（20000+15000）-（3000×0.05%）×（20000+15000）≈3.15（万元）

按深州公司年均第三方施工3000起计算，每起第三方施工发生人工探管率为15%，每起探管人工费150元，未通过智能管网巡检系统、无人机巡检、管道探测、应急指挥系统等相结合，每起第三方施工发生人工探管率为40%，每起探管人工费150元。

S_3=（3000×40%×150）-（3000×15%×150）≈11.25（万元）

2. 用PCP公式计算城镇管网调控中心优化管理获得的总效益

$$\sum_{a=1}^{4} S_a = S_1 + S_2$$

将各种数据代入“PCP”公式：

E_p=（45.09+3.15+11.25）-0-0-0=59.49（万元）

综上，深州公司通过管网调控中心优化管理的应用，每年虚拟创造59.49万元的总效益。

深州公司城镇燃气安全运行管理创新体系符合国家安全管理相关政策要求，特别是随着城镇建设和经济快速发展、华北地区气代煤工作持续推进、城镇燃气迅猛发展，在燃气安全形势日趋严峻的情况下，本成果具有一定的推广价值。

主创人：王学庆　黄志强

参创人：韩　瑜　谷旭光　石　磊　相世权　张　伟　张纯阳　田晓龙　张　弛　孙　浩　高明阳　李　丹

用党建激发内生动力　推动矿粉企业智能工厂系统的研究

上海宝钢新型建材科技有限公司

上海宝钢新型建材科技有限公司（以下简称“宝钢建材”）隶属于中国宝武钢铁集团有限公司（以下简称“宝武集团”）下属宝武集团环境资源科技有限公司（以下简称“宝武环科”）。1999年，国内首台大型矿渣微粉生产线在宝钢建材下属企业上海宝田新型建材有限公司（以下简称“宝田公司”）投用。宝钢建材是国内首家开创冶金行业工业废渣综合利用的企业，专门从事高炉矿渣微粉的生产及技术服务，拥有三个生产区域，共计5条立磨生产线，设计产量250万吨。矿粉行业已走过20余年的发展历程，但是目前国内大多数企业总体上仍处于粗放式管理水平。虽然制造装备已经与国外进口设备无过大差距，但是大部分生产企业专业化、规模化程度低，技术、创新能力不足，同质化竞争过度，还没有像水泥厂等大规模建材企业一样进行智能制造转型升级。矿粉行业作为建材产业中的一个重要板块，面临上游钢铁行业海外资源价格话语权不强、国内环保压力加大、钢铁行业生存环境日益严峻的局面，为打破这一局面，矿粉企业必须开辟新的发展路径，为企业的健康发展提供创新模式。

一、实施背景

党的十九大报告强调，要加快建设制造强国，加快发展先进制造业，推动互联网、大数据、人工智能和实体经济深度融合。数字化、智能化逐渐成为制造业转型发展的主攻方向，这也为矿粉传统制造业的发展提供了新的发展思路。

宝武集团也提出了智慧制造的明确目标：突破一批智慧制造的关键技术，形成具有重大影响力的解决方案，使劳动生产率达到世界领先水平，成为全球钢铁业智慧制造技术的引领者。以“三化”（少人化、集控化、一键化）为要求，努力实现“四个一律”（制造环节操作室一律集中，操作岗位一律机器人，运维一律远程，服务环节一律上线），打造极致、高效、安全的智慧钢厂。

宝钢建材按照宝武环科打造“智慧中心”的总体要求，倾力培育绿色低碳、智能工厂两大核心竞争优势，围绕矿粉这一核心业务，全力推进智能工厂试点建设，将先进的信息技术与矿粉生产工艺最本质环节高度融合，持续推动管理创新，工业化与信息化深度融合效果逐步显现。在建设过程中，宝钢建材充分发挥党组织战斗堡垒作用和党员先锋模范作用，从党建融入业务工作的视角，积极贯彻落实党中央“创新、协调、绿色、开放、共享”的发展理念，推进党的建设与智能工厂建设有机融合、互促共进，不断提高党组织建设质量，为公司高质量发展提供了坚强的政治保证，为推动矿粉企业职能工厂体系建设贡献力量。

宝钢建材积极探索研究矿粉智能工厂系统建设，将生产管控一体、能源管理、安全环保监视、设备管理、视频监视、数据查询、统计分析、报表管理等管理核心要素进行整合，形成全阶段、全流程和全范围的信息化智能生产平台。搭建总部级智能生产系统平台，研究矿渣立磨先进制造技术中多系统平台间的数据互联，打通企业信息孤岛，在统一平台上进行工业大数据深度挖掘，将是矿渣微粉企业的发展趋势。要坚持“横向到边、纵向到底”原则，横向要打通矿粉业务“产供销”全流程、全工序，纵向要贯穿矿粉业务“云边端”全层次，实现矿粉业务流、信息流、价值流“三流合一”的立体式的矿粉制造全流程，构建“云边端”立体智能工厂体系，推动矿粉产业向智慧制造转型升级，提升生产运营智能化水平和劳动生产率，推进高效管理模式的组织变革，提升行业竞争力，助力完成碳达峰、碳中和的光荣使命。

二、实施意义

矿粉行业的智能化之路面临着众多挑战，其中，如何最大化地实现节能降耗、安全稳产是矿粉行业企业生产面临的痛点。矿粉行业自身的生产特性，如高温、密闭、无间断等，致使其无法像汽车总装企业等机械加工制造行业那样，有专业的、成熟的智能化业务解决方案及专业的智能设备集成商，可“一站式”完成整个生产基地的智能化建设；加之矿粉行业的整体人员知识水平距离高端制造行业有一定的差距，所以针对矿粉行业整体性的智能化硬件、软件集成商在市场上几乎没有。目前国内矿粉产线仍处于自动化生产阶段，智能技术应用不足；缺乏有效能源管理手段，能耗成本较高；现场供料、巡检、质检、发货等需要大量人工，劳动效率低下；大量数据未被有效挖掘和利用，成为信息孤岛；人机接触频繁，具有潜在的安全隐患，缺乏本质化措施；环保压力较大。矿粉行业智能化步伐明显落后于其他高端制造行业。

矿粉智能工厂建设，对于矿粉行业企业而言，既是机遇也是挑战，矿粉行业企业若能顺应时代的发展，在智慧制造的潮流中站稳脚跟，将在企业经营管理和节能环保方面取得先手，并在下一轮的行业竞争中占领制高点。

三、智能工厂的推进举措

公司党委坚持“围绕中心抓党建，抓好党建促发展”工作思路，不断夯实全面从严治党主体责任。同时结合自身“产业报国”的历史文化底蕴，通过党组织“三会一课”、主题党日等活动，聚焦主业实业，推动公司从传统的制造工厂向现代智能化制造工厂改变。

（一）走出去、请进来，对标一流企业

宝钢建材充分发挥党组织作用，强化党组织间的共建合作交流，先后与宝武集团内部在智能工厂建设方面走在前列的行业标杆企业结对共建，对标宝钢股份高炉集中控制中心、运输部“黑灯工厂”等成功经验积极探索数智化建设；同时积极组队，加强与国内行业一流企业的对标交流，并结合自身实际来规划宝田公司智能工厂的实施路径。

（二）善于学习和创新，突破思维局限

面对智能工厂建设带来的思想变化，宝钢建材积极发挥党组织政治核心作用和战斗堡垒作用，坚持“党建工作和经营目标是一致的，出发点和落脚点都是企业的健康发展”的思路，积极组织开展党员先锋岗、党员责任区、争先创优、师徒结对等活动，引导党员和骨干在建设工作中冲在前，跳出思维局限，不断激发创新创效热情，重新审视整个业务流程，实现全产线的智慧制造。

（三）拥抱发展趋势，加强人才培养

智慧制造是时代发展的必然趋势，只有拥抱发展趋势才能避免被淘汰。智慧制造倒逼流程再造，原有工作程序、操作规范、技能要求会发生改变，对员工技能提出了更高的挑战和要求。宝钢建材为加强对智能型人才的培育，进行了有针对性的技能培训，坚持“内外结合”和“引用并重”，组建了“智慧制造项目组”，并以曾粤创新工作室为载体，不断加强项目实践，促进职工队伍整体创新能力的提升，力争培养一批具有高素质的智能制造专业人才，进一步助力宝钢建材智慧制造更上新台阶。

（四）坚持智能驱动，实现产业升级

宝田公司立磨设备投产较早，相关工艺和装备已经落后于行业先进水平。公司坚持以创新为理念，同步实施工艺升级与智慧制造，在规划、设计初期引入智能化理念，审视和梳理生产工艺和装备的每一个环节，通过智慧制造的改造同步提升工艺和装备的技术先进性，同步实现智慧制造水平的提升和生产成本的有效降低。宝钢建材积极携手专业机构，针对宝田公司一、二号线已运行近20年及现场设备设施已老化的现状，进行了技术改造，以满足智慧制造的应用需求。

四、智能工厂的建设内容

智能工厂建设涵盖矿粉业务全流程、全周期、全管控，以“横向到边、纵向到底”为原则，从高炉智能原料放渣，到无人化智能料场，矿渣立磨实现一键制粉；从核心设备智能运维，到一键装车一键装船，实现智能发货；围绕生产作业、质量管控、设备管理、安全管控、能源管理、环保管控重点环节，打造极致、高效、安全的智慧化工厂。

简单来说，智能工厂就是将工厂内的各式设备连接在一起，铺设“神经系统”，即时汲取所有资讯，实现工厂活动的数据化、可视化、智能化。构建全面系统的智能工厂管理体系，能从各个方面优化和挖掘潜力，最大限度地提高企业的生产效率和管理水平。构建高效、节能、绿色、环保、舒适的智能工厂，要整合生产制造业现有信息系统和其他边缘数据资源，融合工业大数据、物联网、人工智能、机器视角等信息技术，从而辅助管理人员全面掌控企业生产经营数据变化态势，深度挖掘运行数据的时空特征及变化规律，为管理者决策研判提供全面的数据支持。

智能工厂以“少人化、集控化、一键化”为要求，根据“制造环节操作室一律集中、操作岗位一律机器人、运维一律远程、服务环节一律上线”原则对全流程进行智能化升级。

制造环节操作室一律集中：将5条立磨产线集中控制，10个DCS（分散控制系统）控制室集合，18处发货、供料系统远程集中控制，矿粉业务全流程集中化指数达到100%。

操作岗位一律机器人：原料端实现远程智能放渣及远程智能堆取料，利用三维雷达、AI（人工智能）算法，系统自动生成模型数据，操作人员在操作室远程监控，无须现场作业人员手动操作，既提高了作业效率，又保障了作业安全。生产端全部实现“一键制粉”，过去在生产过程中，操作员往往需要同时观察多达上百个工艺参数的动态变化，不仅要在数秒内迅速做出判断，还要通过计算机给出正确的调节指令。总之，种种人为因素的限制使得立磨的连续最优运行无法保证，最终导致高消耗低产出，而拥有先进算法及控制模型、能够自动寻优的矿粉产线“一键制粉”智能控制系统，具备APS（高级计划与排程）一键启停及APC（先进过程控制）专家系统，APC专家模型及算法定制“质量、产量、温度”三大控制器参数配置、协调及解耦控制策略制定及闭环控制调试，使磨机长期稳定并卡边运行。“一键制粉智能”系统在线率达到95%以上，人工操作频次减少92%以上，整个生产过程几乎不用人工干预。发运端实现智能化发运，发运装车及装船的智能发运系统采用全新图像识别、AI算法和先进控制系统等，从车牌识别、计划审核、发货头自动识别对位，到矿粉发运及流量控制、磅码单打印及车辆驶离全过程无人化干预。现场皮带机落料全面实现自动清扫，彻底改变了人工现场清料模式，杜绝了人机接触，取消了皮带机清扫的3D作业现场。

运维一律远程：对关键设备健康状况在线监测，实时评估主机设备运行健康状况。对监测数据进行智能诊断、预警，及时处理，有效替代人工点检作业；对核心设备部件全天候精密监控，防止故障隐患扩大化；对国控环保收尘点收尘器实时在线检测运行状态，精准监测及判断滤袋是否破损泄露，有效替代人工检查，显著提升了劳动效率，同是能够前置报警及查看历史记录，从而杜绝排放超标及保护主 设备的正常运行。

服务环节一律上线：建立矿粉MES（制造执行系统），下接产线级智能装备应用，上联总部经营管理系统。MES具备生产驾驶舱、能源驾驶舱、质量驾驶舱、设备驾驶舱、安环驾驶舱及移动App各功能模块，能够进行大数据整合、分析比对和诊断，实现智能生产运营服务。上线智慧营销系统，从订单需求、合同签订、提货车辆/船只安排、提货点确认、资金结算等为客户打造“一站式”线上营销服务。

在智慧营销层面，矿粉智能工厂基于宝武集团子公司欧冶工业品股份有限公司开发的欧贝平台打造的建材智慧营销专区实现了客户线上订单处理、信用控制、发货计划管理、合同线上签订、运单跟踪、销售结算等营销模式数字化转型，并与现场智能发运系统对接，覆盖发运、物流GPS监控等环节，对销售与物流进行全方位闭环管理。

在生产运营层面，矿粉智能工厂的生产日报、中控台账自动化生成，通过采集生产过程中大量的生产数据，监控生产动态和趋势，支持生产运营的实时调度，从不同维度汇总分析生产过程中的动态信息报表，形成生产实绩、能耗对比分析、质量闭环控制，从而实现过程监控、工厂调度实时化和管理决策科学化。各类智能分析报表能清晰地展示生产管理者关心的关键生产运营指标，为生产管理决策提供有效的数据支持。系统还与物流、销售等经验管理系统对接，覆盖发运、物流运单跟踪、销售结算等环节，对销售与物流进行全方位闭环管理。

在设备智能运维应用中，矿粉智能工厂以降低生产运维成本为目标，通过预测性运维和设备生命周期管理两个维度，对核心设备实施在线状态监测及诊断，依托宝武欧冶循环物资交易服务平台，将在线状态及诊断的数据进行采集传输、综合汇聚、建模显示、精准定位异常所在、远程检修维护、自动推送及执行预案。对设备进行三维建模，对关联备件、润滑点、技术文件、实时工艺组态，与设备在线监测、设备维修系统、PSCS（采购供应链系统）形成中心集成，全面实施数字化周期管理。应用后点检负荷率显著下降，故障排查更加精准，检修计划更加科学，切实做到了从数据获取、智能判断到高效运维处理，从而有效降低了生产运维成本。

在质量生产控制过程中，矿粉智能工厂的智能生产系统能够依靠在线比表和在线水分检测系统，获取矿粉产成品的细度数据和入磨前原材料水分数据，同时系统持续不断地监测整个生产过程中关键的工艺参数，如喂料量、磨机温度、转速、压力等。结合成品质量、原材料质量，以及生产过程中关键的工艺参数之间的关联模型，以持续稳定的产品质量为结果，倒推生产过程中各设备工况的模式，自动调节关键工艺参数来使生产过程保持最佳状态，使设备一直处于卡边运行状态，从而能够持续稳定地生产高质量矿渣粉。

在能源管理应用中，矿粉智能工厂通过实时采集能源数据、设备状态数据，实时计算生产线、车间、班组及各设备供气、供电、供排水的能耗数据及监测综合能效水平，当能耗指标超限时自动发出报警信息。通过系统展现的实时和历史能耗动态信息和变化趋势，深入掌握能源使用过程中存在的不合理环节，为查找能耗偏高和异常情况提供灵活的分析和诊断工具，同时系统生成的各种能耗统计数据和管理报表为实施能效对标、设备及人员绩效考核提供科学依据，为实施精细化管理和生产运营调度提供有效决策辅助。在帮助管理者实现节能增效、降低生产运营成本的基础上，有效提升企业能源管理水平和生产运营水平。

在安全方面建设中，矿粉智能工厂以安全本质化为目标，落实机械化换人、自动化减人、智能化提质要求，通过人员安全行为观察、重点区域实时监控预警、危险区域机器代替人工、外协人员安全准入、隐患排查即时上传、安全培训等手段全方位提高厂内安全生产水平。

在环保方面建设中，矿粉智能工厂通过实时采集能耗数据、环保监测自动化、余热利用、光伏发电等手段，助力企业实现节能环保。对烟气在线实时检测，控制二氧化硫、氮氧化物、颗粒物等污染物的最低排放，对重点环保收尘器进行状态检测，替代人工检漏，科学预判滤袋使用状态，即时报警、及时处置，实现污染物排放100%达标且远低于国家标准，满足绿色工厂建设标准。

五、智能工厂的实施效果

自2000年起，中国首条大型立磨矿渣微粉生产线在宝钢建材下属宝田公司建成投产，开创了国内矿粉行业的先河。精耕细作绿色建材领域20余年，智能工厂的建设颠覆了传统的矿粉制造全流程，从高炉智能放渣，到无人化智能料场，矿渣立磨实现一键制粉，从核心设备智能运维，到一键装车一键装船的智能发货，再到智慧营销交付客户，横向打通了矿粉业务“产供销”全流程、全工序。

（一）管理效能大幅提升

智能工厂的建设，使生产更加自动化、智能化，实现数据信息互联互通，做到精益生产管理；消除流程中的低效作业环节，如过程品质检测从人工检测改为实时自动化检测，皮带清扫从人工清扫改为在线自动清扫，重点设备的生产巡检从人工巡视改为自动化系统监控和故障识别；实现矿粉业务的精益生产和降本增效；增强市场营销的“一站式”智慧服务功能。

（二）降本增效成绩显著

智能工厂的建设实现了矿粉业务的精益生产、降本增效，提高了本质化安全。智能工厂应用后生产成本同比降低2%，年产量提升2.5%，矿粉质量提升1.2%；生产、发运等环节人工操作强度降低90%，劳动效率提升5.2%。

（三）科技创新成果丰硕

"立磨矿粉智能生产软件V1.0"取得计算机软件著作权，证书编号：软著登字第6308275号；"用于高炉水渣输送落料的空气吹扫装置"取得实用新型专利，证书编号：zl202021148789.5；"一种矿渣立磨智能化方法"取得发明受理，受理号：202011218133.8；"一种水分仪用于矿粉生产智能系统的方法"取得发明受理，受理号：202011422839.6；智能工厂入选工业互联网产业垂直行业优秀案例。

（四）社会效益呈现多元化发展

通过智慧制造、智能装备、智慧营销、智能控制的顶层设计理念，作为国内首家从事矿渣微粉生产的企业，宝钢建材改变了传统高污染、高消耗的生产方式，建立了全生命周期绿色智能工厂应用场景，先后获得"上海市党支部建设示范点""上海市绿色工厂""国家级绿色工厂"等荣誉。

六、结语

智能制造对于传统制造业的转型至关重要，在《中国制造2025》行动纲领推出后，传统制造业的智能化刻不容缓。总体而言，智能制造对于矿粉企业来说，既是机遇也是挑战。随着节能环保压力的增加，产业升级步伐的加快，智能制造的趋势也将日益清晰。互联网、大数据、自动寻优等先进技术的应用，在一定程度上能降低能源的消耗，提升管理质量，实现制造企业的智能制造。正如矿粉智能工厂可以提高生产管理水平、稳定生产质量、降低生产成本和提高数据端测量可靠性等。

如今，基于先进的生产工艺和设备，将信息化、智能化及人工智能技术嵌入整个生产制造流程，可以提升产品品质和生产效率，降低生产成本，有力推进工业生产过程管控的数字化、信息化、智能化。智能工厂能够提供智能管控、预知维护、精益管理等多维度智能制造解决方案，实现了生产企业的智能化领域的重大突破，对于构建安全可靠、经济高效、绿色智能的生产运营及设备运维体系具有十分重要的意义。

矿粉智能工厂改变了原有传统的低效管理模式，大幅度加强了企业的决策科学化、生产过程协同化、生产设备与信息化的深度融合，并通过基于大数据分析的决策支持对企业进行透明化、量化的管理，有效提升了企业的生产效率与产品质量，是一种很好的数字化、网络化的智能生产模式。对于像矿粉生产这样的流程行业来说，智能工厂是实现智能制造的必由之路 。

主创人：戴志云　张　雷
参创人：翟　伟　金　敏　盛　春　施莹莹

开展“三个表率、四个有我”执行文化实践模式推动企业高质量发展

重庆顺泰铁塔制造有限公司

重庆顺泰铁塔制造有限公司（以下简称“重庆顺泰”）成立于2004年，现为宏盛华源铁塔集团股份有限公司（以下简称“集团公司”）全资子公司，地处重庆市江北区港城工业园区，主营业务覆盖35～1100千伏输电线路铁塔产品，同时经营通信塔、变电站构支架、光伏支架及热浸镀锌、防腐等增量业务，是集团公司重点打造的西南地区最大的铁塔加工基地。

重庆顺泰内设四个职能部门、六个业务部门、八个生产车间。生产全过程执行ISO 9001：2015质量体系、ISO 14001：2015环境管理体系及ISO 45001：2018职业健康安全管理体系。通过国家级两化融合管理体系标准认定，获“重庆市绿色工厂”“重庆市企业技术中心”等称号，2020年、2021年、2022年连续荣获中国电力电气行业互联网评选“铁塔十大品牌”称号 。

一、实施背景

2021年是国家“十四五”开局之年，也是建党100周年，重庆顺泰发展亦进入新阶段，机遇与挑战并存。一方面，国网装备制造改革尘埃落定，集团公司上市在即，重庆顺泰市场开拓将面临新的挑战，如何借助混改和推进上市的东风，做实提质增效夯基本、拼搏实干展作为，为公司发展注入新动能、增添新活力迫在眉睫。另一方面，2020年以来，重庆顺泰经营管理虽取得一定成效，但也明显存在一些短板和不足，与行业优秀企业相比，与上级要求相对照，仍有非常大的差距。

习近平总书记在庆祝中国共产党成立100周年大会上的重要讲话中指出：“实现伟大梦想就要顽强拼搏、不懈奋斗。”坚定不移办好我们自己的事，走好新时代的赶考路，这是公司高质量发展的必然要求。对于发展中日积月累形成的问题，重庆顺泰必须积极应对并尽快推动解决，真正做实文化软实力、做强生产硬实力、做优市场竞争力，持续推进精益管理，不断争创一流业绩。在此背景下，重庆顺泰因势而谋、应势

而动、顺势而为，以大力培育执行文化为主线，创新开展“三个表率、四个有我”执行文化实践（“三个表率”：做干事创业的表率、做遵规守纪的表率、做廉洁从业的表率；“四个有我”：急难险重中担当有我、披荆斩棘中奋斗有我、丰硕成果中精彩有我、改革发展中和谐有我），筑牢信仰之基，推动党建引领思想文化建设与企业经营发展同频共振、紧密相连，持续凝聚合力，助推公司高质量发展。

二、实施内容

（一）工作思路

2021年以来，重庆顺泰以习近平新时代中国特色社会主义思想为指导，在集团党委坚强领导和重庆顺泰领导班子团结带领下，围绕“立足新发展阶段、贯彻新发展理念、构建新发展格局”，结合党史学习教育重点任务和集团公司发展目标，持续深化思想文化建设项目化管理，积极开展“三个表率、四个有我”执行文化实践模式，全面提升思想文化工作水平，把项目建设成果激发的精气神转化为推动企业持续健康稳定发展的强大动力。

（二）具体措施

1.高度重视，科学统筹作保障

一是为加强对企业思想文化建设的领导，保证该项工作的有效开展，重庆顺泰成立以党委书记、执行董事为组长，全体领导班子为成员的工作领导小组。领导小组下设办公室，各部门（车间）主要负责人为成员。二是通过党委会审议并印发《“三个表率、四个有我”执行文化实践模式工作方案》，以党的政治建设和思想建设为统领，以坚定理想信念宗旨为根基，以提高党建工作质量为主线，积极创新工作方式，着力打造“三个表率、四个有我”执行文化实践模式，不断提升凝聚力、战斗力，推动公司全面高质量发展。三是通过专题会议研究部署各部门具体工作安排，明确形式载体、目标任务、责任划分、完成时限。各部门对照工作方案梳理形成任务清单，着力推进公司思想文化建设工作与中心工作同部署、同落实。

2.围绕主题，多措并举促落实

一是通过党委会、月度工作会、月度党建工作会、支部“三会一课”、部门周总结等形式，对工作过程中形成的优秀案例进行总结并交流学习，每个参会人员带着问题上会，对生产经营管理中发现的问题进行研讨，制订解决方案，并形成督办事项进行跟踪落实，把建设成效体现在振奋精神、推动工作、解决问题上。二是经领导班子成员审核评选后，在重庆顺泰月度工作会上列专项议题，对思想文化建设项目优秀案例进行通报，以“榜上有名”的方式对工作中的亮点、成果进行充分展示。三是通过《月度工作简报》、《党建纪检月刊》、“支点”微信公众号、内网新闻网站等载体和平台，加大宣传力度，营造人人知晓、人人参与的浓郁思想文化创建氛围。四是通过季度员工思想动态调研，充分听取民意，根据推进效果和执行情况，动态调整创建工作，用实绩和发展来检验成绩，做到“两不误、两促进”。五是在重庆顺泰年度党建1号文中正式将“三个表率、四个有我”精神纳入企业执行文化，与公司发展目标深度融合，真正使思想文化建设能够为公司科学管理和高质量发展目标服务。

3. 着力推动，执行有我创实效

通过大力开展思想文化项目建设，形成一个全员参与、相互交融的局面。一是深度激发全体员工干事创业的热情和对企业更好更快发展的信心，有力促进了执行力建设，使经营管理更加科学，队伍更有凝聚力和战斗力，党员干部在面对各种复杂严峻形势和急难险重任务时，主动践行“三个表率、四个有我”标准，凝聚起推动企业更好更快发展的强大正能量。二是领导干部率先垂范，班子成员公开承诺做表率并自觉接受群众监督，主动让出停车棚，坚持员工利益优先。推行领导带班和深入一线制度、中层干部及主任助理夜间值班制度。坚定“依靠职工办企业”理念，深入基层一线，倾听职工心声和诉求，不断提升员工食堂、宿舍等与职工生活和工作息息相关事项的管理服务水平，用心用情彰显企业温度，打造责任企业和品牌。三是在执行有我引领下，全员紧盯“两线作战”目标，新冠肺炎疫情防控方面始终秉承慎终如始的态度，围绕政策宣贯、防疫关口前移、严控聚集性活动、做好物资保障、推进疫苗接种、完善应急处置等13个方面进行部署。党员干部在扛红旗、抢工期、赶进度、保生产各项工作中担当作为、甘于奉献，切实保障生产和管理工作安全、有序、优质、高效推进。在诸多不利因素下，顺泰人迎难而上，输电线路铁塔产量同比上升13.68%。四是以项目建设为中心，高质量开展庆祝建党百年、先进模范、重点工程、发展业绩等系列宣传报道活动，积极传递带有重庆顺泰特色的价值观念、企业精神、发展目标，持续提升员工获得感、归属感和幸福感，将“要我执行”转化为“我要执行”。

三、实施效果

2021年是党和国家历史上具有里程碑意义、必将载入史册的一年，也是重庆顺泰直面改革、接续奋斗、难中求成，成功交出一份高质量发展优异答卷的一年。面对严峻复杂的内外部形势，为打造市场认可、社会尊重的一流电力装备制造企业重庆顺泰上下紧紧围绕集团公司发展目标，深刻践行集团工作思路，转作风、树正气、抓管理、提质效，促进各项工作取得新突破，企业面貌焕然一新，为2022年全面发展奠定了坚实基础。2021年新签销售合同额同比增长34.33%，回款同比增长25.32%，利润同比增长108.5%，资产负债率比年初降低20.91个百分点，铁塔产量同比增长13.68%，实现“十四五”良好开局。

1.强化党建引领，学史力行、以行践知，凝聚团结奋进力量

重庆顺泰深入落实“第一议题”制度，及时跟进学习习近平总书记重要讲话、指示批示精神和党中央、国务院的决策部署，常态推进中心组、党支部“三会一课”等学习教育。2021年全年召开33次党委会，审议214项重大经营管理事项，集体领导和民主决策能力进一步提升。落实“基层党建创新拓展年”工作要求，着力推进“党建+”融合，做实规定要求、丰富自选动作，以“生产突击队”等为载体，先后组织党员和团员青年投身一线，支援生产200余人次，在急难险重任务中亮身份、做表率。扎实开展党史学习教育实践，以及“纪念周恩来总理珍品展”等红色基地主题教育实践，举办“党史学习教育培训班”等丰富活动，喜迎党的百年华诞。创新编制《党建纪检月刊》，每月召开党建工作会议，压实管党治党责任，打造党建融合交流新平台。大力发展党员，5名同志被党组织吸收，4名积极分子纳入备案。深化内外部审计和巡视巡察反馈问题整改，动态更新“三个清单”台账，按期完成整改。开展招投标、紧固件、垫木等系列专项检查，“跑冒滴漏”专项整治工作取得显著成效。强化大屏、横幅、橱窗、微信公众号等宣传阵地建设，营造浓厚正能量氛围。创新开展“三个表率、四个有我”执行文化实践，并在月度例会择优通报，晒出靠前站位、担当作为的优秀代表。积极开展“我为群众办实事”活动，在食堂、车辆、宿舍、工会福利方面落实多项惠民举措。公司党委荣获港城工业园区“先进基层党组织”称号，1人被评为“重庆市劳动模范”，1人当选区人大代表，10人获集团公司、园区党工委和公司“两优一先”表彰。

2.依靠创新驱动，立足实际、借脑引智，激发企业创效活力

重庆顺泰智慧物联平台建设实现全行业首家通过验收。完成省部级科技项目1项，获省部级科技奖励2项。获授权发明专利1项，实用新型专利9项。参与制定国家标准1项、行业标准1项，发表核心科技期刊（EI）2篇。耐候钢应用项目分别获得中国钢结构协会技术创新奖、中国腐蚀与防护学会科学技术奖二等奖和集团公司科技进步奖二等奖，输电铁塔智能焊接系统通过国家级两化融合管理体系标准认定，获江北区“节水企业”资质，以及重庆市“绿色工厂”称号，蝉联“铁塔十大品牌”。加快推进铁塔智能制造研发及技术改进，焊接机器人、高速激光切割机、数控剪切机等智能设备项目落地实施，助力减人增效、质量管控和效率效益提升。推进大众创新，三角异形孔工装、火曲下模工装、数控设备夹料钳等16项工艺技术改善取得实质性成果。深化产学研合作，推进《输电塔节点智能制造车间关键技

术研究与应用示范》结题验收和《复合高强混凝土电杆开发与应用》中期督导。与重庆大学合作完成铁塔运维智能防腐技术可行性论证并完成机器人项目方案初步设计。引进试用PNC数控编程软件，工作效率提升50%。顺利承办由中国电力企业联合会主办的电工装备智慧物联平台铁塔部分接入规范研讨会，使得行业知名度和影响力进一步提升。

3.坚定市场先行，强化履约、提升服务，产销协同同频共振

重庆顺泰2021年中标同比增长24.4%，其中，国家电网市场中标同比增长57.6%。时隔两年再次中标南阳—荆门—长沙钢管塔项目，为后期钢管塔项目投标创造了有利条件。坚持班子成员带队抓市场，国内国外市场新签合同额同比增长306.06%。积极推进集体及大中企业入围与投标，入围48家。实现国家电力投资集团公司等32家网外平台注册，入围重点客户40家，新增中铁三局集团有限公司等26家合作客户。在轨道交通、发电、风电等其他行业领域连续中标，全年累计实现外围市场中标同比增长258.58%。防腐业务首次在华东地区取得突破，中标安徽送变电2条线路杆塔防腐工程业务。首次中标内隧高速ETC（电子收费）钢结构门架，丰富了企业新产品业绩。精心谋划资源调配，扎实推进柔性生产和均衡生产，提前8天完成白鹤滩—江苏3基跨越塔紧急交付任务，提前1个月完成南昌—长沙首基试点塔生产任务，第一家完成白鹤滩—江苏（四川段）供货任务，提前5天完成白鹤滩左岸水电站500千伏送出工程供货任务，提前10天完成安徽杆塔防腐业务施工并实现外省施工“首战告捷”。全年获感谢信和表扬信21封、锦旗3面，白鹤滩—江苏工程获集团公司2021年优质工程（项目）。

4.坚持质量为本，加强管理、严格考核，强化落实安全责任

重庆顺泰紧盯重大风险点和薄弱环节，坚决扛起责任担当，确保生产安全稳定。坚持“两线”作战，抓牢抓实新冠肺炎疫情防控工作，及时做好各类防控信息上传下达和物资储备工作，对往来人员和车辆严格实施排查和隔离措施，密切跟踪疫苗接种情况，疫苗接种率99%。层层签订《安全目标责任书》和《安全承诺书》，以结果为导向，压紧压实各级责任。编制《生产安全事故、产品质量缺陷案例集》，深入分析薄弱环节，引导员工提升安全和质量意识。深入开展“五查五严”“迎建党一百周年、忠诚履职保平安”等5项专项整治行动，实施月度、专项、节假日等安全大检查23次，督促整改各类安全隐患。强化三级安全目标管理，持续开展安全性评价、班组安全标准化、安全设施标准化、安全体系和文化建设等工作。夯实质量管理基础，加强工艺协同监督，试点检验员协助工艺人员开启工艺巡检新模式，工艺监督成效进一步提升。推动全员质量控制，奖励人员621人次，现场问题项次和车间加工批量错同比分别下降6%和10%。精心组织质量抽检工作，顺利通过第

三方质量抽检36次，46基特高压样塔均一次验收通过。组织“一把手”讲质量课、开展焊工技能比赛等活动。

5.推动成本领先，挖潜降耗、提质增效，保障经营管理稳健

重庆顺泰制定《2021年提质增效实施方案》并狠抓落地见效。多措并举确保资金供应，融资规模压降38.72%，获评2021年度纳税信用A级企业。通过融资规模和融资成本“双控”，财务费用较2020年同期减少2068万元。制定《政策利用专项奖励实施细则》，加强惠企政策研究，实现到账（减免）1717万元。多举措加强采购管理，节支2212万元。强化“两金”压控，利用呆滞材料、余料盘活资金1255万元。综合运用“紧盯”“倒逼”工作机制，应收账款余额较年初减少13720万元，已发货未结算总金额较2020年同期压降1.23亿元。落实“三个替代”，释放资金1亿元。加强业法协同，积极开展逾期压降，累计催回逾期应收账款492万元，较年初压降36.84%。精益后勤管理，基建维修、食材、车辆等节支532万元。通过合理利用呆滞库存材料、引进新材料酸洁剂降低废酸处理成本等，累计实现技术降本300万元。规范劳务外包管理节资228万元。

6.深化改革强企，强化内控、促进合规，激活发展内生动力

重庆顺泰紧跟集团公司股改上市步伐，扎实推进问题整改、风险评估管理等工作，为上市奠定基础。紧盯关键指标和关键节点，建立倒逼任务清单，加速经营管理效率提升，堵住管理上的“跑冒滴漏”。对物资管理、后勤保障、生产外委等管理制度进行修订，切实提升公司治理水平。持续完善《运营一张表》《月度工作简报》《部门周报》《每日动态》《生产日报》《营销日报》《协同解决问题日报》等工作机制，经营管理模式更趋成熟高效。推进“三改六能”机制落地。优化岗位设置及人员配置，设置重庆顺泰厂区经理岗位，分4批对21名中层干部进行任职调整。加强绩效考评结果运用，年中述职考评得分位于前三位和后三位的中层干部、位于前两位和后两位的主任助理，下半年月度绩效工资分别上浮、下调10%。进行市场部内设机构改革，设立三个区域营销中心，面向全员公开竞聘区域负责人，激发队伍活力。实施两厂区生产人员柔性管理，相互支援解决生产工序瓶颈1345人次，为生产履约提供有力支撑。推进依法治企与生产经营工作深度融合，完善合规管理机制，防范重大法律风险。开展合同合规专项检查32次，合规管理工作取得显著改善。推进精益管理走向深入，精益改善项目成果54项。对工程项目从订单获取到结算回款各环节实施全面跟进和风险管控，加快项目流转速度，及时预警纠偏。实施生产环节单耗指标监督考核，进一步强化生产成本意识。

2021年，重庆顺泰始终坚持蹄疾步稳、稳中求进，干成了很多想干的大事，办成了很多难办的急事，做成了一些该做的好事，在公司发展史上留下浓墨重彩的一笔。

这充分证明公司提出深入践行“三个表率、四个有我”企业精神是卓有成效的。成绩的取得，是全体干部员工辛勤付出、不懈努力、拼搏奉献的结果。未来，全体重庆顺泰人将继续坚持以习近平新时代中国特色社会主义思想为指导，全面贯彻落实集团公司“两会”部署，深入践行“三个表率、四个有我”企业精神，坚定信心、真抓实干，全面打造市场认可、社会尊重的一流电力装备制造企业。

主创人：董广金
参创人：张　鲛　程洁琼　陈君超

立足冶金工业废渣　走绿色循环发展之路

酒钢（集团）宏达建材有限责任公司

一、实施背景

绿色发展与创新发展、协调发展、开放发展、共享发展一起，在党的十八届五中全会上被提出并被称为“五大发展理念”。遵循这一理念是现阶段社会经济发展的必然选择，也是新时期我们党做出的实事求是的科学决策。对建材行业而言，绿色发展既是企业转变发展方式，调整和优化经济结构，实现科学发展和可持续发展的大趋势，也是企业降低生产成本，提高经济效益，减少碳排放，建设生态文明的必经之路。

（一）走绿色发展之路是建材工业发展的必然选择

水泥工业作为国民经济重要的基础原材料工业，在为国家提供优质建筑材料，服务国民经济建设的同时，也承担着节能减排和资源综合利用的使命。

建材工业是典型的资源、能源消耗型产业，在其快速发展的同时，面临着资源、能源的过度消耗和环境的严重污染。据统计，2014—2018年，全国水泥年均产量23.8亿吨，按水泥中熟料消耗量65%计算，每年水泥生产将消耗各类原材料32亿吨以上，而其中的80%来自自然资源。自然资源是有限的，若不改变这种现状，按传统老路走下去，建材工业的发展将难以为继。

建材工业发展循环经济具有得天独厚的优势。建材企业本身具有的倚重资源、高能耗、高污染的现实，也是其进行技术创新、挖潜增效的突破口。技术创新不仅可以变废为宝，为企业创造经济效益，同时能够消纳废渣、改善周边区域环境，创造良好的社会效益。

中国是世界开采大国，也是水泥生产和消费大国，矿产资源开发利用过程中产生的固体废物占固体废物总排放量的80%左右。这些固体废物中都不同程度地含有水泥的主要化学成分，有些冶炼废渣甚至含有与硅酸盐水泥熟料相似的矿物组成。它既是严重的污染源，也具有综合利用价值。在资源日益短缺的今天，采用工业固体废物生产水泥，实现其循环再利用，将是水泥工业发展的必由之路。

（二）公司的健康快速发展得益于综合利用冶金废渣

酒钢（集团）宏达建材有限责任公司（以下简称“宏达建材”）地处河西走廊嘉峪关市，毗邻西北钢铁工业基地酒泉钢铁（集团）有限责任公司（以下简称“酒钢公司”），具备年产水泥熟料180万吨、各品种等级的水泥300万吨的生产能力。宏达建材是国内同类型水泥企业中唯一一家没有石灰石自备矿山的水泥厂，占生产原料80%左右的石灰石质原料，只能依赖酒钢公司石灰石矿山的选矿废渣。这样不仅原料的成分无法控制，而且每吨石灰石进厂价高达48元，是其他水泥厂的2～3倍，造成水泥生产原料成本增加。

然而，就是在这种缺乏原料资源、地处闹市区、邻近国家重点文物保护单位嘉峪关关城的背景下，宏达建材通过管理创新和技术进步，大量采用酒钢公司的冶金工业废渣作原料，生产出多品种、高附加值、低成本的建材产品，并取得多项自主知识产权。在20余年的发展中，公司产品的销售半径逐步延长，在东西上千千米的产品辐射范围内，水泥价格一直保持较低水平，这主要得益于生产原料的资源综合利用。

（三）大量利废对管理创新和技术进步产生了积极作用

宏达建材自投产以来，水泥生产的原料立足于酒钢公司的冶金废渣，先后在日产1000吨、日产2000吨和日产4000吨生产线上，采用酒钢公司的石灰石选矿尾矿、石灰石采矿废石、矿渣、钢渣、铁尾矿、粉煤灰、炉底渣、硅石渣、石灰窑窑灰、脱硫石膏等废渣作通用水泥熟料、特种水泥熟料的生产原料，并采用活性废渣作混合材，脱硫石膏作缓凝剂制备水泥。

2012年投产的日产4000吨生产线，已累计生产水泥熟料1400.7万吨，实现收入39.5亿元，消纳各种工业废渣1500万吨以上，盈利6.2亿元，其中2020年上半年盈利4200万元。

冶金废渣的大量利用，一是缓解了石灰石原料价格高的压力，对降低水泥生产成本起到了至关重要的作用；二是节约了天然原料的开采，保护了自然资源；三是冶炼渣中碳酸盐基本分解后，降低了熟料烧成时的热耗和煤耗；四是减少了水泥生产过程中二氧化碳和氮氧化物的排放量，产生了积极的环保效益；五是冶炼渣中，碱经过冶金高温煅烧已基本挥发，是本地生产低碱水泥的首选原料。

二、成果内涵

（一）冶金工业废渣的种类、性质

酒钢公司每年产生数百万吨的冶金选矿渣和冶炼渣，历史存留数千万吨。这些废渣中，不仅含有水泥生产所需的氧化钙、二氧化硅、三氧化二铝、三氧化二铁等主要化学成分，而且经过高温煅烧的冶炼渣，碳酸盐已基本分解，作为原料烧制水泥熟料时热耗大幅度降低。从理论上讲，这些工业废渣只要经过一定的物理化学处理，通过合理的选料和配料，大都可以作为水泥生产的原材料。

1. *石灰石选矿废渣*

距离公司40千米的酒钢西沟矿，在石灰石开采过程中，每年排出100万吨左右的品位和粒度不符合冶金工业使用的石灰石筛下物——石灰石选矿废渣和收尘灰。这些废渣长期堆放无法利用，造成资源的浪费。宏达建材将这种含有50%氧化钙，粒度30mm以下的选矿废渣作为水泥生产的石灰石质原料，每年将其全部消纳。

2. *石灰石采矿废石*

酒钢西沟矿在多年的开采过程中，将石灰石矿山的覆盖层和低品位的石灰石废弃在祁连山雪线以上的山沟。这种选矿废石成分波动大，除了40%的氧化钙和5%的氧化镁外，还有10%的燧石和1%的钾钠。公司将其作为石灰石质原料，每年消纳15万吨左右。

3. *石灰石窑灰*

石灰石窑灰是嘉峪关大友企业集团有限责任公司在焙烧活性石灰的过程中，从窑尾排出的烟气中回收的石灰石粉尘和回转窑内产生的窑皮。这种窑灰中的碳酸盐已基本分解，以氧化钙的形式存在，其含量在55%～80%。公司通过合理搭配均化后将其作为水泥生产原料。

4. *铁矿石选矿尾矿*

酒钢公司选矿厂磁选后的部分铁矿石尾矿和部分铁矿石经过高温焙烧、磨细、磁选后选出的尾矿，加上热电厂排出的粉煤灰等共同打入尾矿坝混合的冶炼废渣称为铁矿石选矿尾矿。其主要成分是35%～40%的二氧化硅、20%～30%的三氧化二铁，含水量15%以上。公司将其代替铁粉作为生产水泥的铁质校正原料。

5. *钢渣*

钢渣是冶金企业炼钢过程中排出的废渣，每炼1吨粗钢排渣约0.25吨。钢渣一般含有35%～50%的氧化钙、1.5%～10%的氧化镁、10%～20%的二氧化硅，以及15%～25%的氧化亚铁和三氧化二铁，其主要矿物组成为硅酸二钙、硅酸三钙、铁酸钙等，与水泥熟料的化学成分相似，具有较好的水硬胶凝性，被称为“劣质熟料”。据中国固废网统计，全国钢渣利用率不足32%。

公司使用的钢渣是酒钢公司炼钢厂的转炉渣。此渣呈黑色，质轻、气孔多，其中的碳酸盐分解完全，游离氧化钙消解彻底，可以代替全部铁粉和部分石灰石、黏土配料生产通用水泥和抗硫酸盐水泥。

6.矿渣

矿渣又称高炉粒化矿渣、水渣等，是冶炼生铁时从高炉中排出的一种废渣，有碱性渣、中性渣和酸性渣之分，酒钢公司产出的矿渣属于低活性酸性矿渣。高炉水淬渣在水泥熟料、石灰、石膏等激发剂的作用下，具有较好的水硬胶凝性能，是优质的水泥生产原料，有条件的水泥厂将其作为水泥混合材使用。宏达建材通过“分别粉磨，生产水泥的系统”技术，在水泥中掺入大量细磨的矿渣粉生产水泥成品，同时还将其代替黏土、铝矾土等硅铝质原料作水泥生产的原料使用。

7.硅石选矿废渣

硅石选矿废渣是硅铁厂在冶炼硅铁的过程中，从硅石原料中选出的粒度小、品位低的废渣。其中含有85%～95%的二氧化硅，粒度小于30mm左右，硬度较大。由于其碱含量较低，可以作为硅质校正原料代替含碱高的黏土配料生产低碱水泥。

8.脱硫石膏

脱硫石膏是热电厂烟气脱硫产生的工业副产品，含结晶水的硫酸钙达到75%以上。酒钢公司每年产生脱硫石膏约50万吨，属于火电工业的废渣，其含水量高达20%以上，黏度大、易结块。宏达建材通过对生产线进料系统的改造，在水泥和高细矿渣生产中，加入5.0%的脱硫石膏代替天然石膏作缓凝剂使用。

9.粉煤灰

粉煤灰指热电厂从煤燃烧后的烟气中收捕下来的细灰，是燃煤电厂排出的固体废物。随着电力工业的发展，燃煤电厂的粉煤灰排放量逐年增加。大量的粉煤灰若不加以处理，会产生扬尘，污染大气；若排入水系会造成河流淤塞，而且其中的有毒化学物质还会对人和动植物造成危害。一方面，宏达建材将其与熟料共同粉磨，作水泥生产的混合材和助磨剂；另一方面，将其代替铝质原料作水泥生产的原料。

宏达建材作为距离酒钢公司最近、嘉峪关市规模最大的水泥企业，在原料选择上具有得天独厚的优势。

（二）冶金工业废渣生产的建材产品及采用的新技术

1.通用水泥

宏达建材采用石灰石废渣、硅石渣等选矿渣和矿渣、粉煤灰、铁尾矿等冶炼渣作原料，在干法窑上生产通用水泥熟料。在制备成品水泥时，通过加入不同品种、不同配比的活性混合材，如矿渣粉、粉煤灰等，以脱硫石膏作缓凝剂，采用拥有自主知识产权的专利技术“分别粉磨生产水泥的系统”生产硅酸盐水泥、普通水泥、矿渣水泥、粉煤灰水泥和复合水泥等各品种等级的通用水泥。

2.特种水泥

特种水泥包括特性水泥和专用水泥，是指具有某些独特性能，适合特定用途或能发挥特殊作用并赋予建筑物特别功能的水泥品种。特种水泥的特殊性取决于水泥熟料特殊的矿物组成，熟料的矿物组成又与其化学成分有关。

（1）抗硫酸盐水泥：是由特定矿物组成的硅酸盐水泥熟料，掺加适量石膏磨细制成的水硬性胶凝材料。它适用于受硫酸盐侵蚀、冻融和干湿作用的海港工程、水利工程及地下工程。公司采用拥有自主知识产权的发明专利技术，使用钢渣代替铁粉作铁质校正原料，添加石灰石废渣、矿渣、硅石渣等配料，每年生产抗硫酸盐水泥数十万吨。

（2）油井水泥：专用于油井、气井的固井工程的水泥，也称堵塞水泥。适用于一般油（气）井的固井工程。公司采用石灰石废渣、钢渣、矿渣和硅石渣等原料生产42.5级的G级油井水泥。

（3）中、低热水泥：具有水化热较低的特点，适用于大坝、水利工程和其他大体积建筑工程。宏达建材采用石灰石废渣、窑灰、矿渣、硅石废渣、钢渣等原料生产中热硅酸盐水泥和低热矿渣水泥，已用于航天工程建设。

（4）道路水泥：具有早强增长快、抗折强度高、耐磨性好、干缩率小等特点，适用于高等级公路、机场跑道、城市大面积道路及军事工程。宏达建材采用石灰石废渣、铁尾矿、风积沙、矿渣等原料生产道路水泥。该技术已申报发明专利。

（5）核电工程用硅酸盐水泥：具有水化热低、早强高、后强持续增加、抗硫酸盐侵蚀性强、碱含量低、干缩性小等特点，是集硅酸盐水泥、中热水泥、抗硫酸盐水泥、道路水泥和低碱化学指标特性于一体的水泥品种。宏达建材采用石灰石渣、硅石渣、矿渣、铁矿尾矿等全废渣配料生产。该技术已申报发明专利。

3.低碱系列水泥

宏达建材所处的河西走廊西端属盐碱地带，所蕴含的天然原料中碱含量普遍较高，常规原料无法生产低碱水泥。利用钾钠“高温挥发，低温富集”的特点，采用钢渣、矿渣和石灰石、硅石渣等配料，在干法窑上生产出碱含量小于0.40%的普通熟料、抗硫酸盐熟料。采用脱硫石膏作水泥缓凝剂，生产出碱含量小于0.45%的普通低碱水泥和抗硫低碱水泥等。该技术拥有授权的发明专利。

4.粉体材料——S95级高细矿渣粉

宏达建材通过物理和化学方法，激发酒钢公司低活性酸性矿渣的活性，从而得到S95级以上的矿渣粉。采用这种矿渣粉通用生产时，水泥中熟料的用量大幅度降低，其中矿渣B型掺量可以达到70%，实现了用1吨熟料生产5吨水泥的目标。矿渣粉作为物理外加剂掺入混凝土时，可以配制高等级、高性能的混凝土。该产品的研发为高铁、高速公路、机场等重点重要工程建设提供了优质外加剂。该技术已申报发明专利。

5.高强度建筑砌块——Cc30广场砖

宏达建材利用自建的一条年产12万立方米的全自动建筑砌块生产线，将矿渣、粉煤灰、风积沙、河沙等废渣，掺入少量水泥、矿渣粉，用于生产Cc30高强度广场砖。年消纳各种废渣20万吨左右。该技术已申报发明专利。

6.高性能液体水泥助磨剂的应用

公司自筹资金550万元建设的年产2万吨全自动液体水泥助磨剂生产线，具备了水泥及混凝土外加剂研发中心的功能，为研发减水剂、增强剂、抗冻剂等混凝土外加剂奠定了基础。在磨制水泥时掺入1.0%～1.5%自产的助磨剂，水泥球磨机的台产提高10%～20%，28天强度增长2～4兆帕。《一种矿渣立磨助磨活化剂及其复配方法》已获得发明专利。

7.水泥生产余热发电技术的应用

公司利用日产4000吨新型干法水泥窑的窑头窑尾废气，建设了一座8MW的纯低温余热电站。吨熟料的发电量达到36kW·h，年发电量突破4860万kW·h。自备电站满足了全厂30%的用电，同时，实现了热电联供。公司拥有4项相关的实用新型专利。

（三）成果实施的条件

1.生产条件

宏达建材是一家集研发、生产、销售于一体，利用冶金废渣，生产以通用水泥、特种特性水泥、建筑砌块、粉体材料、水泥外加剂为主的资源综合利用型建材企业。正在运行的日产4000 吨新型干法熟料生产线实际产能已达到6000吨，并在该生产线上实现了全废渣、多品种熟料的生产目标；5条水泥粉磨生产线具备日产17000吨水泥的能力；3条高细矿渣粉生产线具备年产高细矿渣粉140万吨的生产能力。宏达建材是河西地区水泥生产品种最多、产能最大的大型骨干水泥企业，水泥销售量占本地市场的85%以上。

2.技术条件

宏达建材拥有“甘肃省省级企业技术中心”“甘肃省冶金废渣高效利用建材工程技术研究中心”2个研发机构。公司技术中心拥有2100平方米的实验室1个，仪器设备原值1250万元，各种检验试验设备102台（套）。

技术中心化验室的检验装备和技术条件达到了科学研究的标准，不但能进行通用水泥、特种水泥、水泥制品的检验，还具备针对各种复杂物质的分析和微量元素的检验能力，为水泥产品的研究和开发奠定了基础。

3.人员条件

公司拥有一支德才兼备、懂管理、善经营、有创造力的管理团队。专业齐全、技术全面的技术团队是科技创新的主力军，公司现有中级职称员工26人，高级职称员工6人；技能人才占职工总数85%，有技师26名，还有一支17人组成的外聘专家团队。

4.废渣资源条件

与公司毗邻的酒钢公司，每年产生各种冶金废渣数百万吨，历史存留废渣数千万吨。这些废渣为公司水泥生产提供了丰富的资源条件。

三、实施措施及效果

（一）建立和完善了公司科技管理体系

1.成立了公司工程技术委员会

由公司各专业、各学科的学术带头人和其他专家若干人组成的工程技术委员会，作为宏达建材科技管理的领导机构，负责公司技术管理体系的建立、完善和运行。公司主要领导任委员会主任、副主任，委员会下设硅酸盐工程、机械设备、电气自动化和余热发电4个分委员会。

2.技术中心为公司技术管理的常设机构

技术中心以技术质量部门为核心，由公司主要技术、研发和管理人员组成。公司主要领导担任技术中心领导，配备专人负责具体工作，包括甘肃省省级技术创新平台的运行管理，高新技术企业的相关工作，知识产权工作和工程技术委员会的日常管理。

3.聘任行业知名专家组成技术咨询委员会

宏达建材聘任甘肃省建材科研设计院、兰州交通大学、兰州理工大学、甘肃土木工程科学研究院、甘肃祁连山水泥集团股份有限公司、酒钢集团技术中心等省内外大学、研究机构、企业技术中心的专家组成17人的专家技术咨询委员会，负责公司的技术咨询工作。

4.建立和完善公司科技管理制度

宏达建材制定和完善了《公司科技管理办法》《废渣研究工程技术研究中心章程》《甘肃省省级企业技术中心章程》《公司科技项目申报、评价管理办法》《公司科技奖励制度》等科技管理制度。

（二）2个研发机构为废渣利用提供了技术保证和理论支持

1.研发机构的职能

2009年，经公司联合申报、建设运行和现场评价，宏达建材在全省建材行业率先被甘肃省工业和信息化委员会（以下简称“工信委”）等六家单位授予“甘肃省省级企业技术中心”，明确了公司在技术开发、资源整合、产学研合作、创新队伍培育和咨询、评价、服务方面的职能。

2009年，宏达建材与相关大学、科研机构联合投资280万元改善了公司实验室的软硬件设施，引进高层次人才，在原有化验室的基础上，承担了由甘肃省科学技术厅（以下简称“科技厅”）主管的“甘肃省冶金废渣高效利用建材工程技术研究中心”的建设任务，2011年验收通过，共获得100万元的科技经费支持（见表1）。

表1　研发机构基本情况

序号	名称	任务或规模	主管部门、批准文号	批准或确定时间
1	甘肃省省级企业技术中心	企业技术研究	省工信委、省发展改革委、省科技厅、省财政厅、国税局、地税局（省工信技〔2009〕198号）	2009年公布
2	甘肃省冶金废渣高效利用建材工程技术研究中心	甘肃省建材行业冶金废渣研究利用	甘肃省科技厅 （甘科计〔2009〕31号）	2009年列入建设计划； 2011年通过检查验收

2个研发机构搭建了技术研究、开发、转化、应用一体化的科技创新平台。为甘肃省建材行业生态工业和循环经济的实践提供了技术保障和理论支持。

2.研发机构的创新重点

2个研发机构立足酒钢公司的废渣资源，在干法水泥窑上研究开发通用水泥、特种水泥和其他建材产品，实现资源综合利用率和经济效益的同步增长。

废渣利用研究流程：对酒钢公司产生的各种工业废渣进行取样、普查和分析；从技术和经济的角度进行分类、遴选和预处理；在实验室进行小样配制、粉磨和烧制试验；总结、改进和完善配料方案；制订生产技术方案；进行工业性试生产和产业化。

3.研发机构的创新运行

2个研发机构与公司的技术质量部门合署办公，通过承担各级科研部门的研发项目开展工作，先后解决了一批困扰废渣应用的生产和技术难题。2个机构的研发投入占当年销售收入的3.08%，其在主管部门每年的总结评估和三年一次的综合考核中，达到良好和优秀水平。

（三）通过承担实施科技项目，解决利废过程中的关键技术难题

宏达建材把废渣利用过程中出现的问题梳理归类后，通过争取国家级和省市级科技项目的立项来解决生产技术问题。由公司牵头成立涵盖产、学、研、用联合的研发项目组，明确了项目的研究方向和各自的目标任务，制订具体的实施方案，从人员、资金、政策上为研究任务的落实提供了保障。宏达建材先后承担嘉峪关市科研计划项目7项，获得科研经费120万元（见表2）；承担省级科技项目5项，获得科技资助150万元（见表3）；承担国家级项目2项，获得国补资金400万元（见表4）。

表2　宏达建材承担的嘉峪关市科技项目

序号	成果名称	鉴定/授予部门	验收/登记时间	成果登记号
1	2000t/d水泥回转窑脱硝技术研究与应用	嘉峪关市科技局	2016年7月	嘉科验〔2016〕第G28号
2	新型高性能液体水泥助磨剂的研发与应用	嘉峪关市科技局	2016年7月	嘉科验〔2016〕第G27号
3	矿渣立磨应用湿脱硫石膏的技术研究	嘉峪关市科技局	2016年8月	嘉科验〔2016〕第G30号
4	利用冶金废渣生产G级油井水泥	嘉峪关市科技局	2016年7月	嘉科验〔2016〕第G29号
5	采用冶金废渣生产低碱硅酸盐水泥的技术研究	嘉峪关市科技局	2016年7月	嘉科验〔2016〕第G26号
6	7MW水泥回转窑纯低温余热发电项目	嘉峪关市科技局	2016年7月	嘉科验〔2016〕第G30号
7	冶金废渣综合利用技术	嘉峪关市科技局	2016年7月	1204GKCB028

表3　宏达建材承担的甘肃省科技项目

序号	项目名称	项目类别	项目负责人	项目编号	立项年度	起止时间	资助金额	验收状态
1	甘肃省冶金废渣高效利用建材工程技术研究中心	技术创新中心建设	孙明岩	093GTGB004	2009年	2009—2010年	50万元	验收
2	利用转炉钢渣生产抗硫酸盐水泥的方法专利产业化	知识产权计划—知识产权服务能力提升专项	常占新	17ZC1LB023	2017年	2017—2019年	40万元	验收
3	采用工业固体废弃物生产低碱硅酸盐水泥专利技术产业化	知识产权计划—知识产权服务能力提升专项	张剑平	1507PIPB023	2015年	2015—2016年	10万元	验收
4	利用冶金废渣生产G级油井水泥	重点研发计划工业类	武学龙	1204GKCB028	2012年	2012—2014年	15万元	验收
5	甘肃省技术创新中心建设	技术创新中心建设	蒋朝晖	2020-0402-JHC-0031	2020年	2020—2022年	—	—

表4　宏达建材承担的国家级项目

序号	项目名称	项目类别	项目负责人	批准文号	立项年度	起止时间	资助金额	验收状态
1	利用冶金废渣建设4000t/d熟料新型干法水泥生产线及配套纯低温余热发电工程	国家级循环化改造示范试点园区	蒋朝晖	发改办环资〔2018〕763号	2015年	2015—2019年	360万元	验收
2	国家知识产权优势企业	知识产权	武学龙	2017年11月国家知识产权局公示	2017年	2015—2019年	40万元	验收

（四）知识产权的开发和应用助力企业发展

1.知识产权的开发

宏达建材技术人员在新产品研发、新技术开发过程中不断创新，在许多方面取得了突出的创造性发明专利，形成了多项自主知识产权。截至2020年10月，公司申报专利29件，其中发明专利9件；授权专利23件，其中授权发明专利3件（见表5）。

表5　授权和受理的专利技术

序号	专利名称	专利类型	受理或授权日期	专利证书号（受理号）
1	一种低碱水泥生产过程中窑灰外排、回收装置	实用新型	2012年8月	ZL 2011 2 0484281.4
2	分别粉磨生产水泥的系统	实用新型	2012年7月	ZL 2011 2 0483623.0
3	袋式收尘器控制系统	实用新型	2012年7月	ZL 2011 2 0483595.2
4	户外式余热锅炉带压防腐、防冻系统	实用新型	2012年7月	ZL 2011 2 0484314.5
5	水泥回转窑窑尾余热锅炉热水段系统	实用新型	2012年7月	ZL 2011 2 0484282.9
6	水泥熟料回转窑余热锅炉窑头和窑尾蒸汽分隔系统	实用新型	2012年7月	ZL 2011 2 0484286.7
7	水泥回转窑余热锅炉采暖热水段置换系统	实用新型	2012年7月	ZL 2011 2 0484293.7
8	立磨的磨盘与磨辊结构	实用新型	2012年7月	ZL 2011 2 0484332.3
9	一种绕线式电机滑环	实用新型	2012年7月	ZL 2011 2 0483584.4
10	篦式冷却机	实用新型	2012年7月	ZL 2011 2 0483608.6
11	回转窑窑头窑尾密封装置	实用新型	2012年7月	ZL 2011 2 0483606.7
12	绕线式电机滑环室壳体	实用新型	2012年7月	ZL 2011 2 0484311.1
13	用低活性酸性矿渣生产S95级矿渣微粉的方法	发明专利	2012年6月	ZL 2012 1 0219311.8
14	利用转炉钢渣生产抗硫酸盐水泥的方法	发明专利	2016年6月	ZL 2012 1 0221130.9
15	利用玄武岩在水泥中配料生产矿渣硅酸盐水泥的方法	发明专利	2012年6月	ZL 2012 1 0221129.6
16	利用铁矿石选矿尾矿在水泥中配料生产道路硅酸盐水泥的方法	发明专利	2012年6月	ZL 2012 1 0221127.7
17	一种矿渣立磨助磨活化剂及其复配方法	发明专利	2013年10月	ZL 2012 1 0219312.2
18	采用工业固体废物生产低碱硅酸盐水泥的方法	发明专利	2014年3月	ZL 2012 1 0221128.1
19	一种分别粉磨生产低碱硅酸盐水泥生料的系统	实用新型	2015年10月	ZL 2015 2 0159683.5
20	一种立磨输料装置	实用新型	2015年12月	ZL 2015 2 0767137.X
21	一种工业固体废渣生产核电工程用硅酸盐水泥的方法	发明专利	2016年8月	ZL 2016 1 0782725.X
22	一种无氯缓凝型水泥助磨剂及其制备和应用	发明专利	2016年12月	ZL 2016 1 1129095.2

（续表）

序号	专利名称	专利类型	受理或授权日期	专利证书号（受理号）
23	一种余热发电热力除氧器凝结水系统	实用新型	2019年12月	ZL 2019 22451581.1
24	一种适用于粉料运输提升机的堵料监测装置及提升机	实用新型	2019年12月	ZL 2019 22451582.6
25	一种用于湿脱硫石膏输送的管链输送机	实用新型	2019年12月	ZL 2019 22451584.5
26	一种利用水泥窑窑头废气烘干煤粉的煤立磨降尘系统	实用新型	2019年12月	ZL 2019 22441902.X
27	一种水泥包装系统的除尘装置	实用新型	2019年12月	ZL 2019 22451565.2
28	一种液压剪叉式升降机	实用新型	2020年1月	ZL 2020 20146682.8
29	一种采用工业废渣生产的路面砖及其生产方法	发明专利	2020年1月	ZL 2020 10076925.X

2.知识产权的应用

宏达建材已授权的3件发明专利，全部为利用废渣生产高端水泥产品的技术。申请的29件专利全部在公司得到采用，专利的实施率达到100%。采用专利技术生产的产品占公司总产量的85%以上，占销售收入的90%以上。

宏达建材已具备能够综合运用知识产权信息研发生产新技术、新产品的能力。2013年被列为“甘肃省企事业单位知识产权试点单位”，2017年又被列入为“国家知识产权优势企业”名单。2项发明专利的产业化得到甘肃省知识产权局50万元的资金支持。“采用工业固体废物生产低碱硅酸盐水泥的方法”获得2015年度甘肃省专利奖二等奖。

3.知识产权的管理

（1）专利申报。技术人员在完成一项技术工作或技术方案策划后，在总结工作的同时，注重进行技术总结和技术提炼，积极申报专利。

（2）贯标认证。公司制定了企业知识产权战略并逐步实施，计划在2020年内通过《企业知识产权管理规范》第三方认证。

（3）人才培训。公司加强专利知识的培训，先后派40人次参加了国家、省、市知识产权管理部门组织的专利知识学习，技术人员专利知识培训率达到75%以上。

（4）专利奖励。公司建立了职务发明人权益保护和奖励机制，对职务发明人除了政府奖励外，公司给予一定的奖励。

（5）专人专职。公司明确了技术中心为企业知识产权的管理部门，安排专人负责知识产权工作。

（五）对研究成果及时进行鉴定、验收、评估、登记

2011年11月和2013年12月，宏达建材自主立项、自筹资金完成的4项技术，通过了省科技厅和省工信委组织的省级科技成果鉴定和新产品、新技术鉴定。其中，2项达到国内先进水平，1项达到国内领先水平，1项达到国际先进水平（见表6）。

表6　经鉴定的省级科技成果和新产品、新技术

序号	成果名称	鉴定/授予部门	登记时间	成果登记号	达到水平
1	利用转炉钢渣生产抗硫酸盐硅酸盐水泥的技术研究	甘肃省科技厅	2011年12月	2011Y0664	国内领先
2	利用低活性酸性矿渣生产S95级矿渣粉的技术研究	甘肃省科技厅	2011年12月	2011Y0663	国内先进
3	采用分别粉磨生产水泥的新工艺研究	甘肃省科技厅	2011年12月	2011Y0665	国内先进
4	综合利用冶金工业废渣生产特种水泥的技术研究	甘肃省科技厅	2013年12月	2013Y0448	国际先进
5	抗硫酸盐硅酸盐水泥	甘肃省工信委	2011年11月	2011-9-42	国内领先
6	采用“分别粉磨”生产水泥的新技术	甘肃省工信委	2011年11月	2011-9-43	国内先进
7	S95级矿渣粉	甘肃省工信委	2011年11月	2011-9-41	国内先进
8	综合利用冶金工业废渣生产特种水泥的技术	甘肃省工信委	2013年12月	2013-9-44	国际先进
9	采用工业固体废物生产低碱硅酸盐水泥的方法	甘肃省科技厅	2015年2月	2015Y0055	—
10	利用转炉钢渣生产抗硫酸盐水泥的方法	甘肃省科技厅	2016年8月	2016Y0504	—
11	冶金废渣综合利用技术	甘肃省科技厅	2016年9月	2016Y	—

宏达建材拥有“国家重点支持新产品”1个、“甘肃省优秀新产品新技术”3个。宏达建材作为国家标准化管理委员会成员单位，参加制定了《核电工程用硅酸盐水泥》和《道路基层用缓凝硅酸盐水泥》2个国家标准。

（六）高新技术企业的认定，增强了企业自信心和社会责任感

宏达建材的主要产品和生产技术符合科学技术部（以下简称“科技部”）《国家重点支持的高新技术领域》“资源与环境”技术中的“工业固体废弃物综合利用技术”和

"新能源与节能"技术产业。企业相关研发人员占比15%，研发费用占当年销售额的3%以上，宏达建材拥有自主知识产权，进行了多项技术研究，高新技术产品收入占总收入的88%以上，2012年被省科技厅、财政厅等单位认定为高新技术企业，2015年通过第一次复评，2018年再次通过复评。

宏达建材被认定为高新技术企业后，除了每年享受所得税优惠政策外，2015年在采购直购电时获利1600万元。

（七）管理成果的效果

1.解决了公司水泥原料匮乏、运距远、价格高的问题

宏达建材利用毗邻酒钢公司的有利条件，水泥的生产原料立足冶金工业废渣，每年消纳石灰石废渣、石灰石废石、矿渣、铁尾矿、钢渣、粉煤灰、炉底渣、硅石渣、石灰窑窑灰、脱硫石膏等各种固体废物200万吨左右，解决了水泥生产原料匮乏、运距远、价格高的问题。

2.水泥生产成本降低，产品的市场竞争力增强

宏达建材通过大量采用低价值的冶金废渣，降低了水泥原料的采购成本及水泥的生产成本，凭借水泥的低成本优势，延长了产品的销售半径，扩大了产品利润空间。

利用废渣特殊的物理性能和化学成分生产特种水泥，虽然有一定难度，但产品的附加值高，企业的竞争力增强。

3.建设绿色宏达，成就循环梦想初见成效

宏达建材继2012年被评为"甘肃省首批循环经济示范企业"后，2015年"宏达发展模式"被确定为甘肃省十大循环发展模式之一。2017年"利用冶金废渣建设4000t/d熟料新型干法水泥生产线及配套纯低温余热发电工程"项目被列入嘉峪关市国家级循环化改造示范试点园区项目，获得中央财政补助资金360万元。综合利用冶金废渣生产水泥的技术作为低碳减排项目和绿色生产技术引起广泛重视，被推荐到上级有关部门。公司国家级绿色工厂认定也正在积极申报中。

4.经济效益显著

采用废渣生产的建材产品市场认可度高，经济效益明显。仅以2012年投产的日产4000吨熟料干法水泥生产线为例。生产原料全部采用冶金废渣，水泥的生产成本在本地区一直保持较低水平，盈利空间较大。7年累计生产水泥1400.7万吨，销售收入39.5亿元，盈利6.2亿元，其中，2020年上半年盈利4200万元。

2012年以来，公司每年销售抗硫酸盐水泥和低碱普通水泥30万吨左右，收入1.2

亿元以上，吨产品利润50~150元。同时，每年节约原料采购费用500万元以上。公司生产的9个水泥产品和2个建筑砌块产品全部被认定为资源综合利用产品，享受税收优惠政策。

5.社会效益明显

（1）促进了水泥行业的技术进步。该成果的实施，开拓了水泥行业工作者选择使用原料的思路。对水泥生产的石灰石质、黏土质、铁质原料有了更多的选择机会；特种水泥的生产原料选择不仅可以面向工业废渣，还可以采用废渣将使生产变得更为容易；突破性地解决了大型回转窑利废对生产系统造成波动的问题，使大型回转窑利废成为现实。

（2）促进了当地循环经济的发展，对水泥行业具有很好的示范引领作用。利用当地丰富的冶金废渣生产水泥，减少了天然资源的开采量，提高了资源综合利用的水平，对规划布局冶金—建材循环经济产业链，发挥建材工业在产业链中的关键节点作用具有积极意义，尤其值得推广。

（3）具有明显的环保效益。通过冶炼渣配料物料易烧性的改善，水泥熟料热耗下降，减少了生产过程中二氧化碳和氮氧化物的排放量。按年产水泥熟料140万吨计算，年综合耗煤量降低2.8万吨，二氧化碳减排7.336万吨，二氧化硫减排238吨，氮氧化物减排207.2吨。

主创人：蒋朝晖　武学龙

参创人：常占新　闫智荣　李永睿　于晓燕　王艳娟　王建强

以高质量发展为目标的全价值链体系化精益管理

陕西西凤酒股份有限公司

陕西西凤酒股份有限公司（以下简称“陕西西凤”）是陕西西凤酒厂集团有限公司（以下简称“西凤集团”）旗下的核心控股子公司（西凤集团控股44.03%），是集研发、生产、销售、服务于一体的专业化国有控股白酒企业，其生产基地位于陕西省宝鸡市凤翔区柳林镇。公司前身陕西省西凤酒厂于1956年在周恩来总理的亲切关怀下创建，1999年改制为陕西西凤酒股份有限公司。截至2021年年底，陕西西凤总资产87.48亿元，员工总数达6600余人。2021年实现销售收入68.05亿元，净利润8.43亿元，纳税超过14.60亿元。陕西西凤属国家大型一档企业，是目前西北地区最大的国家名酒企业、中国凤香型白酒产区龙头企业。

企业的主导产品西凤酒，曾蝉联四届全国评酒会“国家名酒”称号，获评“中华老字号”，是我国最著名的四大老牌名白酒之一，是凤香型白酒的鼻祖和典型代表，其酿制技艺和文化已有3000多年无断代传承历史。具有“醇香典雅、甘润挺爽、诸味谐调、尾净悠长”的香味特点和“多类型香气、多层次风味”的典型风格。其“不上头、不干喉、回味愉快”的特点被世人赞为“三绝”、誉为“酒中凤凰”，具有广泛的代表性和深厚的群众基础。陕西西凤先后入选“新华社民族品牌工程”和人民日报社“品牌强国计划”，2021年荣获“全国五一劳动奖状”。西凤酒酿制技艺和酿酒工业遗产群先后荣列国家级非物质文化遗产名录和国家工业遗产名单。

西凤酒是凤香型白酒的典型代表，曾与贵州茅台、山西汾酒、泸州老窖在首届全国评酒会上被评为中国四大名白酒，后来由于对市场的把控不精准和企业内部技术与管理上的落后，西凤酒发展受阻，也错过了白酒发展的黄金期。2018年以来，陕西西凤调整经营战略，从市场出发，以满足消费者需求为本，科学分析内外部环境变化和企业发展形势，确定以高质量发展为目标，基于精益思想理论，建立了由运行保障、体系建设、流程优化、现场管理构成的全价值链质量管控体系。

一、实施背景

（一）顺应白酒市场消费升级趋势

市场是白酒企业的风向标，随着人民生活水平的提高和全球经济交流的频繁，市场与消费者对白酒品质提出了更高的要求。从政策环境来看，国家取消了白酒生产线的限制，进一步加剧了白酒市场的竞争；在消费升级领域，国家市场监督管理总局（国家标准化管理委员会）新颁布出台《白酒工业术语》《饮料酒术语和分类》两项国家标准，清晰界定了凤香、清香、浓香、酱香等各香型白酒工艺特征。白酒新标准的颁布，既是国家对消费者日益增长的美好生活需求的响应，也是白酒产业在国内国际双循环背景下的迭代升级。从消费市场来看，人们对美好生活的向往成为社会发展的驱动力，消费者的品牌意识、品质意识、健康意识逐步增强，对"喝好酒""喝品质"的需求与日俱增，"喝好酒，喝健康酒"成为一种消费共识，大品牌、优品质是产品动销的前提。从行业趋势来看，高质量发展在白酒行业已得到充分体现，行业两极分化更加凸显。从竞争环境来看，来自江苏洋河、山西汾酒以及四川、贵州酒企阵营等在整个陕西市场的强大攻势，西凤酒无路可退。

消费者对高品质、高价值白酒需求不断增加，要求白酒行业产品结构持续升级，高附加值的产品日渐获得市场青睐。为适应白酒行业消费不断升级的发展趋势，满足消费者的消费需求，陕西西凤主动变革，将高质量发展作为重点任务目标，引领行业品质规范发展，推动整个行业的消费升级和业务变革。

（二）推动企业传统管理转型升级提质增效

面对日益激烈的市场竞争，推动企业从粗放式经营向集约式管理转型是企业可持续发展的必然要求。受历史因素影响，陕西西凤的酿酒制造主要以劳动密集型为主，管理形式粗放、协作松散，市场响应速度慢，在市场缺乏竞争力和话语权。为提高西凤酒的市场竞争力，促进陕西西凤有质量、有效益、健康可持续发展，必须加大业务整合力度，加快结构调整步伐，逐步形成产供销一体化运营、专业化管理、集团化运作的管理体系，从而实现产业链有效增值。

（三）基于精益思想的价值创造理论影响

Womack和Jones（1996）提出了"精益思想"的概念，旨在杜绝各种形式的浪费。随着精益理论的不断演进，除了强调杜绝浪费外，更加强调产品、服务和组织的价值创造。精益思想以准时化和自动化为支柱，以全价值链管控为主要工作方式，并严格遵循五项实践原则：①用户确定价值。产品价值最终由用户确定，只有满足用户需求才有意义。②识别价值流。从原材料到成品的整个生产过程必须做到整体最佳。③保证价值连续流动。杜绝成批或批量生产，优化生产流程，提高运转效率。④顾客拉动。采用适时供应制、单件流法，保证用户在所要求的时间里得到所需的产品。⑤尽善尽美。在整个产品生命周期里不断改进产品设计和制造，努力做到用户满意。为了破解企业长期以来存在的价值与价格倒挂等问题，陕西西凤基于精益思想，以高质量发展为目标实施全价值链体系化精益管理，不断提高组织响应性和弹性，改善产品质量并提高解决问题的能力，在创造产品高品质价值的同时杜绝浪费。

二、以高质量发展为目标的全价值链精益管理体系构建内涵

陕西西凤通过构建全价值链精益管理框架体系，实施高质量发展目标管理战略。一方面，以“高质量发展”为目标，实施企业质量管控。企业质量管控从制度设计、产品研发、材料采购、组织生产到产品销售各个环节实施全价值链精益管理；另一方面，搭建信息化平台，寻求全过程监督，弥补“盲区”的管理不足，追求品质溯源，提高质量和信誉。全价值链精益管理体系的构建共分为五个层次（见图1）：一是树立“高质量发展的精益企业”愿景，以回归一流名酒序列为使命，根据年度经营战略，下达各项经营指标，如年度产销量、营业收入及净利润目标等。二是紧紧围绕年度经营目标及重点措施计划建立任务台账和责任清单，确保年度各项经营目标完成。实施全面预算管理，通过预算对所有费用进行控制；通过资源整合、开展试验、全员参与、内部管理优化等，促进管理改革成果不断深化和固化。三是完善组织内控体系管理制度，明确公司章程、各部门职责分工及各项管理制度；将质量管控纳入各部门月度考核评价指标体系，对品质提升工作优秀部门和个人进行奖励。四是从企业全价值链精益管理出发，优化研发、采购、生产、营销各环节的管理，采用ERP（企业资源计

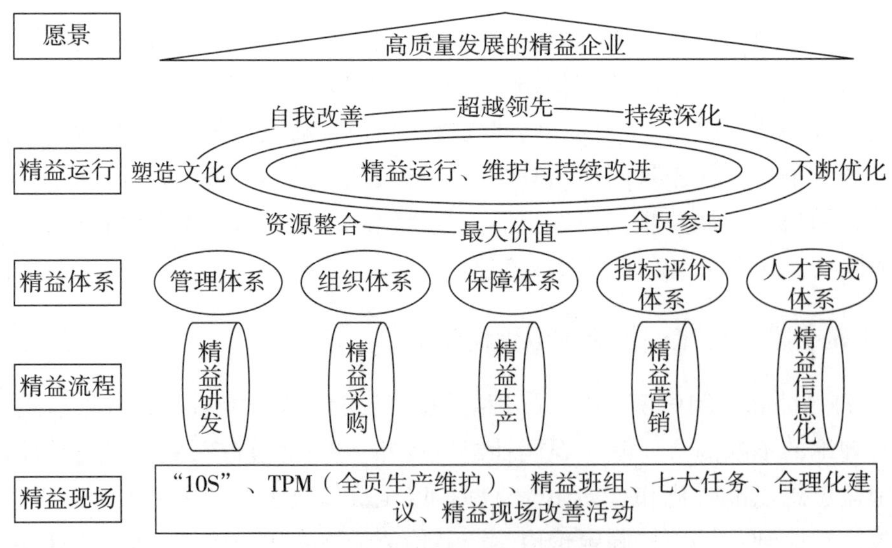

图1　全价值链精益管理体系机制流程

划）、CRM信息化系统，精准把控产供销协同管理和客户管理，减少闲置资源浪费，提高利用效率。五是不断优化现场管理，保证精益生产和管理工作的顺利实施，切实促进企业高质量发展。

三、主要做法

（一）调整企业顶层制度设计，实行现代企业管理制度

为了从战略和管理制度上快速实现现代化企业建设，陕西西凤对标现代化企业治理标准和上市公司管理要求，从组织架构、制度管理、用人机制、投资收益等方面，完成了企业顶层制度设计和机构优化调整。

在提质增效方面，确立了以“打造投资型企业集团，提升国资增值保值能力”为目标的发展方向，围绕总部经济建设，采取“稳优扶强、去亏减负”措施，对陕西省西凤纸箱厂、陕西三泰包装材料有限公司、西凤大酒店，以及西凤酒厂虢镇转运站、陕西西凤驻西安办事处等非主导产业进行清理。围绕白酒主业，培育以酒类包装为主，以现代物流园、酒糟深加工、房地产业等为辅的新支柱产业和经济增长点，提升西凤集团整体盈利能力。

在内控管理方面，以巡察、审计整改为切入点，从企业经营管理、产品结构、质量安全、销售体系、科技创新和人才队伍建设等方面进行全方位的升级改造，解决职能重叠、流程繁杂等问题，打破部门之间的围墙壁垒和山头主义，进一步优化组织架构、精简机构编制、简化工作流程、修订管理制度，狠抓管理水平提升，努力打造科学合理、行之有效的制度体系和工作机制。2020年，陕西西凤新制定内控制度13项，修订、完善、汇编规章制度6大类、34项。组织5000余人次线上线下宣贯培训，实行考核淘汰机制，并对制度运行情况进行穿行测试，查漏补缺、优化完善，有力推动企业经营管理的科学化、规范化、高效化运转，努力向现代化企业迈进。

（二）全面推进信息化建设，以两化融合促进产业升级

信息化建设是传统工业企业转型升级的必然要求和必经之路，也是大势所趋。陕西西凤一直秉持以信息化建设服务企业工业化发展、以两化融合促进产业升级和企业管理提质增效的理念，长期致力于两化融合，具体经过了信息化建设初期、战略管控应用期、信息化深化应用期三个阶段，取得一系列成效。

信息化建设初期：从2001年起，陕西西凤进行信息化建设，2001—2007年基于金蝶K/3ERP制造系统，本部及各分支机构逐步完成了财务核算、工资管理、成本管理、仓存管理系统的上线应用，通过财务系统实现了财务、仓库电算化。2007年完成西凤酒CRM系统的开发、实施、上线与优化，实现了客户信息综合管理，以及营销业务（包括生产计划、市场活动、订单、发货、收款等）的无纸化、网络化、移动化业务审

批与处理，将经销商通过USB Key安全认证体系纳入系统进行业务处理，开通了短信平台，将各级营销分支机构的管理及业务人员、经销商纳入统一业务平台，有效地提高了营销运作效率。

战略管控应用期：为了使信息化建设更好地服务工业化发展，陕西西凤开展了多项两化融合项目以促进产业转型升级。2013—2014年，经过一年多的ERP升级改造一期工程，将原先应用的金蝶K/3系统全面升级到西凤集团ERP系统——金蝶EAS，建立了统一的信息化应用平台，实现了陕西西凤基础信息数据的规范、统一、集中与集成管理。2018年完成了两化融合管理体系贯标，围绕数据、技术、业务流程与组织结构四要素，通过明确管理职责、夯实基础保障、规范实施过程、加强评测与改进，建立两化融合管理机制。2016年，OA协同办公平台的上线、云之家移动办公App的集成应用，使各项日常事务、文件处理实现自动化，增强了工作的过程监控，节省了工作成本、提高了日常办公的效率；2017年，上线人力资源管理系统，搭建覆盖全集团的人力资源管理平台，实现组织规划、员工管理、薪酬核算报表分析等模块的系统应用，规范了人力资源业务流程，提供多种统计分析报表，为管理层的决策提供依据；2018年、2021年分别对CRM系统进行两次改造升级，集成多项开发，由本地部署改为云端部署，大大降低了运维成本，提升了企业与顾客在销售、营销和服务上的交互体验。以上信息化的应用，很大程度上提升了企业的管理效率。另外，ERP数据库灾备项目、包材运营管理优化信息化项目、智慧e盖项目、云端备份系统等的逐步实施，进一步降低了企业的人工成本，提升了管理效率。

信息化深化应用期：陕西西凤“白酒数字化工厂建设项目”以实现数字化、智能化集成控制与管理新模式为目标，致力于传承和转型升级中国传统行业，打造中国白酒行业数字化示范工厂，引领国内白酒产业发展。此项目通过构建集原料溯源、仿生人工制曲、发酵、自动化酿造、储存、智能机器人品评勾兑、智能灌装、仓储物流于一体的智能体系，建成国内领先的数字化、网络化、自动化的万吨白酒工厂。2019年年初，该项目通过了工信部智能制造综合标准化与新模式应用项目申报工作，正式启动白酒数字化工厂建设项目，2022年2月17日，此项目通过专家组验收。“白酒数字化工厂建设项目”将打造成为中国白酒行业数字化生产的示范基地，陕西西凤也将用更大的力量和智慧谱写高质量发展新篇章。

陕西西凤“财务全面预算与费用管控项目”及“财务深化应用信息化项目”，规范了财务管理作业的标准及流程，减少了财务管理过程中的手工作业和重复作业，使财务管理各项具体业务审、办进一步透明、可溯；对内员工财务手续在线、进度可视，对领导决策数据提供高效；对外客户发票开具、传递、确认收款、市场费用兑现等及时，提高了财务服务满意度。通过对预算、费用、资金、税企直联、银企直联、价格管理的应用，完善了财务管控的系统性，同时加强了企业内控管理的严肃性。

（三）加强企业创新能力，推进产学研一体化建设

在技术创新方面，充分发挥科技进步对白酒产业发展的推动作用，坚持把西凤酒传统酿造工艺与现代科技相结合。2018年以来，陕西西凤不断加大技术研发投入力度，承担国家级、省级及校企联合和企业自主研发项目共18个，对接制定国家凤香型原酒标准、修订凤香型成品酒标准，申报国家级企业技术中心，精益求精提高工艺技术水平，为产品工艺传承与创新提供了有力保障，提升了行业话语权和影响力。同时，坚持务实导向，围绕如何满足新生代饮酒习惯，如何适应多元化、区域化、国际化的消费群体需要，在加强酒样品评队伍建设，实施“专家+消费者”互动品鉴的基础上，大力推进技术研发创新和转化应用，提升凤香型酒酒质口感和消费者的认可度。通过引入的近红外光谱仪、同位素质谱仪等先进设备，建立从原粮大曲到基酒勾调的完整检验、检测体系，确保品质管理“无死角”。

在持续推进产学研一体化建设方面，依托陕西省博士后创新基地，与陕西科技大学联合探究西凤酒中健康因子机理、与西北大学共建西凤酒研究院，为企业科研实力提升、产品品质优化提供更为有力的技术支撑。组织技术研发团队，进行专题性课题研究，与中国工程院院士朱蓓薇团队等11个高校科研团队建立了合作。依托校企合作，深入开展西凤酒产地水龄、地理环境、酿酒原料、酿酒工艺、储存工艺的研究与验证。依托技术研发中心平台，先后成立了中国酿酒原料及品质安全研究院、全国白酒标准化技术委员会凤香型白酒分技术委员会、陕西省白酒工程技术研究中心、陕西省检验检测资源共享平台等，并通过CMA（中国计量认证）和CNAS（中国合格评定国家认可委员会）实验室认证，是陕西省唯一的白酒检测双认证实验室。同时，技术研发中心、酒体设计中心从市场需求出发，在口感塑造上，找准西凤酒酿造标准和社会需求标准的最佳契合点，研发、改良、创新、设计出具备普遍适应性、满足当代人口味和口感需求的凤香型酒，进一步提升产品认可度，扩大覆盖面。“中国轻工业凤香型白酒工程技术研究中心”的落地，标志着陕西西凤技术研发中心科研水平迈上了新台阶。

（四）开展品质提升试验工程，加强质量及食品安全管理

在开展品质提升试验工程方面，陕西西凤选择903制酒车间为试点，开展工艺参数及影响影子的测试。2021年2—5月先后开展圆窖、插窖阶段的品质提升试验，其间共进行了延长发酵期、投曲量调整、配料调整等五大类十小项试验（见表1）。2021年9月、10月、11月分别开展了立窖、破窖、顶窖阶段的品质提升试验，重点对配料和工艺参数进行了调整，通过对试验结果收集归纳、总结整理，得到了800多个关于窖泥试验的翔实的、珍贵的科研数据和原始资料，这将为西凤酒基酒品质的持续提升提供重要的试验参照、数据参考和基础支撑。

表1　品质提升试验项目及内容

序号	试验项目	序号	试验项目
1	延长发酵期	6	摘酒方式
2	延长发酵期+投曲量调整	7	极端试验
3	投曲量调整	8	工艺试验
4	第一次配料调整试验	9	底糟面糟试验
5	第二次配料调整试验	10	插窖阶段配料试验

在质量体系建设方面，陕西西凤已于1994年通过GB/T 19001—1994质量体系认证，为了适应企业管理需要，预防食品安全危害发生，确保持续稳定地提供满足顾客需求和法律法规要求的西凤酒系列产品，2009年，陕西西凤依据GB/T 22000—2006标准建立并实施了食品安全管理体系认证，2012年依据GB/T 27341—2009、GB 14881—2013标准进行完善。2014年、2018年，由于陕西西凤机构变化和职责调整，结合白酒生产管理实际，修订、补充和完善了《食品质量安全管理手册》。2021年全面修订完善《食品质量安全管理规定》，通过GB/T 19001—2016/ISO 9001：2015体系认证和GB/T 27341—2009危害分析与关键控制点（HACCP）体系认证，严格把控产品质量及食品安全管理，以更先进、更严格的标准和制度进行企业管理，全面推进西凤酒品质提升。

（五）完善精益现场管理，建设智能化生产体系

在白酒生产管理方面，坚定质量立命理念，坚持质量问题“零容忍”是红线，更是底线。2018年以来，陕西西凤持续推行成品包装“7S”、制酒“10S”现场管理，实行原粮到成品酒的闭环检测检验，持续推进“田园到餐桌”的溯源管理体系建设，不断优化质量管控，全方位保障品质安全。成立西凤“红旗手”班，从人员、物料、责任等方面，按照最优、最好、最严的标准选拔，加大力度、强化监督，以严谨细致的态度和科学的管理方法，弘扬精益求精的匠心精神和工艺工法，打造企业工作质量的新标杆和新典范。从“人、机、料、法、环、策”各个维度全面优化“7大关卡、55道防线”，建立横向到边、纵向到点的质量管控网络；建立健全生产现场质量管理机制和责任追究机制，严格现场管理，强化制度执行，切实抓细抓实质量管理每个环节。

在智能化工厂建设方面，积极推进“十五年”“六年”“经典绿瓶”生产专线智能化建设，打造精益化、现代化、数字化样板车间。目前所有产品应用条形码，部分产品应用二维码、RFID（无线射频识别）等数字感知技术，推动白酒酿造与现代科技进一步结合。同时，积极推进智能化、数字化工厂建设，构建仿生人工制曲、自动化酿酒、智能机器人品评勾兑、智能灌装仓储物流、装甑机器人、AVG（自动引导车）翻曲机器人、DCS收酒、原料密压输送等智能体系，减少人为误差，不断探索、提高产品质量，打造质量管控新高度。

四、实施效果

（一）企业管理内部优化

陕西西凤实行全价值链体系化精益管理，充分借鉴PDCA管理理念，从目标制定、实施、考核和总结提高四个方面促进高质量发展目标不断循环提升，努力打造为精益企业。通过持续挖掘和提炼质量管理工作亮点和创新举措，加强宣传引导，培育浓厚氛围，推动质量管理由“行为规范”转变为“行动自觉”。

信息化建设打通了产供销一体化管理，实现企业工业化和信息化相融合，为企业高效运转和科学决策提供了数据支撑。根据企业目前发展现状，下一步打算继续加强与供应商之间的协同联动，加快实施供应商关系管理（SRM），以增强企业和供应商共同抗风险的能力。

（二）经济效益

实行全价值链体系化精益管理，符合企业向管理要效益的方向，达到降本增效的效果，有助于促进企业高质量发展目标实现。西凤集团作为规模以上工业企业，2020年度、2021年度工业产值分别达到87.45亿元、99.92亿元，产值同比增速为14.2%，经济效益显著。

品质提升试验工程和产学研一体化建设，确保以工艺创新促进基酒品质不断提高。一方面，品质提升试验工程摸索出了制酒的最佳工艺参数、投料配比、发酵周期、摘酒方式、操作方法等，形成了可复制、可固化的最优工艺方案，使得基酒优等品率大幅提升、基酒感官酒质大幅提升、凤香型呈味物质明显增加、基酒风味特征更加突出。另一方面，产学研一体化建设以科技创新赋能高质量发展。作为凤香型白酒的领军企业，陕西西凤一直致力于技术创新，近年来，技术研发中心承担并实施多项国家级、省级重大科技创新项目，荣获行业科技进步奖6项；经中国轻工业联合会鉴定达到世界领先水平的科研成果共5项；主持制定、修订行业标准10余项。今后，陕西西凤将继续秉持“匠心传承、品质坚守”的初心，以品质为底线，以创新为抓手，集聚科研力量，发挥品牌优势，为推动凤香型白酒特色产区建设做出积极贡献。

（三）社会效益

作为链主企业，通过全价值链体系化精益管理带动了供应链上下游配套企业蓬勃发展，切实促进区域经济发展，打造白酒产业集群，实现多方共赢。伴随配套项目建设，西凤酒厂的生产能力得到提升，实现新增就业1500余人，提高当地就业率，促进当地服务业发展，明显改善了周边居民生活水平。在原粮种植方面，与国家级贫困县陕西省榆林市佳县积极开展合作，建立扶贫产业基地，以乡村振兴产业助力脱贫攻坚。

陕西西凤通过全价值链体系化精益管理为广大消费者提供了更纯正的凤香型白酒，充分保证了食品质量安全，有助于持续提高西凤酒系列产品的技术含量和核心竞争力。

（四）生态效益

陕西西凤在实行全价值链体系化精益管理促进企业经济发展的同时，兼顾生态环境保护，以“保护生态环境就是保护生产力、改善生态环境就是发展生产力”为理念，推动企业绿色发展、循环发展、低碳发展，以贯彻绿色安全生产理念促进碳达峰、碳中和。在2018年10月，陕西西凤被工业和信息化部（以下简称“工信部”）授予国家第三批“绿色工厂”荣誉称号。

主创人：张周虎　鲁少军　宋文莉

参创人：赵　静　胥晓娣

以提升核心制造能力为目标的智能工厂建设

河南许继仪表有限公司

河南许继仪表有限公司（以下简称“许继仪表”）成立于1999年，位于河南省许昌市中原电气谷的许继智能电网产业园，是我国智能用电产品及系统解决方案的行业领军企业，业务涵盖各类智能电能表、智能终端及综合能源管理系统产品的研发、制造、销售和服务。公司是许继集团有限公司（以下简称“许继集团”）旗下企业，由许继集团通过上市公司许继电气股份有限公司控股70%。截至2021年年底，许继仪表总资产13.1亿元，职工361人，其中研发技术人员超过百人。公司具备年产1000万只单相智能电能表、100万只三相智能电能表和340万只各类采集终端的生产能力；2021年实现订货16.6亿元，销售收入14.1亿元，利润1.1亿元。为引领智能制造的行业发展趋势，持续提升企业竞争力，许继仪表在2014年年初开始大力实施智能工厂建设工程，通过8年不懈努力，现已初步建成智能化用电设备制造工厂，并于2015年先后入选工信部公示智能制造试点示范专项项目和河南省智能制造工厂项目，2020年被评选为“2020中国标杆智能工厂”，2021年获评国家级“绿色供应链管理示范企业”。

一、实施背景

（一）落实《中国制造2025》行动纲领，实施制造强国战略的客观要求

智能工厂既包含生产制造的智能化，又包含运营管理的智能化和上下游价值链管理的智能化。智能工厂建设既是践行《中国制造2025》行动纲领的要求，又是高端装备制造业的重点发展方向和信息化与工业化深度融合的重要体现，发展智能制造产业对于加快制造业转型升级，提升生产效率、技术水平和产品质量，降低能源资源消耗，实现制造过程的智能化和绿色化发展具有重要意义。2021年，工信部、国家发展改革委、科技部等八部门联合发布了《“十四五”智能制造发展规划》，其中提出：到2025年，规模以上制造业企业大部分实现数字化网络化，重点行业骨干企业初步应用智能化；到2035年，规模以上制造业企业全面普及数字化网络化，重点行业骨干企业基本

实现智能化。作为我国电力装备的国有龙头企业，许继仪表积极响应落实国家制造强国的战略要求，致力于承担中国智能制造示范点专项建设，为我国电力装备制造业实现智能制造转型提供示范经验，为我国电力装备行业实现由大到强的产业升级贡献全部力量。

（二）提升企业竞争力，引领行业发展的现实要求

随着国家电网有限公司统一电能表技术标准后，用电设备厂家之间的竞争开始转向运营效率和质量控制两方面。2012—2014年，随着技术标准统一带来的行业同质化竞争加剧，许继仪表及同业企业都面临着利润增长低于收入增长的困境，企业利润率持续下滑。差异化产品战略既不可行，公司亟须寻找新的竞争优势，才能巩固行业地位并重塑行业发展方向。与此同时，ABB、施耐德等同业跨国巨头通过工业自动化和物联网等新兴技术打造无人工厂，既提升了产品质量又提高了生产效率，进而提升了产品利润率与市场竞争力，起到了巨大的示范作用。许继仪表很快从这些国外先进企业的经验中得到启示：我国电力装备企业也只有建立自己的智能制造工厂，才能在确保质量提升的情况下，快速提升生产效率，充分发挥规模效应，提升企业盈利能力与竞争力，进而与跨国巨头同台竞争。为巩固企业的行业地位，促进我国电力装备行业转型升级，许继仪表率先在业内提出着力打造智能工厂建设目标。

（三）应对内部管理挑战，提升智能管理水平的迫切要求

随着企业规模快速扩大，为确保供应链稳定高效，许继仪表内部运营管理从自身向上下游延伸，以加强对企业价值链的管控，确保企业生产交付与效益效率提升。内部运营管理方面，以JIT（准时化）运营为抓手，实现订单的接收、投产、物料配送、成品发运、开票及回款各个环节的有机衔接。供应链方面，通过供应链的信息流、物流梳理，引入VMI（供应商管理库存）、SCCP（供应链协同平台）采购管理理念及方法，疏通厂内“门到门”内部物流管控，实现整个供应链的优化协同，促进公司和客户的协同，使得供应商、公司、客户三方组成一个有机共同体，发挥价值最大化，实现高效运转。

二、基本内涵

核心制造能力的提升是一个能力逐步构筑的过程，它根植于数字化、网络化、智能化的制造技术能力提升和组织管理能力提升的共同建设，体现在对企业资源的综合利用和优化管理，是一种推进订单全周期各环节各要素的协调规划与决策优化的系统管理，能够实现价值的增值。许继仪表以提升核心制造能力为目标的智能工厂建设的基本内涵为：以提升核心制造能力为目标，通过重构生产组织体系及组织机构，再造业务流程，夯实智能工厂的管理基础；借助智能核算及智慧指挥体系，打造智能化的

交互平台；实施适应智能工厂的激励考核评价体系，保障智能工厂高效运转。形成以精益化思想为指导，以信息化为“神经网络”、自动化为“四肢”的智能化制造工程，从而推动“供应商+许继仪表+客户”全价值链的协同发展与共赢，促进业务精益化、运营管控标准化、管理平台信息化。

三、主要做法

（一）明确构建智能工厂的思路，健全组织机构

许继仪表智能工厂建设目标是构建业务精益化、管控标准化、平台信息化、运行智能化及系统化的智能管理体系。要推进该目标的实现离不开战略的规划、高层领导的支持和组织的保障，为此，许继仪表成立了专项团队，对建设方案充分论证，对建设过程严格把控。许继集团也成立了智能制造产业推进委员会，为许继仪表提供了大量的资源和技术支持。许继仪表逐步形成了以价值导向为核心、以过程数据动态管理为抓手的价值管理组织机构保障体系，为推进全过程全方位的精细化管理奠定了坚实基础。

1.建立以价值创造为核心的管理导向

许继仪表突破传统的管理思维，建立以价值为导向的管理思路，以客户的需求为价值驱动力，服务于制造过程。价值创造围绕“客户需要什么，怎么通过设计实现客户的需求，如何通过制造完成客户需求的产品”三个基本点来驱动各项工作的开展和实施。公司所有活动均按照这三个基本点进行细化和分解，并在需求、设计、采购、制造、发运、开票、回款各个环节进行控制，通过该方式把“客户—许继仪表—供应商”连接成一个有机体，实现价值的整体流动。

2.构建了订单全周期的管理模式

许继仪表以运营为核心，构建了订单从需求到回款全周期的管理模式，实现了订单的闭环管理。订单全周期的管理模式既为全过程全方位的精细化管理奠定了基础，又实现了订单接收、投产、物料按生产节拍准时到位、准时入库、准时发运、准时开票、准时回款各个环节的有机衔接。

3.实施全流程的跟踪管理方式

全流程跟踪管理以全周期为基础，杜绝无价值活动，覆盖需求、设计、采购、制造、发运、开票、回款各个环节。每个环节根据业务的不同特点确定相应的主流程和子流程，并明确主流程和子流程的起始节点，以及每个节点的输入和输出内容。依托智能工厂的信息平台，流程中每个节点的完成情况及每个节点的输入输出内容均留下

记录，在过程跟踪、预警管理和问题查询中起到了关键作用。

4.强化过程数据的动态管理

许继仪表根据产品特性，搭建了智能工厂数据管理平台。以ERP为中心平台，连接SAP、CRM、SRM、MES四大接口系统，实现需求、设计、采购、制造、发运、开票、回款过程数据的采集和动态管理。过程数据的动态管理以实现供应商和公司的互联互动、信息的高效融合，以及数据全价值链前瞻性分析和决策为目标。以订单制造过程为例，订单在加工制造时物料“需要取什么”“何时取”“取多少”会根据任务数据实时调配，并通过自动分解的任务数据拉动外部物流、内部物流、作业现场三方物料流转，实现依据数据动态管理完成制造任务的实时调配管理。

5.成立按价值管理的组织机构

许继仪表建立了以价值为导向的组织管理模式。按照价值点进行管理责任分配，组织管理服务于价值流动：成立智能工厂建设小组，负责智能工厂的全面建设管理；成立高效运营的JIT推进小组，负责公司的整体运营；成立市场、研发、服务产品推进小组，负责产品推广；成立研发、工艺、质控、采购品质控制小组，负责产品的品质把控。

（二）再造智能生产业务流程，夯实智能工厂建设基础

许继仪表从实际出发，本着“全职责、全业务、全流程”的基本原则，以提升核心制造能力为目标，通过业务流程再造、体系和人员组织结构调整，改变员工观念，建立适应公司智能工厂建设的管理模式，完成流程业务全覆盖、全环节贯通的制度标准和良性运营流程。

1.梳理、整合管理制度

许继仪表充分分析自身情况，整合内外部资源，梳理管理制度，打破部门壁垒和信息孤岛，建立“全周期全价值链”管理模式，充分运用精细化、价值管理等先进管理方式，解决管理制度不合理、组织不精细、责任不清、资源浪费严重、效率低下等问题，最大限度挖掘和提高效益和效率。通过“全周期全价值链”管理模式的整合，打破“串行”工作模式，实现了研发、工艺、测试、采购过程管理的四同步与任务的四统一。在设计评审阶段，各项工作按照价值点同步开展，共同推进，逐步形成资源集约化、信息共享化、业务协同化的管理模式。

2.再造业务流程

通过合并、重组、简化、重排调整组织结构，再造业务流程，形成智能工厂新的

管理模式。

（1）再造全价值链管理流程。许继仪表有机整合内外部价值链，把上下游企业、公司内部各种业务及流程实施一体化管控，形成集成化的价值链条，将“供应商—许继仪表—客户”组成有机体。价值管理链条不仅是连接供应商到客户的物料链、信息链、资金链，还是一条增值链：它更加注意企业之间的协作，通过信息流和物流的流动，实现“供应商—许继仪表—客户”价值流的高效流动。

（2）再造过程监督管理流程。过程监督管理主要围绕“高效运营”和“稳定质量”两个主线进行。“高效运营”是从接收订单到客户回款全流程的监督管理，以保障各个环节信息流畅、节奏合理。“稳定质量”主要从制程质量管控和运行质量管控两个方面，对全流程、各环节的输入和输出进行监督管理，通过各节点的受控实现整体质量稳定受控。

（3）再造业务信息化管理流程。充分利用ERP+CRM+SRM+MES信息化管理平台，实现智能工厂业务中对产品开发、投产、器件采购、生产制造、产品发运、开票、回款各个环节的信息化管理，使信息化贯穿整个业务全过程，方便信息共享、查询、追溯，形成覆盖全流程全周期各阶段、各环节的业务信息化管理体系。

（三）建立智能核算和智慧指挥体系，打造智能化交互平台

1.建立细化到部门的利润创造和核算体系

公司建立全成本管理体系，覆盖价值链各环节，细化到各部门，并从财务和业务角度联手控制成本，形成基于内部控制的利润创造和核算管理。一是经营效益重点管理，构建利润创造管理内核——以成本费用、收益、资源占用为价值管理对象，梳理内部核心经营类与支持服务类业务活动的整体结构，分析价值管理对象在业务活动结构中的分布，寻找价值增长点并有针对性地设计价值创造管理活动，形成集安全生产、市场开拓、精益改革、降本增效、高效运营于一体的价值创造管理内核；二是管理效率全面提升，构建核算体系——按照“高效率、短流程、分授权、强监督”的设计理念，建设基于价值创造管理的组织、制度、流程、信息系统，全面建立细化到部门的核算体系，促进价值创造管理活动的高效运作。

（1）促进管理变革，推动全员创效。推进全员经营模式，建立部门、班组、岗位三级目标责任落实体系，构建指标层层分解、责任逐项落实、人人面向市场、岗位员工算账的全员目标管理新机制，实现全员参与经营管理。建立以班组经营结果绩效为主、以岗位过程绩效为辅、以降本创效为激励的三维岗位绩效评价机制。

（2）实施产品全寿命周期管理的研发模式。在产品研发环节建立了“以提升价值创造能力为核心、着眼产品全寿命周期管理”的研发模式；从研发费用投入、器件选型、新产品转换、市场盈利等方面寻找利润增长点。

（3）搭建市场化运营平台。导入市场信号，两头对接市场。企业内部模拟市场化经营主体，成立市场价格收集汇总管理团队，找准对标单位，建立市场倒逼机制，按市场价格倒推核定各工序成本、利润指标，建立健全内部市场化价格、成本核算指标体系。

（4）推行内部承包制，细化成本核算单元。改变产品制造单元只管生产不管经营的传统理念，将各产品制造单元（工作中心）作为利润和成本中心的责任主体，实行分权式运作，充分发挥其自主管理、自主协调的高效优势。各工作中心既是成本控制中心（降本单元），又是利润经营中心（创效单元），促使其从“单一生产”向“全面经营”角色转换。生产车间实行线长制，明确线长基层管理核心地位，适应短流程、快节奏、自动化的现代化生产特点，提升管理效能。

（5）改进管理系统，实施全流程核算。建立与生产MES相连接的班组核算系统计算机模型，将班组岗位计划指标录入核算系统，并预先设定核算与评价方式，当班过程控制结果通过MES即时录入班组核算计算机模型，即时核算出当班过程控制绩效，使当班班组可以即时调整生产组织，及时纠偏，提升过程控制效能，由事后反馈控制向事前先期策划转变。通过全流程核算提高生产运营过程控制水平，为班组及岗位过程绩效评价提供量化依据，由结果评价向过程、结果双维评价转变。

（6）建立质量成本核算管理。在质量成本管理方面，对质量投入与质量损失进行评估，并开展以提升质量效益为目标的管理提升工作，全流程各节点均与质量考核建立联系，系统制定生产质量管理要求并深入实施，以保证产品质量的稳定性和一致性，从而提升价值创造能力。

（7）改进采购管理，促进节流。一是充分发挥规模效益，降低采购综合成本；二是将生产信息、库存信息和采购系统互联互通，实现实时订购，与供应商信息共享，促进其按需交付，最大限度降低库存。

2. 围绕计划管理，构建智慧指挥体系

（1）以市场需求拉动为核心，建立拉动式指挥系统。

实施精细化需求管理计划。加快“市场”和“生产”两个现场建设，市场传递发货需求，将生产计划转为排产。公司生产模式分为按订单生产（MTO）和按库生产（MTS）两种，其中90%以上均为按订单生产。为保证“质量可靠，快速交付”，各工序根据总装时间倒排加工时间及直送物料时间，根据JIT模式生产和配套，确保按期配套和按期执行。

实施智能物流配送。一是建立精益物流配送体系，严格控制每个节点的在制量，以“拉式生产”严控各工序原材料库存。二是将“拉式生产”延伸到部分供应商，对总装物料采取“准时化”“零库存”模式。周边近距离的供应商与公司同步生产，真正做到“用信息代替库存”；远距离、器件制造周期较长的供应商采用“寄售”，即将物

料放在客户指定的外协加工商，“以时间换空间”“先使用再付款”，部分通用件采取供应商管理库存（VMI），大大降低了库存金额。三是通过SAP（企业管理解决方案系统）、MES与供应商共享需求和库存信息，实现总装车间、外协车间与供应商协同的供应链库存管理，降低供应链运营成本。

加快库存周转，提高资金效率。“库存就是钱，周转是关键”，公司遵循“一个中心，两个基本点”的库存管理核心。“一个中心”是指库存管理要以服务与成本的平衡为中心；“两个基本点”即确定恰当的订货时间与订货数量。从物料特性、加工生产特点、使用特点等多角度、多维度制定最低安全库存，并通过降本增效等专项活动形成人人关注库存和成本的氛围。为加快周转，公司严格执行八步法：①全面盘点；②库龄分析区分呆滞品；③及时处理呆滞品；④分析库存结构；⑤从占比最大的开始降低库存；⑥做好库存计划（再节流）；⑦库存趋势分析，检验节流；⑧对比库存周转，验证效果。

（2）以计划管理为牵引，推动供应链协同建设。

公司从内部突破，从外部寻找机遇。227家供应商中，合作3年以上的供应商151家，具备战略合作意向的供应商55家。通过快速反应，供应链可以保持甚至扩大市场份额，在快速有效地满足客户需求的基础上获利。目前许昌本地已有配套供应商20家，外协加工商8家，通过资源引进，外地供应商在许昌设厂5家。通过增加信息协同的广度和深度，把上游核心供应商与许继仪表及客户连接起来，形成信息共享的协同模型。主要做法如下：

围绕信息流、物流、资金流，推进价值链流动增值。以“订单管理进行整体规划、全面推广、价值链延伸、体系构建、持续变革”为推进路线，构建以围绕信息流、物流、资金流为抓手，以价值链协同为导向的精益生产管理体系，充分利用价值流分析、看板、标准作业、IE（工业工程）改善等先进管理工具，开创性构建具有特色的生产模式，推动供应商、外协加工商、制造商、客户构成的价值链流动增值。

调整采购战略，推进任务协同开展。为确保“稳定的质量，快速地交付”，许继仪表及时调整采购战略：一是实施早期参与机制。推进“四统一”，即研发、工艺、质控、采购各部门在产品设计之初就参与进来。供应商早期参与到新产品设计之中，为实现持续配套提供便利；采购部门与供应商同步参与到日常需求的确认之中，以实现各部门需求无缝衔接。二是实施供应商共赢机制。供应商的选择、认可、评估与激励规范化、制度化，依照“评估是手段，目的是改善”的原则，促进供应商绩效改善，推动供应商成长，实现共赢。主要做法有：建立供应商绩效指标；鼓励供应商早期参与；邀请供应商参加例会，加强沟通与反馈；实施供应商改善项目。公司把11年来沉淀下的好的精益管理经验和方法在许昌本地供应商中推广开来，选择18家本地供应商开展现场管理、班组管理及质量效率提升管理，促进与供应商之间的良性互动。三是打造专业的采购人员队伍，构建系统的采购信息平台，促进采购体系高效运转。

（四）建立智能工厂“神经中枢”系统，推动智能制造能力提升

1.搭建数字化制造平台

许继仪表围绕“智能制造”目标，依托国家级智能制造试点示范专项，开展“工业4.0”综合试点建设。通过自动化生产线、智能工厂建设、云数据平台和一体化软件系统搭建，推进通信技术与制造装备融合应用，打造技术先进、理念超前的智能制造业新模式，形成由工业大数据云平台、工业软件、智能生产线、智能工厂等构成的智能制造产业体系，实现产品质量提升和更好的过程控制。

搭建数字化制造平台，实现全流程智能管控。许继仪表紧紧围绕智能工厂规划，通过自主技术和其他技术相联合的方式开发了智能焊接机、智能打钉机、智能贴标机、智能机械手等18种先进的智能加工设备和智能检测设备。并且结合产品特性，改进了产品设计、工艺流程和自动化设备，最终率先建成了全国首条电能仪表智能化生产线。

通过构建数学模型、专用数据库、总控中心、加工设备和检测设备智能化等技术平台，许继仪表实现了全流程智能控制体系。一是实现了工件自动识别、加工状态全流程自动感知和数据自动采集；二是实现了“人知道如何做、物料知道该去哪里、设备知道不同的加工件要如何加工以及检测可以自动完成并对异常进行自动反馈和调整”的精准执行；三是实现了对制造过程的实时掌控；四是实现了系统自动根据加工环境信息，进行生产调度执行过程的自动优化和控制的自主决策。

目前，公司已经自主建成了单相智能电能表生产线5条，三相终端智能电能表生产线2条，实现人均日产能由70只提升至380只，质量水平达到了5.4西格玛（合格率达99.993%），并取得10多项技术专利。

2.构建一体化软件系统

为实现一体化信息平台建设目标，许继仪表搭建了云计算数据中心，构建了SAP、CRM、SRM、MES四个一体化软件系统，建成单台机器、生产线、车间到顶层应用的数字化网络，实现底层的设备控制、中间的信息系统和上层的运营能力的深度融合，为提升综合运营信息管理水平、实现所有信息综合集成提供了落脚点。同时配套贯通公司产品从技术支撑、供应链管理、生产制造、质量管理到用户现场的信息化建设通道，实现了产品全价值链管理；有效促进生产流程和管理的数字化升级，打造出了敏捷可靠、自主有序、绿色美好的智能工厂标杆。

（1）云计算大数据中心。许继仪表搭建了云计算数据中心，实现IT（互联网技术）设备硬件资源池化，为公司信息化建设提供计算、网络及存储资源服务，满足公司云办公、智能工厂海量数据存储管理、大规模生产运行数据挖掘分析的技术和平台需求，为构建公司一体化的软件系统提供了基础支撑。

（2）企业管理解决方案系统（SAP）。企业管理解决方案系统是集成物资管理、人力资源管理、财务管理、信息管理、质量管理、生产管理、销售管理等各个子系统于一体的企业管理系统，各个子系统在统一平台下将信息及时准确地传递，消除了信息孤岛。集成化的业务处理，实现了统一管理，加强了整体合作。

（3）供应商关系管理系统（SRM）。通过供应商关系管理系统，许继仪表全面整合上下游供应商资源，以供应链管理、合同管理、仓储及物流管理为重心，全面配套服务生产制造，实现器件超市、拉动生产，满足快速交付、按需小批量定制生产，为全价值链管理及资源整合提供了技术保证。

（4）制造执行系统（MES）。通过引进和部署制造执行系统，整合实现生产过程控制、底层数据集成分析、上层数据集成分解等数据挖掘分析管理模块，为公司打造了扎实、可靠、全面、可行的智慧制造协同管理平台。

（5）客户关系管理系统（CRM）。通过客户关系管理系统建设，实现了市场规划、价格策略、服务、销售、储备、预测等信息的集成和管理，完善了商业风险预警机制和风险管理系统。实现了市场营销、服务等活动的自动化，达成了为客户提供高效、周到服务的愿望，提高了客户满意度及忠诚度。同时系统也助力公司有效提高产品附加值，为新的设计、质量管控提供科学依据。

（五）建立定制产品智能制造模式，实现大批量智能生产

1. 优化设计，打造智能制造产品

为适应智能工厂的建设要求，对产品进行了优化设计。对线路板进行了标准化设计，增加了大量的测试触点；对程序做了大量修改，结合DL/T645—2007《多功能电能表通信协议》，扩展命令字符，实现奇偶屏切换、按键信号输出等扩展功能，为智能化测试提供了基础。结构上增加了一体化端子设计，使用了插接头，取消了线路板固定螺钉和导线，用压接、卡扣方式替代手工焊接、人工装配，提高了操作便利性。

2. 再造流程，塑造智能制造工艺

在贴装、插装、装配、调试、整机老化、检验、包装的工艺流程基础上，在插装后增加单板老化，取消整机老化，实现调试和检验流程的连续流动性；同时细分装配流程，分离出表底继电器组装、线路板组装、表盖铭牌组装，将表底继电器组装流程、表盖铭牌组装流程移到操作更加便利的壳体厂商，线路板组装流程使用自动化设备操作。

3. 全面测试，保障产品合格率

从样机测试、单板测试、总装测试、精度检验、成品检验五个方面进行有针对性

的测试检验。样机测试保障产品的各项性能指标，单板测试保障核心线路板的可靠，总装测试保障装配阶段的正确性，精度检验保障电能表的计量功能，成品检验保障客户要求的符合性。各类测试均采用自动测试工装，对测试项目进行细化，对测试流程进行优化。测试出的不良内容自动传输到系统并汇总统计，当同类故障累加到一定数量时将自动报警，以保障产品合格率。

4.滚动排产，助力智能制造计划

生产计划采用一纵一横两个维度模式。纵向维度上对四周排产、双周滚动排产进行管理。合同管理部门向市场部门传达四周发货需求，用以指导长周期物料的采购配套管理。双周滚动排产包含两周的排产计划，持续滚动，第一周为准备周，第二周为执行周。准备周的计划，需落实各种物料的配套情况，为滚动进入执行周计划做准备，采购部门根据准备周计划和系统物料库存，回复执行周计划物料满足配套的情况，依次双周循环滚动，确保计划的按期配套和按期执行。横向维度上核定贴装、插装、总装的加工周期，以总装排产为拉动点，用总装计划拉动插装生产，插装计划拉动贴装生产。生产各个环节通过智能排产计划联动，提高了排产信息的准确性。

5.实时配送，服务智能制造物流

公司全面采用准时化物流配送模式。一是从装配工作中心的角度优化数据管理，细化包括物料名称、规格、供应商等属性信息和配送路径信息，并将其导入MES。二是建立以装配工作中心为核心的精益物流配送组织，根据内部客户的精益物流配送要求，通过呼叫补料系统使用AGV（自动导引运输车）智能配送，利用看板、物流箱等拉动工具，实现需求拉动的成套循环配送流程，全程实行二维码管理，实现单据、物料的电子化管理。三是创新以内部物流中心作为“第三方物流”，以JIT拉动方式将物料直接配送至生产线的流程，在SAP、MES中还可以实时监测物料库存信息。四是在每个工位旁边设计用线棒搭的倾斜式物料架，可用于存放两个小时生产所需要的物料，物料架上的同种物料框有两个，每个框里的物料为一小时的生产耗用量，使得每个节点的物料可控。

6.自动加工，实现智能制造生产

一是组建智能化生产线，每条生产线配备了各种功能自动化设备20多台，包含自动化焊接机、自动化螺钉机、工业照相机、自动化机械抓手等。焊接工位配备8台全自动焊接机器，通过设定焊材型号、焊点坐标、焊接时间、送锡速度，实现线路板组装的自动化焊接。组装工位配备自动化螺钉机器，实现自动安装，同时可根据客户实际需要，选择螺钉打紧、螺钉不打紧、打进指定圈数等。外观检测工位采用3台高精度的工业照相机，结合电能表的扩展通信功能，控制系统向电能表发送切换显示命令，相机对外观进行配合拍照，并将照片与数据库内的标准图形进行比对，自动判断结果。误差调检使用0.05%级别高精度源，保障可靠的测量精度。控制系统对软件进行智能化控制，实现自动调试、检验，可根据加工的进程自动切换调试、检验软件。二是完成信息实时采集。加工设备可根据生产订单、线体编号、物料编号等内容自动生成产品信息，并自动打印标签。标签附有二维码，在后续工序中可以方便信息读取和追溯。产品进入生产线时，扫描标签采集信息即自动与信息平台内的数据进行比对，防止混进的错误物料上线。上线后，运载电能表的每个托盘均带有RFID卡，产品信息也随同带有RFID的托盘传输，实时记录电能表在生产线上的物理位置、加工状态，从而实现对产品的实时监控。

四、实施效果

（一）提升了运营效率和产品质量

许继仪表通过智能工厂的建设与实施，提升了业务的流转效率，完成了业务流程整合和作业标准化，加快了全价值链的流动，实现了整体效率的提升和运营周期的加快。目前交付周期由50天缩短至15天，人均日产能由70只提升至380只，换产时间由2小时缩短至3分钟，产品合格率由92%提升至99.993%，生产能力提升4.5倍。电能表自动化批量加工保证了产品品质的一致性，通过大数据构建高质量管理体系，不但可跟踪追溯过程问题，还可以根据各节点的数据进行异常状态预警和预判，实现质量问题的预防与受控。

（二）实现了“供应商—许继仪表—客户”的价值链增值

许继仪表通过运用互联网、物联网、数字化技术提升制造能力并创新管理模式，大幅增强智能制造系统的功能、性能，提高自动化运行程度，实现业务全过程的有序化、准时化、可跟踪化、可追溯化。构建智能化的信息交互平台，推进了订单的全周期各环节各要素的协同管理，实现了信息流、物流、资金流“三流”融合，加快了全流程的高效流动，实现了效益的最大化。从投产、配套、生产、发运、开票到回款的周期由原来平均200天缩减到120天，提升了整体效益，实现了“供应商—许继仪表—客户”整体的价值链增值。

（三）发挥了示范作用，引领行业的发展方向

许继仪表率先在电能表行业内实现了从组装到包装全过程智能化生产的模式。智能工厂建设以来，公司先后入选工信部智能制造试点示范专项、工信部智能制造标准应用试点项目。2017年被河南省工信委评为河南省智能车间，2018年被河南省工信委评为河南省智能工厂，2019年被河南省工信厅评为河南省智能制造标杆企业，2020年

被评选为中国标杆智能工厂。智能工厂建设中形成的“提升三相自动线生产直通率”QC成果获得第45届国际质量管理小组大会（ICQCC）铂金奖。2019年、2020年连续两年受邀在IMC中国智造CIO年会分享智能工厂建设经验，为制造业加快转型升级、实现制造过程的智能化和绿色化发展提供了可借鉴的行业经验。

主创人：孙超亮　李如坤

参创人：王贤钊　王　林　孔宏伟　孔群景　陈银凯　杨　琳　张　超　王彩霞

依托定向钻施工方法论构建淮南矿区精准灾害治理体系

淮南矿业（集团）有限责任公司地质勘探工程分公司

淮南矿区煤层赋存地质条件和地质构造复杂，水、火、瓦斯、顶板等灾害严重制约矿井生产安全，是国内典型的“重灾区”。

淮南矿业（集团）有限责任公司地质勘探工程分公司（以下简称“勘探公司”）2005年建制成立，位于安徽省大型煤炭能源城市淮南市，主要从事矿产地质、水文地质勘查，煤矿水、火、瓦斯灾害综合治理等业务。紧紧围绕治理瓦斯、水害的核心职能，经17年的探索与实践，创立了多项治理技术体系，形成了30余项创新成果，有效地支撑了多种灾害综合治理，维系了淮南矿区安全生产基本面，为淮南矿区灾害治理建设和发展作出了突出贡献，为全国煤矿灾害治理树立了典范。

当前，勘探公司深入贯彻习近平总书记关于创新的重要指示精神，认真学习“科技创新特别是原始创新要有创造性思辨的能力、严格求证的方法，不迷信学术权威，不盲从既有学说，敢于大胆质疑，认真实证，不断试验”重要论述内涵，立足大局领悟“创新的必要性和紧迫性”，奋力推进理论创新、制度创新、科技创新、文化创新，推动企业高质量发展。

一、实施背景

（一）灾害治理方式转变的需求

1. 灾害治理现状

当前井工煤矿中，围绕水、火、瓦斯、构造等灾害的治理，建立了多种灾害治理体系，实现探放水、防灭火、预抽瓦斯、构造加固注浆等目标，其中最重要的一环是通过施工钻孔建立通道。主要实施方式：

（1）探放水。采掘工作面超前探放水采用“三专”（专用钻机、专业人员、专职探放水队伍）钻探模式，同时配合物探、化探等其他方法查清采掘工作面及周边老空水、含水层富水性及地质构造等情况，主要包含老空探放水钻孔、灰岩探放水钻孔。其中，老空探放水钻孔指施工探放采空区积水的钻孔；灰岩探放水钻孔指探查和疏放待掘巷道或待回采工作面下伏灰岩含水层的钻孔。

（2）防灭火。防火钻孔指在采空区有遗煤或收作期远大于自然发火周期的情况下，提前施工钻孔，灌入不燃性材料，防止煤层自燃发生火灾；灭火钻孔指在发生火灾的情况下，通过施工钻孔灌入阻燃材料灭火。

（3）预抽瓦斯。通过施工钻孔，利用矿井抽采系统，将钻孔施工落点区域有效半径内的瓦斯卸压、释放，以达到保护矿井生产系统及工作面回采安全的目的。

（4）构造加固注浆。通过施工钻孔，对待掘巷道或待回采工作面内发育的断层注浆，加固改良巷道围岩或回采工作面顶板岩层，以解决巷道掘进过程中顶板支护困难问题或工作面回采过断层期间顶板垮落压架问题，保证巷道掘进或工作面回采过程中的施工安全。

2. 当前钻孔治灾的主要问题

常规钻孔是指井工煤矿中使用架柱式、履带式液压钻机，施工普通钻孔，以达到灾害治理的目的。这种治灾方式具有以下几个问题。

（1）普通钻机装备能力不足。当前钻孔治灾主要依托扭矩3200N·m架柱式钻机、4000N·m履带式液压钻机，个别工程应用7300N·m履带式液压钻机，此类钻机施工钻孔能力有限，一般施工顺煤层钻孔深度不超过200m，穿煤层钻孔深度不超过400m，无法满足远距离治灾需求。

（2）钻孔精度不足。钻孔施工时，受到钻机能力、施工人员操作、钻孔内煤岩层性质等影响，钻孔实际轨迹与设计轨迹偏差不可控，部分钻孔落点位置偏差较大，造成钻孔治灾效果差甚至失效，威胁矿井安全生产。

（3）成本高、次生影响较大。保护层开采模式中，顶底板预抽钻孔一般采用“1面5巷”方式，即1个采煤工作面，上、下顺槽2条煤巷，对应2条底板巷和1条高抽巷，多巷道治理方式耗费大量人力、物力、时间，产生大量矸石、排放大量污水，制约矿井生产接替。

（二）钻孔施工生产方式转变的需求

2020年，国家提出煤矿企业要以智能化建设为契机，深入开展煤矿安全技术攻关。当前勘探公司大力推进生产方式转变，建设自动化钻机作业线，推进钻孔施工向自动化转变；提高钻机设备履带率，推进钻孔施工向机械化转变；建立数据库管理系统，推进钻孔施工向信息化转变；研究钻孔施工智能化防喷装备与工艺，推进钻孔防喷装备向智能化转变；等等。而在钻孔施工定向化提高精准度方面，亟待谋新局、开新篇，充分发挥定向钻“随钻随测、实时传输、即时调整、施工精准”技术优势，构建更加精准的灾害治理体系，推进生产方式从根本上转变。

（三）管理制度创新的需求

为构建精准灾害治理体系，推进创新成果转化，推动企业高质量发展，还需认真审视公司制度管理上存在的不足。

1. 创新体系仍需完善

勘探公司从事的业务从钻孔类型上可分为地面钻井和井下钻孔两类。地面钻井实行的是精细化管理模式，进行协调作业，而井下钻孔实行的是安全生产标准化管理模式，所以应培养职工综合素质、提高单兵作战能力，建立成熟的井下、地面立体创新体系，促进井下与地面人员互相学习、互相借鉴、共同进步，从而加快推进井地大融合、大发展的步伐。

2. 创新成果转化不充分

创新成果转化过程中，缺乏考核机制，生产单位对创新成果转化方式不认同，存在“怕麻烦”的消极思想，影响创新成果积极推广；创新成果转化考核机制不适用于目前企业现状，创新成果转化阻力重重，导致创新成果转化不充分。

针对以上问题，勘探公司创新灾害治理方式，将定向钻机引入淮南矿区，通过施工定向钻孔，解决制约当前安全生产的突出难题。同时，借鉴科学方法论，形成定向钻“3369”方法，并以技术创新为着力点，大力推进装备更新、制度及管理创新，从而构建了淮南矿区精准灾害治理体系。

二、成果内涵

为保障淮南矿区精准灾害治理体系的构建与应用，勘探公司在原有技术管理体系的基础上，明确了企业的发展思路、创新格局，提升了创新能力；推进装备革新，筑牢了创新基础；通过开拓多方位创新形式，促进各类创新手段融合集成创新，疏通创新渠道；通过创新团队建设，强化创新项目责任制、流程化，加强创新项目过程管控；通过创新激励机制，充分激发企业创新活力，形成人人参与创新的局面；通过多方式成果转化，将创新成果应用于现场，助力企业发展。通过多举措并重，依托定向钻“3369”方法论，勘探公司构建并应用了淮南矿区精准灾害治理体系。

三、主要做法

（一）明确发展思路，提升创新能力

勘探公司成立以来，拓展了核心职能，提出了建设行业一流企业的目标，通过总

结发展经验，研判发展趋势，明确了公司总体发展思路，即围绕“一首两翼”发展方向，聚焦“三个并重”发展格局，以“四个目标”为导向，实施“三大板块”创新项目，构建“12343”创新格局，构建井下与地面、治瓦斯与治水害并重的综合立体创新体系，提升了企业创新能力。

1.“一首两翼”发展方向

以打钻为首，瞄准行业最前沿，通过不断技术创新，抢占技术制高点。以治瓦斯为一翼，保持技术优势，加强外部对标，加大创新成果推广力度；以治水害为另一翼，打造水害防治专业化队伍，储备好人才，锻炼好技术。

2.“三个并重”发展格局

井下与地面并重、治水害与治瓦斯并重、局部治理与区域治理并重。未来几年，治瓦斯从井下向地面拓展，治水害从地面向井下延伸，逐步实现由局部、单一治理，向井下、地面立体化综合性区域治理格局的转变，全面协同推进矿井灾害治理迈上新台阶。

3.“四个目标”导向

以“保安全、提效率、增效益、强活力”四个目标为导向，解决制约安全生产效率提高的突出问题；推进生产方式转变，减人提效，实现装备自动化、智能化；掌握核心技术、打造核心竞争力，建设行业一流队伍。

4.“三大板块”创新项目

围绕打钻板块、注浆板块、物探板块实施创新项目，落实“三个并重”，推进地面、井下的打钻、注浆、物探板块协同发展，互相补缺，互相学习，共同进步。

（二）推进装备革新，筑牢创新基础

坚持“自动化、信息化、机械化、智能化”四化发展，加快装备革新速度和步伐。一是建设自动化钻机作业线，由原来一部普通钻机3人作业改变为一条作业线三部自动化钻机5人作业，多部钻机协同作业，充分利用自动化钻机辅助人工，实现减人提效；二是推进钻机装备履带化，逐步淘汰架柱式钻机，全工作面使用履带钻机施工，实现钻机行进履带化、稳固自动化，提高施工效率及安全性；三是引进定向钻机，解决普通钻机轨迹不可控问题，真正实现钻孔“指哪打哪”，真正做到从全覆盖治理到精准治理的转变；四是研发全流程智能钻进工艺，使钻孔施工开孔、钻进、封孔、注浆全流程无须人工干涉，系统能自动处理钻孔施工过程中出现的各种问题，实现钻孔施工智能化；五是引进姿态仪、测斜仪等辅助装备，提高钻孔开孔效率及轨迹反演能力；六是配套数据库管理系统、视频监控系统、井下移动空压机在线监测监控系统等，提升信息化水平和能力。“四化”分别推进，再集成创新，筑牢了创新基础，促进了生产方式转变。

定向钻及配套装备的发展是勘探公司推进装备革新的重大战略成果，为淮南矿区精准灾害治理体系的构建筑牢了根基，“3369”方法论中“3”类主力机型、“3”种测量系统均来源于此。

1. 优选“3”类主力机型

（1）扭矩10000N·m以下机型：适用于500m以下中浅孔钻进，主要有ZDY4000LD型、ZDY6000LD型等。目前淮南矿区优选ZDY6000LD型定向钻机，用于施工500m以下的软煤顺层钻孔。

（2）扭矩10000～20000N·m机型：适用于500～1200m中深孔钻进，主要有ZDY12000LD型、ZDY15000LD型、ZYWL-13000D型、ZYWL-15000D型等。目前淮南矿区优选ZDY15000LD型定向钻机，适用于500m以上的岩石孔施工。

（3）扭矩20000N·m以上机型：适用于1200m以上深孔钻进，主要有ZDY23000LDK型、ZYWL-23000D型等，代表国内井下用坑道钻机最高水平。

2. 优选“3”种测量系统

（1）有缆随钻测量系统：由孔内的测量探管和孔口的防爆计算机（CM-DDS煤矿井下定向钻进随钻测量系统）组成，两者通过通缆钻杆及通信电缆连接。

（2）泥浆脉冲无线随钻测量系统：由孔内设备和孔口设备组成，孔内设备包括测量短节、充电电池筒、驱动短节和脉冲发生器；孔口设备包括压力变送器和防爆计算机（CM-DDS测量软件）。

（3）无线电磁波随钻测量系统：由孔内设备和孔口设备组成，孔内设备包括测量短节、电池筒和绝缘短节；孔口设备包括天线和控制器、电源等；同时配套无磁钻杆、绝缘短节等钻具，用于仪器安装及信号传输。

（三）把握创新方向，推进技术创新

以科学的思维谋划创新方向，紧紧围绕建设行业一流目标，以抓铁留痕、踏石留印的韧劲，把握发展机遇，按照“三转变”谋划创新发展方向，即“瓦斯治理从治得住向既要治得住又要治得省转变、水害治理从局部治理向局部治理与区域治理相结合的方向转变、灾害治理从被动治理向主动治理转变”。结合公司职能划分创新板块，将公司创新业务统筹到打钻、注浆、物探三大板块之中，并明确创新课题，把握创新方向，推进技术创新。

围绕定向钻治灾技术创新，通过规范施工流程，提高技术水平，逐步形成了“3369”方法论中的“6”项标准；通过不断实践，不断摸索，围绕本煤层开采，以及

区域水害、断层治理等作业，逐步创新了“3369”方法论中的“9”大工程应用。

1. 形成“6”项标准

（1）进场作业标准。以钻孔类型和设备选型为基础，依据钻孔施工要求确定进场标准。同时根据钻孔施工需要，明确配套的通风、抽采、打运、供风、供水、排水、供电以及安全监控等系统的要求。

（2）钻进工艺标准。通过优化钻孔参数设计方法，规范三种测量系统操作流程，固化各类钻孔施工工序，实现工艺标准化。主要包括钻孔参数设计，测量系统组装、使用及施工工序。

（3）现场定置量化标准。施工现场合理规划设备、钻具、牌板、材料等摆放位置，做到现场定置量化，优化人员、环境、设备关系。

（4）安全防护标准。为确保钻孔施工安全，根据钻孔施工类型的不同，选择性配置安全防护设施。主要包括防瓦斯系统，防水、防尘、防火系统。

（5）工器具标准。配备专用工具柜和仪器架，用于工器具及仪器分类摆放；配备用于日常机械设备维修维护所需的常用工器具；配备用于测量仪器安装及拆卸所需的专用工器具。

（6）钻孔施工资料标准。提供定向钻孔施工基础资料，包括钻孔轨迹设计（反演）表、钻孔施工原始记录、钻孔实钻数据、钻孔施工日报、钻孔施工台账、钻孔成果图、钻孔验收单、钻孔后评价数据收集台账等。

2. 创新“9”大工程应用

（1）高位顶板定向长钻孔，简称“以孔代巷”。指在采煤工作面回采之前，沿工作面走向施工钻孔，钻孔布置在顶板裂隙带内，用于代替高抽巷抽采工作面回采期间本煤层及邻近层卸压瓦斯的大直径高位顶板走向钻孔。在淮南矿区潘三矿、朱集东矿、顾桥矿、顾北矿、丁集矿、张集矿普遍应用。

（2）软煤区域消突顺层定向长钻孔，简称“软煤定向”。可分为三类：一是一孔两消钻孔，即在轨道顺槽内施工，横穿采煤工作面至下一个待掘巷道轮廓线外20m，同时对两个区域消突，可代替瓦斯治理巷的顺层定向长钻孔。在淮南矿区潘三矿、丁集矿推广应用。二是工作面预抽消突钻孔，即在轨道顺槽内施工，终孔至距运输顺槽轮廓线内10m左右，对整个工作面进行消突的倾向顺层定向长钻孔。在淮南矿区潘三矿推广应用。三是条带预抽顺层消突钻孔，即在待掘巷道迎头施工控制煤巷条带前方长度不小于300m和煤巷两侧轮廓线外一定范围（倾斜、急倾斜煤层巷道上帮轮廓线外至少20m，下帮至少10m；其他煤层为巷道两侧轮廓线外至少各15m），用于代替瓦斯治理巷的走向顺层定向长钻孔。在淮南矿区张集矿推广应用。

（3）煤巷条带预抽梳状钻孔，简称“条带梳状孔”。指从煤层顶（底）板开孔，进入煤层后延条带走向施工顺层钻孔，当钻进遇阻无法施工时退钻，在岩孔段适当位置开分支孔，并在前一个顺层钻孔末端重新进入煤层施工，形成数个分支孔接力掩护煤巷条带。在淮南矿区张集矿推广应用。

（4）底板卸压瓦斯抽采定向长钻孔，简称“底板卸压孔”。分两种情况：一是基于上保护层开采模式，工作面回采之前，在两巷顺槽帮部钻场内施工下向底板走向钻孔，用于拦截被保护层的卸压瓦斯；二是基于中厚煤层分层开采模式，在两巷顺槽帮部钻场内施工下向煤层底板走向钻孔或在底板巷施工上向煤层底板走向钻孔，用于抽采膨胀裂隙瓦斯，改变下分层煤层卸压瓦斯流场。在淮南矿区张集矿、顾北矿推广应用。

（5）水害治理定向长钻孔，简称“水害防治孔”。分为两类：一是老空探放水定向长钻孔，指在岩巷施工的远距离探放采空区积水的定向长钻孔。在淮南矿区顾桥矿推广应用。二是灰岩探放水定向长钻孔，指探查和疏放待掘巷道或待回采工作面下伏灰岩含水层的灰岩定向长钻孔。在淮南矿区张集矿、潘二矿推广应用。

（6）远距离防灭火钻孔。可分为两类：一是防火钻孔，指在采空区有遗煤或收作期远大于自然发火周期的情况下，提前远距离施工定向钻孔，灌入不燃性材料，防止煤层自燃发生火灾。在淮南矿区张集矿推广应用。二是灭火钻孔，指在发生火灾的情况下，利用定向钻进技术施工以发火点为靶点的远距离定向钻孔，灌入阻燃材料灭火。在淮南矿区朱集东矿推广应用。

（7）远距离断层注浆加固钻孔，简称“注浆加固孔”。指远距离施工定向钻孔簇，对待掘巷道或待回采工作面内发育的断层精准注浆，加固改良巷道围岩或回采工作面顶板岩层，解决巷道掘进过程中顶板支护困难问题或工作面回采过断层期间顶板垮落压架问题，保证巷道掘进或工作面回采过程中的安全。在淮南矿区潘三矿推广应用。

（8）精细地质探查钻孔，简称“地质精查孔”。指在巷道掘进之前，沿巷道布置层位施工地质先导钻孔，精细探查岩性、构造发育情况、富水情况等，为巷道掘进提供精准的地质资料。在淮南矿区张集矿推广应用。

（9）深孔定点取样钻孔，简称“定点取样孔”。指在岩巷或煤巷远距离施工定向钻孔，利用开放式取样装置定点取岩样或采用封装取样技术定点取煤样，为岩性判别、突出煤层区划、瓦斯基础资料收集、地面区域治理井下考察评价等提供可靠的样品。在淮南矿区潘一东矿推广应用。

（四）强化管理创新，形成强力支撑

科学的思维催生高效的管理。近年来，公司坚持将零散经验系统化，碎片思维条理化，积累并提炼了多种管理方法，有力支撑了精准灾害治理体系的构建。

1. 完善创新机制，保障创新能力

按照“确保安全、提高效率、增加效益、激发活力”的总体要求，勘探公司健全了技术创新管理体制和机制，以保障企业创新能力建设。

（1）成立领导小组，明确管理职责。勘探公司成立了技术创新工作领导小组。经理任组长；党委副书记、总工程师、副处长任副组长；副总工程师、各机关部门、各基层单位负责人为成员。通过对各岗位各成员的具体责任监督落实到位，加强过程管理，提高项目执行水平。

（2）推进协同创新，鼓励自主创新。坚持问题导向，勘探公司围绕打钻、注浆、物探三大板块中的安全生产技术难题组织攻关，需要外协单位共同完成的，积极联系科研院校和企业，按照上级部门相关规定组织申报、立项和研究工作。为激发基层工区自主创新活力，提升自主创新水平，要求基层单位组建创新团队，紧紧围绕制约本单位安全生产效率和效益等难题进行技术攻关。

（3）强化过程管理，落实主体责任。为确保技术创新项目管理及创新工作有序开展，设岗专人负责技术创新管理工作，严格按照“项目申报、立项→项目实施→项目验收、结项”的管理流程开展项目。要求基层单位同期必须开展1～2个自主创新项目，项目负责人具体负责创新项目的组织、开展、实施、总结、费用归集等工作；各部门履行职责，做好技术创新管理及服务工作。

（4）完善转化考核机制。针对创新成果转化考核机制不完善的问题，勘探公司建立健全了创新推广和激励机制。做好创新项目阶段总结工作，每季度召开一次创新成果推广会，并适时组织现场交流会，对好的创新成果进行推广应用。强化激励政策，开展年度技术创新评先评优活动，对技术创新成果和“技术创新之星”进行表彰奖励；完善考核机制，给予创新人才更高的政治待遇，将技术创新成果纳入年度考核加分内容，对于技术创新人才，优先评优定级，优先提拔使用。

2. 加强团队建设，提升创新水平

（1）成立井下特钻工区。设立勘探公司直属管理的井下特钻工区二级机构，建制负责定向钻安全、生产、技术、经营、管理等各个方面。配备5名科级管理人员、3名工程技术人员、6名班长、175名职工，确保管理、技术、操作三大序列人员结构合理、创新活力充沛。充分考虑区块分工与系统分工的关系，从组织上，由分管领导垂直管理；从职能上，实现管理统筹、技术统筹、人才统筹；从制度上，围绕勘探公司全年行政工作“四梁八柱”，落实关于定向钻的各项管理制度；从目标上，通过对标对表，跟踪前沿技术，确保定向钻技术水平始终走在行业前列。

（2）注重人才队伍建设。勘探公司健全了以总工程师为首，工程技术人员、高技能拔尖人才、技术大拿、“比武”状元、优秀青工等广泛参与的人才梯队，通过开展集

群创新，不断攻克技术难题。一方面，坚持固化已有创新成果，并推广应用；另一方面，紧跟行业技术前沿，做到创造性地开展工作，坚持产学研联合，开辟新的创新领域。

（3）通过交流学习，提高技能水平。不断提高员工专业化技术水平，加强交流学习，取长补短，互相借鉴。勘探公司组织内部交流研讨会、创新论坛等，对施工工艺、创新成果、工程施工情况等进行交流学习；邀请专家、科研单位人员、技术大拿等围绕设备、装置及施工工艺等开展专项培训，组织技术、生产骨干参与，提高技能水平。

（4）开展创新创效创优活动。为不断完善定向钻孔设计方法、成孔工艺、事故处理流程和配套装备，勘探公司持续开展创新创效创优活动。通过开展“周周学”活动、“你提问、我解答”活动、“五小”创新、专利申报等，营造创新氛围，提高创新水平；通过开展技能大师工作室、技能竞赛、师徒结对子等，提高成员技能水平，增强团队整体实力。

3. 创新奖罚制度，激发创新热情

创新奖罚制度，对优秀创新项目给予物质财富、职称评定、免除个人所得税等综合政策倾斜，确保完成创新项目有收获、有回报，促使勘探公司全体人员敢创新、勇创新，激发员工创新热情。

（1）勘探公司每年进行一次技术创新工作表彰，对在技术攻关、发明创造、技术创新上做出贡献的单位和个人给予奖励。上级公司给予公司的技术创新奖励将全额给到创新项目实施单位，公司再增加奖励总额的20%；对获得上级公司奖励的“五小”成果及先进个人等，公司给予对等奖励。

（2）科研创新项目和基层自主创新项目验收、结项后，给予团队成员物质奖励。

（3）对在重要领域取得重大技术突破或在重点技术创新项目中的领军级人员，破格推荐职称评定。对创新成果的奖励，不计入个人年度工资总额。

4. 多渠道成果转化，创新推广方式

每季度组织创新成果推进会，筛选优秀创新成果，由完成人做介绍，与会人员学习并评价打分，对具备普遍推广应用价值的创新成果，举办现场交流会，以便现场交流和推广；运用“互联网+”思维，通过公司网站、视频会议、微信群等渠道，发布优秀创新成果，开展成果线上推广。

四、实施效果

（一）屡破行业纪录，抢占技术制高点

定向钻“随钻随测、实时传输、即时调整、施工精准”的技术优势，在煤矿井下瓦斯、水、火、顶板等灾害预防和治理中得到广泛应用，实现了打钻作业方式转变，

开创了井下立体式多元化的灾害治理新格局。

定向钻自2019年引入淮南矿区，两年内9次破行业纪录，4次突破以孔代巷钻孔深度和套管长度纪录；2次打破软煤定向长钻孔孔深纪录；近水平定向钻岩孔孔深1236米、下向灰岩定向长钻孔孔深890米、软煤定向顺层长钻孔556米，居行业第一；松软煤层定点封装取样实现国内零的突破。

（二）安全、经济、社会效益三丰收，助力矿山绿色、智能化开采

软煤定向顺层条带预抽长钻孔和“一孔两消”钻孔均可代替瓦斯治理巷和条带预抽穿层钻孔，经济效益明显。尤其是在国家大力推进生产方式转变，企业大幅度减人提效的大背景下，定向钻的作用进一步凸显。

一是定向钻代替瓦斯治理巷，可减少煤矿井下一支开拓队伍及其他辅助人员的投入，节省综掘机、皮带机、运输系统、通风系统、抽采系统、供水系统、供风系统、排水系统等配套设备的投入，节省锚网、锚索等支护材料成本。这些节省下来的人员和设备可投入其他准备巷道的施工，为矿井有序生产接替争取时间。同时，定向钻还可以减少矸石排放量和污水排放量，降低矿井矸石及污水处理成本，有利于矿井绿色开采及矿区环保建设。

二是定向钻代替条带预抽穿层钻孔，软煤定向顺层条带预抽长钻孔可节省88%的钻孔量和抽采管数量、98%的封孔管和封孔囊袋数量；“一孔两消”钻孔可节省75%的钻孔量和抽采管数量、86%的封孔管数量和83%的封孔囊袋数量。

（三）依托定向钻“3369”方法论，构建了淮南矿区精准灾害治理体系

勘探公司基于“3”类主力机型，配套“3”类测量系统，打造“6”项标准，推进“9”大工程应用，实现设备配套定制化、现场作业标准化、工程应用系统化，以科学方法论指导定向钻装备、技术、管理等各个方面，总结形成了定向钻“3369”方法论。

依托定向钻“3369”方法论，进一步充分发挥定向钻轨迹可控、施工精准的技术优势，逐步形成高位顶板定向长钻孔、软煤区域消突顺层定向长钻孔、煤巷条带预抽梳状钻孔、底板卸压瓦斯抽采长钻孔立体化瓦斯治理模式。推进定向长钻孔进行灰岩水和老空水灾害治理，推广采用定向钻进技术进行远距离精准防灭火、远距离断层注浆加固、精细地质探查和深孔定点取样，构建了淮南矿区精准灾害治理体系。

主创人：丁华忠　程合玉　方有向

参创人：张　磊　周伟东　张安东　万玉柱　张　凯　魏　涛

“1+N”产融服务共享平台

中国建材集团财务有限公司

中国建材集团有限公司（以下简称“中国建材集团”）是全球最大的综合性建材产业集团、世界领先的新材料开发商和综合服务商，是国资委发展混合所有制经济试点企业、央企董事会行使三项职权试点企业、央企兼并重组试点企业、国有资本投资公司试点企业。旗下有2家H股上市公司、12家A股上市公司，股权结构多样，法人户数约1400户。

中国建材集团财务有限公司（以下简称“财务公司”）是中国建材集团下属财务公司，位于北京，是由原中国银行业监督管理委员会批准成立，以加强集团资金集中管理和提高集团资金使用效率为目的，为集团各成员单位提供财务管理服务的全国性非银行金融机构。

财务公司结合中国建材集团成员单位分布广、级次长、混合所有制多，资金分散、归集度低，带息负债高、上市公司受限资金比重高等问题，创造性地搭建了中国建材“1+N”产融服务共享平台。经实践证明，截至目前，该平台的搭建有效提高了集团资金的整体使用效率和效益，置换集团外部带息负债百亿元，降低集团资产负债率约0.5个百分点，为集团增利节费2.5亿元以上；集团“资金归集平台、资金结算平台、金融服务平台和资金监控平台”建设取得成效，为成员单位创造了价值，助力集团高质量转型发展。

一、成果背景

财务公司的概念有广义和狭义之分。谭德彬[①]认为，广义的财务公司按其资本结构可以分为企业附属型财务公司（Captive Finance Company）和公众型财务公司（Non-captive Finance Company）；而狭义的财务公司则专指企业附属型财务公司。Murfin等[②]

---

① 谭德彬. 我国财务公司资金使用效率实证研究[D]. 四川：西南财经大学，2013.

② Murfin J，Pratt R. Who finances durable goods and why it matters: Captive finance and the coase conjecture[J]. Journal of Finance，2018：2–5.

将企业附属型财务公司定义成为企业集团产品提供零售和批发融资的全资子公司，且其大部分资产是向零售客户提供的长期担保贷款。企业附属型财务公司由大企业集团出资设立，根据不同的业务范围又可分为主要为企业集团内部成员单位服务的内源型财务公司（Internal Finance Company）和服务对象不局限于企业集团内部成员单位的外源型财务公司（External Finance Company）。根据在《企业集团财务公司管理办法》（银监会令〔2004〕5号）中的定位，我国的财务公司属于企业附属型财务公司中的内源型财务公司。

财务公司是集团的控股企业和内部银行，自成立以来，按照国务院国资委和中国银行保险监督管理委员会关于央企财务公司职能定位的要求，围绕集团发展战略，贯彻执行“依托集团、服务集团、规范经营、稳健发展”的经营理念，通过吸收成员单位存款搭建集团资金池，提高资金归集度，运用非银行金融机构的牌照资质，为成员单位提供金融产品和服务，最终提高集团整体资金使用效率和使用效益。

过去几年中，财务公司原有核心业务系统在很大程度上支撑了公司资金归集、资金支付结算和贷款等传统的金融服务。但是，在技术更新、业务创新和发展、支持集团产业转型升级、科技风险治理等方面，原有核心业务系统存在不支持IPv6（互联网协议第6版），功能模块耦合度高、开放性不够，为风险管理和内部控制提供决策信息和数据分析发挥的作用有限等问题，很难及时有效地支撑即将开展的业务，具体背景如下。

（一）坚持创新驱动发展，推动经济体系优化升级

中国共产党第十九届中央委员会第五次全体会议在北京举行，会议审议通过了《中共中央关于制定国民经济和社会发展第十四个五年规划和二〇三五年远景目标的建议》，其中指出，要坚持创新驱动发展，全面塑造发展新优势；要加快发展现代产业体系，推动经济体系优化升级。具体措施包括强化企业创新主体地位；发挥大企业引领支撑作用，推动产业链上中下游、大中小企业融通创新；推动全产业链优化升级，推动传统产业高端化、智能化、绿色化；加快第五代移动通信、工业互联网、大数据中心等建设，发展数字经济，推进数字产业化和产业数字化；等等。财务公司需要统筹规划新核心系统来推动数字经济和实体经济深度融合，以数据资源整合为导向、以金融科技创新为依托，围绕集团产业链打造产融生态圈，共享数据价值的综合溢出效应。

（二）深入贯彻新发展理念，推动高质量发展

深入学习贯彻习近平新时代中国特色社会主义思想，准确把握新发展阶段，深入贯彻新发展理念，加快构建新发展格局，推动“十四五”时期高质量发展。财务公司需要统筹规划新核心系统来将创新、协调、绿色、开放、共享的新发展理念贯穿于产融服务的全过程和各环节。

（三）贯彻落实“IPv4改造为IPv6”的行动部署计划

贯彻落实中共中央办公厅、国务院办公厅、工信部、国务院国资委“IPv4改造为IPv6”的行动部署计划，加快网络基础设施和应用基础设施的升级步伐，使财务公司新一代系统适应下一代互联网的需要。财务公司需要统筹规划新核心系统来满足IPv6升级改造的要求。

（四）顺应监管新常态，加强科技风险治理

随着“严监管”“强监管”成为新常态，财务公司原有核心业务系统为风险管理和内部控制提供决策信息和数据分析起到的作用有限，系统对于业务开展、决策分析、风险管理的支持力度有待加大。财务公司需要统筹规划新核心系统来加强对资金风险、操作风险的管控，自动监测风险指标，提高监管报送工作的质量和效率，满足各监管机构对财务公司的业务监管要求；同时，提供多维度、可视化的统计查询功能，为领导决策提供支持，最终实现信息系统对业务开展、决策分析、风险管理的良好支撑。

（五）充分发挥金融牌照作用，结合发展要求拓展业务范围

充分发挥金融牌照作用，结合集团发展要求拓展业务范围，支持集团从高速增长迈入高质量发展的新阶段；积极对接各成员单位并为其提供个性化综合产融服务，拓展合作空间，扩大资金池规模，提升集团的资金使用效率及效益。

基于上述背景，财务公司借鉴金融科技的创新理念，统筹规划并建设了中国建材“1+N”产融服务共享平台，以满足创新驱动发展、推进数字产业化和产业数字化的要求，满足国家对IPv6升级改造的要求，满足自身、集团及成员单位未来的业务发展要求。

二、成果内涵

本成果为中国建材集团“1+N”产融服务共享平台。其中，“1”指共享资金管理系统的核心服务系统，“N”则指企业的众多资金、金融、产融业务场景。财务公司通过建设本成果强化各业务场景的产融数据建模，深入挖掘产融数据价值，提升产融数据洞察能力，通过智慧产融突破服务与效率瓶颈，释放业务与管理潜能，助力集团实现产业升级、高质量发展。

本成果运用人工智能、大数据、云计算等金融科技手段，采用“小核心、大外围”的先进理念，结合多场景资金应用及个性化产融服务需求，提供了“一站式”资金管理与产融共享服务。本成果的功能涵盖多维账户管理、一键收付、自动结算、智慧信贷、动态投资管理、智能融资管控、实时数据监测、自助移动办公等场景化、差异化、多元化、智能化、精细化的收、付、投、融等金融产品和服务，同时支持业财一体化，体现了金融服务实体经济发展的能力。

本成果构建了多级次、多币种的资金管理与智慧金融服务体系，以此提高资金的使用效率，强化资金的集聚效益，促进金融资源的优化配置。根据不同的业务场景，本成果创新金融产品与服务，并推动金融服务向主动化、个性化、智慧化、轻型化发展，提升客户体验和金融运营效率，打造对内聚合产品与服务、对外连接合作机构与客户的综合性平台。本成果实现了金融数据全级次、多口径、穿透式地汇总、查询、统计、分析，加强了跨层级、跨部门、跨地区的金融数据资源融合应用，充分发挥了金融大数据的集聚和增值作用，提高了数字金融服务能力和服务效率，借助金融科技提升金融监管效能。

本成果以中国建材集团经营管理各环节与资金、金融业务的衔接与融合为切入点，提供多种产融服务协同，全面打通业务流、资金流和信息流，实现金融科技与生产经营的深度融合。同时，依托智慧产融，财务公司努力构建以实体产业发展为核心，以金融业务创新为纽带，联通实体产业与金融市场，联通集团内单位与产业链上下游的产业金融生态链，实现金融资源、资金资源、信息资源、项目资源、服务资源、管理资源等不同层次的统筹协调、交互合作，让智慧产融更加积极地赋能集团发展，助力产业升级，服务实体经济。

三、成果措施

本成果全面支持IPv6协议栈，且采用包括前、中、后台的分布式业务架构（见图1）：前台通过多渠道为成员单位进行服务；中台在后台业务系统之上将共性的服务能力进行整合与输出；后台是根据业务发展需要建设而成的多个业务系统。

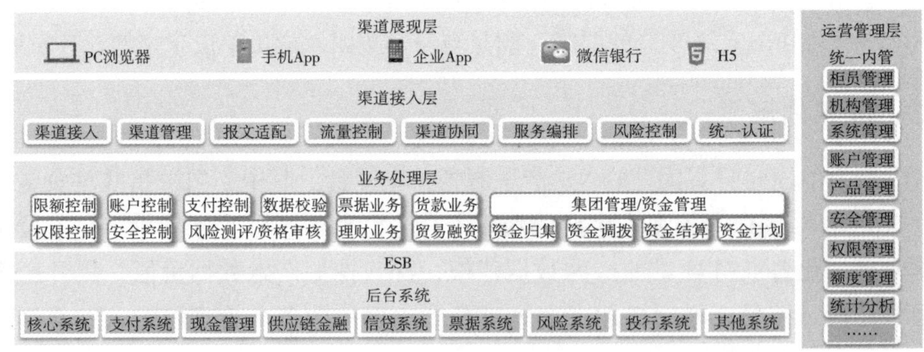

图1　分布式业务架构

同时，本成果的设计、构建思路以企业的资金、金融、产融业务场景为导向。为了强化各业务场景的产融建模，更好地将系统先进性与成员单位的个性化产融服务需求相结合，财务公司提出了产融新服务“三步走”战略，包括“资金服务共享”“产融服务协同”“数据应用创新”。

（一）资金服务共享

财务公司以超级网银为切入点，通过建设本成果为成员单位提供“一站式”资金管理与金融服务共享平台，并推动资金及金融服务向主动化、个性化、智慧化、轻型化、综合化发展。

1.超级网银奠定创新服务基础

超级网银是本成果的核心创新功能之一，成员单位可以直接通过超级网银管理所有银行账户，完成各类支付结算，进行多维资金查询。

超级网银构建了不同类型、多层级的一体化账户管理体系，支持全生命周期账户管理（见图2）。通过灵活、可自定义的管理模式对成员单位境内外、多币种、各类性质的银行账户、财务公司账户、资金中心账户进行统一多维度管理，以满足集团及成员单位个性化的资金可视和账户管理需求。

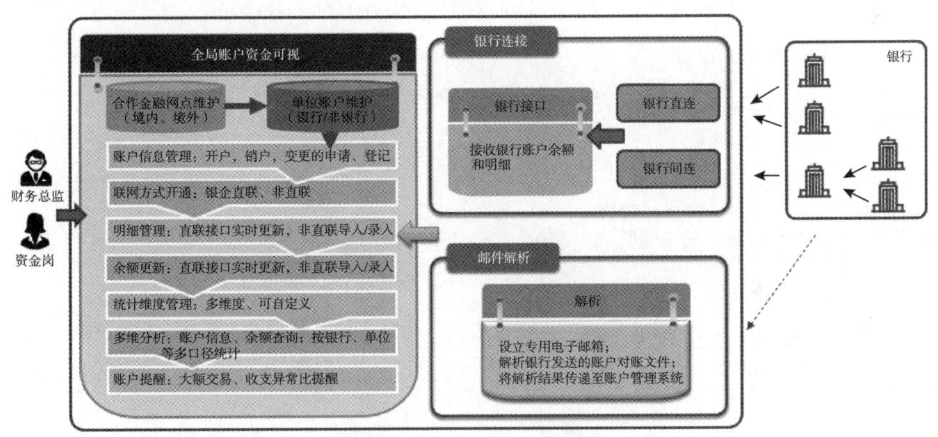

图2　超级网银支持全生命周期账户管理

超级网银支持构建本外币一体化的收、支结算体系。成员单位可在超级网银的付款页面选择所有已授权的本单位银行账户/财务公司账户/资金中心账户进行支付，无须再一一切换多家银行网银；同时，超级网银支持成员单位进行银行转账、内部转账、支票、现金、票据、国内信用证、国际业务、混合支付、工资发放、费用报销等收、付款业务，达到加大资金集中力度，促进资金支付结算的目的。

超级网银支持成员单位查询整体账户及资金分布情况。支持资金信息可视化，能够依照资金管理的层级权限查看账户归属、账户余额及账户的发生额明细；支持资金多维分析，能够从多个维度查看资金情况，从而进行资金调配和管控。

超级网银支持成员单位通过移动App办公。移动App可及时提醒资金的变动情况，满足成员单位的移动办公需求，推动了服务的主动化、轻型化发展，提升了客户满意度和金融运营效率。

2. 资金中心形成资金管理体系

在打造超级网银服务成员单位的基础上，财务公司还为集团多家二级单位建设了资金中心，构建了上下一体、多级次虚拟资金池的资金集中体系。依托本成果，财务公司将各成员单位分散、独立的资金池变成资金一体化服务体系中的内部资金池，形成多级单位上下一体化的流动性联动机制，解决了成员单位流动性管理的互联互通，以此提高资金的使用效率，强化资金集聚效益，促进金融资源的优化配置，最终实现整体效益的最佳化。

本成果可支撑资金中心的全资金业务，覆盖资金的收、付、投、融等各个环节，如图3所示。同时，以财务公司核心金融业务为基础，本成果可结合各资金中心及成员单位的业务特点和个性化需求，定制不同的资金中心管理模式，包括资金管控模式、流程设置、额度分配、结算工具、利率定价等，为每家资金中心及成员单位提供精准的差异化服务，为本成果适用于资金中心和成员单位的多场景资金应用及提供一体化业财服务打下了良好的基础。

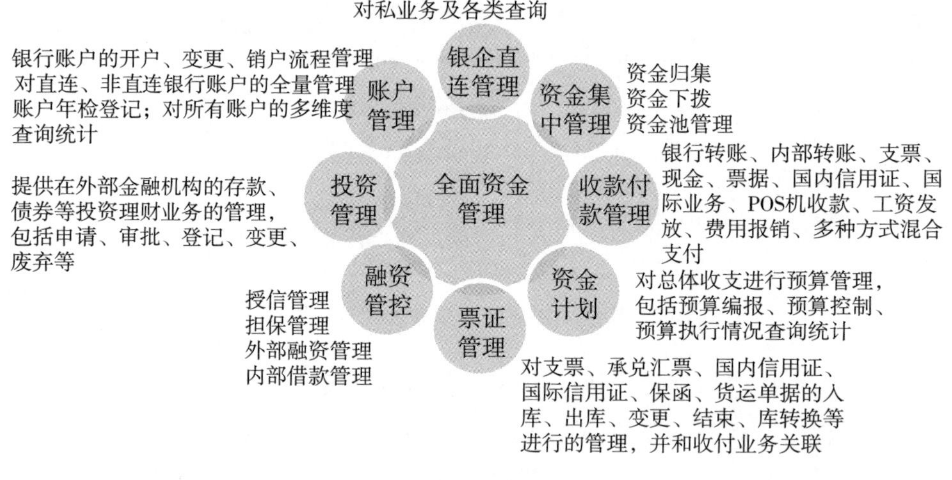

图3　全面资金管理

3. 金融手段支持实体经济发展

财务公司践行金融服务实体经济理念，依托本成果不断创新业务品种，协同内外部金融资源，以融促产，加大服务集团主业力度。例如，财务公司利用在银行的同业授信，为中材高新氮化物陶瓷有限公司办理首笔代开国际信用证业务，对助力成员单位攻坚克难、攻关“卡脖子”项目、保障关键设备引进具有十分重要的意义，这也是财务公司国际业务领域和同业银行合作的一次重要突破。财务公司为凯盛君恒有限公司发放流动资金贷款，助力其经营发展，为其“卡脖子”项目顺利孵化，以及为中央企业精准扶贫任务的精确落实提供了充分保障。财务公司为中建材信息技术股份有限公司发放流动资金贷款，为其打造自身的数字化服务平台，助力集团及成员单位的数字化和智能化转型。财务公司为中材科技风电叶片股份有限公司开立电子承兑汇票，为其设备升级、技术进步，风电叶片大型化、轻量化、智能化趋势发展提供有力支持，助力以清洁能源推动绿色低碳发展。同时，财务公司与多家银行合作，为成员单位提供银团贷款业务，促进融资快速落地，以低利率参团带动融资利率下行，为增强服务实体效能提供有力支撑。

4.“四最”“四免”提升综合服务水平

发挥“四最”作用，积极降低集团外部带息负债。财务公司针对成员单位存续的外部贷款利率较高的情况进行专项分析，有针对性地提出置换高利率贷款解决方案。按照“存款利率最高，贷款利率最优，放款速度最快，综合服务最好”的经营方针，提供差异化精准服务。2021年上半年，财务公司日均存款同比增长38.6%；日均贷款同比增长54.13%。置换集团外部带息负债，降低集团资产负债率约0.5个百分点，为成员单位节约财务费用约1.2亿元。

发挥“四免”作用，助力集团数字化转型服务建设。依托本成果，财务公司为成员单位提供免系统建设费、免升级费、免运维费、免结算手续费的“四免”服务。

免系统建设费。成员单位自建资金系统，按照行业平均标准估算，在服务器、安全设备、网络产品、银企直联、软件产品、一体化对接、个性化需求开发，以及机房建设、人员成本等方面的总投入约为400万元。本成果则会免费提供给成员单位使用，可解决成员单位系统重复投入的问题。

免升级费。针对成员单位的升级需求，财务公司可提供本成果的免费升级服务，并在升级过程中最大限度地减少成员单位工作量，实现系统升级的平稳过渡。

免运维费。本成果由财务公司负担每年的运维费用，包括系统产品年维护费、驻场人员费用、支撑平台运维费、支撑软件（数据库、中间件等）运维费等。与成员单位自建资金系统相比，上述费用均可节约。

免结算手续费。财务公司充分发挥内部银行优势，为成员单位降本节费。成员单位使用财务公司开展的支付结算业务，不收取任何结算费用。

（二）产融服务协同

财务公司以成员单位经营管理各环节与资金、金融业务的衔接与融合为切入点，通过建设本成果为成员单位提供包含多种产融服务协同的共享云平台，构建业、财、资、税一体化的共享生态体系。

1.接口平台助力业财业务衔接

本成果的标准接口平台可与成员单位的生产系统、业务系统、财务核算系统等进行无缝对接，与成员单位的多场景资金应用相适用，并通过业财一体化，实现金融科技与生产经营的深度融合。

标准接口平台支持基础数据、收款、付款、预算、存款、贷款、票据、融资、资金业务凭证等多类业务与ERP系统的信息传递，可全面打通信息流，提升业务的自动化处理程度，减少业务人员工作量。

2.招采场景实现产融服务落地

结合成员单位的实际需求，本成果提供招标采购业务等多场景产融综合服务，其服务功能及系统集成架构如图4、图5所示。本成果的招采场景服务支持全流程在线高效协同，多层次降本增效，支持对接企业ERP、金融服务、电商、物流等平台，真正实现了业财一体化（见图6），做到了商流、物流、资金流、信息流“四流合一”，为成员单位提供深度产融生态协同服务。本成果的招采场景服务已在中材水泥有限责任公司试点上线，努力打造成为水泥行业业财一体化产融服务标杆，并计划逐步在中国建材集团水泥行业企业中推广。

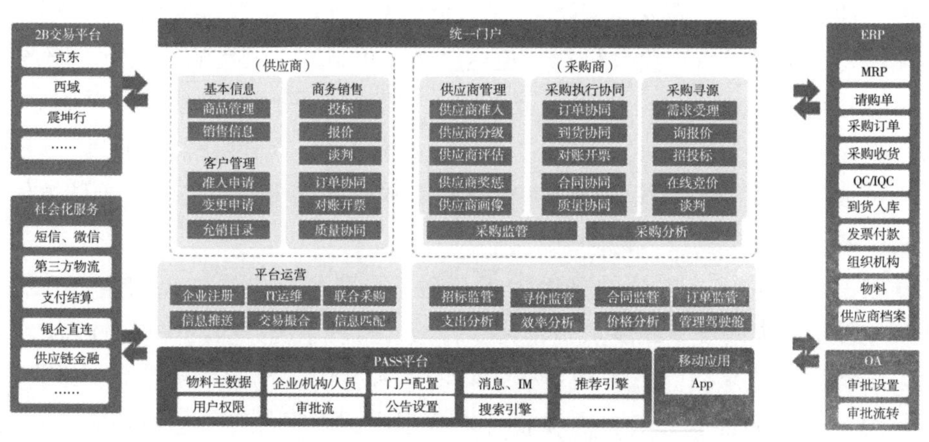

图4　招标采购场景产融服务功能

同时，本成果贯标《水泥工业物资分类与代码》，助力成员单位建设主数据标准。本成果根据中国建筑材料联合会制定的水泥行标，对现有1.6万条水泥行业物料代码进行了梳理、清洗与编制，规范数据标准，加强数据治理，确保数据同源，打通数据壁垒，激活数据价值。本成果建立了数据字典，以水泥行标为基础，明确数据编码规范，按照数据标准规范要求，对单位、人员、供应商、客户、物资分类、物资代码、资产、账户等主数据实施统一编码，为采购、生产、销售等业务系统和资金核算等财务系统

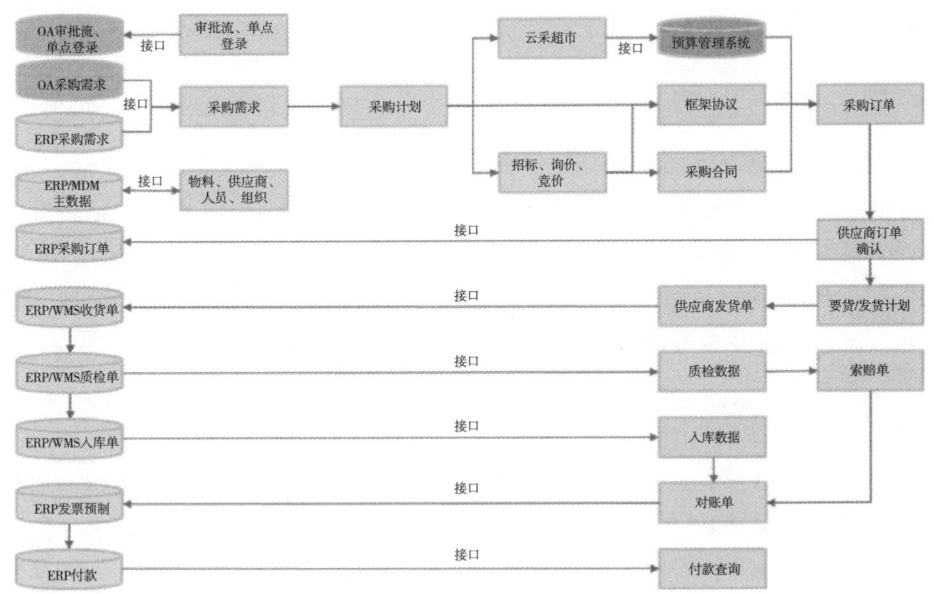

图5　招标采购场景系统集成架构

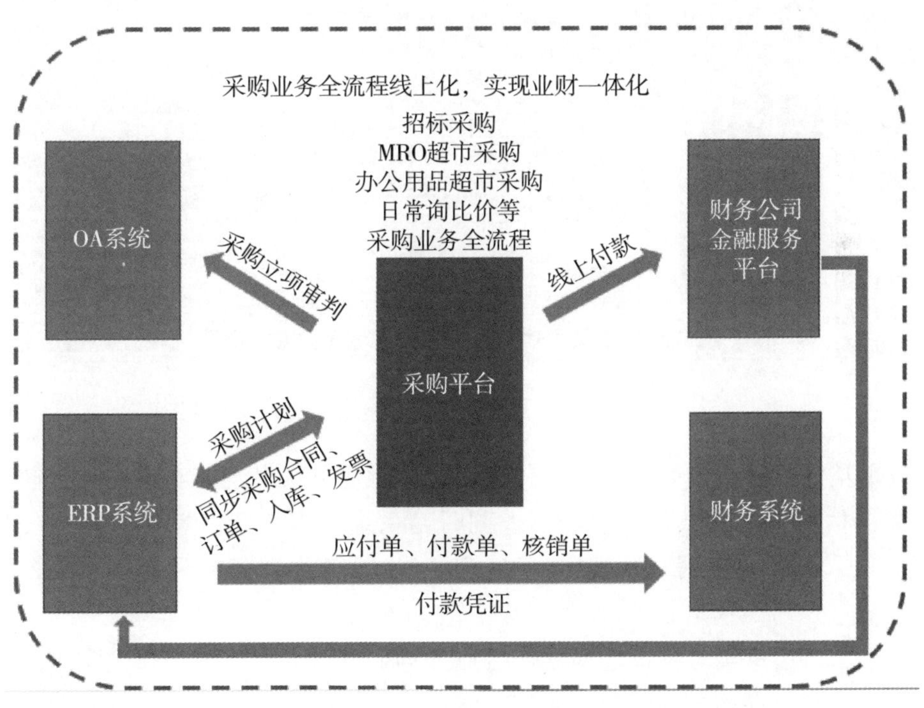

图6　招标采购场景业财一体化架构

联通，以及业财数据贯通奠定基础，为高效分析决策提供结构化数据支撑。这不仅为数据分析及数字风控提供了基础支撑，也为建材行业产融数据、资产数据标准的制定打下了基础。本成果的产融综合服务场景体现了金融服务实体经济发展的能力，以融促产助力集团的高质量发展。

3.信证业务创新支付结算服务

为了解决中国建材集团产业链上下游企业结算方式单一，票据拆分难，转让难，融资难等问题，财务公司将通过本成果提供基于信用及交易的电子债券信用凭证进行支付结算，降低融资成本，为集团成员单位提供价值贡献，“降两金、压负债”，助力集团优化资产负债结构。通过交易信用与传统主体信用相结合的模式，提供产融数字金融服务，沉淀金融及业务交易数据，积累集团数字金融资产。

（三）数据应用创新

财务公司以归口整合成员单位的全口径产融数据为切入点，通过建设本成果为成员单位提供能够快速采集、存储、分析数据的产融数据平台，并以数据服务的形式对外提供业务支撑。产融数据平台架构如图7所示。

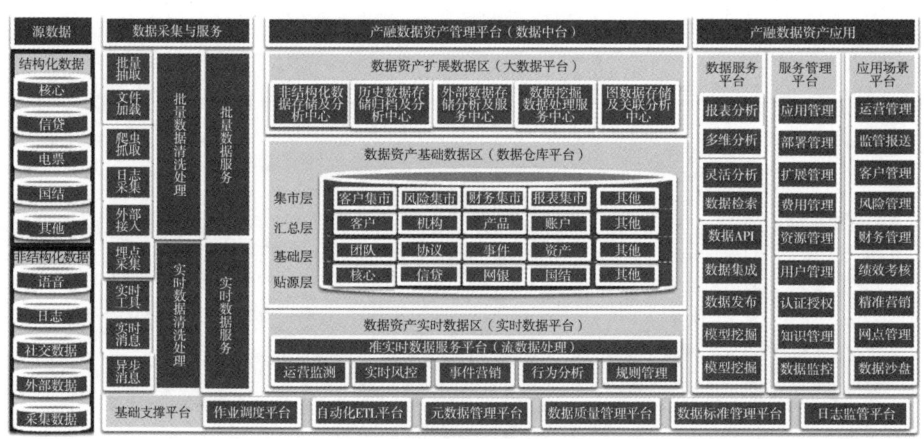

图7　产融数据平台架构

本成果整体数据架构的设计旨在保障所有产融业务信息均能实时得到反馈并及时处理，数据信息上下一致且完整统一。同时，系统架构支持多渠道协同办公及打通业务间流程，形成业务网、数据网，能够智能出具各类报表，为领导决策提供有力支持。

本成果支持信息实时查询，满足产融业务查询要求。支持成员单位实现产融数据全级次、多口径、穿透式的汇总、查询、统计、分析，加强跨层级、跨部门、跨地区的产融数据资源融合应用，充分发挥产融大数据的集聚和增值作用，提高数字金融服务能力和服务效率，杜绝盲区，防范资金风险。

通过数据应用创新，本成果持续提升业务自动化水平及工作效率。智能报表功能支持快速并灵活地自定义出具各类统计报表。客户管理功能不仅将丰富、多维的客户信息实际运用到业务处理过程中，还通过对客户信息的收集、整合、分析、建模，更好地为客户提供精准服务及差异化服务。风险监控功能采用数据仓库技术，集中、规范化管理业务数据，能够快速响应监管机构的监管要求变化。其中，针对信用风险、流动性风险、经营风险等，系统可以进行实时测算并做出预警提示；对MPA（宏观审慎评估体系）资本充足率及银监局监管评级，系统可以进行结果预测，以便业务人员尽快调整风险防范措施；根据财务公司的业务开展情况，系统还可以模拟流动性风险压力测试情景，防范流动性风险的发生。本成果为财务公司进行风险管理和内部控制提供了决策支撑和数据分析基础，并实现了风险指标的自动化监测，做到了风险的可防可控。

四、实施效果

本成果具有新颖性、先进性和实用性等特点。一是行业适用跨度大，水泥、玻璃纤维、风电叶片、新材料、国际工程等中国建材集团所涉及行业的产融业务场景均能应用；二是服务范围分布广，集团成员单位覆盖率达到70%，遍布全国各地；三是股权结构对接模式全，已服务14家上市公司，可支持H股、A股、新三板等股权结构下多种资金池；四是产业触达程度深，可惠及集团产业链的上下游客户。

（一）本成果推广情况

本成果已在多家成员单位顺利上线，集团成员单位覆盖率达到70%，节约系统重复建设费用约5000万元，为成员单位每年节约系统升级费、运维费、结算手续费千万元以上。成员单位已发生支付结算业务超15万笔，完成支付结算金额近万亿元，结算资金收益平均提高20%以上。与此同时，在本成果的助力下，财务公司的资金归集度实现了翻倍增长，日均存款增长10%以上，结算笔数增长20%以上，切实提高了集团资金的整体使用效率及效益，真正做到了与集团及成员单位合作共赢。

在集团二级单位资金中心建设方面，自2020年中材水泥有限责任公司、中国建筑材料工业地质勘查中心成为第一批上线单位以来，中国联合水泥集团有限公司、中国中材国际工程股份有限公司、中建材集团进出口有限公司、凯盛科技集团有限公司、中国建筑材料科学研究总院有限公司、新疆天山水泥股份有限公司、河南中联同力材料有限公司也先后完成了资金中心系统上线。截至目前，各资金中心已成功开展业务，覆盖资金的收、付、投、融等各个环节，增强了成员单位的资金管理能力，提高了资金的使用效率及效益，促进了金融资源的优化配置。后续将建设凯盛科技股份有限公司、中材科技股份有限公司等单位，进一步提高集团的资金归集度及整体效益。

未来，财务公司将进一步拓展与各成员单位的合作空间，结合中国建材集团发展战略，不断强化服务意识，积极发挥功能作用，借助创新服务提升全口径资金集中度，不断提升资金管理信息化水平，为成员单位提供优质服务，为集团加强资金管理、提高资金使用效率及效益、降低资产负债率和财务费用发挥作用。基于本成果，助力集团高质量发展，加快建设具有全球竞争力的世界一流综合性建材和新材料产业投资集团。

（二）本成果应用效果

通过本成果的应用，财务公司提升了自身专业化服务水平，为成员单位提供了多层次的综合性产融服务，建立起了集团内部灵活、高效、安全的资金调度体系，保障了资金流动的畅通，提高了集团资金的使用效率及效益，降低了总体资金成本，确保了资金安全，实现了资金流动性、效益性、安全性的统一。具体表现在以下方面：

财务公司结合“一企一策”为成员单位提供本成果，有针对性地提供产融服务解决方案，满足成员单位的个性化产融服务需求，助力企业发展。

财务公司通过“四免一提高”，为成员单位提供免系统建设费、免升级费、免运维费、免结算手续费，以及提高结算资金存款利率等服务，助力成员单位降本增效，增加与客户的黏度，实现合作共赢。

通过本成果实现业财资税一体化，为成员单位提供增值服务，支持成员单位业务向纵深发展，促进产融结合、以融促产，助推产业升级。同时，本成果可与资金中心、成员单位的ERP系统进行有效对接，实现多个信息系统的协同运行，促进成员单位的信息化建设。

本成果可充分发挥内源融资作用，实现内部资金供需对接，调剂余缺，提高集团资金使用效率，降低集团整体运营成本。同时，通过外部金融服务内部化，可为集团及成员单位节约财务费用和结算费用，提高资金收益。

本成果的建设借助金融科技手段创新财务公司的业务和服务，通过科技促进产融业务发展。

本成果践行创新、协调、绿色、开放、共享的新发展理念，推进中国建材集团、成员单位、财务公司的高速发展，为集团的高端化、智能化、绿色化、国际化管理发挥作用，大大提升了集团的核心竞争力。

（三）本成果经济效益

1. 2020年新增利润

依托本成果，2020年1—12月，各成员单位账户人民币日均余额为88.61亿元，其中人民币活期存款日均余额为61.55亿元。财务公司为各成员单位的结算资金执行协定利率（1.72%），高于银行活期利率（0.35%）4.91倍，故2020年为各成员单位至少提高资金收益8400万元。

2. 2021年新增利润

依托本成果，2021年1—6月，各成员单位账户人民币日均余额为102.76亿元。其中人民币活期存款日均余额为58.56亿元。财务公司为各成员单位的结算资金执行协定利率（1.72%），高于银行活期利率（0.35%）4.91倍，故2021年为各成员单位至少提高资金收益8000万元。

3. 2020年节支总额

（1）系统重复建设费。2020年，中材水泥有限责任公司、中国建筑材料工业地质勘查中心、中国联合水泥集团有限公司、中国中材国际工程股份有限公司的系统均已成功上线，为成员单位节约系统重复建设费约1600万元。

（2）系统升级费及运维费。按照行业平均标准估算，系统升级费一般为项目投入金额的30%，系统运维费一般为项目投入金额的10%，则2020年财务公司为成员单位节约系统升级费及运维费约523.28万元。（系统上线第一年免运维费）

（3）结算手续费。2020年，各成员单位通过本成果开展支付结算业务共54112笔，交易金额共2198.06亿元，节约结算手续费约439.61万元，则2020年节支总额约2600万元。

4. 2021年节支总额

（1）系统重复建设费。2021年，中建材集团进出口有限公司、凯盛科技集团有限公司、中国建筑材料科学研究总院有限公司、新疆天山水泥股份有限公司的系统均已成功上线，河南中联同力材料有限公司、中材科技股份有限公司等6家单位的系统正在建设中，为成员单位节约系统重复建设费约3600万元。

（2）系统升级费及运维费。按照行业平均标准估算，系统升级费一般为项目投入金额的30%，系统费运维费一般为项目投入金额的10%，则2021年财务公司为成员单位节约系统升级费及运维费约697.68万元。

（3）结算手续费。2021年1—6月，各成员单位通过本成果开展支付结算业务共48120笔，交易金额共1505.11亿元，节约结算手续费约301.04万元，则2021年节支总额约4600万元。

（四）本成果社会效益

本成果的社会效益主要体现在以下几个方面：

提高成员单位的信息化管理水平，特别是资金管理信息化水平。通过系统平台的建设及应用，传播先进的资金管理理念、技术、方法和手段，创新管理模式，支持成员单位业务向纵深发展，帮助成员单位及时识别和规避金融、资金风险，提高成员单位的抗风险能力，这在当前经济调整时期尤为重要。

财务公司依托集团，充分发挥自身优势，不断强化金融服务功能，使得服务成员单位、服务企业集团、服务产业链、服务国家发展战略的综合服务功能基本呈现，有效保障了集团资金的运转通畅和安全，助力集团高质量转型发展。同时，大型企业集团资金运转通畅和安全，在一定程度上也保障了国家经济运行的稳定和安全，关系到社会的安宁与和谐。

助力集团、成员单位、财务公司的快速发展，促进集团成员单位产融结合、以融促产，助推产业升级，提升了集团的核心竞争力。

本成果不仅服务于集团成员单位，也带动了相关产业链上下游的发展，提升了产业层次，提高了社会就业率，促进社会稳定发展。

五、进一步的研究和思考

（一）加快司库管理体系建设

2022年，国务院国资委就全面推进中央企业加快司库管理体系建设给出了指导意见，要求大型企业集团依托财务公司等内部财务管理机构，以资金集中和资金流动性管理为重点，以提高资金运营效率、降低资金成本、管控资金风险为导向，以规范化、专业化运营为手段，以网络信息系统为平台，对所拥有和控制的金融资源进行统筹调度和高效配置，全面提升财务管理精益化、集约化、智能化水平。

本成果的基础与核心即为资金服务共享，本成果的设计思路是以企业的资金、金融、产融业务场景为导向，构建上下一体、多级次虚拟资金池的资金集中体系，构建不同类型、多层级的一体化账户管理体系，构建本外币一体化的收支结算体系，构建多维度、市场化的综合定价体系，建立信息实时查询系统，以满足资金查询、防范风险的要求，同时通过加强新技术运用，持续提升业务自动化水平及资金运营效率，完全符合国家加快司库管理体系建设的指导意见。在此基础上，财务公司将在中国建材集团整体战略框架下，根据行业特点梳理司库治理机制，优化司库管理体系，完善本成果的建设，积极拓展风险智能预警、供应链金融服务等管理功能，并进一步扩展境外银行账户、资金的纳入范围，实现境内外全覆盖一体化管理，提升金融资源全球配置和调度的能力。

（二）探索产融协同模式创新

持续对本成果的多场景服务进行优化升级，进一步利用云计算、大数据、人工智能、区块链、5G及物联网等技术创新产融产品及服务，帮助企业在智能分析、智能算法推荐、供应商风险评价、需求预测、市场行情波动预测等场景进行精细化管理。同时，依托本成果加强跨界合作创新，与集团内外部生态合作伙伴共同探索，制定行业产融服务标准，形成融合共生、互补互利的合作模式和商业模式，以“平台+生态”的新型云服务模式为产业链提供创新产融服务，实践产业链的协同发展模式，提升产融服务实体经济发展的能力。

（三）深挖产融数据资产价值

数据作为一种新的生产要素，在企业构筑竞争优势的过程中起着重要作用。企业应将数据作为一种战略资产进行管理，而数据的分析应用一定是业务、数据、技术的融合。深化数据资源的开发利用，应坚持从业务场景出发，将本成果各业务场景中产生的数据有效地沉淀、挖掘，实现数据“存、通、用”的闭环，使其在业务交易和场景中发挥出智能决策和优化的作用，从而提升业务价值，反哺产融服务模式和商业模式创新，提高数字产融服务能力，扩展数字产融业务规模，真正发挥产融数据资产的价值，实现产业整合盈利、资源盈利和跨界盈利。

主创人：刘　成　黄书寒
参创人：徐达飞　王晓丹　李兆康　李　腾　汪允杰　杨　青　殷衍昕

梁山港智能化干部“精准画像”评议评价系统

济宁港航梁山港有限公司

济宁港航梁山港有限公司（以下简称“梁山港公司”）是经山东省济宁市国资委批准而设立的有限公司，于2011年12月2日在梁山县工商行政管理局登记成立，注册资本8亿元，其中：济宁港航发展集团有限公司持股65.375%；陕西铁路物流集团有限公司持股15%；国开发展基金有限公司持股6.875%；梁山县人民政府持股12.75%。主要经营包括煤炭、建材及其他产品的物流贸易、租赁经营；货运代理服务；货物仓储、装卸；对港口、铁路、航道建设投资等。

一期项目总体规划由四部分组成，分别是铁路专用线工程、煤炭物流中心工程、港口作业区工程、航道疏浚工程，最终形成具有公、铁、水联运功能的综合性现代化大型物流园区。一期项目总投资30亿元，目前已全部建成。

梁山港自2017年4月13日实现公铁联运以来，销售收入连年翻倍增长；运营规模、经营业绩不断攀升，为区域经济发展做出了重大贡献。2021年，梁山港共计来煤685.8万吨，发运699.6万吨。2021年，梁山港实现销售收入58亿元，同比增加139.3%；实现利润总额4810万元，同比增加40.8%。

梁山港距瓦日铁路直线距离仅1.8千米，距黄河直线距离10千米，处于瓦日铁路与京杭大运河的黄金交叉点，且作业区后方与国道G220、省道S333及董梁高速紧紧相连，占据着西煤东运的咽喉要地，具有得天独厚的区位优势。能够吸纳晋陕蒙优质煤炭资源，不仅是山东煤炭保障供应的主力军，还能沿运河入长江，辐射江浙沪，成为连接西部煤源产地和长江三角洲经济区的重要物流枢纽，形成“T”字形铁水联运的大通道，能够积极发挥铁水联运的区域优势，助推国家经济建设。

一、实施背景

随着信息社会的快速发展，传统干部考核办法和评价体系的局限性日益凸显。一是干部评价完整性不够。从时间和空间两个维度来看，当前对干部评价的信息主要来源于工作时段和岗位空间，即在“8小时”内的现实表现，以此作为衡量干部德才表现的主要渠道。至于“8小时”外干部的真实表现如何，缺乏有效的办法和手段来获取相关信息。二是干部评价客观性不够。目前，考察考核干部主要通过干部自身、领导、同事及群众代表等对象来评价，即通过主观印象来评定，而这些主观印象有可能因对干部接触不多、了解不深、信息不对称等，使评价结论与干部的真实情况存在偏差。三是干部评价前瞻性不够。干部本身的情况是不断发展变化的，而目前干部评价依据的信息是历史的、静态的，是根据干部过去在某一个时段、某一个岗位或者某一类事件中的表现所做出的评价，缺乏连续性、即时性和动态性。

对照党中央、党委对干部考核工作的新要求，结合当前存在的考核部门与基层考核工作负担重；考核手段较为单一、责任不明确、指标任务填报不及时；考核结果与干部选拔任用关联不紧密等问题，在新时代背景下建设集领导班子和领导干部绩效考核、民主测评、综合分析等内容于一体的“领导班子和领导干部考核评价系统”尤为必要。

为认真贯彻落实济宁能源发展集团有限公司干部人才会议精神，客观、公正、全面地评价管理干部的工作实绩、德才表现，培养造就一批有事业心、责任感、使命感的干部队伍，形成公开、公平、择优的干部任用机制，促进企业和谐健康发展，梁山港公司结合实际，设计开发了智能化干部“精准画像”评议评价系统。

二、内涵和主要做法

对干部实行考察考核评价机制，是对干部工作评价的一项重要措施。通过考核考察评价，全面准确地了解干部的综合表现，有利于干部本人认识自我、改进工作，提高自身素质和管理能力；有利于激励先进，鞭策后进；有利于形成富有生机活力、优秀人才脱颖而出的用人机制，促进各级管理干部健康成长。同时，该评价机制对于推进干部管理工作的科学化、正规化，形成朝气蓬勃、勤政、廉洁的干部队伍，促进企业的健康发展，都具有十分重要的意义。

考核是促进执行的重要抓手，其作用机制是在自上而下的外在压力下，干部的顺从性选择。外在压力容易使干部产生心理抗拒、消极应付、抑郁等负面心理，所以，需要通过必要的柔性工具将考核外在压力转化为干部的内在动力，增强考核的自我驱动能力。

一方面，考核目标的制定必须鼓励被考核者参与其中。考核目标应当是阶段工作的承诺。既然是承诺，就需要下级的认同。考核目标的形成不能是上级的单方面部署、安排，需要让下级参与进来，这样才能使执行基础、执行资源在参与中得到沟通。在充分沟通基础上形成的考核目标才更符合执行部门的实际，才更具备达成的基础。当然，也可以让下级单位自我设定考核目标，上级单位以此作为评价的标准。这样的标准是下级的主动承诺，考核本身的外在压力感就能得到较大程度的消解。如教育部对“双一流学科建设”的考核就是让被评价院系自主设定目标，结果形成了各院系的自我强驱动局面，这不失为“参与式考核”的一种实践典范和参考借鉴。

另一方面，针对考核之后的能力不足，改进环节不可忽视。完整的绩效考核链条都必须有改进的环节，但实践中的绩效考核常常是得出评价结果就草草结束，丢失了改进环节。这么做不但会错失干部能力提升的机会，而且也错失了能力提升给干部带来的满足感。因此，必须将考核结果分析作为考核的必备程序，分析绩效结果的原因，指出干部能力不足的改进点。针对干部能力短板，安排导师辅导，实施系统培训。假如每干一件工作，干部自身的能力都能获得一点精进，那么，考核目标的完成就更有意义。以学习的态度对待自身的不足，以学习的态度对待工作的压力，压力就变成了提升自我的内在动力。

（一）考核方式

1. 中基层管理干部的考核

（1）互评。公司领导班子成员、中基层管理干部参加，采取相互评议的方式进行。分发两种颜色（白色和粉红色）的评议表，中基层管理干部互评用白色的评议表（中层干部、基层干部各一张表），领导班子成员用粉红色的评议表。中基层管理干部互评分数占50%，领导班子成员评议分数占35%。

（2）职工评议。由职工对本部门中基层管理干部进行评议，部室人员全部参加，工区参加职工不低于本部门总人数80%，评议分数占15%。

2. 班组长的考核

各班组评议本班组的班长，工区区长、书记、副区长、技术员参与所有班组测评，考核过程实行监督。由区长、书记主抓，确保评议结果的公平、公正和真实有效。

（二）考核内容

1. 中层管理干部（总经理助理，部室经理、副经理，区长、书记）

德：

（1）有正确的政治方向和坚定的政治立场，有政治鉴别力和政治敏锐性；能够不折不扣地贯彻执行集团公司和梁山港公司的决策。

（2）能够树立正确的权力观、地位观和利益观，能经受住名、权、利的考验。原则性强、组织纪律观念强、表率作用发挥好。

（3）有良好的思想品质和心理素质。能够团结群众，威信高，民主作风好。

（4）顾大体、识大局，办事公道，光明磊落。

能：

（1）能严格要求自己，工作效率高、标准高。

（2）工作有思路、有创举，有凝聚力、号召力，能够创造性地开展工作。

（3）精通业务，真抓实干，大胆管理。

（4）有组织协调解决问题的能力和良好的表达能力。

勤：

（1）认真履行岗位职责，具有“深、严、细、实”的工作作风。

（2）工作积极主动，勤奋踏实，吃苦耐劳，爱岗敬业。

（3）有上进心、事业心、责任感。

（4）勤俭节约，艰苦创业。

绩：

（1）能创造性地完成本职工作。

（2）为矿井建设做出了贡献，工作质量、工作业绩较突出。

（3）能积极为矿的发展建设献计献策，提合理化建议。

廉：

（1）坚持原则，遵章守纪。

（2）清正廉洁，不谋私利。

（3）自觉维护集团公司和梁山港公司利益，无损公肥私、吃拿卡要现象。

（4）有良好的社交圈子，所负责管理的部门风气正，服务意识强。

2. 基层管理干部（部室副区级管理人员、技术员，工区副区长、技术员）

（1）技术水平：有较强的专业技术知识，能胜任本职工作。

（2）敬业精神：严格按照矿规定跟班带班，认真盯靠现场组织生产，有责任心、事业心，能认真履行职责。

（3）工作作风：具备深严细实的工作作风和吃苦耐劳的精神，真抓严管，不怕得罪人。

（4）团队协作：具备良好的团队协作精神，善于沟通交流，有较明晰的工作思路，公平合理安排工作，安全高效组织生产。

（5）服务意识：善于联系群众、团结群众，能够深入现场帮助区队协调解决技术难题和实际问题，为人公道正派，服务意识强，群众威信高。

3. 班组长

（1）敬业精神：严格按照公司规定跟班带班，认真盯靠现场组织生产，出满点、干满勤，有责任心、事业心，能认真履行职责。

（2）工作作风：具备深严细实的工作作风和吃苦耐劳的精神，真抓严管，不怕得罪人。

（3）团队协作：具备良好的团队协作精神，善于沟通交流，以大局为重，互为创造条件。

（4）组织能力：有较明晰的工作思路，公平合理安排工作，安全高效组织生产，工作标准高，工程质量好，分管职责范围做到安全无事故。

（5）群众威信：为人公道正派，善于联系群众、团结群众，服务意识强，群众威信高。

（三）考察考核办法

（1）自我评价：所有中基层及以上干部进行自我评价。评价自己的优缺点，分析自己存在的问题和不足，明确下一步的工作意向和工作思路。

（2）民主测评：由考核领导小组按照分工对不同层次的干部进行民主测评。

（3）个别谈话：对评议结果为“不称职”的人员由考核领导小组进行警示谈话，督促其改进不足。

（四）评议流程

评议流程：每张评议表用一套专用二维码（互联网或办公网）→评议人员用手机微信扫描二维码进入评议界面→登录用户名和密码→评议小组将告知相关内容，开始评议。

根据文件要求设置评议模块，评议人员对照各模块要求进行评议，其中“好”为20分；“较好”为15分；“一般”为12分；“较差”为8分。评议人员直接点击对应的圆圈进行打分。评分完毕后直接点击最下方的“提交”按钮进行提交，此项评议评分结束。

评议共分5项内容，此处列举2项，其余评议内容以此类推。

（1）中层管理人员评议。

评议表格为《中层管理人员评议表》《基层管理人员（含技术骨干和后备人才）》。操作流程与领导班子操作评议流程相同。

（2）部门员工评价。

各部门员工评议本部门中基层管理人员（含技术骨干和后备人才）。评议表格为《中层以上管理人员评议表》《基层管理人员（含后备人才和技术骨干）》。

每个部门各自设置二维码，操作流程与领导班子操作评议流程相同。

评议结果显现：

（1）评议提交后各表单自动生成评议结果。

（2）评议细节：对被评议人的评议结果将以无记名的形式显示。

（3）评议结果：根据文件要求的评分比例得出最终评议结果。

（五）考核结果的认定和使用

1.考核结果的认定

考核结果分为四个等级：优秀、良好、一般、较差。

（1）拟定“优秀”等级：综合考核评价得分应在90分以上，民主测评“优秀”票数占参评人数85%以上、“不称职”票不超过10%（“以上”含本数，下同）。

（2）拟定“称职”等级：综合考核评价得分应在80分以上，民主测评“优秀”“称职”票占参评人数80%以上、“不称职”票不超过15%。

（3）拟定“基本称职”等级：综合考核评价得分应在60分以上，或民主测评“不称职”票达到15%，“基本称职”“不称职”票合计达到25%的，定为“不称职”。

（4）拟定“不称职”等级：综合考核评价得分不满60分的，或民主测评“不称职”票达到参评人数20%的，或“不称职”“基本称职”票达到参评人数30%的，定为“不称职”。

2.考核结果的使用

为增加干部考核考察工作的透明度，考核结果通过一定的形式予以反馈。考核结果存入干部本人档案，作为本年度三项制度改革干部奖惩、提拔任用的重要依据。奖惩办法如下：

（1）考核结果为“优秀”者，为重点表彰、提拔任用的对象。

（2）拟提拔任用的各级管理干部，考核结果必须为“优秀”或“称职”。考核结果为“基本称职”或“不称职者”，均不得提拔任用。

（3）考核结果为“基本称职”“不称职者”，不得评为本年度各类先进，并由公司领导考核小组予以诫勉谈话。因工作失职给企业造成重大损失或出现违法乱纪者，及时处理。

（4）管理人员有以下情形之一，不得评价为“优秀”“称职”等级：对重大事故负有责任的；在廉洁从业方面存在违法违纪问题的；闹无原则纠纷严重影响班子团结的；出现严重信访稳定事项的；受到集团公司或上级监管部门通报批评、降级、降职的；本年度受到集团公司或上级监管部门警告处分的，不得评为“优秀”；受到行政撤职及撤销党内职务、留党察看、开除党籍处分的，均评价为“不称职”等级；其他不宜评价为“优秀”“称职”等级的情形。

将平时考核结果与干部选拔使用（评先树优）、推进重点工作、培养后备干部等工作相结合，把年终考“果”向日常督“事”拓展，把日常督“事”向年终考“果”延伸，真正把考人与考事结合起来，定性与定时、定量结合起来，实现工作成效的最大化。一是与干部选拔使用相结合。通过平时考核，为每名科级干部建立纪实档案，全面掌握班子和干部工作特点，实现精准“画像”，为干部的评选树优，以及班子调整和干部选拔任用提供重要依据。为公司干部建立纪实档案，实现对全公司干部的“全覆盖”。二是与推进重点工作相结合。通过对全公司重点工作、重点项目的全程跟踪考核，及时将优秀干部、专业化干部充实进相应重点工作和重点项目，为重点工作、重点项目的顺利推进按下“加速键”。三是与培养后备干部相结合。通过深入工作一线考察识别、日常跟踪考核、谈话观察等方式，及时识别发现一批优秀年轻干部和“三专”干部，并将其纳入后备干部库，强化干部储备。

三、实施效果

1.多维度测评

梁山港公司对中基层干部实行多维度测评，其中，公司领导班子成员民主测评分占综合成绩的35%；中基层干部之间相互测评占综合成绩的30%；部门员工对中基层干部的测评占35%。三项加权成绩为每名中基层干部的最终成绩。根据测评成绩和综合体评价确定中基层干部的“优秀”“称职”“基本称职”和“不称职”等级。

2多维度评价

梁山港公司对中基层干部实行多维度文字评价，对中基层干部突出的优点和缺点进行文字评价。公司主要领导评价助理级人员、中层正职和分管部门的中基层干部；分管领导评价分管部门的中基层干部；部门负责人评价本部门下属中基层干部，形成了多层次、多维度的评价方式，为梁山港公司三项制度改革，全面了解中基层干部的优点、缺点、性格、人品提供了可以参考的依据。

3.智能快捷

梁山港公司利用智能化办公平台设置专属二维码，将所有参与评议的中基层以上干部集中起来，通过手机逐个扫二维码进入评议评价界面，即可按环节步骤提示智能快捷地进行评议评价。参与人员可以现场测评，也可以回办公室测评，外出公务人员可以发送二维码在外地测评。关于职工对中基层干部的测评，梁山港公司分三个小组利用工区班前会组织职工扫码测评。测评过程快捷高效，在短时间内即可生成精准的结果，避免了人为失误造成统计结果的不准确。

4.安全保密

评议评价实行无记名形式，解除了参与测评人员的思想顾虑，评议评价结果能够真实反映参与测评人员的意图。梁山港公司规定，除技术操作人员和公司主要领导可以调阅、审查评议评价结果外，其余任何人无权查看别人的评议评价结果。

5. 结果运用

根据测评成绩和评价结果，梁山港公司领导者可以精准掌握中基层干部的道德品质、工作业绩、工作作风、奉献精神、性格特点等基本属性，为梁山港公司下一步选人用人、人岗匹配、人尽其才、才尽其用等推行人事制度改革打下坚实的基础。

本系统客观公正、注重实绩、群众公认，体现出多维度测评、多维度评价、评价智能快捷、评价安全保密的特点，能够大幅度提高工作效率、提升管理水平。

智能化、多维度“精准画像”，不仅有利于干部认识自我、改进工作，有利于激励先进，鞭策后进，有利于形成富有生机活力、优秀人才脱颖而出的用人机制，而且对于推进干部管理工作的科学化、正规化，形成朝气蓬勃、勤政、廉洁的干部队伍有重要的现实意义，有效促进了企业健康快速发展。

智慧化办公和调研大大提高了办公效率，更能直观、公正地体现其成果。通过本次探索，梁山港公司已初步形成智慧化办公氛围，出现了“班车调整”线上调研、“上班时间”线上调研、“工作服定制”线上填报等智慧化办公应用，在节约纸张的同时，提高了工作效率，节省了人力资源成本。

主创人：陈　哲

参创人：边　恺　田兴劝　陈继德

铁路接触网线材数字化制造体系构建

中铁建电气化局集团康远新材料有限公司

中铁建电气化局集团康远新材料有限公司（以下简称“康远新材料有限公司”）成立于2005年，注册资本2.7亿元，隶属于中国铁建电气化局集团有限公司。专注于中国高速铁路接触网线材的研发、生产、销售和服务，具备各速度等级电气化铁路接触网线材的生产制造能力。被评为全国实施用户满意工程先进单位（全国用户满意产品）、江苏省高新技术企业，具有江苏省电气工程新材料技术研究中心和江苏省省级企业技术中心等多个研发平台，获得了法国斯特拉斯堡国际发明展览会银奖、北京市科学技术奖一等奖、江苏省科学技术进步奖三等奖、中国铁道学会十大创新技术奖等多项荣誉。开发出的高速铁路接触网线材产品占国内市场份额的30%以上，广泛应用于郑西、京石武、商合杭、郑万、沪昆等高速铁路；还在汉十、京津、广佛等城际铁路，以及成都地铁、深圳地铁、上海轨道交通（又称“上海地铁”）、广州地铁等城市轨道项目中广泛应用，受到了业主的高度评价；另外，公司产品还在韩国高铁、埃塞俄比亚铁路、吉布提铁路、匈塞铁路等海外铁路项目中得到应用。

一、实施背景

（一）数字化制造是企业转型升级的必经之路

康远新材料有限公司经过十余年的发展，在信息化方面有了一定的积累，实现了订单—生产—供应的物资协调管理，将各部门的部分业务工作信息化，形成了部分信息共享。然而，一些关键的节点、信息不能及时收集、分析，致使制造效能低下。要改变这一现状，就必须积极推进构建接触网线材的生产制造过程数字化体系，实现资源的信息化和数据的共享，培育新型生产方式，全面提升企业生产制造水平。数字化能使企业迅速收集产品信息、工艺信息和资源信息，并对其进行分析、规划和重组，进而快速生产出性能达到用户要求的产品。

（二）数字化制造是企业适应新市场竞争的必要手段

接触网线材的发展大致经历了三个时期。2011年以前，国内铁路建设缓慢，高速铁路用接触网线材市场较小，供应商数量也较少，市场竞争还未白热化；2012—2019年，高速铁路建设的市场规模急剧扩大，线材供应商数量也有所增加，由于市场较大，接触网线材依旧短缺，线材制造商只注重“生产”；2019年以后，国内高速铁路“八纵八横”布局基本建设完成，市场竞争越发激烈，客户更加注重成本、质量以及对产品和服务的快速反应。因此，线材制造企业必须不断创新并迅速适应市场变化、提高工作效率、提升客户体验，而实现这一点需要数字化手段的支持。

（三）数字化管控是提质增效的重要保障

康远新材料有限公司虽然经过了十余年的发展，产品质量稳定，体系相对完备，但生产制造管理水平依然不高，距先进制造企业还有较大差距，具体表现在：各部门信息不一致，沟通效率低；企业技术管理人员对质量和设备等的异常情况反应慢，产品报废多；车间级计划准确性差，进度反馈慢，生产周期较长。另外，近几年大宗原材料价格不断上涨，人工成本居高不下，客户越来越追求质优价廉的产品，企业的利润越来越薄。为适应日益激烈的行业竞争，满足日益增高的客户需求，企业必须持续提高产品质量和降低成本。为实现这一目标，康远新材料有限公司不仅要在科技上不断创新，掌握前沿产品的核心技术，更要深挖企业内部管理存在的问题，实施管理创新，大力缩减公司各项成本，向管理要效益。铁路用接触网线材的数字化制造体系正是提高产品质量和降低成本的重要手段。

二、主要做法

康远新材料有限公司为实现电气化接触网线材的数字化制造体系，以精益生产思想为指导，运用物流理论，利用信息技术、传感器技术、自动化技术，将接触网线材生产运营过程的订单管理、采购管理、生产管理和工艺质量管理、物资管理进行了数字化系统构建。不仅升级了企业资源计划（ERP）系统，还开发了仓储管理系统（WMS），设计了制造执行系统（MES），实现生产现场无纸化，改善目前企业生产运营中存在的信息断层和信息孤岛问题，通过数据采集获取底层过程控制系统中的设备、员工、物料、工艺等的状态信息，对数字化车间生产状况进行跟踪；使成本采集过程更便捷、快速，核算更加精准；建立了质量链，实现产品质量追溯，能够准确找到造成产品或者部件质量问题的员工、设备、物料、生产工艺、车间环境等因素，为企业落实质量责任制、解决质量问题提供有效的手段；根据历史数据做出质量预测和工艺预警，使决策者能够快速掌握企业生产过程并实时决策，为提高产品质量、降低生产成本、优化生产工艺流程、提高设备可靠性、节约能源等提供技术支持。

（一）优化流程，部署信息化系统

康远新材料有限公司通过对接触网线材的生产运营方式分析发现，要降低企业运营成本、高效整合资源、解决公司内部信息孤岛问题和优化流程，需要转变工作理念，对原有ERP系统进行升级，增加WMS，深度融合信息系统和线材工业生产制造过程。以约束理论为指导，将生产计划过程进行改进，围绕物料流、信息流、工序中的关键环节进行改善，实现生产运营效率的提高。

1. 改造ERP系统，建立生产计划跟踪体系

重新梳理企业内部流程，规范各职能部门业务，统一产供销，消除信息孤岛，改进市场部、生产部、物资供给部门、技术部门、质量管理部信息沟通渠道，提高沟通效率；增加审批控制环节，提升数据准确性、可控性、及时性，为高层决策提供数据支撑；建立生产计划跟踪体系，将生产任务、生产计划与车间日报、出入库情况相结合，做到项目完成情况及计划完成情况清晰可查。

2. 构建WMS，与ERP系统深度融合

首先，应用物联网技术构建WMS，采用PDA（手持终端）进行数据采集；使用二维码建立起物料的唯一标识，再运用电信运营商的无线专网，将公司区域仓库物资信息存储至核心机房内，便于信息统一管理和维护，既节省成本，又利于系统扩展。

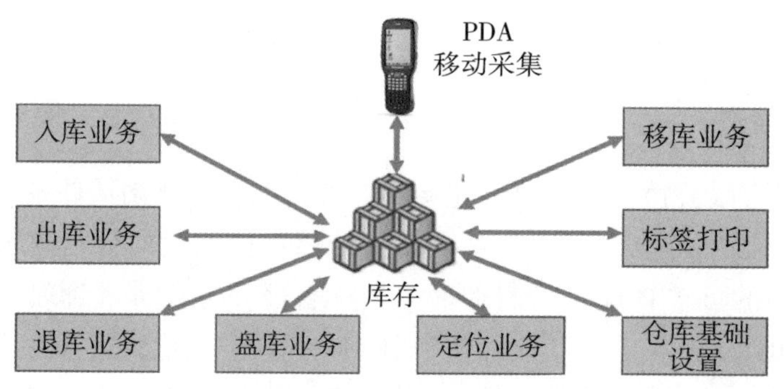

图1　康远新材料有限公司WMS功能

具体操作如下：采用PDA扫码，进行入库、出库、盘点、移库、定位、退库等操作（见图1）。成品入库人员使用PDA选择入库操作，之后扫描线盘条码，界面会显示条码对应的生产信息，之后录入毛重（实际称重）、盘重，完成后提交，系统自动形成生产入库单。出库时，根据市场销售部提供的出货清单，整理需要出库的批次，形成条码信息，扫码后，在PDA中记录出货批次，之后去成品仓库扫描实物批次，系统会进行对比并给出所选实物批次，确认正确后方可进行出库；根据批次号须从ERP系统

数据库中获取该批次的相应入库信息和质量状态，并对比出库明细，如果不在明细中则不允许出库。移库时，依次扫描需要移库位的批次产品，确认批次后，点击“移库”便完成了移库位的操作；成品定位时，扫描或者输入生产批次号，便可直接显示出当前批次产品所在的库位信息。

通过ERP系统与WMS深度融合，有效地将各部门业务纳入系统，实现数据共享，减少大量重复性工作，提高了工作效率；通过批次管理全面跟踪生产过程环节，实现产品流程全生命周期追溯，建立产品批次索引表，持续规范生产管理。

（二）创新生产模式，实施数字化敏捷制造

随着高速铁路市场的饱和，大规模、大批量订单的时代已经接近尾声。当下的市场需要小批量、多样化的产品，因此企业必须以高度敏捷的方式部署物资、人力和生产设备等资源。在传统的资源配置下，由于人力冗余，设备资产利用率不高，制造成本不断上升，因此需要利用先进的数字化技术，创新生产模式，实现敏捷制造。数字化车间的建设离不开生产执行系统的有效支撑，MES使企业能够实时采集获取制造过程中的多种信息，例如制造过程中的人员、设备、物料生产状态等实时动态信息及环境信息，从而能够有效发挥信息平台的指导和决策分析、整合、沟通等重要作用。

1. 开发与应用MES

在MES开发设计过程中，首先，重新梳理接触网线材生产运营的基础数据，对货位、原辅物料、员工、车间设备、采购订单等标签进行二维码编码；其次，分析接触网线材的产品特征及工艺过程，不同产品的工艺过程也不一样，主要有上引连铸、连续挤压、多道次轧制、拉丝、异形拉拔和绞合工序；最后，搭建熔炼车间、接触线车间、绞线车间的物理模型，该模型涉及所生产产品的制造流程、加工工艺、物料流转过程等。开发设计流程如表1所示。

表1　康远新材料有限公司MES开发设计流程

序号	主要内容
1	销售部门接收订单后，通过ERP系统下单； 生产部门接到订单任务后，制订计划
2	选择工作中心（以工序为工作中心），选择班次及开工时间，在任务列表中选择任务，同时机台进行排产
3	对于熔炼和挤压任务，工序计划中为生产任务单重的计划熔炼重量和挤压重量，其他工序则为生产批次任务
4	派工各机台后，各机台按计划进行生产、自检及报工
5	根据检验要求对产品进行检验

（续表）

序号	主要内容
6	检验产品是否合格，确定是否入库
7	设备维护及检验、五金管理等日常工作的监控运行

MES流程包括一个主流程和五个分流程（技术工艺流程、生产计划流程、车间资源调配流程、质量检测流程和设备维护保养流程），主要流程如图2所示。以下流程中，领料申请都需要审批；工序报工在现场一体机上处理，每道工序都针对接收的任务进行报工；每道工序都增加入库功能（可选是否需要入库），用于该工序完工后直接作为成品销售的情况，每道工序都增加自检流程，自检结果是否需要质量确认直接设置成参数控制。车间排计划时，增加铜杆货位查看功能，推荐上两层的铜杆信息，方便调用。

MES开发应用中，还增加了模具管理、看板管理和成本核算内容，具体做法如下：将生产所用模具统一编号、分类建档，将模具仓库进行货位划分，扫码进行模具出入库及上下机管理，将模具与生产挂钩，实现模具的全生命周期管理；从生产计划、生产过程、质量管控等多个维度，实现数据看板化呈现，为管理者决策提供数据支持；建立公司的实际成本核算体系，以工序为成本中心，以批次为核算维度，利用ERP系统和MES的数据采集及计算功能，分步归集产品的料、工、费等成本要素，确定合理的费用分配依据，计算产品批次成本；通过成本还原，还原产品成本的构成因素，使产品成本数字化、透明化，为后续企业成本改善提供数据依据；通过实际成本核算体系的建设，可了解客户订单的利润贡献率，同时可与产品的计划成本、定额成本或标准成本进行对比；通过对产品成本升降的原因进行监测，反映和监督各项消耗定额及成本计划的执行情况，可以控制生产过程中人力、物力和财力的耗费，从而做到增产节约、增收节支。同时，利用成本核算资料，开展对比分析，还可以查明企业生产经营的成绩和缺点，从而采取措施改善企业经营管理，促使企业进一步降低产品成本。

MES的开发，不仅将业务工作中的流程数字化，还打通了资源需求计划模块与生产现场的通道，减少了车间管理人员日常核对生产日报表、领料单等琐碎事情；车间进度信息、异常信息可及时反馈到管理层。另外，在MES应用过程中，不同业务工作人员还增加了交流沟通，通过其自主管理，生产运营现场的信息流、物流相比系统实施前有了极大的改善。在MES上线后，借助其数据采集能力，业务人员通过汇总分析、改进，建立数据报警机制，提前预测问题，如：当预测到计划进度异常，系统自动调节原辅材料的需求量；当预测到库存异常，系统提示生产管理和销售人员及时调整生产计划。

2.监测设备运行状态，实施数字化维护

“工欲善其事，必先利其器”作为产品制造关键要素的设备，其管理维护的情况直

MES系统主流程
技术
其他流程
销售
生管
车间
其他流程
仓库
工艺资料
销售流程
生产任务单
成品条码
扫描入库
检验流程卡
生产计划（周计划）
设备维修记录流程
工序计划
生产派工
任务接收
出入库流程
车间报工
工人自检
过程检验流程
成品检验流程
模具登记
车间看板

车间资源调配流程
车间
其他流程
仓库
生产派工
生产计划流程
扫描入库
任务接收
出入库流程
车间报工
工人自检
过程检验流程
成品检验流程
模具登记
车间看板

生产计划流程
其他功能
销售
生管
开始
销售流程
生产任务单
成品条码
生产计划（周计划）
工序计划
结束

质量检测流程
其他流程
质量
开始
车间流程
质量检测登记
看板展示
结束

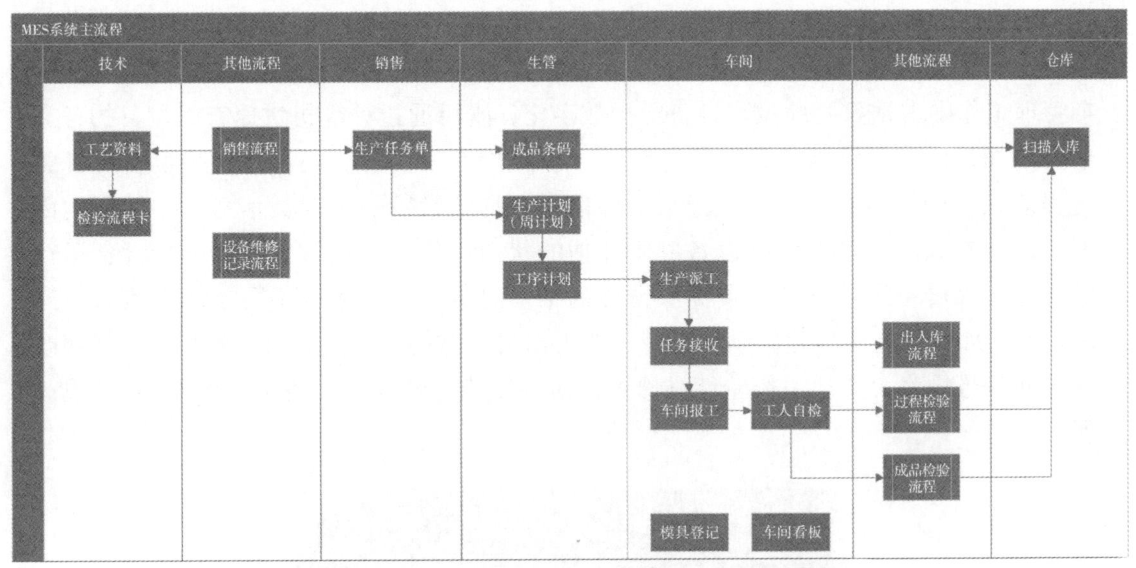

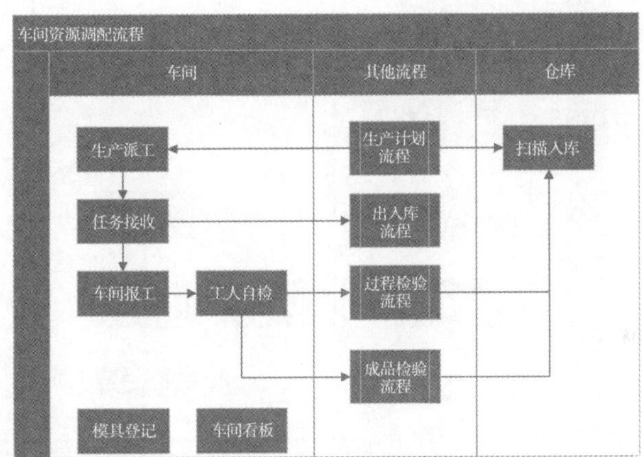

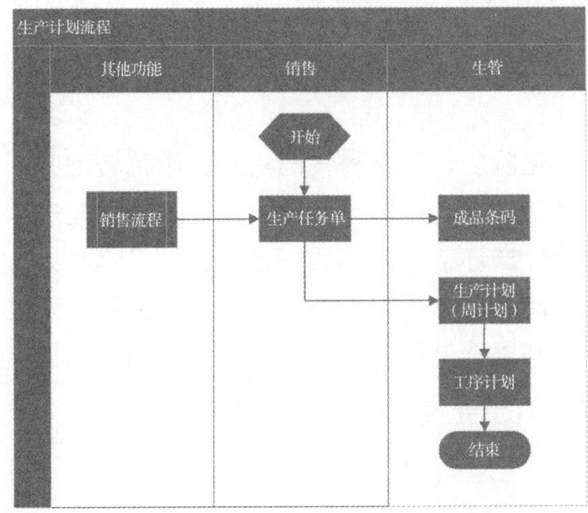

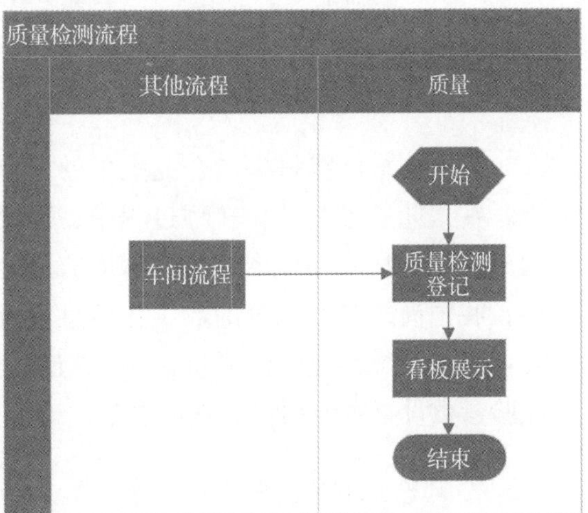

图2　MES主要流程

接影响企业的运营效益。设备全生命周期管理的数字化需要实时准确的数据采集、监控技术，并通过后台设定，对设备的异常进行预警。设备维护管理在设备全生命周期管理工作中占据重要地位。设备维护数字化，既可通过计算机快速查看设备的各类信息，如供应商、维修记录、保养记录、保养周期等内容；还可以实现设备的各类过程信息全程可追溯，如用于记录工件信息和加工参数的工况类信息，用于影响因素、过程参数、环境参数等设备健康评估的状态类信息。通过大数据分析设备运行的情况，为设备维护管理人员提供精确的维修对策，真正减少不可预测因素对生产的影响，如设备性能劣化、精度衰减、能力损失、结构性偏差、自然老化等，彻底改变被动等待维修，实现由经验性维修到预防性维修的转变。设备维护保养流程如图3所示。

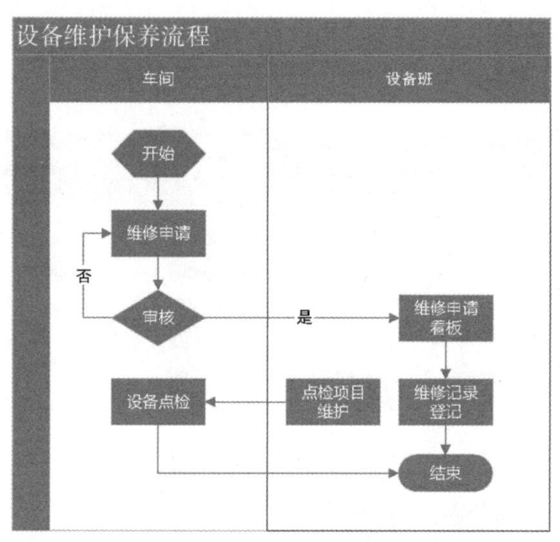

图3　设备维护保养流程

（三）数字化工艺质量控制

我国接触网线材生产企业大多处于半自动化阶段，随着科技的进步，亟待转型升级。在工艺质量数字化转型过程中，需要基于传感器、机器视觉、自动化控制、先进测量仪器等技术在生产环节的深度应用，推进生产环节工艺和质量数据自动采集与处理，我国尚未具有完善的数字化信息设备生产能力。鉴于以上条件，康远新材料有限公司进行了数字化工艺质量控制的初步尝试，开展全流程工艺、质量在线监测，依据经验参数设置智能预警的管控限制，持续提升数字化工艺质量控制水平。

1. 工艺控制数字化

当前，康远新材料有限公司的生产工艺控制方式采用传统的人工巡检、自检，数字化程度较低，数字化工艺还处在初级阶段，呈现众多不足之处。如没有完全建立数字化工艺设计体系，不能从工艺实况、工艺流程管理及数据要素进行系统规划；在工艺设计管理环节，没有将信息化、数字化技术与工艺设计技术深度融合，没有形成标准化及各业务流程联动的工艺知识库管理模式；在数字化工艺应用和推广过程中，信息化与工艺管理没有有效结合。

为了解决以上问题，康远新材料有限公司进行了工艺控制数字化的初探，在设备上加装了温度、转速、电流电压等传感器，将上引连铸工艺、连续挤压工艺的经验参数进行了分析，以对工艺参数进行远程监控和预警，为解决产品工艺和质量问题提供数据支持。另外，通过生产现场的一体机及工人的工艺自检，按工艺管控要求进行填报，改变了以前纸质工艺监控记录表填报不及时和需要工艺管理人员手动输入才能进行数据分析的弊端，使工艺工程管理人员能及时发现问题、采取措施，减少机器报废等情况的发生。

2. 质量控制数字化

康远新材料有限公司搭建内部的质量链平台，将移动端和质量链平台进行融合，通过产品批号能及时查询产品制造及质量生命周期过程；实现产品一键扫码溯源，帮助企业管理者快速了解产品生产过程及质量信息，帮助管理者快速决策；强化质量数据共享，提高工作效率；帮助业务员快速了解产品生产进度及发货情况，加强与客户的沟通；利用质量链技术，建立面向客户的可查询通道，充分提升企业形象。通过车间一体机实现质量数据的采集，包括车间过程点检及成品最终检，过程点检采用移动工业平板反馈相关数据，成品最终检将抽样检验结果利用实验室触控终端将相关参数数据实时反馈，同时出具产品检测报告及合格证标识牌等内容，生产过程中增加质量控制环节，真正做到先检验后入库。部分质量检验流程如图4所示。

通过质量链平台，加强了企业内部的质量数据采集、管理、处理、分析、应用等全过程管理，明确了各环节的职责和权限，强化跨部门及部门内数据管理机制建设，促进了质量数据在业务活动之间高效率交换共享。

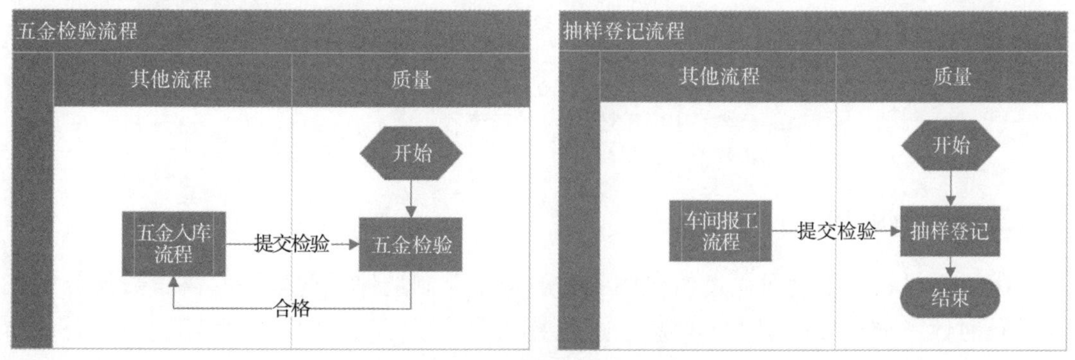

图4　部分质量检验流程

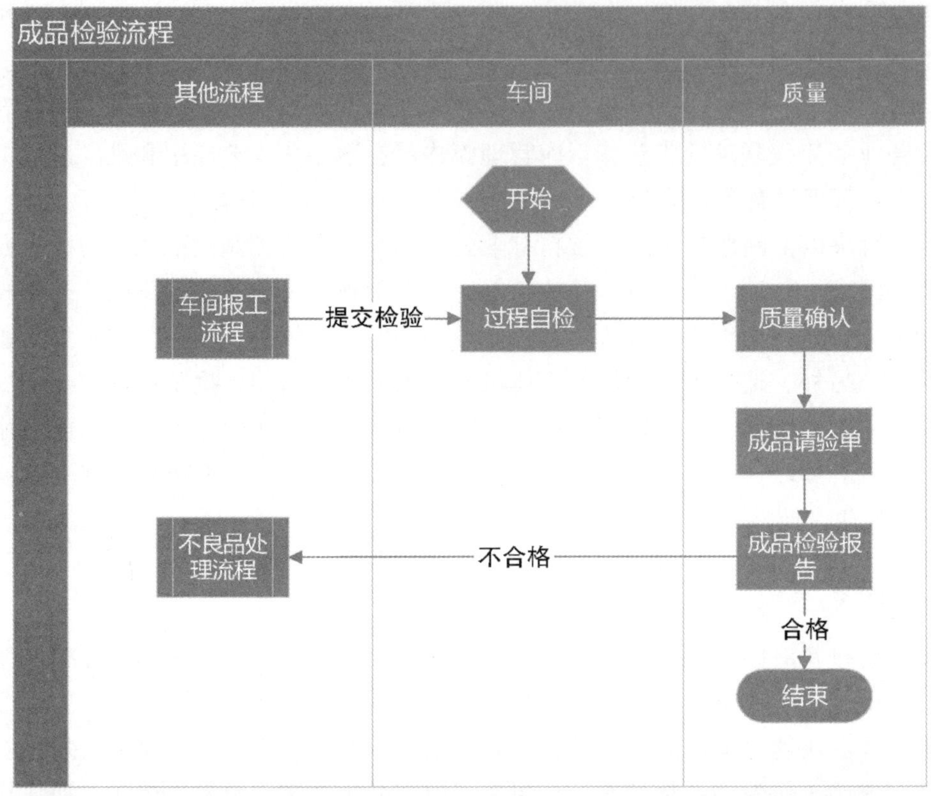

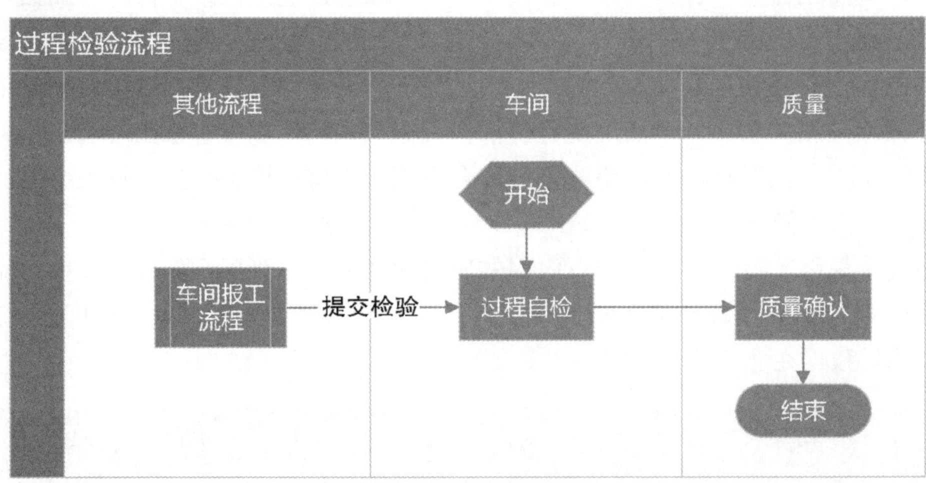

图4　部分质量检验流程（续）

三、实施效果

康远新材料有限公司通过接触网线材的数字化制造体系构建，提高了数据分析统计的及时性、准确性；解决了信息、报表数据滞后，无法及时报送的问题；为公司的产品质量和工艺控制提供有效、规范的管理支持；解决了企业决策层和生产过程控制之间的信息鸿沟；帮助公司高层管理者及时了解生产现场运行情况；优化了公司的生产管理模式，强化过程管理和控制，实现精细化管理；促进了生产执行系统、控制系统与管理系统有机结合，实现数据共享，加强了各部门的协同办公能力，提高了工作效率。

（一）经济效益显著

1.物资成本显著降低

在物资采购的过程中，物资设备部门严格按照生产订单来下达采购计划，并根据车间生产进度分时段送货，原辅材料库存成本下降30%，物资存储需要的仓储面积不断减少。物资需求部门线上报购物资，信息的共享性更迅速，降低了物资采购差错率。根据成品库存发出预警，减少成品库存，调整生产计划。经统计，在生产任务批次不断增加的情况下，2021年物资的仓储面积比2017年减少了20%，呆料金额比2017年下降了20%。通过与供应商更及时有效的沟通，在物资价格不断上涨的情况下，采购成本仅有微小涨幅。

2.生产周期显著缩短

生产计划方面，生产部借助MES在排产时可以快速准确检查到订单所需物料的准备情况，并对未到线材的物料进行跟踪，确保24小时生产计划的准确性，从根本上杜绝缺料导致的窝工异常；还能将计划每天直接派发到生产现场机台，减少了口头派工的误差和纸质单据派工的沟通障碍。2021年，康远新材料有限公司由物料短缺导致的窝工工时比2017年下降约1万个人工时，下降幅度达10%，折合工资约30万元。同时，计划的准确执行、及时调整使产品生产周期明显缩短，2021年生产周期比2017年缩短了30%，缩短到100吨8天。

3.质量成本降低

质量成本一般包括预防成本、鉴定成本、内部损失成本和外部损失成本。康远新材料有限公司在实施数字化质量和工艺控制后，优化了巡检人员的现场监督频次，降低了其劳动强度，使其能投入更多的精力去现场发现问题并解决问题，在一定程度上降低了预防成本；同时，根据收集的工艺质量数据，不断优化检验方法和频次，鉴定成本降低了10%；最重要的是，由于工作方法的改进，产品检验合格率提高了15%，原材料电解铜报废损失减少了500余万元；外部质量原因的售后处理频次减少了20%，使客户更加认可公司的产品质量。

4.直接生产成本显著减少

康远新材料有限公司初步实现电气化铁路接触网用线材的数字化制造体系构建。

在ERP系统优化升级过程中，各部门管理人员及基层员工进行系统设计方面的讨论，以便更好地让MES贴合公司实际；促进了部门间的沟通交流，梳理了工艺生产流程，通过对各部门生产管理业务流程的合理调整和优化，紧密了生产部门和企业各部门之间的联系，提升了公司的管理效率，使管理者的决策指令得到更好的贯彻和执行，从而更好地保证公司产品质量稳定、性能可靠。实现了对生产过程的实时跟踪监督，提高了人员使用效率，以及原材料和设备的使用效率。依托WMS、MES软件进一步精细化生产，提升了生产数字化程度，与2017年相比，公司人员减少了30%。消除纸上作业和因纸上作业所产生的相关错误；减少人工统计和手工报表，提高现场管理人员生产力；计划更加合理，进度得到保证，设备维修费用降低了25%，能耗降低了8.5%。

（二）社会效益

通过接触网线材数字化制造体系的构建，康远新材料有限公司获得了《康远WMS管理系统》和《康远有色金属加工MES生产管理系统》两项软件著作权，实现物料和产品的可识别、可追溯、可监测，做到物料管理的精细化、数据采集自动化、工艺质量管理数字化、生产管理系统化、车间现场看板化，助力提高产品质量及资源配置效率，提升企业形象；另外，该数字化制造体系的构建也提高了接触网线材的成品率，降低了能耗，节约了资源，延长了接触网线材的寿命周期，符合国家绿色制造的理念；通过快捷的交期，树立“康远”品牌，使公司品牌的知名度、美誉度和忠诚度得到提高，为中国铁建的海外优先战略助力。

主创人：花思明　吴晓君

参创人：赵海洋　彭　平　路　超　赵伟君　信双建　胡品学

贵州省煤矿智能化运维工业互联网平台建设及应用

贵州省矿山安全科学研究院有限公司

贵州省矿山安全科学研究院有限公司（以下简称“矿山院公司”）始建于1978年2月，原名为贵州省煤炭科学研究所，隶属于贵州省煤炭工业局。1988年7月，与贵州省煤矿设计研究院（以下简称“煤矿院”）合署办公，实行“一套班子，两块牌子，两种业务，分别核算”的管理模式，资源共享，优势互补。2005年6月15日，经贵州省煤炭管理局、贵州省安全生产监督管理局、贵州省科学技术厅批准，同意以贵州省煤炭科学研究所为基础组建“贵州省矿山安全科学研究院”，这是贵州省唯一一个省属独立矿山安全科研机构。2013年6月，由贵州省能源局和贵州省国有资产监督管理委员会（以下简称“国资委”）联合行文，将矿山院定位为煤矿院的全资子企业。2021年1月6日，贵州省矿山安全科学研究院完成公司制改制，更名为贵州省矿山安全科学研究院有限公司。

矿山院公司在贵州省具有较强的科研实力和特色鲜明的人才团队，现有在职职工76人，其中博士5人（含博士在读4人）、研究生23人、本科48人；有正高级职称10人、副高级职称14人、中级职称17人；有国家煤矿智能化专家3人。主要业务范围：矿山安全科学技术研究，矿山生产安全事故分析；矿山安全技术咨询及安全技术科研成果推广；重大危险源的治理；检测检验；计算机软件开发、软件产品销售；工业自动化设备、传感器及计算机硬件设备的研发及销售；工业自动化、智能化、信息网络等系统集成；高新技术研究及配套产品开发与销售；隧道工程技术服务。矿山院公司是高新技术企业，建设有“国家博士后科研工作站”“贵州省煤矿瓦斯防治工程技术研究中心”“贵州煤与瓦斯突出防治煤炭行业工程研究中心”“贵州省第一批煤矿智能机械化服务基地”“贵州省煤矿安全高效开采技术支撑与服务人才基地”“贵州能源与大数据融合创新示范基地”等平台资源。

为助力巩固贵州省煤炭工业“两化”改造成果，矿山院公司依托深耕贵州煤炭行业近45年的技术优势，聚焦煤矿智能化设备及系统运行维护难题，组织研发并推广应用“贵州省煤矿智能化运维工业互联网平台”，为全省煤矿企业、运维服务机构和行业管理部门提供“线上实时诊断预警、线下运维”技术服务，为贵州煤矿智能化系统正常运行保驾护航。目前，平台建设已取得阶段性成果，完成对6个主要产煤地市（州）的推广应用，累计培训煤矿技术人员400余人、地方政府管理人员50余人，已实现200余处煤矿的智能化系统数据上传、120多处煤矿的线上诊断服务、50多处煤矿的线下运维服务，市场反响良好，应用前景广阔。

一、实施背景

贵州省位于云贵高原东部，煤炭资源丰富，分布范围较广，总量位居全国第五，有“西南煤海”之称。2017年以来，贵州省积极响应国家战略，大力推进煤矿“两化”建设。2017年5月12日，贵州省政府发布《省人民政府关于煤炭工业淘汰落后产能加快转型升级的意见》（黔府发〔2017〕9号），推进贵州省煤炭供给侧结构性改革，坚决淘汰落后产能，加快煤炭工业转型升级，促进煤矿智能机械化改造，提出到2020年，煤矿辅助系统智能化、信息化服务管理和监控覆盖率均达到100%的目标，促进贵州煤炭产业的持续、健康、稳定发展。随着贵州省各煤矿智能化升级改造项目陆续完成，对建成后的智能化系统进行长期运维尤为重要，但目前国内尚无成熟的运维服务体系可供参考。为了保障现有煤矿智能化系统安全稳定运行，贵州少数大型煤矿企业尝试自建设备管理系统，自主培养运维人员，在实际应用中取得了一定的效果。但由于贵州省煤炭产业以中小型煤矿企业为主，在升级改造完成后的运维阶段依然存在以下关键问题：①煤矿智能化系统专业性强，企业专业技术人才匮乏，现场作业人员不具备及时解决运行中重大问题的能力；②煤矿企业不具备对智能化系统运行状态进行实时监测分析的能力，企业与运维服务机构间存在信息孤岛；③贵州煤矿位置偏僻、分布分散，不利于运维服务机构建立集中运维服务点，零部件发货时间偏长，相关维护人员不能及时到达现场排除系统故障；④许多设备厂商按照政策完成煤矿企业智能化升级改造工作后，没有形成区域性的长久运维，同时未开发相关数据分析系统，不能及时获取煤矿智能化设备故障信息并及时运维，导致出现“数据孤岛”现象；⑤行业监管部门只能通过线下检查或企业填报的形式对智能化系统运行情况进行监管，无法实时有效统筹区域内煤矿智能化系统的运行情况，不利于对所管辖区煤矿企业生产情况的监管。以上问题为煤矿安全高效生产带来极大风险。为此，矿山院公司以“安全、高效、及时、认真”为服务宗旨，结合贵州省煤矿智能化建设的实际情况，依托云平台资源设计研发了贵州省煤矿智能化运维工业互联网平台，通过打造“线上诊断，线下运维”的服务新模式，为贵州省煤矿企业、煤矿运维机构及监管部门提供全方位的运维、监管等服务。

二、平台内涵

贵州省煤矿智能化运维工业互联网平台是在数据“聚、通、用”的理念下，矿山院公司连同煤矿企业、运维服务商和政府监管部门通力协作，制定煤矿智能化系统设备运行数据上传规范，重塑煤矿智能化数据架构和数据传输通道，打通全省煤矿智能化系统数据壁垒，保障数据质量和数据安全，依托“云上贵州”云资源，以“安全、高效、及时、认真”为服务宗旨，结合贵州省煤矿智能化系统实际情况，构建涵盖远程故障诊断、实时监控、运维单管理、运维评价、物资管理、运维督办、可视化大屏等功能于一体的运维服务平台，为行业监管部门、煤矿企业及运维服务商提供多样化的运维服务，为贵州煤矿智能化系统正常运维保驾护航。

三、主要做法

（一）统一数据标准，健全规范体系

为进一步加快贵州煤矿智能化建设，矿山院公司与煤矿企业、运维服务商和政府监管部门通力协作，整合煤矿智能化、计算机及大数据等领域专家意见，采用大数据、智能硬件等新一代信息技术与装备，对煤矿运输子系统、工业视频子系统、排水子系统、通风子系统、瓦斯抽采子系统、压风子系统、供配电子系统等智能化设备的基础信息进行统一编码，制订设备运行数据上传要求，统一智能化系统数据的上传规范。目前已完成超过200处煤矿智能化系统设备运行数据上传平台，同时在项目实施过程中，矿山院公司作为技术支撑单位参与制定了《贵州省煤矿智能化数据交换技术要求（2020版）》（黔能源科技〔2020〕59号）。

（二）直击运维痛点，研发行业平台

对煤矿现场、设备厂家及行业监管部门进行调研，深入了解智能化矿井各子系统运行状态及运维痛点难题，详细分析贵州省煤矿智能化运维工业互联网平台建设需求，结合贵州省煤矿智能化系统实际情况，依托“云上贵州”云资源构建涵盖远程故障诊断、实时监控、运维单管理、运维评价、物资管理、运维督办、可视化大屏等功能于一体的运维服务平台，为煤矿智能化系统保驾护航。

（三）打造产业联盟，支撑政策出台

整合矿山院公司与合作单位资源，建设专业的煤矿智能机械化运维服务队伍，培养专业技术人才，以“煤矿企业—运维服务平台—运维团队（技术联盟）”为主线，打造贵州煤矿智能化运维服务联盟，破解贵州煤矿智能化运维技术难题。同时，总结运维服务经验，支撑行业监管部门出台煤矿智能化运维政策，助推贵州省煤炭行业高质量发展。平台已入驻多家煤矿智能机械化运维服务商，基本形成了以矿山院公司为技术核心力量的煤矿智能化运维服务联盟，形成了运维服务规范体系。同时在项目实施过程中，矿山院公司作为技术支撑单位参与制定了《贵州省煤矿智能化系统运维管理暂行办法》（黔能源科技〔2020〕67号）。

（四）创新示范引领，全面推广应用

选取贵州省主要产煤地区为平台应用试点，在试点区县建设煤矿智能机械化运维服务中心，打造运维服务团队，依托煤矿智能化系统运维服务平台诊断结果，为线下运维提供数据支撑，采用“1121”（1个地区一个服务团队，1个县一个小组，2小时到达现场，1天内解决问题）服务模式对试点矿井进行全方位的运维服务，同时根据试点煤矿企业的应用情况对平台功能进行优化，配合政府政策进行全面推广应用。目前入驻平台的煤矿企业超过200家，平台建设应用取得明显的效果。

四、实施效果

通过对贵州省煤矿智能化运维工业互联网平台的建设实施，制定了煤矿智能化数据上传规范，为煤矿智能化系统数据分析打下了坚实的基础；打造了“线上诊断，线下运维”运维新服务模式，为贵州煤矿智能化系统提供了坚实的保障；研发的运维服务平台为煤矿企业一次性减少了运维服务所需的服务器、软件操作系统等软硬件的投入，大大减少了系统管理和维护人员成本。

（一）平台实施产生科技成果

一是制定了1份符合贵州省煤矿实际的煤矿智能化数据上传规范；二是制定了1份符合贵州省煤矿实际的煤矿智能化运维服务规范体系；三是构建了贵州省煤矿智能化运维工业互联网平台。

平台基于B/S（浏览器/服务器）模式设计开发，通过浏览器即可访问，同时配置App端、丰富的报表报告、大屏可视化等多种功能。主要服务对象为煤矿企业、运维机构及行业监管部门。

平台主要功能包括工作台、设备状态监测组态展示、运维监管大屏及智能运维业务管理子系统等。其中智能运维业务管理子系统主要包括运维单管理、运维服务签约、巡检管理、报表报告、物资管理等。

（1）工作台。工作台是整个系统重要信息和重要指标的集合窗口，同时该模块提供快捷入口访问功能。行业监管部门可了解辖区内煤矿统计情况、煤矿企业及运维机构入驻平台情况、煤矿签约第三方机构情况、煤矿数据上传情况等。煤矿企业可了解账户有效期、数据上传率、第三方服务签约信息、本煤矿的巡查督办情况、运维工作指标统计情况等。运维机构可了解账户有效期、数据上传率、签约煤矿数量、运维工作指标统计情况等。

（2）设备状态监测。该模块设置有各子系统设备组态，可实时查看煤矿辅助系统智能化设备运行参数，可通过按钮切换各子系统，其中数据监测时间为数据包到达云平台的时间，数据上报时间为本系统所有点位最后一个实际监测时间。

（3）远程故障诊断。该模块主要从云端获取预处理后的煤矿辅助系统智能化设备运行实时数据，调用后端优化后的各子系统故障诊断算法，依托大数据分析技术，对各子系统进行实时故障诊断分析，系统能够诊断出模拟量超限、数据上传逻辑不合规等多种故障并报警，煤矿企业管理员需及时对诊断故障现场核实，核实结果为无效故障则无须处理，核实结果为有效故障则自动生成工单，在运维单板块进行管理，签约运维机构应及时对订单进行处理。

（4）运维单管理。实现对整个运维工单全生命周期的管理，工单来源有两种：一种是故障核实为有效故障，系统自动新建此故障的工单；另一种是煤矿企业用户新建工单。运维单管理包括煤矿自主运维工单和运维机构工单两类，通过列表能实时查看所有运维单的进度，运维机构工单需要煤矿确认和评价，新运维工单需要运维机构及时安排维修员，已完成维修的运维工单将及时提醒煤矿确认和评价。

（5）运维服务签约。该模块管理煤矿企业与运维机构服务签约情况，实现签约合同的信息化管理，能够精准提醒煤矿企业及运维机构服务到期时限，方便煤矿企业和运维机构及时续签服务。

（6）巡检管理。主要包括巡检表单管理、巡检周期管理、巡检计划管理、巡检任务管理、巡检班组管理等。系统根据设定自动生成巡检任务并指派给具体的巡检班组成员，巡检员通过App现场巡检并提交巡检结果，通过异常处理功能来处理巡检中发现的问题，运维机构根据和煤矿的签约服务约束来管理巡检工作。

（7）报表报告。主要提供运维报表及报告管理服务。系统定期生成煤矿运维日、周、月报表，统计故障诊断和处理情况、运维单处理情况、煤矿智能化子系统数据上传情况和巡检工作开展情况。

（8）物资管理。为煤矿企业和运维机构配置物资管理系统以管理矿上的线缆、电源等物资，支持物资仓库、物资规格、单位等自定义管理。

（9）视频监控。视频监控界面视图可按四分屏、九分屏切换，点击监控视图播放按钮即可查看实时监控画面。煤矿企业和签约的运维机构可实时查看煤矿生产视频画面，若出现视频掉线的情况，可及时安排维修员检查掉线原因。行业监管部门可选择性查看所管辖区煤矿视频实时监控画面，若煤矿名称是红色则表示该煤矿视频监控掉线，便于行业监管部门对辖区内煤矿企业进行监督管理。

（10）运维监控。提供远程故障诊断、故障类型分析、故障动态、故障趋势、运维单统计、数据上传情况等多维度可视化大屏展示，助力煤矿智能运维，实现对煤矿智能化设备运行的精细化管理。

（11）政府巡查。行业监管部门通过该功能模块对煤矿辅助系统智能化设备运行情况（数据上传率、设备运行报表等）实现一键远程巡查，巡查记录会自动发送给煤矿企业，煤矿企业需要及时登录平台查看巡查情况和整改要求，配置有巡查统计、审核功能。

（12）可视化大屏。为行业监管部门提供煤矿数据上传排行、视频监控排行、辖区煤矿签约运维机构服务排行、辖区煤矿分布可视化展示等功能，可点击展开各项排行明细，导出Excel统计表单，同时可点击远程故障诊断查看辖区最近故障情况，可按煤矿、故障类型等条件检索，助力监管部门高效决策。

（13）运维后台管理。一般后台权限系统分为部门管理、用户管理、角色管理和权限管理，可按实际工作需要添加用户和角色，不同的角色使用的功能不同。

（14）手机App端。为方便用户移动办公，手机App端功能依托以上功能进行设计，主要功能有故障管理、运维单管理、运维评价、视频监控、设备运行状态监测、运维报表查看等。

除此之外，建设了1个区域运维服务中心；培养了王春华、汪杰、王建楠、郑功勋等16名专业技术人才；申请了1件发明专利“一种矿井智能化系统运维服务云平台”（专利号：ZL 202010860071.4）；登记“贵州省煤矿智能化系统数据上传软件V1.0”“贵州省煤矿智能化煤矿运维服务平台V1.0”2件软件著作权；发表中文核心论文3篇（见表1）。

表1　发表论文情况

序号	论文名称	作者	发表期刊
1	基于AHP-Fuzzy的贵州煤矿辅助系统智能化可靠性评价	郑功勋、李绍泉、王建楠等	《数学的实践与知识》
2	基于云平台的煤矿设备状态监测系统设计	汪杰、王春华、李晓华	《煤矿机械》
3	贵州煤矿智能化系统运维服务平台设计	汪杰、王春华、李晓华等	《煤矿安全》

（二）平台推广及应用效果

1. 平台推广效果

（1）第二届贵阳工业博览会参展效果。

2021年9月26—28日，贵州省煤矿智能化运维工业互联网平台以“小唯”平台的名称在第二届贵阳工业博览会首次亮相，展示效果良好。六盘水市，六盘水市水城区，毕节市金沙县，遵义市桐梓县、习水县5个市（县、区）行业管理部门相关领导来展台进行了参观，对“小唯”平台功能高度认可，并希望尽快结合相关监督管理办法将其推广到市（县、区）行业管理部门中。观展嘉宾纷纷表示借助“小唯”平台可以看到煤矿智能化系统运行如何、存在哪些问题及安全隐患，希望尽快在他们所在部门进行试用。另外，现场参观的相关智能化建设及运维厂家，如贵州博创智新科技有限公司、贵州永贵机电制修有限公司、明创慧远（贵州）技术有限公司、贵州大工机电设备有限公司等的负责人及技术人员纷纷表示，希望尽快让各家企业也可以入驻“小唯”平台，借助“小唯”平台看到各自建设及运维煤矿的智能化信息，对共同打造贵州省煤矿智能化运维工业互联网平台产生了很大的兴趣，并希望借助“小唯”共同塑造贵州煤矿智能化运维“新模式”。各企业技术负责人纷纷表示，希望节后可以分配到运维厂家的账号并入驻平台，通过平台实时掌握故障信息；通过运维流程化管理确保对煤矿的优质服务，希望将数据与运维厂家实时共享。

（2）贵州省主要产煤地推广效果。

在贵州省能源局的政策指导下，矿山院公司在贵州省主要产煤地进行平台的推广应用，在贵州省毕节市、安顺市、六盘水市、遵义市、黔西南州、黔南州等地开展了平台使用培训。

平台目前已入驻超过200家煤矿企业，以及多家煤矿运维服务机构。

在贵州省能源局的推荐下，经过行业专家评审，贵州省智能化矿井运维服务平台荣获贵州省“万企融合”大行动2021年度省级融合标杆项目。

2. 平台应用效果

（1）经济效益。

①降低了煤矿企业日常运行维护成本；②减少了煤矿企业在信息化建设的重复投入；③降低了煤矿企业系统设备带来的安全事故发生率，减少了煤矿企业的经济损失；④提高了行业主管部门的管理效能；⑤平台建设实施以来，为矿山院公司增加软件服务及智能化系统运维技术服务费收入617.7万元。

（2）社会效益。

贵州省煤矿智能化运维工业互联网平台通过打造“线上预警+线下运维”服务模式，实现了精准预判煤矿生产设备故障并智能实时发布运维单给相应的运维机构的功能，运维服务机构可及时掌握故障信息并及时出勤处置，极大地弥合了煤矿运维产业上下游的信息鸿沟，有效节约了煤矿企业智能化系统运维成本，真正实现了“降本、提效、增安”；同时，行业监管部门可通过线上流程管控精确掌握煤矿智能化设备运转状态及运维服务质量，强化对运维机构运维服务水平的监管，为全面保障煤炭稳定生产供应和煤炭工业高质量发展提供了可靠技术和管理手段。具体包括以下几个方面：①提高了煤矿管理水平、降低了单位管理及信息化建设成本，能更合理地利用现有资源。②提高了行业从业人员技术及管理水平，带动相关煤矿企业步入大数据时代的高新技术层面，助推企业经济高质量发展。③参与制定了贵州省煤炭行业规范化的数据上传要求《贵州省煤矿智能化数据交换技术要求（2020版）》（黔能源科技〔2020〕59号），参与制定了《贵州省煤矿智能化系统运维管理暂行办法》（黔能源科技〔2020〕67号），为贵州煤矿智能化系统正常运行保驾护航，进一步加快了贵州省煤矿智能化建设，促进贵州省煤炭工业转型升级持续稳定和高质量发展。

总体而言，贵州省煤矿智能化运维工业互联网平台建设及应用项目的实施大大提升了贵州省煤炭行业信息化水平，防止和减少了重大事故发生，提高了行业监管部门和一线煤矿的工作效率、管理水平和决策水平，改善了煤炭行业形象，增强了行业管理能力。

主创人：韩真理　李晓华

参创人：王春华　汪　杰　龙　涛　余文波　郑功勋　王建楠　向剑平　吴常校

“五双”党建活动推动企业转型发展的实践

中铁武汉电气化局集团有限公司

一、实施背景

坚持党的领导、加强党的建设是我国国有企业的光荣传统，是国有企业的“根”和“魂”。党的十九大通过的《中国共产党章程》规定：“国有企业党委（党组）发挥领导作用，把方向、管大局、保落实，依照规定讨论和决定企业重大事项。”这为新时代国有企业党委确立领导地位、发挥领导作用指明了方向。站在“十四五”规划开局起步这一特殊历史起点上，国有企业党委引领和保障企业改革发展的地位重要、使命光荣、职责重大、任务艰巨，必须在深化国有企业改革和完善企业治理中充分发挥领导作用，以过硬的政治领导力为统领，全面加强和改进党的建设，努力当好企业改革发展的“火车头”。

中铁武汉电气化局集团有限公司城市建设分公司（以下简称“城建公司”）与中铁新基建（河南）建设有限公司按“两套机构、一套人马”进行管理，是世界“双五百强”企业中国中铁股份有限公司所属中铁武汉电气化局集团有限公司的二级公司，历经两次重组整合，企业改革发展面临着重重困境。如何融入中心抓党建，找好党建与中心工作的契合点，是公司党建工作面临的重要课题。近年来公司党委认真学习贯彻习近平新时代中国特色社会主义思想，推动“五双”党建品牌创建，通过在基层党支部和党员中开展“双学、双亮、双创、双聚、双评”党建活动，将党的建设融入企业转型和改革发展中，充分发挥党支部战斗堡垒作用和党员先锋模范作用，促进工程项目建设、推动企业改革发展取得明显成效。

二、主要做法

（一）以“双学”为手段，推动政治意识和业务综合素质提升

“双学”即学习习近平新时代中国特色社会主义思想、中国共产党历史和学习业务本领。

1. 学政治、强意识

城建公司党委坚持把学懂弄通做实习近平总书记关于国企国资改革发展党建的重要论述、最新重要指示批示精神和党的十九大及十九届历次全会精神作为“第一议题”，持续推动新思想武装到项目、落实到一线，持续用新思想立起统领企业发展的“魂”、指导各项工作的“纲”。坚持以党委中心组、“电气化大讲堂”、“三会一课”为主要形式，“学理论、议大事、出思路”，不断探索新的学习形式和方法，以提高理论素养、解决实际问题为原则，把学习的成果转化为谋划工作的思路、促进工作的措施，推动企业转型发展。城建公司先后邀请广州市委党校、广州大学黄埔研究生院、广州大学马克思主义学院马克思主义中国化教研部教授等专家、学者授课，通过外脑引进，不断拓展企业改革发展的战略思维。同时，注重结合把理论学习融入具体工作实践，进行思想碰撞。

2. 学党史，强信念

以“三个学之、四个聚焦”为主题进行专题研讨，从“星星之火可以燎原”中坚定推进企业转型发展信心，从“建立井冈山革命根据地精神”中演绎区域经营理念，从“游击战”“农村包围城市”中借鉴差异化发展的理念，把学习党史理论成效，进一步深入转化成为推动企业经营发展管理的助推剂。

3. 学战略，强发展

坚持学习与研讨发展相结合，领导班子成员坚持把学习与企业中心工作紧密结合起来，做到带头谈思想认识，带头结合分管工作谈体会、谈思路，机关部门负责人及以上领导干部也逐个讲思想感悟，大胆突破传统“你念我听”领学模式，突出“你来我往”，真正让“课堂”变身为“群言堂”。通过召开党的十九届五中全会精神及“十四五”规划专题研讨会，班子成员结合分管系统，结合党的十九届五中全会精神学习体会，结合城建公司“十四五”规划进行交流探讨，围绕城建公司转型发展，提出“打造一流城建，建设幸福企业”的发展愿景，“房建市政专业化、城轨交通区域化、新型基建品牌化、科学管理标准化、人才队伍职业化”“五化”战略方针，以及“发展定向、主业定位、文化定心、管理定型、创新定力”发展理念，推进“五大工程”“五个一流”建设，实现“五个提升”，全力打造现代、品质、活力、阳光、幸福城建的愿景目标和具体措施。

4. 学业务，强本领

结合公司转型发展实际，开设党员夜校、“城建大讲堂”、“网上党课”等，开展赠书活动，为各项目党员骨干赠送房建、市政、新基建等技术管理类书籍200余册；推动党员学专业、钻业务、强本领，2021年以来，4名职工通过高等教育自学考试取得本科学历，6名党员取得一级建造师执业资格证书，1名党员取得注册安全工程师执业资格证书。

（二）以“双亮”为载体，发挥战斗堡垒和先锋模范作用

“双亮”即共产党员亮身份，基层党支部、党员亮承诺。通过开展“双亮”活动，发挥基层党支部战斗堡垒作用和党员先锋模范作用。公司各级党组织在办公区域和施工现场利用党务公开栏、OA、QQ群、微信等平台，悬挂张贴党组织、党员承诺公示牌，推动党组织和党员明岗位、知责任，明确党员“创岗建区”职责，在广大党员中树立“合格党员”的标准化理念，即工作效率多提高5%、重要任务多承担5%、工作质量多提升5%。开展党员每年过集体“政治生日”活动，通过建立党员“政治生日”花名册、赠送“政治生日”贺卡、重温入党誓词等方式，强化党员意识，增强党员的荣誉感、责任感。印发《关于在企业转型发展中充分发挥党组织战斗堡垒作用和共产党员先锋模范作用的通知》，号召党员干部结合经营生产和项目管理情况，当好“五个表率”：创新发展的表率、务实高效的表率、勇于担当的表率、用心服务的表率、廉洁从业的表率。基层项目党员做到“五个带头”：带头抓施工生产，确保工程进度；带头抓安全质量，确保安全优质；带头抓成本管理，确保工程效益；带头抓文化建设，确保品牌形象；带头抓作风建设，确保风清气正，用岗位工作成效支持转型发展。公司各级党组织用实际行动践行承诺，组织党员投身企业改革发展和生产经营一线，组织党员突击队参与方舱医院、隔离酒店建设，2020年、2021年新冠肺炎疫情防控期间，城建公司华中区域项目部、武汉豹澥项目部先后组织15名党员参与湖北省妇幼保健院、武汉潮漫酒店隔离点改造项目，疫情时向广州市番禺区石楼镇官桥村，武汉市江夏区滨湖街道、豹澥街道万年台社区等地一线人员捐赠口罩、消毒液、凉茶等物资，派出党员干部志愿者服务队助力社区疫情防控，履行央企社会责任与担当。尤其是2021年疫情防控期间，公司组织党员参加武汉东湖新技术开发区关东街道隔离酒店升级改造项目，只用33个小时就完成了改造任务，创造了“城建速度”。2022年春节前夕，武汉地区收到暴雪天气预警，城建公司所属豹澥项目部党支部立即响应，组成党员突击队主动请战，为武汉东湖新技术开发区抗冰除雪，得到了社会的广泛认可。

（三）以“双创”为平台，推动核心竞争能力和经济效益提升

“双创”即党员科技创新，党员管理创效。“双创”既是引领全体员工踊跃学习技术，积极投身科技创新与应用，形成强大科技合力的新手段，也是提高公司发展质量和效益的有效载体。公司党委通过开展“双创”活动，发挥党员在科技攻关和企业管理中的骨干示范作用。

1.党员科技创新助推企业核心竞争能力提升

公司以武汉滨湖项目部为试点，重点推进房建EPC（工程总承包）管理模式和房建施工技术创新，力争通过武汉滨湖项目总结编制出一套房建工程EPC管理手册，同时通过实施项目技术创新，开发推广了一批施工工艺工法和先进施工技术。开工以来，项目部先后开展了地下室后浇带混凝土矩形构造柱独立支撑体系施工工艺、地下室沉降后浇带支撑体系、高层住宅结构施工混凝土输送泵管干洗法（以下简称“干洗法”）、铝合金模板施工工艺、全钢附着式升降脚手架施工工艺研究和应用，有力优化项目安全质量和工期，降低了工程成本。其中通过干洗法每栋楼节省成本约20200元，整个项目可节约工程成本近50万元；采用铝合金模板施工工艺，省去了剪力墙抹灰过程，从工艺上减少了空鼓、开裂等潜在问题，提升了房屋稳定性，而且铝合金模板定位准确，结构洞口误差小，主体与砌体完成即具备铝合金安装条件，加上爬架的数字化控制，让“升降”不影响施工，施工进度不受外界影响；采用全钢附着式升降脚手架施工工艺，低空组装、高空使用，避免大量高空作业，架体整个构造完全封闭，有效实现防坠物、防抛物、防火灾的“三防”效果。近年来，城建公司在参建的海南西环铁路、梅汕铁路客运专线等国家重点工程建设中，针对现场的需求和不同的技术标准，研发出客运专线铁路定位预配流水线平台、移动式隧道作业平台等20余项新型实用的接触网施工机具及设备，其中4项成果取得国家实用新型专利，8项成果获企业科技创新奖，2项成果累计为工程节约成本或创造价值上千万元。目前，公司已挂牌成立2个职工创新工作室，在研课题3项，在房建施工、城际轨道交通等领域进一步创新，为公司转型发展做出更大的贡献。

2.党员管理创效助推企业管理水平和效益提升

公司以武汉豹澥项目为试点，开展房建项目管理标准化建设，力争通过项目实施，出台一套房建项目管理标准化手册。项目开工以来，积极推进组织机构、管理制度、施工工艺、安全管理、质量管理、现场管理六个标准化建设，设置工程管理部、安质环保部、商务部、物资机械部、财务部及综合办公室共“五部一室”。各部门岗位人员按“专业对口、持证上岗”的原则配备。编制了涵盖例会、考勤管理、领导带班、项目会签、公文管理、证照管理、车辆管理等内部管理制度，以及安全生产责任制、施工图审核、技术交底、进度管理、安全质量检查、安全质量奖惩、应急处置管理、实名制管理、物资及机械设备管理、验工计价管理、成本管理、变更索赔管理、分包管理、教育培训等项目管理制度的《房建项目标准化管理手册》。此外，还制定《施工工艺标准化手册》，对关键工序如混凝土灌注桩、抗浮锚杆、钢筋加工及安装、模板加工及安装、填充墙砌筑、抹灰、防水卷材、防水涂料、门窗安装、墙地砖铺贴等的具体做法及标准进行明确。同时，根据集团公司经理层成员任期制和契约化管理工作部署，制定《城建公司经理层领导人员业绩考核管理办法》，签订《经理层成员岗位聘任协议》及《经理层成员年度（任期）经营业绩责任书》。结合公司发展方向，开展“四电”非主业人员分流、房建市政专业人才社会化招聘，推动人才结构优化；创新开展大学生“三阶段培养、五年跟踪”及“双导师带徒”培养机制，入职时明确项目导师及公司业务部门导师，探索复合型人才培养的新模式；改革薪酬制度，实施差异化薪酬体制，激发员工干事创业的动力；开展劳务用工ABC分类管理，为突破用工管理模式、提升队伍活力进行积极探索；开展项目管理成本包干试点，激发项目管理团队的内生活力。

（四）以“双聚”为目标，推动生产经营工作和党建品牌提升

“双聚”即聚焦党建融合、聚力效益提升。公司党委积极探索党建工作融合生产经营新路径，以高质量党建引领企业高质量发展。

1.聚力效益提升

2021年以来，公司坚持“大城建”发展方向，积极构建“一体两翼”发展格局，以房建市政为主业，以轨道交通“四电”集成、新基建为辅助，先后中标武汉豹澥片区新增还建房、河北雄安新区雄东片区安置房、武汉中铁逸景湾、广汕铁路、宣绩铁路、汕汕高铁等工程项目；建成广州银行数据中心、广州大田铁路物流基地等项目，实现新签合同额、完成施工产值双双创历史新高，为集团公司改革发展做出了积极的贡献。公司在建项目安全生产有序可控，连续8年实现“安全年”，其中承建的深圳市龙华新区现代有轨电车示范线工程BOT项目及同步实施工程获得国家优质工程奖、广东省土木工程詹天佑故乡杯奖，企业品牌影响力得到有力彰显。按照公司转型发展的需要，顺利完成对部分“四电”专业人员分流工作，开展社会化人才招聘工作，从中国建筑集团有限公司、中国交通建设集团股份有限公司、中国铁路工程集团有限公司等系统引进成熟房建市政专业人才，人才队伍结构进一步优化。深入推进国企改革三年行动，完成经理层任期制和契约化管理签约，三级工程公司建设、专业化公司建设等改革重点工作扎实推进。实施双导师带徒，以及大学生三阶段培养五年跟踪机制，评选表彰优秀大学生，营造人才成长良好氛围；实施薪酬制度改革，打破传统薪点制，推行差异化薪酬体制，对公司本部员工实施季度绩效考核兑现，激发员工干事创业的动力；开展劳务用工ABC分类管理，为突破用工管理模式、提升队伍活力进行积极探索；开展项目管理成本包干试点，确保项目成本管控有效。坚持以人民为中心发展理念，高度关注员工成长与企业的社会责任，持续改善员工生产生活条件。修订公司员工薪酬绩效考核办法，提高薪酬待遇水平，完成公司本部新办公场所搬迁，广大员工的幸福感和满意度不断提升。

2.聚焦党建融合

公司党委积极探索“共驻共建、资源共享、合作共赢”的企地协作机制，主动融入地方组织，开展一系列企地联建、企校共建活动。参与广州市黄埔区庆祝建党百年暨校企项目签约活动，与广州大学签订“智慧交通与安全的研究与应用推广”项目框架协议；与广州大学开展党史教育实地践学活动，与武汉光谷建设投资有限公司共同开展“传承红色基因、建设精品工程”党建活动，与西安电子科技大学广州研究院深入探讨党建共建、智慧交通领域等方面事宜；加入广州市党的建设学会、广州市轨道交通产业联盟及联盟党组织，探索打造企地区域化党建共建品牌，推动党建工作与生产经营深度融合，力破“两张皮”问题，有效促进了企业转型发展。《中铁武汉电气化局城建公司开展“五双”党建活动推动转型发展》党建成果被中国中铁股份有限公司简报专期刊发，在“国企党建研究”微信公众号和全国党建研究会国有企业党建研究专业委员会指定刊物《国企》上刊发，《五融入、促转型》党建成果在《国企管理》杂志上刊发。《“双心行动、幸福企业”党建品牌工程创建实践》获第二届工业企业管理创新优秀成果奖。

（五）以“双评”为媒介，推动民生工程和幸福企业建设落地

“双评”即民主评议党员、民主评议党组织。“双评”既是对“五双”成果的检验，也是加强党内监督，严格党组织生活的基本途径。公司党委通过开展评定星级党支部、评选优秀共产党员，实现“党员争当岗位标兵、支部争创一流业绩”的“双争”工作目标。在民主评议党员过程中，各级党组织开展“融入式”点评，对党员政治素质、岗位技能、工作业绩等方面提出改进意见，推动党员队伍素质提升；在民主评议党组织过程中，广大党员通过面对面点评、书面评议打分等多种形式，对党支部、公司党委的执行决策、制度落实、活动组织、作用发挥等提出评议意见，督促党组织工作更加接地气。2021年以来公司党委通过“双评”累计收到并采纳党员职工对公司改革发展的意见30余条，通过党委研究累计修订管理制度20余项，精简业务流程10余项。针对员工反映收入不高的问题，及时修订公司各单位及本部员工薪酬绩效考核办法，提高薪酬待遇水平；针对员工反映异地医保、住房公积金提取问题不明的问题，及时编制《关于广州、武汉、襄阳公积金与社保政策办理流程》供全体职工传阅；针对员工反映办公条件差、幸福感不强的问题，主动与广州市黄埔区对接，于7月中旬顺利完成新办公场所搬迁工作，极大改善了职工办公和生活环境。公司党委大力开展“和合城建”文化创建活动，在基层群众中征集文化理念，印发“和合城建”文化建设实施细则及“和合城建”文化建设手册，围绕“身边人讲身边事、身边人讲自己事、身边事教身边人”，组织召开3次道德讲堂活动。开展“我为群众办实事”活动，在公司本部设立职工健身中心，在项目部设立心灵驿站，组织职工参加“知识城”篮球联赛，丰

富职工业余文化生活。持续开展“冬送温暖”“夏送清凉”“员工生日、节日慰问”“三让三不让承诺”等活动，推动幸福企业建设。开展“学党史、颂党恩、跟党走”网络演讲比赛，引导广大团员青年学党史、悟思想、办实事、开新局。

三、主要成效

党的政治优势，做实了就是生产力、做强了就是竞争力、做细了就是凝聚力、做活了就是发展力。城建公司党委通过开展“五双”党建活动取得明显成效，有力推动了企业党建工作与生产经营融合，助力企业高质量发展。2021年以来，城建公司经营生产各项指标取得历史最好成绩，先后中标武汉豹澥片区新增还建房、汕汕高铁等项目，建成广州银行大数据中心、广州大田铁路物流基地等项目，实现新签合同额较2020年增长500%，完成施工产值较2020年增长100%，公司承建的深圳市龙华新区现代有轨电车示范线工程BOT项目及同步实施工程获国家优质工程奖，梅汕铁路“四电”工程获“2021年中国中铁杯奖”、连镇铁路项目部获“江苏省工人先锋号”称号。公司党委荣获“献礼中国共产党百年华诞——企业党建实践创新典范单位”“新时代党建+企业文化优秀单位”称号。公司完成新办公场所搬迁，员工生产生活条件持续改善，幸福感和满意度持续提升，企业发展呈现良好势头。

主创人：毛明华　张立志
参创人：黄　进　刘新庆　周湘民　张陕峰　贺玉琴　李　超　钱　程

山区重载铁路智慧化转型管理实践

国能朔黄铁路发展有限责任公司原平分公司

国能朔黄铁路发展有限责任公司（以下简称“国能朔黄铁路发展公司”）成立于1998年2月18日，主要负责朔黄铁路、黄万铁路和黄大铁路的运营工作。朔黄铁路正线总长594千米，属国家Ⅰ级、双线、电气化重载铁路，全线共设33个车站；黄万铁路正线总长76千米，属国家Ⅰ级单线铁路，全线共设7个车站；黄大铁路线路全长216.8千米。这三条铁路线路共同组成西煤东运的第二大通道，对我国的经济发展有着重要意义。

国能朔黄铁路发展有限责任公司原平分公司（以下简称“原平分公司”）承担神池南站至三汲站（不含）间256千米电气化铁路的运营维护、运输组织和后勤保障管理工作。管辖线路大部分穿行于恒山、云中山和太行山系，线路高填深挖、桥隧相连。从神池南站到西柏坡站海拔落差达1364.38米，15次跨越滹沱河进入华北平原。线路曲线半径小、坡度大、桥隧多，汇聚了国家能源投资集团有限责任公司（以下简称“国家能源集团”）铁路曲线半径最小、线路坡度最大、桥隧涵最多、地质结构最复杂、设备养护最难的“五大之最”，属典型的山区铁路。

由于管辖区段地理条件复杂、自然环境艰苦、季节性病害多，原平分公司确保运输生产安全畅通的责任重大。为此，原平分公司在铁路运营管理中，充分利用科技创新技术和智慧化建设实际，以信息化的统计手段进行梳理，以数据化的分析手段加以辅助，以智能化的技术手段进行实践，实现了降本提效，并且提高了设备的安全性和公司的经济效益，使管理逐步迈向智慧化。

一、研究背景

（一）山区重载铁路发展现状

1.山区铁路管理现状

我国山区面积广大，山区铁路在铁路网中占有很大比重。原平分公司管内线路大多为山区铁路，由于地理环境特殊，存在着地形起落大，地质条件复杂，桥隧众多等情况，对线路及设备管理来说有较大难度。朔黄铁路开行的重载列车不仅是我国国民经济建设需要，也是提高铁路运输能力的又一途径。该铁路相较于普通铁路，其牵引质量和轴重都大大增加，这无疑也增加了铁路线路及设备的维护和管理难度。

2.重载铁路发展历程

目前，我国重载铁路包括大秦、朔黄、包神、北同蒲、大包等多条线路。20世纪我国铁路重载运输技术发展迅猛，处于世界领先水平，而国能朔黄铁路发展公司在我国铁路重载运输行业中处于翘楚地位。2001年，朔黄铁路实现全线贯通；2006年，黄万铁路成功开通运营；2009年，朔黄铁路首列万吨组合列车正式开行；2011年，朔黄铁路综合运输信息系统成为中国铁路第一个实现大专业协同的运输生产平台；2013年，30吨大轴重实车综合实验首次在我国既有铁路运营线上运行；2014年，世界首列搭载LTE-R通信系统2.5万吨重载列车首次开行；2016年，朔黄铁路成功开行2万吨重载列车；2020年，黄大铁路提前开通运营；2021年，开启3万吨重载列车试验研究，该实验若取得成功，将是公司乃至国家能源集团重载列车运输发展新的里程碑。

3.重载铁路发展现状

我国的铁路数量少，运能低，仅能满足运输需要的50%，因此，客观上必然要采用加大列车重量组织重载运输的形式，以同等数量的列车对数换取更大的输送能力，以此带动铁路现代化改造。这是在我国国情、路情条件下的必然趋势。

随着科技的进步和对技术设备的研究，重载铁路技术装备总体水平有了很大提高。目前，各国都在积极研究采用新型大功率机车，增加轮周牵引力，装设机车多机同步牵引遥控和通信联络操纵系统，提高车辆的轴重并减轻其自重。同时，选用先进的通信信号设备，在线路和设备的管理运营中实现自动化、可视化、智慧化。

（二）智慧化管理发展现状

自IBM智慧铁路解决方案提出后，全球各个行业都开始对“智慧化”提出不同的构想并加以研究实践，利用计算机网络、大数据和人工智能等科学技术作为支撑，在不同的领域开展研究应用，以智慧赋能，以便实现更加精细、合理的行业管理。随即，原平分公司也开启“智慧铁路”建设，以智能系统为萌芽，以智能运维为目标进行智慧管理。

1.智慧化管理变迁历程

“智慧化”以高效、标准的优势成为当前炙手可热的新型发展管理模式。智慧化管理是多年来经过多次变迁而形成的，由最初的信息化管理到数字化管理，最后形成智慧化管理。

最初，人们认为信息化是由工业社会向信息社会演进的动态发展过程。原平分公司将设备、线路、人员等关乎安全生产的全部基础信息进行统计梳理，这种信息化管理模式为数字化管理奠定了扎实的数据基础。经过了大数据、云计算等一系列新兴技术的前期摸索式发展，新兴技术开始逐渐向产业和行业下沉，原平分公司基于前期大量的信息化系统记录的数据进行分析，并运用数据信息对公司运作逻辑即管理经验进行建模、优化，进而指导系统设备日常运行。数字化的运用，实现了跨部门的互联互通，整合优化了以往的信息化系统，提升了公司的管理和运营水平。数字化管理的蓬勃发展为智慧化管理提供了技术支持。

2.智慧化管理发展现状

智慧化是指事物在网络、大数据、物联网和人工智能等技术的支持下，所具有的能动地满足各种需求的属性。智慧化管理充分发挥了智慧化资源的作用，降低了管理人员工作中的决策难度，提高了决策效率。近年，原平分公司也推出了多项智慧化系统，对管内设备进行智慧化管控。2009年，微机监测系统正式运行；2014年，道岔融雪监测系统开始运行，同年专家诊断系统上线；2016年，信号设备履历系统和信号设备状态修综合管理系统正式使用；2017年，缺口监测报警系统上线；2018年，电务专业管理系统、信号图纸管理系统、现场视频监控系统、电缆温度监测系统开始使用；2019年，智能电缆标桩管理、供电6C管理系统上线；2020年，信号设备大数据综合管理平台、变压器油色谱在线监测系统、电力智能监测系统等开始使用。这些智慧化系统的相继使用，进一步加速了原平分公司山区重载铁路智慧化管理的转型。

（三）铁路智慧化转型管理的目的及意义

如果说高速铁路代表了一个国家的铁路客运发展水平，那么重载铁路则代表了一个国家的货运发展水平。未来，重载技术将进一步向智慧化、数字化方向发展。原平分公司通过搭建现代化数字网络平台，广泛应用传感器，使用大数据、信息通信、人工智能等技术，大幅提升了重载技术装备智能化水平，提高了公司的运输效率和经济效益。

信息化在原平分公司的智慧化转型之路上发挥了重要的作用，体现在多个方面。第一，体现在设备管理方面，创新性地提出了设备管理方式，减少了人工操作流程，真正实现了设备的高效运维；第二，体现在运输生产组织方面，通过信息系统对各类信息高度集中管理，强化全流程信息化管理，实现运输信息透明化，便于对突发事件和设备故障进行快速反应和处理；第三，体现在安全生产方面，在铁路固定设施、移动装备、自然灾害防范等各个领域，广泛采用物联网、大数据分析技术，提高设备的自感知、自诊断、自决策能力，实现设备的闭环管理。

智慧化是铁路运输未来的发展方向。为铁路的设施设备装上智慧化的“大脑芯片”，能够协助铁路运输涉及的各个工种和岗位做好各项工作，从而更好地保障铁路安全。

二、成果内涵

山区重载铁路的智慧化管理从运输环境、业务融合、无人化和数据监测四个方面进行实践。它以科学技术为手段，为铁路运输生产构建良好的、稳定的外部运输环境；以业务融合为基础，为铁路运输生产打造标准统一的规范化业务平台；以无人化管理为目标，为铁路运输生产推出安全智慧的业务操作手段；以数据监测为支撑，为铁路运输生产研发出高效智能的分析预警系统。在铁路运营过程中融入了图像检测、安全评价、大数据计算、红外线热成像、人工智能等先进技术，保障了设备质量和运输生产的安全稳定，促进了山区重载铁路管理的智慧化转型。

三、成果建设

（一）运输环境管理实践

为加强铁路沿线安全环境综合治理，有效防止和减少铁路沿线由安全隐患引发的事故，原平分公司开展了运输环境管理实践。该项实践坚持“安全第一、预防为主、综合治理”的方针，对铁路沿线运输环境安全问题及时发现和整治，进而构建安全良好的铁路运输外部环境。运输环境管理实践主要涉及三个方面，分别是空气环境管理，气象灾害监测和隧道病害整治，对此，原平分公司建立了重载铁路煤粉尘扬尘综合治理体系、铁路沿线设备抗洪能力评估及信息化监测体系、铁路隧道结构评价体系及对应病害整治工艺。

1. 空气环境管理

当下，重载铁路的主要运输对象为煤炭，而煤粉尘扬尘对沿线空气环境质量、自然资源、列车驾驶员健康及安全生产都造成了很大影响。为减少煤粉尘扬尘污染，我国普遍采取在煤层表面喷淋抑尘剂的做法，虽然能够起到一定作用，但是在实践中发现，铁路隧道内的煤粉尘扬尘现象仍然较为严重。因此，原平分公司建立了重载铁路煤粉尘扬尘综合治理体系，对扬尘实行系统化、规范化治理。

重载铁路煤粉尘扬尘综合治理体系是基于图像检测技术建立的全过程监控及追溯机制，扬尘追溯系统架构示意如图1所示。通过倒逼倒查，从列车行驶过程中抑尘剂固化层是否完整入手，对不同重载列车车型、不同列车速度、不同铁路隧道条件下抑尘剂的使用方法、使用量、使用浓度与使用条件等问题进行深入探讨，完善抑尘剂喷洒标准，形成源头与末端协同的煤粉尘扬尘综合治理体系。该项实践从根本上解决了重载铁路煤粉尘扬尘问题，保障了铁路运输和人员作业安全，降低了铁路运输对线路周边居民生活的影响，同时，改变了传统铁路运输粗放式管理的形象。

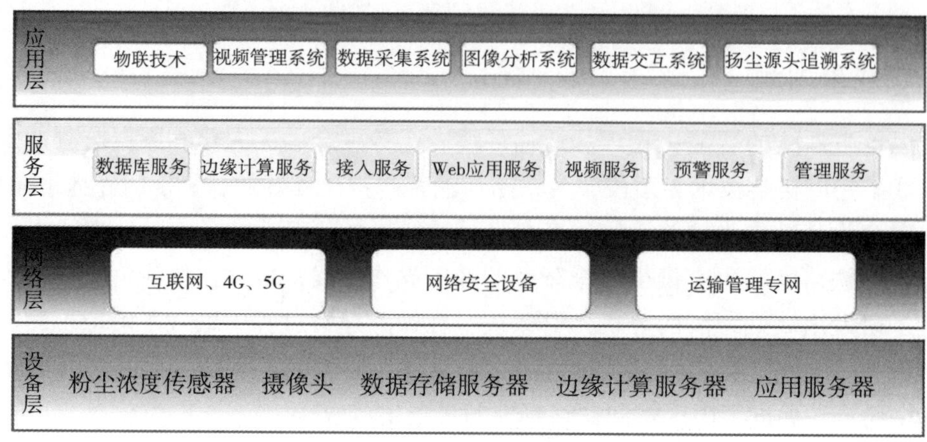

图1　扬尘追溯系统架构示意

2.气象灾害监测

由于山区铁路沿线自然条件差，气候变化大，极易出现短时间局部暴雨的情况。集中性降雨容易引发山洪，危害铁路设施的安全，甚至造成中断行车等事故，使铁路线路的运输生产工作受到严重影响。因此，原平分公司开发了洪灾信息化监测平台，能实时展现不同场景下山区铁路沿线抗洪能力及受灾状况，进而服务抗洪决策。

洪灾信息化监测平台集降雨情况监测、沿线构筑物的抗洪能力分析及相关信息可视化呈现等功能于一体，对山区铁路沿线自然情况、道路情况、防护措施等展开全面调查，并在此基础之上，对自然状况下的洪灾隐患区进行识别、评级，并分析沿线构筑物的抗洪能力。另外，该平台能结合水文模型重点分析铁路沿线实时降雨情况，建立不同降雨情形下的受洪空间分布图，便于指挥者快速了解洪灾严重程度，以及线路设备的实时受灾情况。

3.隧道病害整治

由于山区铁路隧道众多，运输环境恶劣，渗漏水、衬砌裂损、空洞、衬砌腐蚀及隧底翻浆冒泥等类型病害出现较为频繁，存在较大安全隐患。目前，整治方法以锚杆注浆加固为主，但方式单一且效果不明显。因此，急需一套适应于山区铁路隧道的病害治理工艺来改变当下的运输环境。

铁路隧道结构评价体系及对应病害整治工艺应运而生。原平分公司对衬砌裂缝、渗漏水、背后空洞及道床脱空病害的发生和演化机理进行研究，总结现有治理方法的有效性，提出基于病害控制的隧道结构安全评价方法，按照“常规病害→重点病害→

关键病害”的不同层级，构建重载大运量运营铁路隧道结构综合病害治理技术体系，并以朔黄铁路岭东隧道为试验点，选择衬砌渗漏水、衬砌空洞、道床脱空等典型病害进行对应的现场应用整治，形成适用于重载大运量运营铁路隧道结构综合病害快速治理的成套工艺，为铁路隧道运营安全提供技术保障。

（二）业务融合管理实践

在铁路行业设备和业务管理技术不断更迭的大环境下，针对管理过程中琐碎的线下纸质流程及文本记录，原平分公司对各个分子业务功能流程进行融合，提炼总结出运营20年以来的先进经验，构建以信号大数据智能分析及态势感知智慧平台、安全监督管理平台和牵引供电智能运维平台为代表的优质业务系统，极大提升了管理水平，全面推进了设备全生命周期信息化管理，最大限度减少和规避了员工日常工作中的信息共享难题，促进了设备、业务的规范化管控。

1.信号大数据智能分析及态势感知智慧平台

信号大数据智能分析及态势感知智慧平台对铁路电务各类专业系统和作业管理系统进行数据共享和功能融合，形成了电务智能运维系统。该系统依托信号集中监测分析与故障智能诊断系统平台，融合既有20余套系统的350余项核心功能，基本将员工信息管理、制度文件库、派工单日常制作、设备状态、道岔盯控管理、分路不良智能管理、施工管理、“人、车、地”全联锁安全防护、山区铁路导航、区间自闭改造施工智能管理等电务专业业务包括在内，而室外设备以车站站场3D模型进行可视化呈现，初步实现了信号大数据“可见、可管、可控”。与此同时，在故障应急处置、设备智能化检修、设备预防性状态修等方面正在进一步探索中。该平台加速了数据整合、提高了安全保障能力，并为智慧化铁路的未来发展夯实了基础。

2.安全监督管理平台

在基层安全管理工作过程中，原平分公司发现在劳保用品、证书资格、安全文件等管理方面存在着工作流程冗杂、线下管理分散、查询检索不便、资料管理权限不清、文件版式及规格混乱、缺乏统一标准等问题，于是，开发了安全监督管理平台。该平台实现了员工信息管理、劳保用品管理、员工证书管理、安全文档管理等功能业务的融合。

劳保用品管理是通过线上管理平台来进行劳保用品的计划、采购、储存、发放标准的修订、预测、日常发放、登记和统计汇总等，保障劳保用品派发的流程性和准确性，以满足劳保用品管理的需要。员工证书管理避免了因证书的高时效性、不同的检验周期及不同的办理手续，而降低员工的工作效率，同时也实现了对员工证书资质的系统化管理。安全文档管理实现了日常安全管理工作中生成的大量电子数据和资料文档的统一和集中化，强化过程管理和信息资源的合理配置，保证文件档案的完整、真实、有效和安全，实现文件信息资源综合管理的目标。这是一套符合铁路自身安全管理需要的综合性管理平台，同时也是未来建设安全管理综合性平台的方向。

3. 牵引供电智能运维平台

牵引变电所及接触网的在线监测、辅助监控等长久以来未形成统一的技术方案和标准，无法在统一平台上对牵引变电所设备进行远程监测和综合评判，导致远动系统、在线监测系统、辅助监控系统等名头虽响，实际各自为政。此外，铁路沿线人力分散，难以有效集约管理，且管辖范围大、设备检修频繁，职责分工界面模糊，“盲目修、过度修”的现象时有发生，运维管理逐步弱化，加剧了运维需求与生产力布局间的矛盾。为进一步满足我国高速铁路客运专线牵引供电系统运行管理和维护检修的需要，提高牵引供电设备质量和管理水平，保障运输安全，原平分公司开发研究了牵引供电智能运维平台。

牵引供电智能运维平台总体架构如图2所示，以智能大脑为依托，采用“1 平台 5 模块”基本应用架构，接入既有供电各专业系统及 6C系统综合数据处理中心、作业平衡系统等数据，新建变电所数字孪生、接触网地面设备实时监测系统，补强监测检测功能，补充运维数据；部署供电综合数据资产化、供电检修管理系统、安全生产指挥大数据平台、6C 智能分析等系统，实现设备全生命周期管理、检测监测一体化、健康评估与运维支持、生产管理及环境监测五大模块功能，应用信息化、自动化、智能化、BIM（建筑信息模型）等技术，通过多维互联的方式，以动态检测、等速检测、自动计划巡视、定点在线监测等增强维修针对性，替代部分人工巡检项目，优化和调整巡检作业内容和比重，从而降低检修人员的作业强度和安全风险。

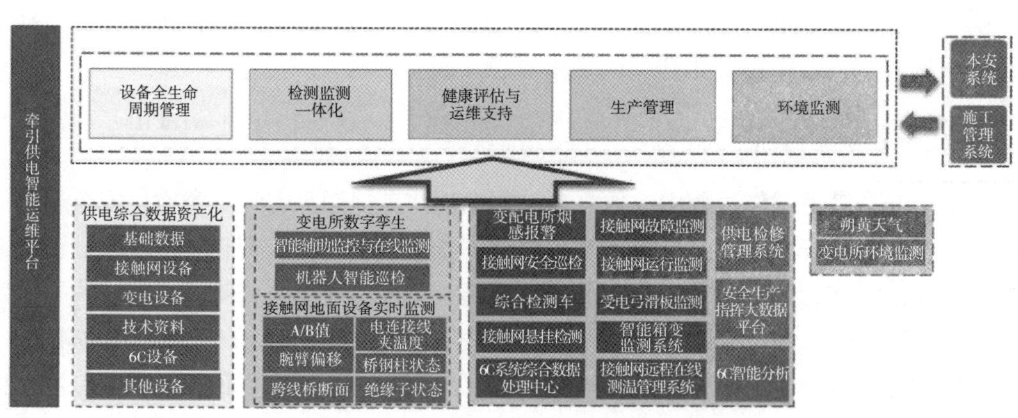

图2　牵引供电智能运维平台总体架构

（三）无人化管理实践

“无人技术”存在的目的是替代那些重复低效、高成本低产出的工作，或者解释为“替代那些不确定性较高的危险工作”。在当下众多企业生产中，无人化、少人化已经成为不可逆的大趋势，山区铁路亦是如此。随着各专业设备监测检测手段的不断完善，以机器或系统的方式进行无人化作业，不仅提高了作业完成效率，降低了人工成本，还避免了员工在作业中产生安全隐患，真正实现了“少人则安、无人则安”，同时，也成为建设智慧化重载的里程碑。以电务、车务、供电专业为代表，无人化管理从轨道电路分路不良智能联动确认、无人接发车、隧道结冰智能巡检等四项功能进行实践。

1.轨道电路分路不良智能联动确认

轨道电路分路不良区段确认主要依靠人员上道，在现场确认情况，而“只要上道就存在风险”，为了做到员工无须去现场也能确认现场情况，原平分公司开发了轨道电路分路不良智能联动确认系统，减少单人频繁上道，进而减少人身伤亡隐患，提高作业效率，为基层现场员工减负。

该系统是以信号仿真电路、智能摄像机、数据挖掘、特征提取、纵横比较等先进高效的技术为支撑进行开发的，它用专家诊断24小时不间断的实时开关量数据建立微机联锁仿真模块，以站场平面图的形式显示信号设备运行情况。在办理进路前，先在本系统中按下操作按钮模拟需办理的进路，仿真系统将根据办理的联锁进路自动搜索进路相关分路不良轨道区段，并在站场图中给出提醒，同时自动筛选匹配相关分路不良轨道区段附近的现场监控摄像头，实时接入调取分路不良区段的现场视频画面并予以显示，工作人员根据系统中呈现的站场平面图实时画面、仿真进路情况、现场视频监控等数据确认后，再操作办理进路，无须再去现场进行确认，减少了人工作业。与此同时，工作人员办理仿真进路、确认仿真进路等操作在系统中均做留痕处理，系统可以自动保存仿真进路办理确认时间的相关分路不良区段现场视频，且操作记录和现场视频可在一定时间内随时调阅。

2.无人接发车系统

目前在铁路运输生产中，对途经某一站的重载列车运行状态及货物装载状态的监视，主要依靠车站助理值班员出场立岗接送列车时人工观察，其监测内容包括篷布掀开、车门加固不良导致漏煤、车辆抱闸运行等异常情况。然而该监测模式具有局限性：一是对车站助理值班员的工作态度和观测经验要求较高，且重载列车长达2千米甚至更长，在车站频繁接发列车的情况下，行车人员作业量繁重，易造成助理值班员注意力下降、疲劳度加深、心理波动等，加之不良天气和夜间照明不足等原因，易致使细小的问题被忽视，从而埋下安全隐患；二是助理值班员只能监视单侧列车运行情况，无法掌握列车另一侧的真实情况，存在安全风险；三是北方冬天特别是晚间较为寒冷，易出现车站助理值班员不到现场监视列车到发的情况，直接影响运输生产作业及行车安全。为了消除行车安全隐患，提高接发车作业的效率和质量，降低助理值班员的工作强度，原平分公司开发了无人接发车系统（见图3）。

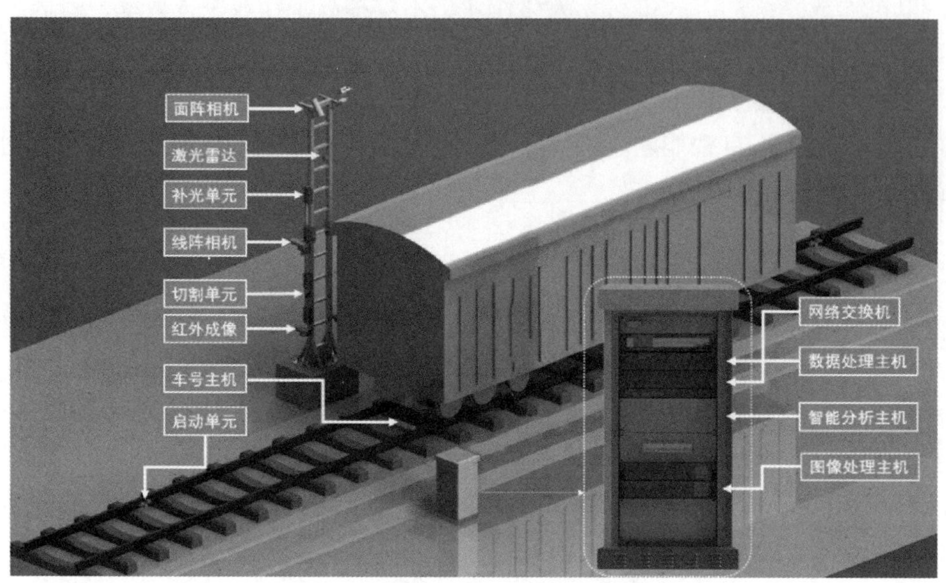

图3　无人接发车系统设备安装示意

该系统利用激光雷达等设备，实现数据的有效监测和采集，建立车种、车号图像采集模型，并利用图像分析技术和数字模版对车号进行识别，确定列车编组信息。随后，利用红外热成像、红外测温等技术手段，采用卷积神经网络等图像识别算法，对车轮抱闸状态进行有效判断及预警，并针对车辆各种异常状态（漏煤、车门不严、篷布掀起等），分别提取典型特征，构建相应的异常状态数据库，根据列车编组信息，采用深度学习等图像识别算法，实现车辆异常状态预警和准确定位，从而替代车站助理值班员完成接发车，实现“安全、高效、智能”的无人化接发车作业。

3.隧道结冰智能巡检

许多隧道由于使用时间较久，内部渗漏水严重，每年冬季会出现大量结冰（长度在200毫米以上）现象，影响供电设备安全运行，尤其是接触网线索正上方结冰，易造成接触网接地跳闸甚至断线事故。为保障接触网设备正常运行，供电专业人员每年冬季定时对隧道结冰点进行除冰作业，严重时每天需进隧道5~6次进行巡冰打冰作业，才能保证接触网设备不因结冰跳闸或断线，但是大量工作人员在线路上进行巡冰打冰作业，人身安全风险极大。因此，原平分公司研发了一种车载式隧道结冰智能巡检装置，减少人员上道，降低打冰人员安全风险，实现精准打冰。该装置采用由车载式阵列式LED光和高清面阵相机组成的硬件扫描系统对隧道顶部及周围结冰现象进行高清拍摄成像，之后采用深度学习技术，进行结冰现象智能识别和自主定位。隧道结冰现象扫描成像采用阵列式LED照明补光拍摄，补光均匀且强度可调，能很好适应车载巡检装置的速度需求，同时辅以结冰智能识别，实现了无人化隧道结冰智能巡检，节省了大量人力和物力，且在很大程度上提高了作业效率。

4. 中间站安全智慧管控系统

中间站作为国家能源集团铁路线上数量最多的行车组织单元，占到集团所有车站数量的90%以上，中间站作业的安全、高效、可靠是影响国能铁路运输组织的重要环节。在现有的中间站作业中，由于智慧化程度低、现代化水平不足，在安全生产、人员管控、安全管控、施工管理上存在一些问题。因此，有必要围绕中间站的日常生产作业、安全管理、施工管理、车站人员管理等核心内容，开展中间站安全智慧管控系统研究，形成成套的中间站安全智慧管控的理论、技术、方法与装备。

重载铁路中间站安全智慧管控系统建设包括智慧生产系统、智慧施工系统、智慧安全管控系统、智慧人员管控系统4个方面应用，共计27个子系统。智慧生产系统实现调车作业的安全防护、行车突发情况下应急辅助决策，以及分路不良的自动检测；智慧施工系统实现施工信息平台的构建，工务、电务、供电、施工计划的自动填报，各类施工计划自动平衡，以及施工全过程安全管控；智慧安全管控系统实现关键场所准入管控及智能追踪、巡检精准管控、车站物资实时管控等功能；智慧人员管控系统实现对车站值班员等关键岗位的入职与定期作业适应性选拔，岗前状态检测、在岗状态实时监测及危险作业状态的预警。

（四）数据监测管理实践

山区重载铁路运输因其地质条件复杂、货物运量和行车密度较大等，其相关设备及系统在使用过程中可能会存在安全风险。而设备及系统数据可以精确直观地体现铁路状态，故对相关设备及系统的运行数据进行实时、有效的监测，能够及早发现事故苗头，杜绝安全隐患，使系统及设备状态实时处于一个安全可控的范围内，确保运输生产安全。因此，将数据监测管理应用于以道岔、智能地网、联锁系统、移动作业以及基础设施为代表的铁路设备及系统中，对保证铁路运输生产安全具有极其重要的意义。

1. 重载铁路道岔健康状况综合监测系统

铁路道岔是铁路基础设施中非常重要的设备，也是最容易出现故障的装置，其状态会直接影响整个铁路系统的可用性和服务质量，一旦发生故障，轻则导致列车晚点，影响行车效率，重则导致列车脱轨，危及行车安全，造成财产损失和人员伤亡。繁忙的铁路运输也对道岔的维护提出了更高要求，传统的计划维修方式已无法满足运营效率的需求。故障预测与健康管理技术能够减少设备维护费用，提高设备完好率。因此，原平分公司研发了重载铁路道岔健康状况综合监测系统，采用先进的科技手段提前预测设备发生故障的概率，变事后处理为事前预防，确保设备平稳运行。

道岔健康状况综合监测系统是根据采集的正常和故障状态下的各参数进行实时监测，来反映道岔的运行状况，再对数据进行分析，来确定评判道岔运行状况的标准，从而建立故障仿真平台，构造力学参数测试平台和初步的道岔故障诊断与评估系统。原平分公司开发了重载铁路道岔健康状况综合监测系统，实时反馈道岔运行期间各力学参数及相关变化，研究各力学参数变化规律及故障原因分析，总结出一套故障研判算法，将故障研判算法嵌入综合监测系统，达到对道岔实时监测、提前预警的目的。

2.智能地网监测系统

接地是应用最广泛的电气安全措施，主要为了防止人身、设备和线路遭受电击，预防火灾、雷击事故的发生。由于接地网常年埋在地下，运行条件恶劣，难免会被腐蚀，从而直接导致接地体截面缩小、电气性能参数变化，严重时将直接危及人身安全和电网运行。目前国内地网监测系统采用的单点监测方式，无法满足铁路沿线站点的使用，因为铁路沿线每个站点机房内都有3~5处接地引线，只监测一处接地引线无法同时反映出其他接地引线与地网连接点的腐蚀情况，也无法反映出地阻是否符合要求。若要实现对多处接地点的监测就需要配置多个监测单元，在增加成本的同时既占用机房空间，又占用网络资源。根据目前的接地网检测现状，原平分公司设计出一种新的接地网在线监测方法，开发出了集数据采集和监测分析软硬件于一体的智能地网监测系统。

智能地网监测系统由接地电阻检测前端、辅助测量接地装置、本地监控箱、通信传输模块、后端监控平台硬件及软件构成。它具有数据分析和处理功能，可通过扩展传感器及分析仪器的方式快速检测接地装置的腐蚀状况，分析接地电阻等接地参数的变化，以达到对接地网状态监测的目的。相比于传统的接地网监测方式，智能地网监测系统更安全、更全面、更智慧化，填补了国内多点位地网监测技术的空白。

3.铁路信号联锁反违章监测预警系统

多年来，电务人员因违章使用封连线造成了多起重大事故。电务人员违章使用封连线封连电气接点造成了道岔假表示、轨道电路假空闲等。为了吸取事故教训，严肃电务基本安全工作制度和作业纪律，确保信号设备性能良好和联锁关系的正确可靠运用，原平分公司开发了一套及时发现违章作业的监测预警系统。发现违章作业现象的第一时间，系统就会自动发出预警，并记录违章行为全过程，这是对违章行为的有力震慑。

反违章监测预警系统是将现代化的计算机技术、实时数据获取技术、智能分析技术等先进技术相结合，进而开发出的一套能够利用信息化手段实时分析并记录监测数据的智能化系统。该系统在基础数据处理、系统知识库建立、模拟量解析分析、站场设计数据管理、图形信息化处理等大量工作基础上，制作专用电压电流传感器，对道岔、轨道电路、信号机单元电路相关部位进行监测，对电路中的关键数据进行采集，利用数据挖掘技术对道岔与轨道电路联锁关系工作状态进行实时检查、智能分析，一旦发生违章行为，系统将记录全过程，第一时间将违章情况反馈到指挥中心，给出预警提示及专家指导意见，并通知到有关人员，起到及时发现、及时纠正的作用，达到联防联控、防微杜渐，及时纠正违章行为的目的。

4.移动作业状态智能管控分析预警系统

铁路移动作业具有风险大、场景多样、流程复杂、流动性强等多方面的特点，且部分委外作业人员安全意识薄弱、安全监管和智能化预防措施不足，对不符合规范的行为难以把控，对作业设备和工具无法进行有效管理，进而影响作业人员安全正常的作业秩序。另外，隧道等无法实时监控作业人员位置信息的危险区域更是如此。因此，结合作业环境、人员、列车、物资设备等信息要素，原平分公司开发了基于移动作业状态智能管控分析预警系统。

该智能管控分析预警系统基于物联网与GIS等技术，对作业人员及设备数据进行采集、存储和分析，包括作业人员安全管理、移动作业设备及物料管理、基于GIS作业安全管理、应急指挥管理四大类。通过高精度定位的作业现场全过程安全监测系统，实现对作业人员和设备进行亚米级的定位，对触碰电子围栏界限和达到系统设定的安全阈值的个体触发安全提示，且可实现对不同场景作业模式配置不同的防护逻辑，如单边预警、双边预警和进出预警等。通过物联网和蓝牙等技术，对不同类型场地的设备和物料进行全过程跟踪，以保证物资的合理使用及作业安全；通过环境感知传感器，对作业环境进行监控；通过数字建模可视化技术，提升对工程调度指挥的一体化协同能力及应急处置能力，实现铁路移动作业可追溯、可报警、可预测、可管理、可响应的目标。

5.基础设施状态多维立体连续监测系统

朔黄铁路虽然已经在智慧铁路工、电、供基础设施监测，运营列车状态监测等方面开展了研究，可以为分析铁路安全事故的诱因提供一定的帮助，但目前列车与基础设施的各类监测数据不是同步采集，联合分析困难，同时基础设施监测参数的时空采样密度不足，无法满足高坡地段车路耦合系统分析的需求。因此，针对现有高坡地段存在的基础设施状态连续感知难题和检测盲区问题，原平分公司建立了高坡地段线路环境、桥梁、隧道等基础设施状态多维立体连续监测系统（见图4），实现列车、基础设施状态数据的时空对齐与联合分析。

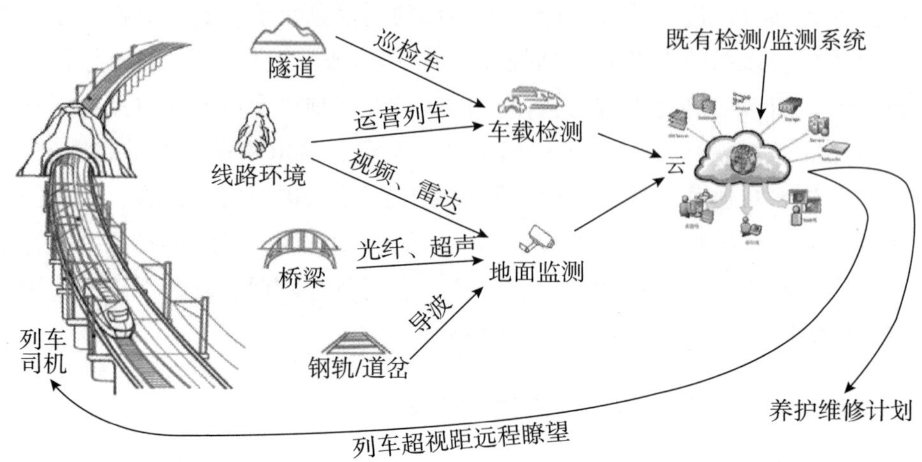

图4　基础设施状态多维立体连续监测系统示意

该监测系统通过综合运用地面实时监测、基于运营列车的连续监测、基于巡检车的高精度检测等多种技术手段，全面扩大基础设施状态智能感知覆盖范围，提高实时性，实现对高坡地段钢轨、隧道、桥梁、线路环境等基础设施的多角度、全时空融合感知，缺陷预警，健康诊断与趋势预测，提升了高坡地段技术与装备水平。并以此为基础，系统分析各种运营条件下的车路耦合系统动态响应规律，科学指导现有技术标准，完善高坡地段标准体系，提升高坡地段运营安全水平。

四、实施效果

（一）提升了管理水平

随着各项先进系统的深度应用，山区重载铁路运输从环境、数据、业务等方面实现了管理水平的精准化、智慧化。环境管理方面针对不同速度、车型及隧道条件的扬尘污染，制定了抑尘剂喷洒制度标准；业务融合管理则是将各项零碎的业务进行梳理整合，使其成为包揽日常工作的完整智能化管理平台，运用信息化技术将各专业工作进行统一管理和实施，为确保铁路运输的安全稳定提供了重要的技术支持和安全保障；数据监测管理方面，利用视频监控设备、机器人、无人机等对重点区段、位置及设备关键部位进行监管，完善设备监测检测手段，利用电脑即可对异常数据进行监测采集及分析，减少人员上道频次80%以上，基本实现了“非天窗不上道”，人身安全风险大幅降低。在减少人员上道频次的同时，设备状态及行车环境24小时不间断管控，设备安全得到全面提升。

（二）增强了经济效益

依靠智慧化的现代管理方法，采用先进的技术、设备和工艺，不仅提升了企业的核心技术和设备质量，而且提高了作业效率，降低了铁路运营成本，大大提升了经济效益，使经济增长方式由粗放型向集约型转变。

1. 作业效率提高

该智慧化转型管理实践，更加方便地确定了设备运行的详细状态、各项业务的操作流程、铁路运输的环境条件，有利于减少不必要的重复性劳动，提高了劳动生产效率，降低了人身安全风险，同时实现设备运行状态、检修状态、养护状态的可视化呈现，方便人员实时掌握设备状态，准确把握检修养护时机，依照检修养护流程，卡控作业流程关键点，完成作业质量回检，实现作业全过程闭环管理。结合大数据统计应用和智能分析，可明确各专业设备检修重点及养护关键，掌握设备变化规律，预测设备运行状态趋势，安排生产作业任务，指导设备预防性维修，对发现的潜在问题和倾向性问题有针对地处理，将风险隐患消灭在萌芽状态，使设备故障率明显下降，运行状态大幅提升。

经综合统计对比，通过智慧化转型管理实践，天窗纯作业时间平均达到204分钟，提高20%；工作面达到124个，增加155%；工作效率提升2倍，安全风险降低40%。全年增加作业时间共计3185小时，每小时节省施工作业综合投入约1万元，合计3185万元。全年累计兑现计划增加32.6%，开展工作面增加54.5%，全面提高了设备质量，节约设备维护成本1000万元。

2. 企业成本降低

智慧化转型管理实践不仅提高了作业效率，保证了设备运行质量，而且降低了企业成本。设备智能运维系统的应用可有效减少设备故障30%左右，同时监测数据分析及故障智能诊断技术的应用可压缩故障延时50%以上。根据朔黄铁路2021年运量目标3.4亿吨，每吨公里单价0.12元计算（运量/365天/24小时/60分钟 × 吨公里单价 × 朔黄铁路公里数），平均每影响运输1分钟将造成直接经济损失4万元左右，按照每件故障影响运输20分钟计算，每减少1件故障就可提高运输收益80万元，2021年共减少设备故障10件，压缩故障延时240分钟，可增加收入1760万元，如图5所示。

通过无人接发车系统，实现数字化管理，节省车站人工成本，达到减员增效的目标；通过隧道结冰智能巡检技术，减少人员上道，实现精准打冰，原平分公司每年产生的巡冰打冰费用为500万元左右，该技术的应用可节约1/3左右的费用，每年可节约150万元左右的费用。

原平分公司利用大数据技术对各专业2939个监测项目多达2.54亿条的监测数据进行智能分析，使人工数据分析工作量减少了90%，实现了状态修，检修工时显著降低。

经统计，2020年，电务专业节约人工59.5%、工务专业节约人工47%、供电专业节约人工51%，全年节约人工成本总计1060万元。

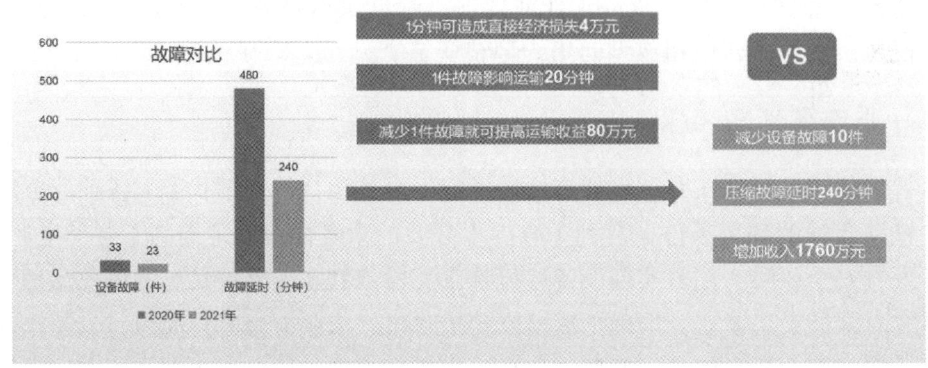

图5　故障及经济对比

（三）彰显了社会效益

随着山区重载铁路智慧化转型的不断优化，山区重载铁路的运营管理方式、设备运行质量、运输生态环境及作业流程体系得到了很大改善，不仅解放了劳动力，提高了工作质量和效率，对促进铁路运输业的发展和社会进步也具有积极的推动作用。

1.提升企业文化

随着朔黄铁路智慧化管理的逐步转型，企业文化整体得到提升，创新思维文化所占据的比重也逐步增加，在员工内部形成了良性的学习氛围，并在班组、工队、专业内相互促进。同时，智慧化管理实践的深入应用，转变了传统铁路运输“粗放式”的管理方式，打造出绿色、高效、智慧的新形象。

2.提高环境效益

朔黄铁路主要承担煤炭等化石能源运输的重大任务，针对运输过程中产生的煤粉尘扬尘污染和可能遇到的洪灾、隧道病害等环境问题，均采用对应的系统方法进行预防或治理，确保了周边水源不受污染、附近动物生存不受影响、铁路两侧景观不受破坏，极大地提升了铁路沿线的生态环境效益，为我国重大工程建设和环境保护协调积累了宝贵的经验。

（四）推广价值

目前，山区重载铁路智慧化管理已完成了大量的研究和实践。近年来，人工智能、云计算、物联网等新技术在各个领域发展迅速，为智慧化管理研究提供了便利的技术条件和基础。同时，国家能源集团提出的智慧铁路建设，也为智慧化管理起到了极大的促进作用。

在扬尘、洪水、隧道病害整治等环境管理实践中，通过智慧化管理可以有效改善铁路沿线的生态环境，实现生态价值；同时能为周边村民提供工作岗位，增加其收入，创造社会价值，实现“双赢”。业务融合管理实践，以统一化的管理和业务操作，实现了管理的直接和资源调配的高效，大大提高了企业工作效率。无人化与数据监测管理实践切实提高了铁路电气化设备维护的高效，拥有智能检测、远程监测等功能，有效节约人力、降低安全风险，提高了企业的市场竞争力。该智慧化转型管理实践能够更灵活、更经济、更安全地运用在设备及作业中，使用范围较广，带来的安全效益不可估量，不仅对铁路，甚至对公路、水路交通都具有极大的借鉴和推广意义。

主创人：王　风　宋俊福
参创人：张志刚　徐炳辉　李　锐　白宏权　张　岩　卫永刚　李宝峰　郭毅飞

基于公有云的散装物料销售运输生产计量全流程管控一体化平台开发及示范应用

陕西商洛发电有限公司

陕西商洛发电有限公司（以下简称“商洛发电”）成立于2011年4月，是全国500强企业陕西投资集团有限公司的全资子公司，为国有独资中大型发电企业。

商洛发电位于陕西省商洛市境内，公司规划建设的4×660MW超超临界火电机组计划分两期建设完成，是振兴革命老区，助力国家脱贫攻坚的扶贫造血项目，也是目前商洛市已完成单体投资最大的工业项目，每年可发电70亿度，可满足商洛市区1200万平方米办公及居民采暖供热的需求。

商洛发电一期工程投资运营2台660MW国产超超临界燃煤发电机组，于2016年6月30日开工，两台机组分别于2018年11月28日和2019年3月21日完成168小时试运，于2020年6月29日转入商业运营期，主营业务为电力、热力的生产与销售。

截至2021年年底，公司拥有职工367人，总资产547987.67万元，净资产96146.37万元。2021财务年报营业额196476.77万元，利润总额-17737.94万元（受2021年新冠肺炎疫情影响，国内国际煤炭价格暴涨数倍，公司履行国企使命及电力骨干企业稳定供给能源责任，仍全力保证发电机组运行，致使亏损较大），纳税总额1643.58万元。

一、实施背景

（一）传统粉煤灰销售生产计量管理系统三大模块

1.销售管理

销售方根据发电厂厂级信息管理监控系统（SIS）的发电量、负荷、库存灰位、燃煤品质等信息，人工预估粉煤灰产量，并收集各采购方市场需求，协调各采购方粉煤灰销售量。在保证发电机组安全生产的前提下，最大化地销售高价值粉煤灰。这个过程中仅发电量、负荷、库存灰位、燃煤品质等信息可以从SIS中自动获取，但是未来的库存预测、市场需求、运力信息、运费规划等信息需要人工与各采购方进行电话联系，汇总信息，然后进行人工分析判断，最后制订粉煤灰销售计划。这种运营模式导致营销环节效率低下，销售计划的机会成本加大，不能实现需求与库存、生产安全的最优配置。

粉煤灰销售前需要签订并管理销售合同，提交预付款并动态管理预付款，保证预付款在实时扣除货款后具有一定的结余款并作为押金，在粉煤灰销售后及时与采购商进行结算，回收货款。该过程均由人工完成。

2.运输管理

各采购方在接到分配的销售计划后，与运灰车辆司机联系，沟通协调运力，确保完成销售计划。在这个过程中，各方及时沟通，根据实际情况调整销售计划。该环节均由人工完成，运力分配及运费规划没有数据支持，随机性较大，导致运费偏高，间接地降低了销售商品的市场竞争力。

3.定量装车及计量管理

运灰车辆司机根据各采购方分配的销售计划，来电厂灰库装车，销售计划的实施由灰库生产人员进行人工管理。根据电厂自动化水平，有定量自动装车和人工装车两种情况。运灰车辆装完车后，进行出库计量，打印销售出库单进行结算。虽然计量过程为自动完成，但是除重量采集以外的信息录入还需要人工提前完成，造成装车效率不高，车辆平均等待时间较长，运力资源浪费严重。

上述三种管理属于不同的业务模块，其信息化水平参差不齐，各部分数据不能互通，需要投入大量的人力资源进行协调，最终管理效果受人员素质影响较大，导致企业管理成本偏高，企业对市场需求变化响应迟缓，最终导致企业经营效率低下。

（二）销售运输生产计量全流程管控一体化平台建设理念

该平台的总体设计理念是以电厂的实际需求为主要根据进行设计规划，依照“简便、高效、经济、可靠”的原则，建立起高度集成化的电厂管控一体化系统，最大限度地避免人为因素对业务管理造成的影响，打通粉煤灰销售管理、运输管理、定量装车及计量管理三大系统之间的信息壁垒，从而实现对粉煤灰销售及调运业务的智能化、自动化管理，同时建立起管理环节无缝衔接及无人值守、管理数据自动生成的实时信息监控系统。

平台的总体架构由粉煤灰生产与库存管理、粉煤灰销售计划管理、运输管理、车辆信息化管理及入场识别自动化管理、称重计量无人值守全自动管理、信息采集与统计分析、预付款管理与货款结算等多个主要功能模块组成。通过信息化、自动化与物流技术的应用，最终建立起网络化、信息化、智能化平台。

（三）销售运输生产计量全流程管控一体化平台建设的目标

（1）建设一个管控平台，把粉煤灰销售业务、运输业务及粉煤灰出库生产业务、计量业务、货款管理及结算业务全部部署在该平台上，实现全业务流程协同管控，各业务系统数据透明传输，便捷调用。

（2）采用轻资产化方案，尽可能利用现有硬件资源，减少初期投资，实现最大的投入产出比。

（3）平台人机界面友好，上手简单易用，便于各层次业务人员使用，减少培训投入。

（4）平台能解决实际业务问题，降低成本，提高经济效益，符合节能减排、降本增效的大方向。

（5）平台安全可靠，需兼容企业现有系统和实际业务情况，确保投入使用后不会对既有业务造成冲击，实现业务平稳过渡。

（6）平台运行稳定、框架合理、使用流畅、算法先进；包含后台基础维护、BUG修复及后续升级服务；配套应急预案和预防措施，以保障平台的稳定运行及对突发事件的紧急处理，保障数据安全和信息安全。

二、项目主要内容

（一）项目重点

平台使销售管理、运输管理、定量装车及计量管理三个系统协同运作，形成透明化、可视化的数据链，打通三个系统之间的数据通道，实现信息共享与互通，实现信息化系统与自动化系统的有机结合。

（二）项目难点

（1）销售管理和运输管理没有形成数字化、信息化模式，与定量装车及计量管理系统未实现数据交互，需要人工介入，效率低下，且有管理漏洞。传统信息系统若要实现销售管理、运输管理、定量装车及计量管理协同动作，必须投入大量设备与人力资源，投资较大，回报率很低。

（2）人员管理、车辆管理、货款管理、信息管理、流程管理中的安全问题亟须解决。人员管理包括业务人员身份认证、司机身份认证、采购商身份管理、现场人员身份审查等；车辆管理包括车辆信息审查、车辆号牌管理等；货款管理包括合同管理、预付款管理、系统实时结算等；信息管理包括计划及运单详细记录、各类敏感报表、短信及微信通知等；流程管理包括车辆排队、出入厂放行、装车、计量等。只有解决了安全问题，平台才能可靠投入运行，为整个业务管理过程提供信息化及自动化支撑。

（3）由于该平台涉及的相关人员众多，需要对员工进行一对一的业务培训，使员工愿意使用平台、熟悉系统，为平台顺利投运打好基础。同时平台也将及时接收使用者的反馈不断进行优化。

（三）项目建设基本思路

（1）平台部署在公有云上，各个业务流程上的人员均可方便地通过手机App接入平台。

（2）平台与电厂两个独立的自动化系统无缝衔接，这两个系统与电厂的发电机组控制系统是没有关联的，在保证安全的前提下平台可以对这两个系统实现协同管控。

（3）平台把所有相关的采购商、车辆、司机等信息均纳入数据库，便于有效管理。

（4）通过平台收集市场信息及运力信息，根据生产管理系统提供的实时库存数据，动态匹配销售计划及运力，确保发电机组运行安全，实现销售产品价值优化、运输路径优化、运输成本优化。

三、项目创新点

（一）管理创新

该项目把传统的购买设备和技术转变为购买服务，采用SaaS（软件即服务）模式，基本没有前期投入，当信息系统服务满足使用要求后才付款，且费用极低，降低了企业采购风险和使用成本。从应用效果来看，相较于传统的信息系统，该平台使用成本只相当于其维护成本，而且效率很高，对于应用中发现的问题，可通过软件升级予以解决。

该平台的成功应用，对于电厂信息管理系统的发展具有现实的借鉴意义。传统的电厂信息管理系统由建设单位自行采购设备、建造机房、搭建系统，并自行维护，这种方式投资成本高、建设周期长，不能满足基建及生产全周期管理需要。而采用购买公有云上的信息服务模式，可以有效降低电厂信息化建设成本，提高信息化管理效率及质量，为电厂信息化建设提供了新思路。

（二）模式创新

采用云服务技术建立业务平台，把应用部署在公有云上，实现了外部的市场销售、运输管理、司机管理，内部的粉煤灰出库装车管理、计量管理等系统的集成，各系统间数据传输透明化，可以随意调用所需数据，实现了粉煤灰销售、运输、生产、计量等相关业务协同管理。该平台与公司现有的粉煤灰生产系统及计量自动化系统（这两个系统各自独立，与发电机组控制系统没有关联，不会对发电机组安全运行构成威胁）可以无缝衔接。在解决了安全问题后，平台下一步可以与SIS进行连接，以便获取所需的生产实时数据。

（三）工作创新

利用粉煤灰销售、运输、生产、计量等相关业务链上既有手机和电脑，无须增加硬件投资，即可完成生产、销售、运输、司机、计量管理的全闭环信息化。结合粉煤灰自动化定量装载系统、汽车衡自动化票据打印机及出入厂自动道闸系统，即可实现粉煤灰生产管理、出库管理、计量管理的无人化、智能化。

（四）平台优势

1.为管理层科学决策和电厂安全高效运营提供有力保障

平台的建设能够淘汰落后的操作方式和管理方式，实现企业“管理标准规范、运作高效可靠、数据自动传输、全程实时监控”的智能化管理目标，帮助电厂降本增效。在电厂闭环业务运作层面，首先，平台能够将关键环节和节点数据上传，并能够对关键风险事件进行预警，这为管理层的科学决策提供了有力支持；其次，通过智能化系统的信息共享功能，能最大限度促进业务管理全过程作业协同，及时发现管理中存在的漏洞，并及时采取有效措施解决问题，为电厂安全运营提供保障；最后，智能化系统的应用能够使销售管理、运输管理、定量装车及计量管理实现可视化，简化原本烦琐冗余的管理流程，从而缩减岗位，节约人力成本。

2.最大限度降低销售风险，实现销售计划最优配比

平台能将电厂粉煤灰生产信息、销售信息与各大采购商需求信息进行智能化精准匹配，促成有效订单。在长期开展战略合作的企业之间，可协议权限性，共享电厂销售计划，通过供应商管理库存的模式，实现双方精准对接，降低销售风险。在车辆进项入厂装货作业过程中，电厂可通过智能门禁及视频系统，全程无死角地对整个车辆入厂状况、装载状况和出厂状况进行在线监管，最大限度地保障企业财产安全，提高装载效率的同时降低经营管理成本。从数据层面到具体业务操作层面杜绝可能发生的销售风险。

3.系统兼容性强

平台兼容销售与调运链从上至下的输入输出接口，实现与企业业务流程和工作流程的无缝衔接，自动获取物联网数据，优化并实现企业全业务流的信息同步与数据集成、整合、分析、管控。

4.强化承运企业社会责任感，督促企业树立低碳、环保意识

车辆经过审验合格入驻平台后，平台可通过技术手段获取该车辆的线路、速度、位置、重量、苫盖、扬尘等相关信息，以此实现对超限、超载、污染等问题的实时在

线监督。此举措施可增强承运企业发展绿色低碳物流的环保意识，强化承运企业的社会责任感。平台所产生的与交通运输、生态环境等相关的数据可直接上传至相关职能管理部门数据中心，自觉接受有关部门的在线监督，从而树立商洛发电良好的社会形象，提升品牌知名度。

（五）项目建设具体方法

1. 实现销售管理、运输管理、定量装车及计量管理三大模块之间的数据链接

平台实现了销售方、采购方、运输方的三方互通，销售计划下发给各大采购商后，电厂可在线将运输计划指定给承运商，或直接将计划派发给具体的车辆和司机。平台所有入驻的司机及车辆均合理合法注册，做到信息完备，完全符合运营条件。当运输计划下发给司机时，司机能通过手机App知悉该计划的具体信息，并按照计划要求进行拉运。整个运输过程受平台监管，确保人、车、货安全、按时抵达。车辆进厂装货时装货人员扫描车牌信息即可获取装货信息，根据厂区条件进行定量装车或人工装车，装车数据及计量数据实时上传至平台进行比对，并对计量数据进行记录。确保车辆按计划装车，保证货物安全及厂区利益。三大模块打通之后，整个粉煤灰的销售计划将最大限度地实现自动化和信息化，从计划制订到计划分配、从在途运输到进出厂装卸货，整个过程受平台监管，各节点数据清晰可见，提高粉煤灰销售效率的同时确保了厂区的信息安全、资产安全，提升了管理效率和运营效益。

2. 降低粉煤灰销售及厂区内部闭环运营管理成本

为了对电厂粉煤灰销售业务进行科学管理及调度，商洛发电综合计划制订、计划分配、入厂自动识别、无人值守计重、装车管理、厂区信息化管理等环节，形成了一套行之有效的智能化管理系统，同时实时采集业务各节点相关数据，并对这些数据进行智能分析、提炼和比对，确保数据的准确性、及时性、合法性、精确性。实现粉煤灰销售业务的全流程智能调度和监控管理，为业务管理提供了准确的信息支持和辅助决策，提升了粉煤灰销售业务管理水平，降低了管理成本。

3. 实现信息共享，确保信息安全及资产安全

平台可以有效规范内部管理及外部调运管理，避免了车辆进厂后，在某些环节中由人工操作而导致的作业失误和徇私舞弊现象。平台建设融合了移动互联网及物联网技术，实现信息共享，真正做到公平、公正、公开，确保粉煤灰销售业务从计划制订与分配，到车辆入厂装载及出厂全过程信息管理的公开化、公正化和透明化，实现粉

煤灰销售业务管理的数据流、业务流与监管流的高度统一，做到有迹可循、责任到人，保障信息安全和厂区利益，杜绝各类安全问题发生。

4.采用行业先进框架及算法，确保系统稳定

平台生成的数据涉及生产企业、物流企业、货运经纪人和卡车司机等所有交易主体的信息，涵盖交易数据、服务数据、位置数据、行为数据、异常数据、信用评价数据等多个维度。整个交易流程是闭环生态系统，每一个数据都是基于平台真实的交易、服务和结算场景生成的，都能做到有据可查、有迹可循。

技术开发层面，平台采用当前主流开发框架“Spring Cloud”，可实现便捷开发，防止服务雪崩。用户信息都进行加密处理，服务器托管于阿里云，采用HTTPS安全协议，可有效防止XSS攻击（跨站脚本攻击），保障数据安全和信息安全，确保平台稳定运行。

四、实施效果

（一）管理水平

（1）通过平台协同管理，减少人为干预，每班平均减少1名定员。

（2）通过购买服务方式，减少了信息系统的维护工作，可以减少系统维护人员1名。

（3）平台实现了全过程透明管理，没有人为干预，降低了从业人员廉政风险。

（4）通过平台数据共享，相关管理人员可以实时获取所关注的信息，辅助科学决策。

（二）经济效益

（1）根据市场需求和库存安全情况，科学制订营销策略，精准实施销售计划，最大化销售高价值粉煤灰。商洛发电粉煤灰销售毛利率为周边同类型企业最高水平，每年可增加销售收入80万元。

（2）通过平台运力协调及运输路径优化，避免了车辆排队等待，同时装车时间压缩在30分钟以内，实现了分选、装车、计量等业务环节时间上的精准控制，极大地提高了作业效率。根据过去4个月的运营数据测算，每年可为运输车辆节省8000小时，仅此一项，即可降低社会运输成本约5万元。

（三）社会效益

（1）该平台具有可复制性，可在同类型电厂中直接推广，对于煤炭、砂石等大宗散装原材料使用企业也可以优化流程后推广。公有云平台和SaaS在工业企业中具有很好的使用前景。

（2）该平台应用成功后，对于探索电厂信息管理系统的发展有现实的借鉴意义。在此基础上，为下一步电厂信息化系统的轻资产化建设提供经验和教训。

（四）生态效益

（1）平台科学协调销售及运输，实现了粉煤灰向事故灰场零排放，杜绝了环保风险。

（2）提高粉煤灰运输车辆效率，减少油耗，每年可减排70吨二氧化碳。

主创人：张正峰　郭进民

参创人：党　军　林建华　姚　正　姚兴龙　李军岐　田　峰　郭新照

积极践行以人民为中心的发展思想 全面优化集团境外人身风险管理

中化工程集团财务有限公司

中国化学工程集团有限公司（以下简称“中国化学”）源自原重工业部1953年成立的重工业设计院和建设公司，是国务院国资委直接监管的大型工程建设企业集团，是最早承接境外承包工程的中国企业。自1995年以来，中国化学连续被美国权威刊物《工程新闻记录》（ENR）评为全球最大的250家承包商之一；在2021年ENR发布的石油化工子榜单“全球十大油气工程承包商”中，中国化学排名第5。在美国《化学周刊》公布的最新一期全球油气相关行业工程建设公司排名中，中国化学排名第2。中国化学现拥有境外机构134个，分布在俄罗斯、印度尼西亚等60多个国家和地区，境外业务占比近40%。

中化工程集团财务有限公司（以下简称“财务公司”）是经中国银行保险监督管理委员会（以下简称“银保监会”）批准设立的中国化学下属非银行金融机构，于2012年9月在北京正式开业，注册资本10亿元人民币。主要经营范围包括：为成员企业提供结算、信贷、产业链金融、外汇、保险、融资等业务，在银行间市场开展同业投融资业务。近年来财务公司经营状况稳中有升，资产总额和营业收入等主要经营指标总体呈增长趋势。截至2021年年底，财务公司资产总额超440亿元，负债规模约420亿元；2021年度营业总收入超8.17亿元，净利润超2.25亿元。

一、实施背景

（一）基于以人为本的指导思想

2021年4月，习近平总书记在博鳌亚洲论坛2021年年会上发表重要讲话，指出当前世界进入动荡变革期，不稳定性不确定性显著上升，我们要坚持人民至上、生命至上。2021年3月，国务院国资委党委书记、主任郝鹏撰文指出，强化企业海外利益安全，加快构建海外利益保护和风险预警防范体系，维护境外资产和员工人身安全。这表明国家极其重视境外安全问题，坚持以人为本的指导思想，这为本项创新成果的开发指明了方向。

（二）面对形势严峻的海外局势

在当前百年变局、世纪疫情和中美博弈叠加共振，国际政治、境外安全及“一带一路”建设面临严峻复杂形势的背景下，境外突发性、不确定性等安全风险较为突出，给境外中方人员生命安全带来巨大威胁、对境外正常生产经营造成重大影响，具体表现在：一是地缘政治因素引发的安全挑战，以美国为首的西方反华势力对“一带一路”倡议抹黑并对沿线国家和地区进行围堵，造成印太、亚太、中东等地区不稳定和动荡，给中方人员的人身安全造成威胁；二是宗教、文化差异带来的冲击挑战，斯里兰卡、伊拉克、尼日利亚等国家和地区宗教与民族矛盾突出，跨文化沟通交流较少，多方势力持续存在并相互干扰，导致中方人员人身风险较大；三是传染病带来的人身风险，“一带一路”沿线国家和地区多发疟疾、登革热、埃博拉及新冠肺炎等疾病，一些国家政府疫情防控手段有限，造成中方员工面临多重疾病风险且心理压力巨大；四是交通及基础设施落后带来的风险，部分项目所在地区偏僻、交通闭塞，当地医疗资源匮乏，难以配置专业医疗及安全保障队伍，一旦出现紧急情况，无法及时转移或撤离。因此，亟须解决境外人员上述人身安全问题。

（三）存在个性化的保险需求

一方面，中国化学作为大型建筑类央企，以及实施国家“一带一路”倡议和“走出去”战略的排头兵，境外项目占比较大且相对分散，所属行业风险较高，尤其是承接的大部分为化工项目，常处于易燃易爆、高温高压、有毒有害等恶劣环境。此外，境外项目所在地情况复杂，境外工作人员规模较大且结构多样，人身风险管理需求复杂，对保险需求程度较高，急需一套符合其自身特色的统保产品以解决人身安全问题。

另一方面，目前保险市场上已有很多针对出境人员的相关保险产品，保障范围全面，产品分类多样，各类商业保险公司均有其同类同质产品，但又各具特色。然而中国化学根据对市场已有产品的调研，发现一种或一类产品难以完全覆盖境外员工所面临的全部风险和办理需求，需要进行个性化组合与定制。

（四）具备保障条件优化空间

从集团整体层面看，统保前境外人员人身风险管理存在保障方案不统一、投保主体不充足、风险保障不全面、保障程度高低不等、保费价格参差不齐等问题，尤其是缺乏国际救援等特定保障，集团公司境外人员人身风险安全管理亟须优化。

从各企业层面看，经财务公司与成员企业沟通、分析统保实施前各企业境外人员相关数据和保单信息，发现各成员企业在投保境外人员意外保险时，普遍存在保额较低、保障范围较窄、费率较高的情况。主要原因：一是企业较难获得专业性协助，导致保障责任不够全面；二是企业分散投保无法形成规模优势，导致保费价格不够优惠。

（五）拟实现的目标与定位

基于上述背景，本项创新统保产品应运而生，本产品的定位是“更全的保障、更好的服务、更低的价格”。一方面，本产品根据中国化学特色及不同保险产品的优势组合设计，拟为企业提供较为全面的保障、较低的投保费率，以及更优质的服务，以此获得绝大部分成员企业支持；另一方面，本产品的实施拟满足中国化学境外人员对新冠肺炎传染病、救援等特定风险保障相关需求，从而有效提高境外突发事件的应对处置和保障能力。

二、内涵和主要做法

（一）创新基本特点

与同类产品相比，中国化学境外人员统保产品主要具有以下创新点及优势。

1. 集各产品之所长，提供较全面的保障

财务公司对市场上各保险机构境外人员相关险种及产品进行了全面调研和仔细研究，充分评估并梳理了各产品的优势及劣势，取长补短并进行合理地组合设计，最终实现中国化学境外人员统保产品集各产品之所长，从而为中国化学各成员企业境外人员安全提供全面有效的保障。具体表现在以下两个方面：一是中国化学境外人员统保产品的保障责任范围全面（扩展新冠肺炎等责任，无既往病史限制），保障地域覆盖全球，所有人员均可保障（不限制人员类别或最低投保人数）；二是统保产品的合作保险机构均为中资背景，可满足中国化学成员企业及人员信息的保密性要求，充分践行央企社会承诺，有效加强信息安全保护。

2. 为中国化学量身定制，有针对性地提供服务

一是财务公司在统保产品保障人身安全的基础上，系统充分地评估了各类安全风险，密切关注境外局势，及时提示相应企业相关风险；二是财务公司根据实际业务情况及各企业需求，及时调整产品的计费周期、投保条款和投保模式等，使之更实用；三是财务公司根据各企业的不同人员及不同需求，提供有针对性的专业化投保建议。

3. 利用科技服务平台，提升用户体验

（1）实现线上化和透明化。中国化学境外人员统保产品中的救援产品运用“科技+服务”的模式打造“四端一体”的云平台——全球救援综合服务平台，该平台包含供用户端使用的App、小程序，以及云平台PC 端和移动端，通过链接全球救援服务机构和全球救援指挥中心、企业客户，实现救援服务的线上化和透明化。

（2）全面保障服务及时性。中国化学境外人员出险时可通过定制化的全球救援综

合服务平台App直接报案，救援指挥中心可第一时间知悉出险人员的服务保障及定位，这样可以提高救援的及时性，有效保障境外人员救援服务体验感。

4.形成规模效应，总成本相对较低

财务公司协助集团公司将中国化学各成员企业的境外人员保险进行统一集中管理，形成规模效应，同时财务公司充分发挥在保险市场中的议价能力，在保证保障范围的基础上，协助各成员企业降低保险费率，有效节约集团公司整体保费总成本。

（二）主要实施内容

1.深入调研境外业务及人员情况

经财务公司多轮调研，中国化学境外人员主要为从境内派出的中国籍员工。

从员工数量来看，近年来中国化学积极响应国家“走出去”战略，把握“一带一路”倡议发展机遇，境外业务占比较高。随着境外业务的不断发展壮大，国际业务范围不断拓展，出境员工人数也不断增加，截至目前中国化学在境外的中方人员约1.6万人。

从地域分布情况来看，境外人员主要分布在俄罗斯、印度尼西亚、巴基斯坦、尼日利亚等46个国家和地区，149个州或省，境外机构和项目呈现分布广、所处地区分散、管理主体多样等特点，大多位于欠发达国家和地区。

从人员性别来看，境外人员中男性占据绝大多数，而大部分男性员工为家庭中的主要劳动力，一旦出现危险，将给家庭带来较大损失，对家庭原有经济来源和生活品质产生一定影响。

从人员构成来看，中国化学境外人员包括管理人员、施工人员及辅助人员等。其中，施工人员约占80%，其面临高空作业风险、起重机械伤害风险、自然灾害风险等诸多风险。

2.立足实需制订保障方案

结合集团公司境外业务快速发展、境外项目分散、境外人员结构多样、项目所在地情况复杂、境外人员人身风险管理需求复杂等多重特点，财务公司充分发挥自身的专业性，为中国化学设计出一套适合集团实际、适合成员企业实际、适合境外项目实际的境外人员人身风险管理方案。

针对境外员工面临的多重风险，研究并设定了团体人身意外伤害保险、团体交通意外伤害保险、境外救援产品、特定综合保障保险四个险种及产品，已较为全面地覆盖境外人员相关风险。针对境外员工分布广的情况，实现保障可覆盖全球各个国家和地区，且服务对象不限年龄、既往病史等。针对境外员工数量多、工种不同等特点，对人员及保额进行分级分类，明确不同人员的投保要求，实行差异化管理，使各类员工均可得到保障的同时又能够合理控制成本。

3.全面评估筛选合作保险机构

财务公司通过组织开展竞争性谈判的方式对保险机构进行了严格的比较和筛选，明确险种、保额、保障条款等必保要求，从公司资质、业务经验、专业能力、报价水平、服务时效性和服务态度等多维度进行综合评判，最终为集团公司选定了优质的合作机构和保障条件，为本项目有序推进提供了坚强保障。

4.提升企业风险防范意识及风险管理水平

针对境外人员面临的人身风险问题，财务公司基本解决思路为力求提升境外项目及人员的风险管理水平，除为境外员工采购相关保险产品外，具体采取的措施为：一是财务公司根据全球风险情况，不定期向成员企业发送全球重大安全事件报告，与成员企业持续保持沟通并提示相应国别地区员工注意加强安全管理，提前做好风险预判及风险防范；二是财务公司专门聘请外部保险机构通过线上及线下方式，定期就新冠肺炎、恐怖袭击、动乱的风险防范及应急措施等内容展开详细讲解，增强成员企业境外员工对人身保险及产品的保障责任、新冠肺炎防护，以及社会治安不稳定地区自身防护相关知识和信息的了解，进一步提升成员企业的风险防范意识，协助境外项目工作人员在异国他乡更好地做好个人人身安全防护工作。

5.全流程管理，提高合作保险机构赔付效率

针对合作保险机构在集团成员企业出险索赔时不积极配合的问题，财务公司基本解决思路为通过“前期、中期、后期”三个关键环节进行全流程优化，具体采取的措施为：一是在前期条款设计时考虑周全，确保保险方案相对完备，在出险后保障索赔有据可依，尽全力保障成员企业各方面权益；二是根据实际情况与保险公司讨论并确认索赔流程及手续，实现最大限度的简化；三是通过设置完善全面的评选标准和考核评估，选择资信优且信誉好的机构作为合作方，有效保障服务质量。

6.统一要求，持续加强统保实效

一是通过办公系统发布通知，宣导管理要求。财务公司协调推动集团公司统一发布保险集中管理通知，明确对境外人员人身风险保障要求，利于各成员企业在实际境外业务开展过程中严格按照集团公司要求执行，切实落实对境外员工的人身风险保障，保障统保产品覆盖中国化学整体境外人员。

二是定期组织培训会议，宣传服务内容。财务公司定期组织成员企业开展境外人员相关培训等一系列宣传活动，并编制印刷保险手册，对保障方案及具体保险要素进

行详细介绍与宣导，使成员企业充分了解保险产品和服务的特点与优势。这一举措获得了各成员企业一致好评。

三是实地走访成员企业，调研意见与建议。在该产品推行一段时间后，财务公司现场走访成员企业，进一步沟通境外人员统保产品，调研成员企业服务诉求和意见建议，并根据反馈需求在保险产品的投保规则等方面进行优化和完善，有效帮助成员企业解决实际问题，便于其使用。这一举措获得成员企业一致好评。

四是利用防灾防损费为境外员工提供防疫物资等。在新冠肺炎肆虐的背景下，财务公司依托集团公司保险集中管理优势，全面调动境内外保险资源，商讨并制定多项应急支持与保障方案，利用防灾防损费，通过当地采购递送物资等形式为坚守在境外项目建设一线的同胞送去防护服、消毒酒精、国产消炎药等医疗卫生物资，同时送去最诚挚的关怀。

三、实施效果

截至2021年12月底，中国化学境外人员保障产品累计投保近2.1万人次，保费合计超1000万元，为集团公司整体有效节约保费 200万元左右。财务公司协助中国化学成功开展境外人员统保工作取得了以下成效。

（一）全面保障境外人员人身安全

境外人员统保工作的开展充分体现出中国化学积极贯彻习近平总书记以人民为中心的发展思想，全面保障集团公司及各成员企业境外员工的人身安全。通过对各成员企业实际情况及需求进行调研、深入研究并优化保险方案，全面评估筛选合作保险机构，全方位保障了境外人员面临的人身意外、交通意外等方面的风险，并为其提供了境外出险或遇难后的救援支持，进一步体现出中央企业的担当精神和对员工的人文关怀，不断增强了职工群众的获得感、幸福感和安全感，更好地保障了境外工作人员各方面权益，受到了成员企业和员工的一致好评。

（二）进一步提升成员企业风险管理意识与水平

中国化学境外人员保险集中管理及财务公司提供的境外人员相关保险培训等服务增强了各成员企业境外风险防范的责任感和紧迫感，强化了境外员工的风险意识、危机意识和底线思维，进一步提升了中国化学各成员企业风险管理意识与水平。同时，财务公司协助境外项目工作人员做好风险预判、风险防范，以及人身安全防护工作，为中国化学境外项目稳健发展奠定了坚实基础。

（三）通过针对性服务提高保险沟通效率

财务公司作为中国化学成员企业，同时又是非银行金融机构，不仅了解集团公司及成员企业的业务特点和需求，更熟悉并具备保险方面专业知识。财务公司通过充分发挥自身优势，协助推进集团公司保险集中管理服务向专业化、定制化方向发展。一方面，作为专业机构，财务公司对成员企业实际保险需求进行深入分析，使各项保险投保方案立足于集团公司及各成员企业实际情况和风险需求，量身定制符合中国化学特色的保险方案，使保险服务更有针对性，进一步提升了保险保障效果；另一方面，作为成员企业的一员，财务公司能够与集团公司及其他各成员企业保持高效良好的沟通，可有效节约时间成本，提高业务办理效率。

（四）有效提升境外人员出险赔付效率

中国化学境外人员统保工作的开展有效解决了各成员企业分散投保后在索赔过程中面临的保险机构赔付不积极、索赔流程长、材料复杂等问题，能够充分发挥保险集中管理的优势效能，全面保障中国化学境外员工及成员企业相关利益。一方面，通过财务公司前期统保方案较为完备的设计，可避免后期索赔过程中出现索赔流程烦琐冗长、就条款问题引发争议等问题；另一方面，财务公司作为非银行金融机构，拥有较多保险方面资源，可协助各成员企业较为高效地协调并解决相关出险索赔问题，全面提升索赔效率及保险结案率，使保险切实发挥其应有的保障作用。

（五）提供物资支援及心理疏导保障

中国化学境外人员统保工作的开展可充分利用保险机构的防灾防损费资金，为境外项目员工采购递送药物、消毒用品、防护服等医疗卫生物资，一定程度上可解决境外人员面临的疟疾、登革热、埃博拉及新冠肺炎等传染病问题，为奋战项目建设一线的境外员工送去最诚挚的关怀；同时，财务公司依托集团公司保险集中管理优势，可全面调动境内外保险资源，协调出单保险机构为境外员工免费提供心理健康疏导服务等，以有效缓解境外人员身处异国的恐惧感、焦虑感和孤独感。

（六）节约中国化学整体保费支出

通过对境外人员保险集中管理，一方面财务公司可协助集团公司境外人员保险业务形成规模效应和集约效应，助力集团公司获得更加优惠的保险费率，优化保险服务质量；另一方面财务公司可利用自身专业优势和保险资源优势充分发挥议价能力，在保证保障范围的基础上，助力成员企业进一步降低保险费率，减轻资金负担，有效节约集团公司整体保费支出。经对比，在同等保障规模和保障条件下，境外人员保险集中管理能够实现中国化学整体保费降幅约22%。

主创人：贾白冰　程卫国

参创人：付　欣　蒋　燕　王士洋　张振联　李　卓　韩师媛

“一体化5G智慧建造”的建设与实施

中铁建设集团中南建设有限公司

中铁建设集团中南建设有限公司（以下简称“中南公司”）于2009年7月在湖北武汉成立，是中铁建设集团有限公司（以下简称“中铁建设集团”）旗下八大区域公司之一，经营范围辖湖北、湖南、江西三省以及贵州省部分区域，总部设在湖北武汉。中南公司现有员工1200余人，拥有一级建造师、注册会计师等各类注册人员120余人，年施工能力达800万平方米。

中南公司在超高层建筑、深基础工程、装配式建筑、城市综合管廊等领域都具有丰富的施工经验，具有独特的超高层和EPC总承包管理优势。自成立以来，先后承建了100余项省市重点工程及地标性建筑项目，在超高层城市综合体、大型产业园区、城市公用场馆、棚户区改造民生工程等市场业绩斐然。中南公司承建200米以上超高层建筑项目9项，承建150米以上超高层建筑项目14项，承建铜仁“五馆三中心”项目，以及九江鄱阳湖生态科技城、南昌青云谱区南莲路周边安置小区城市棚户区改造安置房项目等政府投资的大体量EPC工程。荣获国家优质工程奖2项、住房和城乡建设部绿色施工科技示范工程2项、全国AAA级安全文明标准化工地2项，其他各类省市级工程质量安全奖200余项。连续四年被评为“全国工程建设质量管理小组活动优秀企业”，2020年被认定为湖北省“守合同、重信用”企业和武汉市“守合同、重信用”企业。

一、实施背景

随着我国经济的快速发展，全国各地建筑工地数量和规模不断扩大。与此同时，建筑工地安全事故频发，建筑质量问题频出，建筑工地扬尘、噪声扰民等问题引起了社会的广泛关注。如何对建筑工地实现有效的监管，做好现场施工管理，保障安全生产，促进建筑工地安全施工、绿色施工、文明施工是各级政府监管部门及建筑施工企业等相关方亟须解决的问题。传统的工程现场管理模式已经不能支撑现代建筑业高速可持续发展的市场需要，更不符合新型城镇化建设的总体要求，施工企业迫切需要利用先进的科技手段促进项目现场管理的创新与发展。

住房和城乡建设部（以下简称“住建部”）发布的《2016—2020年建筑业信息化

发展纲要》指出，要全面提高建筑业信息化水平，着力增强BIM（建筑信息模型）、大数据、智能化、移动通信、云计算、物联网等信息技术集成应用能力，建筑业数字化、网络化、智能化取得突破性进展，数据资源利用水平和信息服务能力明显提升。2020年8月，国务院国资委印发了《关于加快推进国有企业数字化转型工作的通知》。中国铁建股份有限公司2021年工作会议也重点强调，要加快数字化转型步伐，逐步构建数字铁建，推动公司业务向数字化、网络化、智能化迈进。这一系列通知和会议要求都表明了各层级对推进数字化技术与建造全产业链深度融合的决心。

然而，近些年来智慧工地建设过程中，普遍存在以下问题：一是重复研发现象严重，大型建筑企业及其所属各级单位分散投入，建设了各类智慧工地平台，不能通过统一平台管理，导致成本多重浪费和价值成果分散，难以形成技术积累和数据传承；二是数据资产利用率低，企业与第三方技术厂商进行合作，形成的大量数据资产未能进行有效收集和使用，容易产生数据安全问题和数据资产流失现象，未有效开展数据赋能工作；三是智慧工地效益价值有待提升，目前智慧工地的建设和推广使用尚未实现数据驱动和业务优化，未能真正发挥提质、降本、增效的作用。针对建筑行业发展趋势和建设中存在的问题，中铁建设集团在前期技术积累的基础上，研发了适用于中铁建设集团工程项目分级管理的一体化数智建造平台。

中南公司随着规模日益扩张，所管理项目的数量越来越多，地理位置分散、管理人员少，难以实时地、全面地对各区域项目进行管控，若以传统的方式由公司部门对其进行管理，需要消耗大量的差旅成本和时间成本，且无法同时兼顾多个项目的实时管理。为解决这一矛盾，中南公司在总部与项目之间开拓了一条远程高效协同作战的路线，通过5G（第五代移动通信技术），利用高速率、低时延、大连接的优势，确保远程协作与检查工作顺利进行。

二、内涵和主要做法

（一）“一体化5G智慧建造”建设与实施的内涵

面对建筑行业日益突出的高消耗、高风险、高投入、低利润的问题，如何将现代信息技术与先进的企业管理理念相融合，转变企业组织方式、管理方式、生产方式、经营方式、业务流程，预控风险、防范风险，理顺内部机制，增加盈利和降低成本，提升企业经营管理水平，增强企业核心竞争力，为企业高质量发展赋能，是建筑企业在思考未来发展方向方面的重要课题。中铁建设集团在研发平台时，以“智能收集、数智分析、远程管理、提质增效”为一体化数智建造理念，基于“易用、实用、经济和安全”的原则展开相关研究及建设。易用，是指各类系统简单易用，能够自动采集的绝不人工参与，能够从接口数据中抓取的绝不重复填报；实用，是指智慧工地软硬件配套与系统的建设应用，必须与项目现场实际情况和管理需求密切结合，不能采取不接地气、不创造价值的智慧手段；经济，是指应充分考虑项目总成本，按照“经济适用”的原则，合理提供智慧工地服务；安全，是指核心技术与数据要确保防止泄露、自主可控，保障不受制于人，充分保护企业数字资产。

（二）“一体化5G智慧建造”建设与实施的主要做法

1.构建一体化数智建造平台

平台从以下几方面进行了目标规划：一是云化可视、多屏融合，项目全过程“云监工”，实现各类监控视频多屏可视，将项目履约关键信息、态势展示出来，实现通过一块大屏掌控全局；二是“远程会诊”，多方指挥，实现多方远程指挥协同，将各级视频会议、现场指挥对讲等系统融为一体，方便多方会诊项目问题、指挥调度和资源协调；三是多层级联动，数据聚合，各机构工程项目数据、企业经营数据等汇聚到统一数据中心，使项目数据全程可查，并对数据实时辅助分析及问题预警。通过三个方面，最终实现产业链形成网络化协同、数据链形成平台化供应、业务链形成数字化提升、生产链形成智慧化运行的效果。

中铁建设集团在智慧建造、数据融合、创新应用的总体思路下，搭建了一体化数智建造平台，坚持统一技术标准，实现跨平台的数据共享。通过不断完善，建立了企业领导层、信息化管理业务部门、分子公司、项目工地四级管理组织架构（见图1），并搭建了集团大数据中心，推进了中铁建设集团的信息化进程。

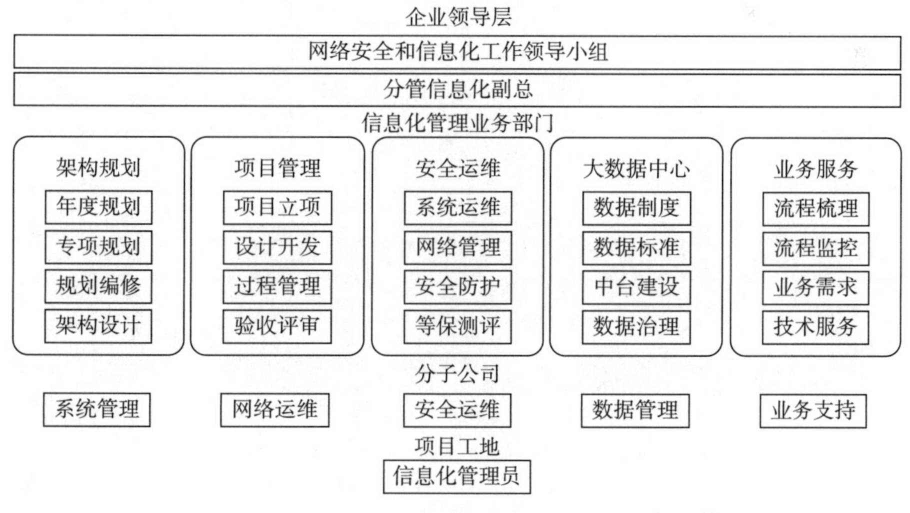

图1　一体化数智建造平台管理组织架构

一体化数智建造平台包括可视化监测平台和156项目管理数智建造平台，前者适用于中铁建设集团、分子公司，后者适用于项目部。除此之外，开发了移动端App和后台管理端，以辅助各层级管理人员移动协同办公和设置相应管理权限。平台数据均来自中铁建设集团业务系统的自动推送和物联网设备的智慧采集，最大限度地减少人为操作，实现了项目现场的智慧化管理。一体化数智建造平台层级架构如图2所示。

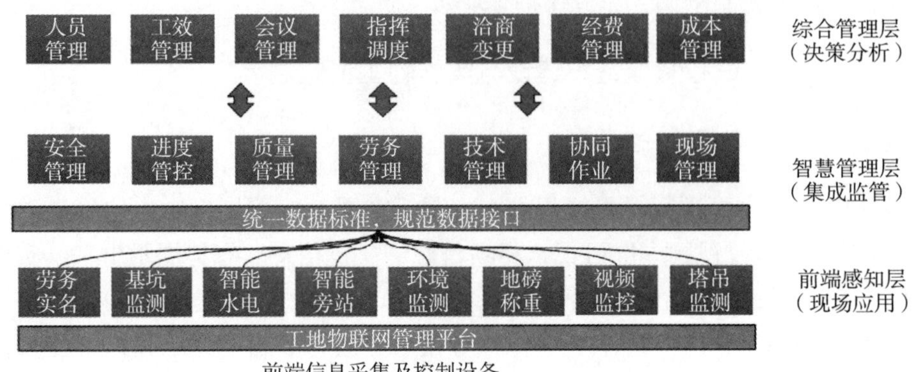

图2　一体化数智建造平台层级架构

基于微服务架构技术，实现统一用户授权、统一设备接入、统一提供服务的“三个统一”。首先，通过传感器、摄像头、手机等终端设备，对项目建设过程进行实时监控、智能感知、数据采集。其次，综合运用感知层汇集的数据，建立项目级智慧工地管理中端处理平台和数据库，覆盖警告管理、性能管理和配置管理的各个业务方面，实现在安全、质量、进度、技术、劳务、环境、材料、工作协同等业务领域的统一管理。最后，由终端系统实现多端管控。一体化数智建造平台技术架构如图3所示。

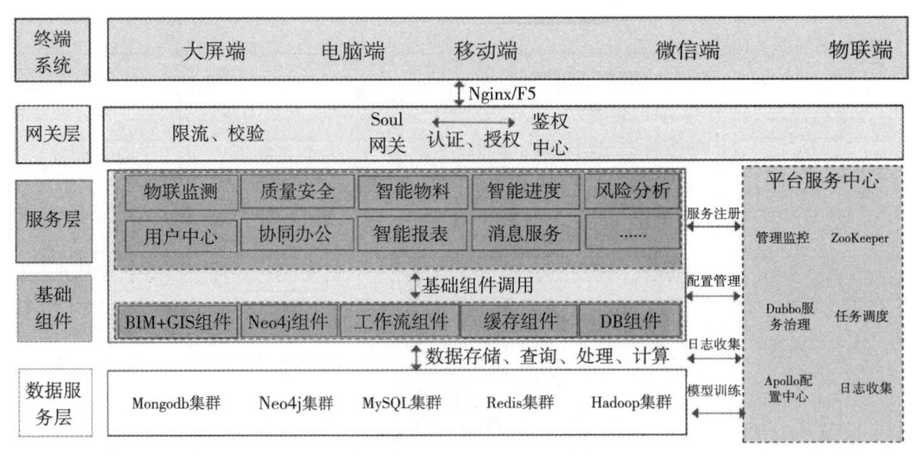

图3　一体化数智建造平台技术架构

（1）可视化监测平台。可视化监测平台专门为中铁建设集团、分子公司打造，包括视频集控、劳务实名、物料监控、进度履约、安全监控、质量管理六大功能模块，可通过中铁建设集团、分子公司、项目部三个层面进行展示，包含对项目施工信息的收集整合、数据分析展示。该平台的搭建实现了各级管理层对项目进行实时远程监控的要求。

（2）156项目管理数智建造平台。在智慧工地信息化建设基础上，中铁建设集团自主研发打造了服务于工程项目的156项目管理数智建造平台，以“1个平台、5大终端、6个智能、全业务应用”为核心框架，围绕项目施工进度、安全、质量、劳务、设备、物料、技术、环境等全管理要素，进行空间数据和时间维度信息的多方位一体化整合和联动分析管控，实现了物联端、大屏端、电脑端、移动端、微信端五大终端的全面集成，并通过智能进度、智能劳务、智能物料、智能设备、智能监测、智能调度六大智能场景实现不同业务数据间的融会贯通，将建造过程进行了数字孪生。

156项目管理数智建造平台采用三层应用架构：第一层是前端感知层，充分利用物联网技术和移动应用提高现场管控能力，通过人脸识别机、环境监测单元、摄像头、手机等终端设备，实现对项目建设过程的实时监控、智能感知、数据采集，并实现项目过程的标准化协同，覆盖项目管理、工地管理的各个业务方面；第二层是指挥管理层，也是集成应用层，满足政府、建设方的信息共享和实时监管要求，通过综合运用前端感知层汇集的数据，构建业务协同场景，共享信息资源；第三层是综合管理层，是中铁建设集团总部级的项目集群管理平台，能实现对所有项目数据的综合汇总和分析。通过156项目管理数智建造平台的应用，集团管理层能够实时掌控项目全局态势，洞察发展趋势，科学决策。

（3）平台移动端。为完善多端一体化功能，中铁建设集团开发了移动端App，为施工建设项目管理人员提供完善、便捷、多样、高效的应用功能，便于管理人员随时关注施工项目管理过程中的重点信息，及时处理日常业务，如工作协同、质量巡检、信息填报等。

（4）后台管理端。一体化数智建造平台设有后台管理端，根据中铁建设集团、分子公司和项目部等架构分层设置相应管理权限并进行相关运维服务。

① 管理权限。中铁建设集团权限：查看所有二级单位数据统计信息。

部门权限：只能查看本部门权限范围内的数据统计信息。

二级单位权限：只能查看本单位所属范围内项目的数据统计信息。

视频监控权限：每个二级单位只能查看本单位所属范围内项目的监控视频。

② 重点工程设置。可手动设置重点关注工程，或者通过工程管理系统接口获取重点工程信息。

③ 摄像头管理。具有设备在线/离线状态监测、掉线通知、手动添加视频设备等功能模块。

④ 智慧中心应用。具有每天检查远程视频监控设备日志，形成日志列表和其他日志应用管理等功能模块。

2. 基于5G智慧工地管理应用

根据国家“十四五”规划和2035年远景目标纲要，住房和城乡建设行业结合发展需要，规划设计充分利用云计算、大数据、物联网、人工智能、区块链、5G、BIM等新一代信息技术，持续提升建筑业信息化水平，以新技术赋能“新城建”，推动住房和城乡建设行业数字化、智能化、智慧化取得跨越发展。

近年来，中南公司严格落实国家和中铁建设集团信息化管理战略部署，全力推进智慧建造，积极探索运用数字化、智慧化的思维方法和手段加强项目基础管理。自2020年起，中南公司主管领导多次在年会上强调要用智慧化手段助力项目履约创效，并组建5G智慧建造推进小组，全力开展5G智慧建造工作。

在实施前期，中南公司对多个5G智慧工地项目进行了调研、交流与学习，引入5G技术实施专业团队。依托新一代通信技术，中南公司以中铁建设集团156项目管理数智建造平台为核心，着重打造了5G高清智能AI视频监控系统、吊钩可视化系统、eSIM智能安全帽系统、5G移动协作巡检系统、5G职业健康系统、5G移动巡检机器人六大功能模块，通过远程监管与验收全面提高了项目现场管理水平，并于2021年4月成功打造了国内首个超高层建筑5G智慧工地。

中南公司积极将5G智慧工地的应用成果进行归纳、总结，在江西、湖南等地多个重点项目中进行复制、推广，并以5G为依托，打造了总部智慧指挥中心，实现对所有项目施工现场的安全、质量、进度、设备、资料等方面的远程管理，实时掌握各项目管理数据，提高了企业管理和项目精细化管理水平。

（1）搭建5G网络环境。

由于工地环境复杂多变，有线网络部署繁杂、无线网络不稳定，导致智慧工地网络无法实现真正升级。5G三大关键特性（超高可靠低时延通信、增强移动宽带、海量机器类通信）可有效满足新型智慧工地稳定可靠、低时延、易部署的联通网络需求。

与4G、WIFI6、光纤综合比较，5G网络在上行带宽能够满足4K甚至更高质量的回传要求；时延及抖动满足设备远程操控要求；网络稳定抗干扰，满足移动场景需求；组网及实施复杂度低，能够随着结构施工的进度灵活调整网络覆盖。因此，5G网络是工地智慧施工管理的最优承载方案，具体方案分为三步：第一步，基于中铁建设集团一体化数智建造平台，运用AI、大数据、视频监控、物联网、AR等新技术，赋能智慧建造；第二步，提供适用于建造过程的定制化网络服务，如5G专属基站、5G切片、边缘计算等；第三步，提供基于建筑业诉求的多项创新应用，全面助力建筑业数字化转型。

（2）基于5G网络环境的项目远程协作与检查。

通过在中南公司机关建立指挥中心，在各项目部布设“智能AI眼镜”“视频展台高拍仪”等能连接5G网络的智能设备，部门管理人员在机关指挥中心即可对中南公司管辖的三省六十余项目部现场质量、安全、进度及内业资料进行远程的、实时的检查与协作。主要依托于以下科技产品的应用。

① 智能AI眼镜（远程协作与检查）：具备5G网络连接，远程、即时语音通话和实时视频传输功能。在5G网络环境下，通过智能AI眼镜远程验收系统对项目施工现场高效地进行远程检查验收，一方面可以实现公司职能部门对各地区项目部的远程协作与检查，高效落实公司“首七件验收制度”，为公司的技术质量管理提供有效的信息化支撑；另一方面在远程巡检、隐检、预检过程中可以对关键部位进行拍照留存，实现影像资料实时保存。留存可追溯的资料可以有效实现“远程协作记录”功能，便于随时查阅项目远程质量巡检管理记录，防止项目质量落实流于形式。

② 视频展台高拍仪（内业资料协作与检查）：能将内业资料文件投影在电脑屏幕上，在5G网络环境中，利用中铁建设集团156项目管理数智建造平台进入视频会议，利用“屏幕共享”功能，使加入视频会议中的成员可以清晰看到资料文件的内容，并能够进行实时的语音通话和视频传输，指挥中心各部门管理人员即可通过视频展台高拍仪对各项目开展远程的资料检查与协作，在实施过程中，可立即对项目下达整改指令，对各项目内业资料加强管理。同时，156项目管理数智建造平台能够录制资料远程检查的视频会议过程，便于随时查阅各项目资料远程记录，防止项目资料检查流于形式。

三、实施效果

（一）现场指挥智能调度

中南公司通过调度指挥协调功能，协助完成现场视频会议200余次，现场指挥调度实行中铁建设集团统管、二级单位督管、项目部执行机制，同时在中铁建设集团本级、二级单位、项目部制定三级视频调度机制。中铁建设集团本级、二级单位可以在视频中进行问题标注、问题预警、问题排查，同时可以通过可视对讲系统，直接与项目部人员对话。在临设布置完成时，现场可同步完成可视化监测平台所需硬件设备的安装和接入。项目部设置视频对讲值班员，可随时接收二级单位下发的工作联系单，并及时解决问题，反馈工作进度并留存记录。

（二）远程协作与检查

目前中南公司已有三十余项目配备以上两款能连接5G网络的智能设备，包含武汉、长沙、南昌、黄冈、荆州、红安、岳阳、益阳、常德、九江、上饶等地的十余个项目。平均每天有2～3个部门对各项目进行远程协作与检查，覆盖的部门包括技术质量部、安全管理部、工程部、物资设备部等。

2021年4月，中南公司组织打造了国内首个超高层建筑5G智慧工地，并于12月举办了湖北省首个5G+智慧工地观摩会，5G在远程协作中的应用得到了政府部门的充分认可，并获得武汉市汉阳区建筑管理站通报表扬。

2021年9月，由湖北省经济和信息化厅、湖北省通信管理局等单位主办的第四届“绽放杯”5G应用征集大赛湖北区域赛决赛在武汉市成功举办，由中南公司原创的《中铁建设集团中南建设有限公司5G+“智慧建造”的创新应用与实践》参赛作品从207项5G应用项目中脱颖而出，荣获三等奖。

基于5G网络环境的项目远程协作与检查的实施，降低了管理人员的出差频次，节约了出差时长，减少了差旅费用支出，极大地节省了时间和支出，提高了工作效率，并且解决了管理人员无法同时兼顾多个项目的问题，无限拉近了与项目一线的距离。

（三）BIM/GIS技术规划应用

BIM/GIS技术与无人机倾斜摄影建模技术综合应用，将既有建筑与拟建建筑完整结合，对既有建筑拆迁、场地综合布置、机械设备摆放、临时设施搭建、材料加工、现场道路铺设、基坑开挖等进行模拟策划，解决施工场地多变、策划困难的问题。通过30余次三维模拟仿真、地理数据分析和地形模拟计算，施工现场布局更加经济合理，提高场地利用率20%以上，减少后期二次搬运费用15%以上，达到了加快施工进度、节省工期的目的。

（四）施工进度全周期管控

156项目管理数智建造平台采用三级节点爆灯管控机制。通过施工总计划共计导入一级节点19个，二级节点55个，三级节点197个，关联BIM构件251821个。在施工过程中，各级进度管理人员通过手机实时了解各自负责的进度节点完成情况，并根据节点进度状态进行黄灯预警和红灯报警，同时通过BIM与三级节点关联，展示每个节点对应的BIM进度情况，整体反映施工进度，优化关键施工路径，及时调整资源匹配，保障了项目部在短短两个多月的时间内，完成拨线区域全部9万平方米结构施工，提前完成了阶段性工期目标。

（五）安全生产联网预警

每个项目设置塔吊监控、基坑监测点位和电子巡更点位，实时监测群塔间吊臂距离，风速，塔吊的力矩、吊重、位移、高度、转角等信息，根据设定的风险参数实时进行安全预警，并自动对塔吊进行防碰撞或降档处理。基坑监测智能监测模块对基坑的沉降、位移、倾斜进行全方位观测，当出现异常波动值，基坑监测系统将自动报警，并以手机短信提醒。在项目执行过程中共计发生各类问题预警210次，发现安全隐患50余项、质量问题30余项，对其进行了闭环整改。

（六）"人机料"精细管理

1. 劳务管理

在项目施工中，利用智能劳务模块，对现场11000余人进行了在线安全教育及考评，完成了每天3000余人的人脸识别实名制考勤管理。对下班高峰期采取严进宽出策略，通过群体识别技术，确保了大批量人员快速出场。结合工程情况，全面分析用工量是否充足，专业工种是否匹配到位，预防劳务人员过剩或不足的情况发生，实现了工程与用工需求合理对应。这种管理方式杜绝了用工风险，避免了恶意讨薪。

2. 机械台班管理

结合对车辆定位信息，以及区域道路车辆实时分布情况，实现对施工作业区内车辆情况实时展示和分析。对接中铁建设集团物资管理系统，每天记录现场各种大型设备数量及当月运行的台班数量，可视化展示大型设备的使用情况，分析大型设备台班是否满足当前现场施工进度。通过扫描二维码，在移动端能快速查询显示设备信息、跟踪设备状态，减少了人工录入数据的工作量，大大提高了设备管理效率。

3. 物料管理

与中铁建设集团物资管理系统集成，通过一体化数智建造平台填报用料申请，每日完成30条材料申请计划，以及50笔进场过磅验收，实现了混凝土、钢筋、周转料等主要物资供应商的在线协同。施工现场每天完成过磅120次，所有的材料都实现了二维码识别和一次发放。取消了材料计划、用料申请、现场收料、限额发料单等传统的纸质单据，使收发料数据更加准确，避免了飞单现象。

主创人：江张宿　郭　磊
参创人：田　亮　陈胜召　徐　序　刘汪洋　吴　洋　陈　敏　杨　雄

基于“业财税法”四位一体的“1234”中央企业财税创新管理实践

中国煤炭科工集团有限公司

中国煤炭科工集团有限公司（以下简称“中国煤炭科工”）是由国务院国有资产监督管理委员会直接监管的中央企业，作为一家全专业链综合性煤炭科技创新型企业，坚守保障国家能源安全的初心，为创新煤炭安全高效开采和清洁低碳利用担当使命，以持续科技创新推动行业进步。

中国煤炭科工拥有矿山安全、智能装备、设计建设、绿色开发、清洁低碳、新兴多元六大业务板块。通过整合提升煤机智能制造板块，通过自主创新与技术引进，构建煤机智能制造基地。着力发展安全技术装备板块，以煤炭安全技术和装备为基础，大力发展安全技术一体化解决方案和系统集成业务，打造行业主导地位和国际知名品牌。加快建设清洁能源板块，以清洁、高效综合利用为方向，加快产业发展速度，加速扩大产业规模。放开搞活设计建设板块，打造国内外领先的设计品牌，开创设计建设板块的新天地。加速优化示范工程板块，以智能化无人开采技术为方向，打造具有国内一流、世界领先水平的现代煤矿示范工程。开拓发展新兴产业板块，以相关多元化为出发点，优化资源配置，精心打造和培育核心竞争力。

中国煤炭科工深入实施创新驱动战略，构建三级研发体系，拥有国家级、省部级各类实验室和检测中心等133个。承担全行业50%以上国家级重大科技项目，85%以上行业技术标准的制定，95%以上国家煤矿用产品的质量检测检验。以煤炭智能绿色安全开发和清洁高效低碳利用为目标，强化核心技术攻关和产品升级迭代，在智能煤矿建设、矿区环境整治、煤矿灾害防控等领域形成了技术装备的领先优势。“十三五”期间累计科技投入49.6亿元；获批省部级以上科技项目和行业级以上标准共759项；申请专利3665件，其中发明专利2620件，授权专利2367件；获省部级以上科技奖励385项，其中国家科学技术奖9项。世界首台9米采高智能化采煤机、智能化无人开采技术及装备等一批关键核心技术取得突破，达到国际领先水平，主要装备基本实现国产化，引领了行业科技发展。

中国煤炭科工现有30余家直属企业、1家控股高科技上市公司，所属企业布局国家煤炭资源、科技资源聚集区域，分布于北京、沈阳、武汉、上海、西安、重庆、太原、南京等大中城市，员工近3万人，资产规模500亿元，2021年实现营业收入297亿元，实现利润24亿元，稳居国内同行业领先地位。

一、实施背景

中国煤炭科工作为转制科研院所，其市场化改革始于2000年前后，作为公益类企业，以兼顾企业为社会服务和企业持续发展的双重目标，在“公益+市场”两手抓，两手都要强的双重挑战驱动下，经过20余年的不懈努力，发展成为以科技为基础、以人才为根本、以市场为导向、以客户为中心，引领行业进步的一流科技创新型企业。

随着企业规模的不断壮大，以及在党的十九大以来深化税收征管改革的要求下，企业需要探索税务创新管理模式，积极推动管理创新与提升，强化防范化解重大风险的能力，推动自身高质量发展。中国煤炭科工在“1245”发展战略的基础上构建了“业财税法”四位一体的“1234”中央企业财税创新管理实践，这正是积极贯彻落实习近平新时代中国特色社会主义思想，扎实推动国资央企高质量发展的重要举措，也是改革攻坚三年行动、提质增效、防范化解重大风险的有力抓手，更是顺利开启“十四五”新征程的重要保障。

（一）应对复杂外部环境，把握新机遇、迎接新挑战

习近平总书记在中央经济工作会议上指出，世纪疫情冲击下，百年变局加速演进，外部环境更趋复杂严峻和不确定。国际经济受新冠肺炎疫情冲击，复苏“不稳定”“不平衡”，经济恢复的基础尚不牢固，持续稳定发展存在巨大挑战和压力。同时，当今世界又踏上了一个新的时代舞台，新一轮科技革命和产业变革正在重构全球创新版图、重塑全球经济结构，世界多极化、经济全球化、社会信息化、文化多样化纵深推进，各个国家、各个领域都要在现代化的洪流中奋力一搏，探索创新、思考变革、谋求发展。

在此形势下，企业要把握住复杂多样的环境，找到突破口，以改革和创新为助推器，勤修苦练，实现高质量发展，助力我国全面建设成为社会主义现代化强国。在此背景下，中国煤炭科工结合自身实际，眼睛向内，以加强经营管理提升为重点，持续推进改革攻坚行动，站在风险与价值的维度，推动“业财税法”一体化的税务管理工作，拓展生产经营和财税风险的内涵与外延，着力助推企业行稳致远。

（二）统筹推进国企改革，深化落实重大战略部署

习近平总书记强调，我们要深刻认识和准确把握外部环境的深刻变化和我国改革发展稳定面临的新情况新问题新挑战，坚持底线思维，增强忧患意识，提高防控能力，着力防范化解重大风险。同时“培育具有全球竞争力的世界一流企业”是党的十九大

向国有企业发出的号召，要把国企做强、做优、做大，不断增强国有经济竞争力、创新力、控制力、影响力和抗风险能力。国有企业要达成目标，就必须要加强管理体系和管理能力现代化建设，将建立现代企业制度、体系作为国有企业一以贯之的改革方向。

国有企业改革三年行动是党中央国务院在新形势新阶段做出的重大决策，中国煤炭科工全面贯彻落实国务院国资委深化国企改革的各项决策部署，坚持“顶层设计、统筹推进、重点突破”的工作原则，既抓重要领域、重要任务、重要试点，又抓关键主体、关键环节、关键节点，积极推进现代企业制度建设，开展提质增效专项行动、企业改革三年行动、对标世界一流管理提升行动，推动管理体系和管理能力再上新台阶。

（三）顺应税制改革新要求，落实管理转型新路径

税收是国家财政收入的最主要来源，是国家实施宏观调控重要的经济杠杆，同时也是企业生产经营的“投影仪”，兼具风险性和效益性，在企业管理中占据着非常重要的地位。改革开放40余年来，我国的税制经历了一轮又一轮的发展，特别是近年来随着“营改增”“放管服”“税收法定”等一系列标志性工程的竣工，国家的税收体系逐步迈向服务型和治理型，正由“以票管税”向“以数治税”蜕变，因此传统的企业税务管理模式已无法满足现代企业的发展要求。同时根据财政部印发的《关于全面推进管理会计体系建设的指导意见》，以及2016—2019年陆续印发的《管理会计基本指引》，会计职能由“账房先生”转变为“大内总管”，通过业财精益化管理的贯通，以“价值创造”为根，以“管控合力”为魂，推进财税管理工作跨越至战略转型升级新阶段。

近年来，中国煤炭科工通过不断总结、提炼、借鉴，融合先进的管理方法，探索出了一条具有个性化的业财融合管理会计之路。2018—2021年，中国煤炭科工以全面预算管理为切入点，用了四年的时间成功打造了以业绩考核为导向、以业务预算为基础的集科研、生产、经营、投资、薪酬、效益于一体的“大预算”管理体系。并以此为轴心推动量本利分析、定额管理等一系列管理会计工具在生产经营管理中有效应用，因此中国煤炭科工财务管理的进一步改革创新、能效提升具备了良好的前提条件和充足的底气。

（四）找准短板精准发力，实现管理提升新举措

1. 管理理念相对传统

中国煤炭科工作为转制科研院所，从被动依靠国家分配科研设计任务到逐步成为市场主体，从单纯的科技服务到科技产业化，再到资本市场化的高速发展，现代化的管理理念没能完全转变，存在重科研、轻管理问题，对科研转化、精细化管理等企业

管理重心意识淡薄，管控能力弱。

2. 多元化的业务板块加大了管理的难度

中国煤炭科工所属全级次单位上百家，产品、业务模式多样，涉及矿山安全、智能装备、设计建设等传统板块，同时不断开拓绿色开发、清洁低碳等新兴业务领域，加之部分业务服务地域偏远，极大地增加了企业的管理难度与管理成本。如何实现对常规业务标准化管理、对新兴业务规范化管理是目前面临的问题之一。

3. 风险管控能力有待进一步加强

复杂多变的外部环境及自我转型发展的内在要求，使中国煤炭科工对风险防控能力提出了更高的要求。内控管理不健全，加之业务多元化、地域分布广，管理难度加大，导致风险管理流于形式，事前控制能力弱，存在潜在的风险点，管理基础不能完全满足高质量发展的要求。中国煤炭科工紧紧围绕构建世界一流科技创新型企业的使命要求，对标世界一流企业，补短板、强弱项、提能力，夯实管理基础，优化管理流程，推动管理创新。以智慧财务建设为目标，以推进业务精细化管理为切入点，以税务管理为突破口，由浅入深、以点带面，引领企业在“业财税法”四位一体现代化管理的道路上，开启数字化转型新篇章，全面推进财税管理体系和管理能力走向现代化。

二、内涵和主要做法

（一）内涵

1. 基本思路

中国煤炭科工以“1245”总体发展思路为引领，围绕“十四五”总体发展目标，从法治底线和管理协同出发，构建了基于“业财税法”四位一体的“1234”中央企业财税立体管理体系，即“1”是以全面预算为主线，“2”是坚持“风险管控”和“价值创造”双轮驱动的财务管理理念，“3”是以“数智系统、合规共管、创新融合”为目标，“4”是以业务、财务、税务、法务融合为主要内容的财税一体化管控模型。通过数据挖掘、信息共享，有机融合业务、财务、税务、法务四项活动，在合法经营的基础上，通过业务、财务、税务的相互驱动，从组织、规划、决策、控制等方面有效提升工作效率与经营质量。通过“业财税法”融合，为中国煤炭科工的经营模式、财税合规、价值创造奠定了稳固的发展基础，为实现新时代管理变革与技术进步打造新引擎。

2. 主要内容

“业财税法”一体化，是企业在合规的基础上，通过优化业务流程、创新财务管理、利用税务策划，有机融合业务、财务、税务、法务活动，从而实现企业价值最大化。一是以业务为基础。业务活动包括采购、研发、制造生产、对外销售等，这些活动通过会计记录形成会计语言，同时因这些业务也产生了纳税行为。二是以财务为核心。财务管理渗透在整个科研生产经营活动的各个环节，涉及人、财、物各个要素，由于财务是天然的"数据中心"，财务管理成为提升运营管理的突破口，通过财务价值管理来协调、促进、控制生产经营活动。三是以税务为纽带。税务管理决策的依据是各项业务活动所产生的会计信息，同时税务管理为业务活动提供财税支持，通过合理规划或者调整经营业务活动实现税务负担最小化。四是以法务为保障。法治央企建设已成为央企发展的新目标，国家税收管理、营商环境不断优化，深化"放管服"改革，不断转变政府监管职能，对企业法治工作提出了更高的要求，"依法治企"是全面贯彻落实"全面依法治国"方略和国务院国资委法治央企建设的重要举措。中国煤炭科工通过业务、财务、税务、法务一体化管控，系统流程闭环，形成良好的制约环境；通过智能化预警达到事前控制的目的，有效化解风险，从而有效促进依法从业、业财融合、财税一体，确保企业优质良性运转。

"业财税法"的融合，使企业的业务操作、财务数据、税务处理和法律合规融为一体，从管理协同视角出发，将法务、税务元素同时引入业务和财务，产生"业财税法"融合的聚变效应，提升了企业运营及财税风险的价值认知，同时推动中国煤炭科工建设成为治理结构完善、经营依法合规、管理先进规范、公益效益双提升的法治央企。

3. 主要特色

一是以小见大，构建企业发展管理的合规底线。社会主义市场经济是法治经济，企业作为独立市场主体，首先必须做到依法合规经营。中国煤炭科工以税务管理为基点，立足"税收事先裁定""风险事先预判""他控转为自控"，构建基于风险控制导向的数智化管理模式。以财税风险管控为抓手，全面落实税法有关规定，从内控制度抓起，扎实修炼基本功，将税务管理有关规定渗透到生产经营各个环节，全面夯实税务基础管理。充分运用云技术等平台，转型信息化税务，利用共享中心对集团企业的涉税数据和发票数据进行信息化管控，监控企业税务风险，不断强化税收风险管控的手段。探索新领域的税收实务管理，利用集团化平台效应，做好新业务的示范。

二是协同联动，打造融合发展的产融共享平台。中国煤炭科工以管理协同思维推动"业财税法"一体化管理的落地实施。以"业财"融合为基石，利用全面预算全方位推动税务管理创新改革。从管理机制入手，搭建中国煤炭科工从总部横向贯通、纵向穿透的管理平台，推动税务管理贯穿业务的全生命周期，通过法律遵从、财务分析、资源配置，有效形成税务闭环管理机制。

三是价值创造，不断夯实财务管理转型的基础。中国煤炭科工坚持依法合规、事前参与、合理策划三大税务管理原则，以业务为起点，扎根源头，贯穿全局，推动

“业财税”深度融合，有效推动管理方式从粗放型逐渐向集约型转变，落实将税务分析作为重大事项前置程序，在有效把控涉税风险、依法诚信纳税的同时，将税务管理提升到面向经营决策、面向价值创造、面向企业高质量发展。用好用足减税降费政策，实施税务策划，实现管理会计提出的价值创造的目标要求，不断夯实财务管理转型的根基。

（二）具体做法

1. 强化税基管理，提高风险管控能力

随着经济持续发展，企业规模化发展迈上新台阶，体量庞大，结构复杂，增加了从合同到产品服务，再到资金、发票等管理上的巨大难度，同时国家监管要求高，规章制度林立，新理念、新举措层出不穷，监管手段精细化、多样化，这对企业的内部控制是一项很大的挑战。中国煤炭科工以强化监管为前提，以各项税收征管政策为基础，结合自身实际，运用先进的技术和管理手段，应用供应链系统，加强基础管理，做好源头控制，系统自动闭合监管，夯实风险管控，有效控制涉税风险。

（1）加快信息化建设，推动税务管理现代化转型。

随着金税工程三期不断成熟完善，金税工程四期逐步启动实施，国家税收一方面深化简政放权，另一方面开启了税收征管“新引擎”，同时监管范围不断扩大，“非税”业务同步纳入监管，程度也越来越深，数字化转型已将税务管理推向“以数治税”的新时代。因此，企业必须具有前瞻性。中国煤炭科工清楚地认识到，提高信息化水平，将“业财税法”紧密结合，借助大数据、云计算、人工智能等新一代信息技术手段，实现智能化管理，是建立企业现代化税务管理的必由之路。

一是治理体系现代化，为确保规范化税务管理做好铺垫。一方面是搭建全级次税务管理制度架构，中国煤炭科工以总部为轴心，纵向到底推进基本制度建设，搭建了全集团上下统一的税务管理基本制度体系；同时以基本制度为蓝图，向各个业务领域横向延展，形成了一系列具有鲜明行业特色、地区特色的专项涉税管理制度；另一方面是推进税务工作标准化体系建设，形成固化的税务管理流程，分解业务和财务环节，识别内控风险管控点，将税务监管嵌入业务流程中，打通“业财”壁垒，为涉财、涉税业务的“流水线作业”打好基础。

二是“业财”联动数智化，因地制宜量身打造信息化平台。对于业务成熟、标准化程度高、规模效应凸显的单位，通过构建供应链产融结合系统，将业务和财务进行有机整合，实现“业财税”管理链条的全面自动化；通过全面预算系统实现经营预算精细化，业务指标翔实化，各种税收支出预算明晰化；通过合同管理系统，确保业务流程合同为先，印花税等税费统计与合同直接关联，便于备查与唯一性校验；通过项目管控系统实现项目全流程管控，以计划运筹协同项目资源，以合同为主线全面记录，

对费用管理实行深度控制，特别是新收入准则实施后为项目收入确认、纳税申报提供了准确的依据等。利用多系统联合，通过中台系统最终实现“业财”系统对接，将核心模块、关键环节和内控风险点进行融会贯通，提高整体契合度，实现“业财”一体化、数智化管控。

三是信息系统高效化，提高运行效率，以管理促效益。从细处着手，充分用好各类信息化工具。普及应用OA系统，实现各项业务流程审批、归档的线上化；运用供应链系统、发票云、资金监管机器人等平台，直接与税务、银行系统对接，实现合同—订单—发票的数据互通，发票开具智能化，发票查验自动化，税额统计高效化；借助“e管家”等平台，条码扫描等方式，灵活、高效采集发票、客户、供应商等信息，与天眼查等系统对接，实现信息唯一性、统一化管理；采用集团一体化账务处理系统，固化财务与业务的映射关系，自动生成会计凭证，实现费用审核、报销和核算的标准化、流水化作业；构建PDIE集成研发平台与PLM系统，实现科研项目需求—研发—生产的全流程信息化管理，形成研发费用加计扣除基础数据，高新技术企业申报专利等基础资料库；同时自主开发小程序实现劳务费税务申报、个税申报统筹一键生成等功能，从税务管理角度高度践行国企三项制度改革，做好减员增效。

（2）加强税务闭环管理，构建“四流”合一管控体系。

全面“营改增”后，国家对企业涉税管理的合规性、合理性要求越来越高，企业应将业务流、资金流、发票流“三流”合一的理念贯穿生产经营的始终，这是国家税务监管的一项重要原则。“三流”合一的原则体现了企业从业务到财务的有机融合，因此如何保证“业财融合”在实务管理中得到有效贯彻，是企业必须研究的一项课题。中国煤炭科工通过不断细化管控手段，以业务为源头，通过“业财”一体化将合同、业务、资金、发票等串联起来，形成了“四流”合一的管理闭环。

一是加强合同管控，防范合同法律风险。强化风险源头治理机制，加强合同管理。技术手段上，构建合同管理信息系统；管理流程上，法务、财务介入业务前端，增强事前控制的有效性，财务对重大经济合同的审核率和三项法律审核率均达到100%。合同是业务的开端，传统的商务谈判、合同签订以业务人员为主导，然而由于专业上的天然屏障，业务人员对于财税知之甚少，时常留下不少的风险和隐患，因此需要财务的全过程参与，从源头上阻塞漏洞。中国煤炭科工借助合同管理信息平台，实现了合同内容的规范化、税收策划的前置化。对合同条款进行严格把关，核实信息准确性，完善合同文本，细化业务周期、结算方式、发票开具等内容，区分不同税目的服务或货物，明确适用税率；从合同端进行纳税策划，增强经济效益，采购合同以接收增值税专用发票为原则，秉承比价原则，同时分离合同不含税价格和增值税税金，降低印花税计税基础。

二是规范业务运行，构建“四流”合一管控体系。以有效的监管手段将合同流与业务流、资金流和发票流有机统一，做好事前规范、事中控制和事后评估。中国煤炭科工采取“以防为核心、以控为基础、防控相结合”的管控模式，一方面，从顶层设计上进行优化，站在集团层面制定了一系列科学的管理办法，横跨采购、生产、销售、科研、投资、筹资等领域，形成了上层的制度集群，实现制度对业务的全覆盖，“地毯式”推行合规文化建设，从业务端进行事前规范。另一方面，自上而下加强业务的过程监督。上到宏观，实施定期税务报告制度和重大税务事项报告制度，借助各类专项检查、专项行动，对企业的纳税情况、税收负担、税收风险等进行评估，查找并解决问题；下到微观，借助信息化系统实时监控，如目前正在建立的财务管理信息系统，将全集团的会计核算全部纳入“一本账”，实现财务基础端的集中统一，从具体业务入手，更为精准、高效地加强事中管控和事后评估。

2. 深化“业财”一体化，提高税收策划科学性

税收策划对企业而言意义重大，是一项长期的系统工程，也是一项专业性高、涉及面广的复杂工程。目前国家优惠力度不断加大，企业需要不断探索，细算“减税账”，充分享受政策红利，提高经济效益，增强竞争力。中国煤炭科工作为大型的科技型中央企业，税收策划对于提高核心竞争力具有重要的作用。

（1）扎实基础管理，确保税收策划合理合规。

中国煤炭科工以合法性、综合性、灵活性、事先策划和成本效益为原则，合规、合理、科学地应用税收优惠政策，在保障效益的同时防控风险，制定了“四步走”的税收策划思路。一是全面、准确、及时理解和掌握税法、财会法规和有关经济法规；二是深入调查研究企业生产经营过程、管理状况、发展规划及涉税范围；三是在充分考虑企业长远效益最大化的基础上，制订、筛选最佳税收策划方案；四是组织实施最佳税收策划方案，并在策划过程中进行分析、调整使其达到最佳效果。集团将税收策划渗透到日常工作中，对重大经营、投资、筹资活动遵循税收策划前置程序，将税收影响因素作为可行性研究报告的重要组成部分。注重相关政策的综合运用，一方面从多方位、多视角对所策划项目的合法性、合理性和综合效益进行充分论证，防范税收策划风险；另一方面加强与税务机关衔接，充分了解征管特点和具体要求，保持高效的沟通。

（2）科研管理精细化，开启减税降负绿色通道。

中国煤炭科工作为科技型企业，深入贯彻落实国家科技强国的战略部署，重视研发，加大科技投入，不断推进管理创新，对研发费用加计扣除政策的应用已日趋成熟。通过强化科研项目管理，将财务嵌入业务，运用有机的“业财”融合，借助高效的信息化手段，实现研发费用管理的规范化、精细化，为加计扣除打下了坚实的基础。

一是合理安排科研投入，契合高新技术企业的认定，助推减税减负工作取得进一步的成效；二是加强过程管理，细化制度，运用集成研发平台等管理系统，实现需求—研发—生产的全流程信息化管理，强化领料、报销、验收、监督、考核等全

过程管理，保障项目研发和成果产出的可靠性；三是细化核算管理，结合国家有关制度，建立规范的研发费用核算体系；四是落实国家财税政策，打好享受研发费用加计扣除的理论基础，同时结合主管税务机关的征管要求，做好沟通协调，扎实开展各项证据材料的收集工作；五是通过专业的税务咨询机构出具鉴证报告，深挖潜在的风险，对加计扣除中存在的问题提出切实可行的解决办法，为进一步的规范化提供指导。

（3）赋能数字化经济，充分享受税收优惠政策。

近年来数字经济发展迅速，赋能传统产业转型升级，中国煤炭科工充分践行央企使命，在煤炭产业智能化发展中发挥了重要作用。嵌入式软件增值税即征即退政策使企业在赋能数字经济的同时，享受国家红利。嵌入式软件贯穿智能化产品研发、生产、销售全过程，是产品的核心，也是财税管控的重点。中国煤炭科工在落实税收优惠政策中，不断总结经验，从政策研究、制度搭建、加强沟通宣传等方面入手，夯实基础管理，切实做好政策应用各项工作。

一是将税收优惠策划延伸到业务前端，从合同源头、BOM（物料消单）设计等方面加强管控，推进"业财税"融合，一方面确保产品"大脑"成本可控，"神经元"便于统计，另一方面做到合法合规、应享尽享，研究国家、地方税务机关软件产品增值税相关政策，结合自身实际制定全环节的制度细则，规范操作流程，明确奖惩措施，将退税与研发成果转化、经营效益等挂钩，提升研发人员、业务人员的积极性，践行管理促效益的理念。二是以财务信息化系统为依托，加强研发、生产、销售、财务等各环节沟通协作，确保合同、订单、出库、发票、产品备案等各环节信息流向的一致性，满足退税基本条件。三是加强财务核算管理，准确区分、合理分摊，达到数据精确性、基础资料完备性的要求，确保合规合法，应享尽享。

（4）推进战略性重组，实现资源配置的最优化。

财政部、国家税务总局联合发布的《关于促进企业重组有关企业所得税处理问题的通知》和《关于非货币性资产投资企业所得税政策问题的通知》是促进经济结构战略性调整的重大举措，是"新常态"下企业兼并重组的重大利好。中国煤炭科工积极落实国资央企《关于新时代推进国有经济布局优化和结构调整的意见》，依法合规、积极稳妥推进专业化布局、战略性重组工作，不断提高企业核心竞争力。在推动整体战略的实现、加强内部资源整合的过程中，充分研读红利政策，利用股权无偿划转等特殊性税务处理，降低划转整合成本，提高资源配置效率，在做大做强企业的同时，降低集团内企业内部交易的税收成本。

中国煤炭科工在整合内部资源，进行资产、股权的重组中，尤为重视税收策划，注重其与政策契合，充分运用特殊性税务处理方式推动全集团整体战略的实现。先后完成了对建立安全生产监督管理责任体系、清洁能源板块节能环保业务等股权整合，通过前瞻性的税务策划，详细梳理有关政策，准确把握相关业务规范，同时加强与税务机关、专业咨询机构的衔接，在保证合规性和科学性的前提下推动股权重组特殊性税务处理的落地，在保证安全、效益的前提下推动集团战略落地。

3. 加强财税研究，新领域实操促效益

当前国家市场化程度越来越高，业务愈加复杂多样，具备相当的灵活性，新的业务模式、业务领域不断催生，因此在实务中企业往往遇到较多的新问题。这些新事物通常还无配套的具体财税规定，故企业需要不断探索，以合规为原则，以效益为导向加以解决。中国煤炭科工业务板块众多，涉及领域广泛，也会面临此类问题，需要在实践中不断总结，发挥创新作用。

（1）依法合规落实分拆上市股权代持还原。

近年来，中国煤炭科工积极执行国企改革三年行动实施方案，鼓励下属企业上市，激发企业活力，实现高质量发展。在企业IPO（首次公开募股）的过程中，涉税问题较为复杂，一直是IPO审核的重点，直接关系到企业IPO的成败。为此集团公司专门成立了资本运作小组，税务专家参与资本运作全过程，“业税”联动，全程监控税务风险。

以中国煤炭科工所属上市公司拟分拆其控股子公司A公司至科创板上市为例，改制上市前，A公司32%的股份为1名自然人股东（名义股东）代182名自然人股东（实际股东）持有，公司章程、工商登记记载的均为该名义股东，实际股东未在公司章程、工商登记中予以反映，为确保股份制改造后A公司股权结构清晰、合规，需要进行股份代持还原，而股份代持还原往往采用股权转让的方式进行，但就此是否需要缴纳个人所得税并无定论。

实务中对于代持还原所进行的股权转让是否需缴纳个人所得税存在两种观点。观点一认为依据实质课税原则，因代持还原过程中股权的实际持有人并没有发生变化，故实际上代持的还原并非真正意义上的股权转让，因此进行的股权转让无须缴纳个人所得税；观点二认为《最高人民法院关于适用〈中华人民共和国公司法〉若干问题的规定（三）》第二十五条的相关规定，仅说明人民法院认可代持合同具有法律效力，规范的是代持当事人内部的民事法律关系，不属于对《公司注册资本登记管理规定》中关于股东出资规定的调整或变化，因此代持还原所进行的股权转让应当按照“财产转让所得”缴纳个人所得税，实际上也是税收法定的体现。故采取在公证机构见证下确认每名实际持股人身份，并通过搭建持股平台的方式落实实际股东的工商登记的策略，实现自然人股权代持还原。

由于现行的国家层面的财税法规对股权还原涉税事项并无明确规定，为确保整个事项依法合规，A公司将此作为一项课题进行专题研究。一是开展调研工作，进一步落实国家和地方有关政策，寻找类似案例；二是加强与主管税务机关的衔接，从官方渠道获得政策指导；三是充分考虑税务风险，制订股改方案。最终确定的股权代持还原总体方案为：全体实际股东成立5家有限合伙企业作为持股平台，名义股东将代为持有的公司股权转至持股平台名下，全体实际股东登记为有限合伙企业的合伙人，通过有限合伙企业继续持有公司股权，还原代持股权，每名实际股东持有的公司股权数量均无变化。股份自然人股东股权还原，按照当地税收政策应视同股权转让缴纳个人所得税，通过一系列努力，最终组织全体自然人股东依法缴纳了税款并完成股权变更登记，完成了股份公司设立，并为分拆上市打下了良好的基础。

（2）探索联合体EPC模式税收实务管理。

设计建设是中国煤炭科工重要的业务领域，主要包括勘察设计、工程总包、监理咨询三大主体业务。近年来，随着该行业的发展壮大，联合体EPC模式逐步成为主流，是国家鼓励的一种建设模式，目前已趋于成熟。但在财税领域，国家尚无专项的配套政策，尤其是在资金结算、收入确认、发票开具等方面，现行的建筑、财会、税务等法律法规均未明确相关财税处理细则，故企业多是以实务为导向，无明确的政策指引和支持。在设计单位牵头的联合体EPC模式下，目前普遍采取的结算方式是由建设单位将资金统一拨付给设计牵头单位，再由设计牵头单位向联合体各成员单位（施工单位和设备供应商）进行资金分配，发票流向与资金流向保持同步。

设计牵头单位作为联结建设单位和联合体成员单位的纽带，其发票流向虽能贴合资金流向，但与业务流向未完全契合，体现在两个方面：一是设计牵头单位当下通常不具备施工资质，也无设备制造和贸易的业务范畴，实质上只负责项目的设计和管理，并未承担所有的合同义务，因此全额作为销售处理存在争议，有虚开发票的风险；二是在EPC合同中，联合体各方同为乙方，相互之间无直接的总分包和购销关系，因此牵头单位向成员单位分配资金时作购进处理，抵扣进项税额，同时在企业所得税前扣除，在未来面临着补税风险。

基于上述风险，中国煤炭科工探索寻找新的结算方式和管理模式，包括由建设单位分别和联合体各方结算、牵头单位与成员单位通过合同安排建立总分包和购销关系等，但前者由于建设单位在行业、市场中占据绝对的主导地位，基于资金拨付的便捷和对项目的管控要求，要促成牵头单位对成员单位进行有效组织、协调及管控，因此促使其与联合体各方分别结算的方式难以实现；而后者则由于在与业务领域适用法规上可能存在的冲突也无法落地。

因此为了进一步降低税收风险，中国煤炭科工在延续原有的结算方式下，进一步加强管控。一是加强对相关财税法规的研读，学习和了解类似业务的政策规定，对比相关异同，分析业务实质，同时调研同地区、同行业企业有关处理方式，并借助协会等平台，广泛征求专业意见，形成理论基础；二是规范合同安排，在总承包合同和联合体协议中就资金拨付、发票开具方式有关条款进行明确和细化，由参建各方共同加以确认，作为一项原始依据；三是积极向主管税务机关开展业务咨询，主动报告相关问题，以书面形式进行专题备案，由直接征管机关提供有力指导。

三、实施成效

（一）“业财税法”有机融合，依法纳税强化责任担当

中国煤炭科工始终认真执行国家有关法律法规，把守法经营、依法纳税作为生产经营的生命线，自觉履行法定义务，及时足额缴纳税款，为社会经济发展和改善民生福祉做出了重要贡献。近三年，集团及各分子公司在全国20余个省、自治区、市纳税总额近60亿元。中国煤炭科工有效践行中央企业的纳税使命，充分承担了国民经济命脉的社会责任，为国民经济的发展、建设社会主义现代化强国添砖加瓦。

（二）“业财税法”深度互融，打造风险防控长效机制

中国煤炭科工通过建立“业财”融合共享平台，构建基于“业财税法”四位一体的“1234”中央企业财税立体管理体系，形成从业务源头驱动、财税过程监控的作用与反作用双向互动流程，同时与集团公司“大监督”体系贯通，形成了横向到边、纵向到底的合规文化建设体系。以依法合规的理念指引企业税务管理，将“法治”“防治”“控治”融会贯通，把有机的监管手段嵌入生产经营，实现业务前端事先预防、业务过程事中监控、业务末端事后评价的全过程闭环管理，有效防范了企业管理中的重大风险。中国煤炭科工基础管理水平不断提升，风险识别机制逐步完善，近年来未发生重大涉税处罚，企业纳税信誉进一步提高，2021年中国煤炭科工纳税信用等级为A级的二级单位占比50%以上，形成了诚信纳税的良好环境。

（三）“业财税法”融合发展，助力数智化财税管理提升

围绕做强做优做大我国数字经济，中国煤炭科工利用数智化手段，不断促进数字技术与实体经济融合，促进人工智能与数智化财税管理相结合，不断催生新产业与管理模式新生态。通过“1234”财税创新管理体系的建设及推广，使得管理流程更加规范、工作效率和质量大大提升，同时挖掘出更多的时间、人力、物力，向更为高、精、尖的领域探索。截至2021年年底，中国煤炭科工中、高级会计职称的职工占比50.16%，比2020年提高7.4个百分点。财税管理获得方式不断创新，以管理促发展，呈现出一体化下的多样化、信息化下的特色化，推动整个集团数智化财税管理水平的提升，助力企业生产、经营、管理规模化发展、精细化管理、智能化管控，为建设成为具有全球竞争力的世界一流的科技创新型企业奠定基础。

（四）“业财税法”价值引领，保障企业高质量发展

通过规范全流程涉税业务处理，实现了税务风险全过程管控，中国煤炭科工练就了扎实的内功，从而为纳税策划的精细化、科学化打下了坚实的基础。中国煤炭科工

的税务管理工作逐步由风险导向转变为价值创造，进一步面向决策和高质量发展。中国煤炭科工积极落实国家各项减税降费政策，认真做好业务宣传与沟通工作，同时结合科研属性，建立研发费用财务岗，搭建了科研与财务的沟通桥梁。坚持正确处理依法纳税和税收策划之间的关系，在严守合规底线的基础上争取税收优惠，充分践行“管理效益”“价值赋能”理念，通过2021年西部大开发、高新技术企业等低税率政策节约资金1.3亿元，嵌入式软件增值税即征即退政策节约资金9000万元，前三季度享受研发费用加计扣除节约资金9000万元，减税降负成效显著。

主创人：王志刚　郭春飞

参创人：刘　博　毕铁映　罗　实　赵云妮　于　森　郝晓德　牛晋杰　张　瀛

构筑“1234”党建工作模式
助推企业高质量转型发展

陕西省煤田地质集团有限公司

近年来，陕西省煤田地质集团有限公司（以下简称“陕煤地质集团”）党委深入贯彻落实习近平新时代中国特色社会主义思想，特别是习近平总书记关于国有企业改革发展和党的建设的重要论述，立足地勘行业特殊性和陕煤地质集团党建工作的基本要求，创新党建工作思路，探索具有陕煤地质特色的“1234”党建工作方式，形成以新时代党建赋能企业高质量发展的新模式，推动企业转型发展、绿色发展、安全发展、创新发展，确保集团稳步走在全国煤田地质行业前列。目前，陕煤地质集团党委下设基层党组织94个，其中党委8个、党总支7个、直属党支部4个，共有党员1345名，党组织覆盖率达到100%，为开展好党建工作提供了坚实的政治、思想和组织保障。

一、“1234”党建工作法的内涵

进入新时代，面对“煤炭需求增速放缓期、地质勘查市场极度萎缩期、环境制约的强化期、矿井地质服务的发展期”，陕煤地质集团党委危中求机，机中求胜，坚持以党的政治建设为统领，全面加强企业党的各项建设，围绕生产抓党建，抓好党建促生产，形成了党建与中心工作双向联动、深度融合、协同发展的新格局。

（一）“1”是“一体化”“一支队伍”“一线工作法”

努力推行党建工作和生产经营一体化；培养一支懂经营、会管理的党务干部队伍；探索建立了“干部在一线工作，问题在一线解决，作风在一线转变，业绩在一线创造，形象在一线树立”的“一线工作法”。

（二）“2”是“双培养”理念

把骨干培养成党员、把党员培养成标杆。

（三）“3”是“三个坚持”

坚持以生产经营工作为中心，坚持以实现企业持续健康发展为目标，坚持以绿色发展为己任的党建工作原则。

（四）“4”是“四个结合”

结合陕煤地质集团“十四五”战略规划，坚定发展信心；结合生产经营任务，形成发展合力；结合企业文化，凝聚发展共识；结合队伍建设，厚植发展优势。

二、“1234”党建工作主要做法

创新的生命力在于实践。陕煤地质集团党委积极推行“1234”党建工作法，形成了“党政同责、同向发力、创新驱动、务实高效”的党建工作新局面。

（一）突出“一”字法，促进党建工作与企业发展深度融合

陕煤地质集团党委坚持将党建工作与生产经营工作同谋划、同安排、同落实、同检查、同考核，在集团广泛开展“党组织书记选课题、党员人人带项目”，以党内主题实践活动为切入点，努力围绕企业生产经营开展工作，增强党建工作与企业生产经营的黏合度；在干部培养上，采用干部内培外送、学习交流等形式，对干部进行党务知识、战略规划、绩效管理及企业运营等全方位教育，努力培养一支懂经营、会管理的干部队伍。近年来，集团系统共培养复合型干部575人。在管理机制上，积极实行“双向进入、交叉任职”，推行管理干部、技术干部深入基层、深入车间班组，发现问题、解决问题。

2021年，陕煤地质集团重点实验室一位地质学博士任职陕西煤田地质油气钻采有限公司副总经理、总工程师以来，发挥专业技术优势，大力推动海相页岩气资源系统调查与评价，在新区域、新层系成功实施“陕镇页1井”勘查工程项目，取得镇巴页岩气地质找矿重大突破，为陕南生态文明建设、气化陕西提供了可靠资源保障。

（二）创新“双培养”模式，激活人力资源要素

陕煤地质集团党委坚持围绕“人”来做工作，在企业内营造积极向上的氛围，不断为企业发展增添活力。采用“骨干+党员”的培养模式，把集团级劳动模范、岗位标兵、后备干部、科技带头人等各类先进及骨干优先发展成党员；采用“骨干+标杆”的培养模式，搭建优秀党员宣传平台，发挥先进党员的示范作用，用他们的先进事迹引导、感召、带动全体员工认真学习、努力工作。

陕煤地质集团党委目前管理的干部共136人，其中男性127人，女性9人；正职50人，副职86人。近三年以来，共培养、选拔干部41人，党员占比95%以上，全部为业务技术骨干，真正使敢担当、能担当、有担当的干部脱颖而出。

（三）强化“三个坚持”，为企业发展创造良好环境

陕煤地质集团党委始终坚持以生产经营为中心开展党建工作，督促领导干部认真落实“一岗双责”，严格落实“三重一大”决策制度，健全完善各项管理制度，开展效能监督监察，努力为企业发展创造良好的环境。号召党员干部立足岗位做贡献，为企业发展献计献策。坚持以实现企业持续健康发展为根本目标，践行“君子文化”[①]引领下的“三光荣”传统、“四特别”[②]精神，强化党员干部和企业员工的执行力，为企业持续健康发展注入新活力。坚持以绿色发展为己任，充分发挥地质先行性和基础性作用，围绕有效落实“双碳”战略目标，在地质灾害治理、生态环境保护、清洁能源开发等领域敢为人先、勇拓新市场、勇闯新天地。

陕煤地质集团党委发挥“把方向、管大局、促落实”的领导作用，大力推进陕西省地热能、页岩气产业投资，推动区域能源结构调整与快速发展。近年来，累计投入10多亿元，建设了宝鸡代家湾、地热·韩城、眉县城区清洁能源供热等一批地热能项目。地热能供热供冷面积由2015年的不足10万平方米，快速提升到目前的550万平方米。这些项目运营后，每年可节约标煤约9.5万吨，减少二氧化碳排放约24.7万吨，为陕西治污减霾、打赢“蓝天保卫战”做出了突出贡献。从2014年开始，集团积极挺进陕南页岩气勘查开发领域，在陕西省汉中市镇巴县克服地质条件复杂、勘探开发技术难度高、前期成本投入大等诸多困难，成功完成了“陕镇页1井”勘探作业，目前已进入试排采阶段，开发前景喜人，该项目已被陕西省委、省政府确立为陕西省“十四五”期间重点建设项目，这将为推进陕南地区生态文明建设发挥重要作用。

陕煤地质集团党委认真落实中央群团工作会议精神，坚持党建带工建、党建带团建，以“构建踔厉奋发机制，增强转型发展合力”为主线，大力实施群团改革创新工作，工会组织、共青团组织达到全覆盖，为保持和增强群团组织的政治性、先进性和群众性提供坚强组织保障。结合职工素质提升、“青字号”团队创建等活动，建成职工（劳模）创新工作室15个，“青字号”团队35个。陕煤地质工会被评为全国模范职工之家，陕西天地地质有限责任公司赵石畔项目、陕西省一九四煤田地质有限公司勘查研究院被分别授予陕西省青年安全生产示范岗、陕西省青年文明号等荣誉称号。

---

① 陕煤地质集团为陕西省国资委监管的重要三级子公司，为陕西投资集团有限公司（以下简称“陕投集团”）全资子公司。“君子文化”为陕投集团在新时期新阶段结合企业战略目标提出的企业文化主题，其核心要义为“尊礼守善、崇实尚新”。在中国企业联合会召开的2021全国企业文化现场会上，陕投集团被授予“全国企业文化最佳实践企业”称号，君子文化被评为“2020—2021全国企业文化优秀成果特等奖”。

② “三光荣”传统、“四特别”精神是1983年在全国地质系统模范政治工作者表彰大会上提出的地勘行业核心价值理念。“三光荣”传统，即以献身地质事业为荣、以艰苦奋斗为荣、以找矿立功为荣；“四特别”精神，即特别能吃苦、特别能忍耐、特别能战斗、特别能奉献。

（四）抓好“四个结合”打造“实效型”党建模式

陕煤地质集团党委创造性地提出“四个结合”工作思路。一是结合集团“十四五”战略规划，坚定发展信心。集团党委将“走出去”与“请进来”充分结合，邀请地质专业领域院士，行业管理、技术专家和高校教授等进行专题辅导，联合专业化管理咨询公司，常态化开展干部自主选学活动，拓宽干部发展视野，增强干部履职尽责能力，清晰企业发展方向，明确企业发展路径，坚定走好转型发展的信心。二是结合生产经营任务，形成发展合力。集团党委先后深入开展了党的群众路线教育实践活动、“三严三实”专题教育、“两学一做”学习教育、“不忘初心、牢记使命”主题教育等，紧贴生产经营目标，倡导岗位成才，建立党员示范岗、党员先锋岗等，使党员干部在岗位争先锋、当模范。通过多种媒体开展先进人物事迹展播、宣介活动，使大家学有标杆、做有榜样。三是结合企业文化，凝聚发展共识。从班组员工抓起，用身边的先进小故事来感染人、引导人，规范班组员工行为。广泛开展陕煤地质好人、最美地质队员、最美科技工作者、最美青工推荐活动和文明班组、文明科室、文明单位创建活动等，弘扬社会主义核心价值观，营造良好的发展氛围，建成各级文明单位15家，其中省级文明单位标兵1家、省级文明单位3家、省国资委级标兵1家、省国资委级（地市级）7家，陕投集团级3家，企业文化凝聚人心、提升管理、规范行为、塑造品牌的作用愈加明显。四是结合队伍建设，厚植发展优势。集团党委以“骨干+党员”模式进行创新培养，集团各单位以“技术+管理”人才模式培养人才队伍，一方面吸引优秀员工向党组织靠拢，另一方面把党员培养成生产标杆，以人才优势推动企业转型升级。

依托陕煤地质集团承建的自然资源部煤炭资源勘查与综合利用重点实验室、陕西省博士后工作站、陕西省自然资源厅科技创新工作站和秦创原富油煤研究院，建设了一支陕西省“三秦学者”创新团队，建成了面向基层生产技术一线的17个科研团队，培养了一大批技术带头人和技术骨干，科技人才、科技研发对集团高质量发展的支撑作用愈加显著，科技对经济增长的贡献率达到40%以上。

（五）党史学习教育赋予“1234”党建工作法时代新义

党史学习教育开展以来，陕煤地质集团党委紧扣中央、陕西省委、陕西省国资委要求，坚持以上率下，注重学懂弄通做实党的创新理论，持续深入学习贯彻习近平新时代中国特色社会主义思想、习近平总书记“七一”重要讲话精神、习近平总书记来陕考察重要讲话重要指示精神，创新形式学习贯彻党的十九大和十九届历次全会精神，扎实开展“四史”宣传教育，精心设计专题学习培训、中心组学习，教育引导广大党员干部职工感悟建党精神的思想伟力。同时，对全体党员分类指导，使党员“思”有所“获”、“学”有所“知”；坚持突出特色，使骨干“争”有所“进”、“干”有所“成”。结合集团多年来改革发展、转型发展、高质量发展实际，组织开展“党委书记讲百年党史”系列党课宣讲、“党委书记讲党课”等活动，广大党员党性意识和宗旨意识得到极大提升，确保了关键任务有党员引领、关键技术有党员攻关、关键工序有党员盯守、关键时刻有党员冲锋。开展“庆祝建党一百周年知史爱党赓续血脉书画展”“百年党史经典朗诵”“党旗在一线高高飘扬”“党员安全示范田”“我的入党故事”“学党史　感党恩”等形式多样的宣讲和特色活动，真正使党史学习教育深入一线，基层党组织的领导力、战斗力、组织力明显提升。集团系统各级党组织累计举办读书班363次，6429人次参加，开展微党课、微故事、微朗读、微分享1972次，切实增进了理想情怀、家国情怀和为民情怀，为砥砺奋进迈向第二个百年奋斗目标校准了方向、增强了信心、增添了动力，推动党史学习教育深入人心。

“1234”党建工作法有力推动了陕煤地质集团转型发展，集团多次荣获省、地（市）及行业表彰奖励，每年涌现出十多名劳动模范和优秀共产党员，评选出各类岗位标兵100多名。“十三五”末，集团营业收入、资产总额、净资产分别是2015年的2.36倍、1.41倍、1.92倍，集团经济体量实现了较大幅度的攀升，形成了“地质勘查、矿业开发、工程建设、新型能源和多元产业”五大板块和富有陕煤地质特色的“战略管理、投资运营、风险控制、专业经营”的管控体制机制。

三、“1234”党建工作模式取得主要成效

“1234”党建工作模式实施以来，有力地促进了集团生产、经营、管理、科技等工作整体水平的大幅提升，成效显著。

（一）发挥党建引领作用，提升管理能力和水平

陕煤地质集团经济转型发展创新实践的成绩，主要得益于党建工作的引领，得益于思想观念的解放，得益于精细化管理的提升，得益于企业文化的融合。坚持党的领导、加强党的建设，是国有企业的“根”与“魂”。集团党委一班人始终把党的政治建设摆在首位，建立科学民主的决策机制，严格落实“把方向、管大局、促落实”的政治责任。牢牢把握正确的宣传舆论导向，统一职工思想，形成转型发展的共识。大力加强企业文化建设，在继承和弘扬地质勘查行业“三光荣”传统、“四特别”精神的基础上，结合陕投集团“君子文化”建设，注入习近平总书记依法治国思想和“创新、协调、绿色、开放、共享”五大发展理念，不断丰富企业文化新内涵，发挥正向激励作用，为经济转型发展、再创地质事业新辉煌提供了“新动力”。

切实发挥党委领导作用，加强决策、内控、责任追究三个体系建设，不断推进企业治理体系和治理能力现代化，加快构建适合地勘业务特征的企业管理体系，按照“大部室、多功能”的思路，调整机构设置，优化部门职能，建立了办公自动化、财务信息管控、项目信息共享、人力资源交流、技术推广应用等平台；发挥战略规划、资本运作、结构调整、财务监督、绩效评价、审计监察和对外合作等方面的职能，搭建

起集管理、投资、服务于一体的集团管理组织架构。制定并实施了70余项内控制度，实现了从企业化基本框架到现代企业管理制度的转变；以抓好全面预算管理、精细化管理、全面风险管理“管理铁三角”为统领，优化要素配置，增强相关业务的协同效应，使各种管理方式均有效服从、服务于经济转型发展，发挥出“业务引领、职能跟进”的管理效力。

（二）树立绿色发展理念，推进技术服务转型

近年来，作为陕西从事煤田地质勘查的专业化队伍，伴随陕西省经济社会发展的步伐，陕煤地质集团聚焦落实习近平总书记对陕西提出的“五个扎实”“五项要求”，主动适应“绿色勘查、绿色发展”的现实需要，提出“大地质、大市场、大生态、大服务”的理念，在打造“全国一流现代地勘产业集团”的进程中，大胆探索，勇于实践，初步实现了从“传统找煤”向“绿色勘查”的转型，从奉献“黑色煤炭”到建功“保卫蓝天”的跃升，凸显了陕煤地质人落实“绿水青山就是金山银山”的担当与情怀。

在煤矿技术服务领域，所属各地勘专业公司利用人才、技术、资料和区域优势，为矿山企业提供绿色、安全、高效的矿井地质技术服务，陕西省一三九煤田地质水文地质有限公司在渭北老矿区承担大量井下探放水工程，陕西省一八五煤田地质有限公司在陕北侏罗纪煤田积极探索保水采煤的新路径，陕西省一八六煤田地质有限公司在彬长矿区提供全方位“保姆式”服务，从而有效保障了众多煤矿企业安全生产运转。

在生态环境治理领域，陕煤地质集团坚决贯彻习近平总书记关于生态文明建设的重要论述，坚持以生态保护优先，引领地质事业发展，做到资源勘查与生态保护相统筹、矿山建设与绿水青山相协同。陕西省一三一煤田地质有限公司运用CBS植被混凝土喷播绿化技术在陕西省渭南市韩城市、合阳县等地对边坡进行治理，抢占市场先机，助力当地实现绿色发展，取得良好经济社会效果；陕西天地地质有限责任公司在陕西主要矿区开展采空区地面塌陷治理、矸石消纳等地灾防治工作，通过新的工艺和新的施工方式，赢得了地方政府和矿方的高度赞誉；陕西煤田地质勘查研究院有限公司充分发挥人才技术密集和资质齐全的优势，积极投身生态治理与恢复的主战场，在无人机倾斜摄影、EPS（地理信息工作站）数据采集、矿井地质环境智能化监测、废旧矿山综合治理等方面，为客户提供从勘察设计到施工治理的全过程技术咨询与服务。

在地质灾害防治领域，陕煤地质集团积极打造能征善战的“国土铁军”，组建了19个平战结合地质灾害防治技术支撑小组，配合21个县（区、市）做好平战结合地质灾害防治技术支撑工作，为全省22个对口县1095个地灾隐患点提供技术支撑，运用大数据、物联网对地质灾害隐患点进行全方位监控。同时，推动平战结合地质灾害防治工

作向纵深拓展，协助区县完成地质灾害隐患点动态更新、编制地质灾害隐患点防治预案、参与地质灾害综合防治体系建设等工作。

在多金属地质勘查领域，陕西省一九四煤田地质有限公司在陕西省汉中市洋县窑坪乡铁河地区发现了3条较大规模的晶质石墨矿带，矿带展布约3000米，石墨固定碳含量平均达7%以上，预估矿物量200万吨，矿体工业品位较高。

在抢险救援方面，陕煤地质集团勇于担当国企社会责任，成立了陕西省第一支垂直钻井应急救援队伍，参与了玉树地震次生灾害调查、神木高庄煤矿冒顶救援、内蒙古乌达矿区煤矿自燃灾害治理等，自主研发的救生舱在山东平邑石膏矿应急救援中发挥了积极作用，有效避免和减少了群众生命财产损失。

在工程建设方面，为做大做强国有企业经济规模，解放思想，创新探索混合所有制改革的路径，陕煤地质集团适时并购陕西工科建筑工程有限公司，形成了以陕西天地建设有限公司为龙头，以工业与民用建筑为主营业务的专业化公司，目前已完成建筑面积114万平方米，累计产值44亿元，不但有效延伸了工业与民用建筑产业链，更重要的是实现了国有企业与民营企业互惠互利的双赢目标。

在实施“走出去”战略方面，陕煤地质集团鼓励所属子公司发挥自身优势，开拓国际市场，立足全球配置资源，开展国际化经营。陕西天地地质有限责任公司圆满完成了吉尔吉斯共和国比什凯克市供水和排水系统修复工程（第二阶段）奥尔托—阿雷什水源地35口钻井钻探工程项目，完成钻探进尺6000米，解决了当地长期缺水的老大难问题，增进了两国人民的传统友谊。

（三）延长勘查产业链，矿业开发初见成效

进入21世纪，我国相继出台了一系列鼓励支持地勘单位走勘查开发一体化道路的政策。陕煤地质集团抢抓机遇，积极落实勘查开发一体化路径，挺进矿业开发领域，“十三五”末，集团煤炭权益产能达到1000万吨，形成了地质勘查为矿产开发服务，矿产开发反哺地质勘查的良性循环。

陕煤地质集团与徐州矿务集团有限公司等单位合作，建成了宝鸡市麟游北部矿区郭家河煤矿；与陕西彬长矿业集团有限公司建成了大佛寺煤矿；与陕西煤业化工集团有限责任公司合作建设目前我国煤炭产量最高的小保当煤矿。与此同时，还积极延伸矿业经济产业链，参股陕西长青能源化工有限公司和陕西宝麟铁路有限责任公司，打造矿权经营、矿业开发、矿产品贸易、矿业资本运作一条龙的产业链。

（四）拓展地热开发市场，做大新型能源产业

在21世纪初，陕煤地质集团便敏锐地觉察到能源开发新趋势，捕捉市场先机，将勘查开发地热能作为集团推动能源生产和消费革命的重要引擎之一，提出了“建设陕西地热能领军企业”的战略目标，合资组建了陕西中煤新能源有限公司。该公司主要

承担浅层地热能项目、中深层地热能项目、中水利用项目，为客户提供供暖、制冷、生活热水三联供系统解决方案，并提供分布式能源站的投资、建设、管理、运营等服务。围绕陕西省每年新增地热供暖面积1000万平方米的目标，以陕西中煤新能源有限公司为运营平台，以参与组建的陕西省地热能开发利用工程研究中心为技术支撑平台，以牵头组建的陕西省地热能标准化技术委员会为行业平台，依托自然资源部煤炭资源勘查与综合利用重点实验室人才技术优势，形成了以地热能资源开发为主，太阳能、空气能、生物质能、燃气等多种清洁能源多能互补、综合利用的发展格局，在地热能开发利用领域走在了全国同行业前列。

在浅层地热能开发利用方面，陕西中煤新能源有限公司引进瑞典罗特地源热资源利用技术，成功实施了西安人民大厦地源热泵供能系统项目，该项目成为浅层地热能开发利用的示范项目。2018年，陕煤地质集团全面启动“地热·韩城”项目，在关中地区实施了深部奥陶纪灰岩热储的“井工厂”丛式井抽采回灌供暖工程，成为陕西省奥灰岩地热开发利用的先行者。在中深层地热能开发利用方面，采用全国最先进的钻探U形管水平对接井工艺，完成的深度分别为2100米和2200米的两组U形对接换热井和一眼同心管换热井，作为国内首创的新型中深层换热系统，成为第四届中国地热产业发展峰会的亮点。在中水源热泵开发利用方面，陕西中煤新能源有限公司利用城市中水作为热源，采用中水源热泵技术，成功完成了宝鸡市代家湾中水源供热供冷中心项目。项目运行后，供冷供热面积达到120万平方米，冬季节约标煤约 8300吨，分别减少二氧化碳、二氧化硫和氮氧化物排放量大约2.2万吨、70吨和60吨。在地热能技术研发领域，编制完成了陕西省地热资源分布图及《陕西省地热能勘探开发规范》《地热泵工程与运行管理规程》等一系列行业技术标准，引领和推动陕西省地热能产业的健康发展和在建筑中的规模化应用。

（五）实施创新驱动战略，打造科技研发平台

2016年10月，陕煤地质集团牵头建设的自然资源部煤炭资源勘查与综合利用重点实验室，成为全国煤炭行业首个自然资源部重点实验室，也是自然资源部唯一的由企业承建的重点实验室，并成立以彭苏萍、多吉、武强、王双明四名院士为主导的学术委员会，开展前沿理论和关键技术的研究与应用。

在技术研发领域，陕煤地质集团建立了煤层顶板水害联合预测预报系统。建成全国首个“互联网+煤炭地质”云服务平台，开启了我国煤炭地质信息共享服务全新局面，其中煤炭地质云（CGC）1.0成果最为亮眼，通过“一张图”模式将各类数据集成到煤炭地质云平台，为煤炭资源的勘查、开发、利用和管理提供服务，达到国际先进水平。通过对地震数据的二次利用，建立了充水、含水层富水性层次分析模型和突水指标体系。研究了页岩气成藏地质条件及主控因素，形成了地热能开发中数据采集关键技术。正在开展钻井式煤炭地下气化与二氧化碳驱油关键技术研究、全省煤炭资源

协同勘查技术研究等一系列课题。

在科研平台建设方面，陕煤地质集团建立了陕西省自然资源厅科技创新工作站（基地）、陕西省煤炭学会绿色开采地质保障分会，以及陕西省博士后科研工作站，实现了从过去数据收集者到现在自主研发与推广应用者角色的转变。

在创新技术的引领下，陕煤地质集团积极建设“产学研用一体化”应用体系，研发的精细勘查技术、地质保障信息系统、采煤保水技术、地热能开发利用技术、小口径绳索钻进取心工艺、密闭式保压瓦斯取心器及井下换热器，以及钻井场视频监控系统、化验测试信息系统、数字煤矿地质保障系统等研发成果在施工项目中得到了应用，取得了良好的经济效益，使科技创新引领产业结构调整、推动经济转型发展的动力更加强劲。

在人才队伍建设方面，2019年，陕煤地质集团拥有专业技术人员1102人，其中高级职称人员357人。三年来，引进或培养博士8人、博士后4人。自然资源部煤炭资源勘查与综合利用重点实验室入选陕西省“三秦学者”创新团队支持计划，1人入选自然资源部科技创新领军人物。建设了17个科技创新团队，4名科技工作者获评第九届陕西省煤炭工业优秀科技工作者。

在科技创新成果方面，2017—2019年，陕煤地质集团组织实施各类科研项目56项，承担国家、省、市级重大科技项目和研究课题8项。由陕西省煤田物探测绘有限公司、陕西煤田地质油气钻采有限公司、陕西煤田地质化验测试有限公司等分别承建的地震数据处理与解释高性能计算平台、页岩气测试平台、煤质分析测试平台、煤炭清洁加工试验中心、中瑞地热能国际合作基地等科研平台，已成为煤炭勘查与清洁利用的开放共享科技创新平台。

四、实践经验和理论认识

通过近年来的探索实践，陕煤地质集团认识到：

（一）突出党的政治建设是地勘企业的根本遵循

党的政治建设是党的根本性建设，决定着党的建设方向和效果。“1234”党建工作模式是塑造、发现、发挥典型作用的创新工作机制，这种机制激发了基层党建工作活力，进一步增强了基层党组织的创新意识，促进了党建工作与中心工作的相互融合。具体来讲，企业在抓党建工作中，要持续深化落实“第一议题”学习制度，及时跟进学习习近平总书记最新重要讲话和指示批示精神，全面对标对表，坚决贯彻落实，始终确保在谋划发展战略、制定工作举措、完成重点任务、推进高质量发展的具体实践中体现“国之大者”要求，以国资国企改革发展的实绩检验企业党建工作成效。

（二）深入践行新发展理念是地勘企业的新动力

集团党委大力倡导创新理念，推进地质工作体制机制创新、引导企业职工在生产经营模式上创新，在技术、产业发展上创新；大力倡导协调发展理念，注重传统勘查与新兴矿业勘查、公益性地质与商业性地质、产业长期发展与短期突破的协调性；大力倡导绿色发展理念，做到资源勘查与生态保护相统筹、矿山建设与绿水青山相协同；大力倡导开放理念，聚焦"一带一路"倡议，大力实施"走出去"战略，拓展境外发展空间；大力倡导共享理念，构建矿产勘查开发利益共享机制，保障职工享受企业改革发展成果。

（三）探索党建与中心工作深度融合是地勘企业持续发展的重要保障

在"1234"党建工作模式引领下，集团所属各单位结合自身实际，大力推进党建与生产经营深度融合，坚持把服务生产经营、深化国企改革、提高企业效益、实现保值增值作为企业党组织工作的出发点和落脚点，积极探索创新党建工作责任制与生产经营责任制有效联动、同向发力的方式途径，防止出现党建工作"自我循环"，与中心工作"两张皮"的现象。

（四）队伍建设是推动地勘企业高质量发展的加速器

"1234"党建工作模式，增强了基层组织党建工作的创新意识，强化了党组织的政治核心作用。集团适应中国特色现代企业制度要求和市场竞争需要，坚持党管干部原则，坚持发挥市场机制作用，努力培养造就一支政治上、能力上、作风上、纪律上都过得硬的企业领导人员队伍。大力弘扬企业家精神，对敢于负责、勇于担当、善于作为、实绩突出的企业领导人员，给予更大力度的鼓励激励。深化"三个区分开来"，坚持公私分明功过厘清，客观公正判断是非，切实营造尊重和激励企业家干事创业的良好氛围。

（五）打通党建工作"最后一公里"是全面从严治党的有效途径

按照"1234"党建工作模式要求，各级党组织制定出台了加强基层组织建设的多项制度，建立支部工作标准化体系，开展"两优一先"评选表彰活动，基层基础性工作得到较大提升。同时，深入贯彻《中国共产党国有企业基层组织工作条例（试行）》，聚焦企业党组织覆盖空白点、作用发挥薄弱点，着力加强基层组织建设，推动党的工作在有形覆盖的基础上实现有效覆盖。积极探索创新加强集团已有的混合所有制企业党的建设的有效途径，因地制宜开展境外企业党建工作，确保国有资本流动到哪里，党的建设就跟进到哪里，党组织作用就发挥到哪里。

总的来看，在"1234"党建工作模式的推动下，陕煤地质集团党建工作整体水平有了较大提升，成效开始显现，但也存在一些问题和不足。比如，有效适应新时代党建工作新要求的谋划能力尚需不断提升，队伍建设与企业转型发展、高质量发展的匹配度尚需不断优化。下一步，集团将认真贯彻落实全面从严治党的战略，以习近平新时代中国特色社会主义思想为指导，深入践行国资国企改革新要求，以只争朝夕、舍我其谁的勇气和担当，守正创新，久久为功，不断探索和创新党建工作的新路径、新模式，全面提升党建工作科学化水平，为打造全国一流现代地勘产业集团而努力奋斗！

主创人：谢　辉　梁榆平
参创人：徐鹏华　智海莉　杨长健

科研院所党建工作管理创新与实践

天津水泥工业设计研究院有限公司

天津水泥工业设计研究院有限公司成立于1953年，隶属于中国建材集团有限公司（以下简称“中国建材集团”）旗下上市公司——中国中材国际工程股份有限公司（以下简称“中材国际”），是中国最早建立的主要大型国家骨干工业设计院之一，也是中国建材行业实力雄厚的甲级设计院之一。

天津水泥工业设计研究院有限公司党委（以下简称“公司党委”）下设党委5个、党总支6个、党支部58个，现有党员1046人。公司党委坚持以习近平新时代中国特色社会主义思想为指导，以基层党建为引领、以科技创新为支撑，大力创新党建管理模式，充分对接现代企业管理理念和方法，建立与现代企业制度相适应的党建工作管理体系——党建管理“六化”体系，不断提升党建工作科学化水平，为奋力迈向材料工业世界一流技术服务商提供坚强组织保障。

一、实施背景及重要意义

习近平总书记在全国国有企业党的建设工作会议上的重要讲话，深刻回答了国有企业还要不要、国有企业要不要加强党的建设、怎样加强党的建设等一系列重大理论和实践问题，为新形势下加强国有企业党建工作指明了前进方向、提供了根本遵循。贯彻落实习近平总书记重要讲话精神，进一步提高企业党的建设质量水平，是新时期国企党建工作的一项重要课题。

（一）实现全面从严治党的有效途径

党的十九届六中全会从党的指导思想的重要内容上明确提出“全面从严治党的战略方针”，标志着我们党对管党治党规律的认识提高到了新的水平。坚持从严管党治党，是对新形势下加强和改进党建工作的全面要求、根本要求，也是我们党作为马克思主义政党的“回归本真”。要实现从严治党，就要解决“有要求无考核、有计划无落实、有目标不具体、有差距无奖惩、有口号无实效”等党建工作存在的问题。因此，构建科学的基层党建管理体系具有重要的现实意义。

（二）提高基层党组织战斗力的有效保障

基层党组织是党的全部工作和战斗力的基础，也是实现党的领导和执政目标的支撑。企业的基层党组织是否坚强有力，直接关系到企业是否有生机活力，以及企业的兴衰成败。构建科学的基层党建工作管理体系，不断提高党的建设质量，能够使党建工作由“虚”变“实”，党建工作目标由“软”变“硬”，从而不断激发广大党员干部干事创业的主动性，增强基层党组织的创造力、凝聚力、战斗力。

（三）引领企业高质量发展的有效手段

《中国共产党国有企业基层组织工作条例（试行）》明确指出，国有企业党组织应坚持党建工作与生产经营深度融合，以企业改革发展成果检验党组织工作成效。构建科学的基层党建管理体系，可以有效引导基层党组织将党建工作从“围绕”走向“融入”，进一步提升党建与业务工作双向融合的规范化、制度化水平，使“双向融合”成为企业价值链上的重要环节和推动企业高质量发展的内在力量。

二、主要做法

公司党委通过引入目标管理、项目化管理、PDCA（计划、实施、检查、整改）循环管理、绩效管理、信息反馈和效益创造等企业管理理念，构建了党建管理“六化”体系，即“目标化管理、项目化实施、闭环化管控、绩效化考核、系统化提升、价值化创造”体系，使党建工作从目标到实施、从管控到提升形成一套完整管理体系，做到“融入中心，嵌入管理”。

（一）树立目标管理理念，推进党建工作目标化

公司党委加强顶层设计，紧紧围绕“抓党建从业务出发，抓业务从党建入手”这一主线，对全局工作进行系统考量、科学规划，找准党建与中心工作的结合点，制定重点工作的“路线图”“时间表”“任务书”。

1.加强统筹谋划

成立党建工作领导小组，加强党建工作研究和统筹指导，发挥领导小组谋全局、管宏观、抓大事、促落实作用。根据面临的形势和任务，每年组织召开公司党的建设、党风廉政建设和反腐败工作会议，系统部署党建工作，分析问题，提出措施，推进党建工作发展。

2.压实目标责任

组织班子成员签署“一岗双责”责任书，基层党组织书记签署党建工作目标责任

书、党风廉政建设责任书，印发年度党建工作要点，使党建工作开展和责任落实看得见、摸得着、做得成，充分发挥党建目标管理的导向、激励和规范作用。

（二）树立项目管理理念，推进党建工作项目化

公司党委坚持把重点工作进行项目化管理，围绕工作目标，确定工作任务、明确工作职责、制定工作标准，使党建工作目标更加清晰、任务更加明确、组织更加灵活、流程更加规范。

1.实施“铸魂工程”

深入学习贯彻党的十九大和十九届历次全会精神，将习近平新时代中国特色社会主义思想纳入党委中心组学习、纳入干部培训、纳入党员日常教育，采取领导班子引领学、教育基地实践学、支部集中深入学、青年读书会交流学、搭建平台自主学等方式，推动党的创新理论进企业、进项目、进车间、进班组、进头脑。近年来，先后举办党的十九大精神轮训班4期、红色基地现场教学培训9期、专家讲座12次、竞赛答题10次，每年开展支部学习交流研讨300余场次，推动学习贯彻不断引向深入，教育引导党员员工捍卫“两个确立”，树牢“四个意识”，坚定“四个自信”，做到“两个维护”。

2.实施“英才工程”

深化市场化选人用人机制，推行中层干部全体起立、竞聘上岗，部分岗位同时面向内外部公开招聘，形成一岗多人竞争局面，竞聘报名人数达220人，平均岗位竞编比达2.5：1。通过开展干部竞聘，干部人数下降近10%，平均年龄下降3岁，跨部门交流比例16.8%，职级变动比例50.4%，有力激发了干部队伍活力。实施工匠计划。开展技术管理及项目管理人才选拔工作，以“民主集中”选拔与“专业匹配”入选相结合的方式，选拔技术管理干部54人、技术专家34人、项目管理人才95人。强化数字化技能锤炼，191名员工获全国BIM技能等级证书，取得计算机软件著作权51项、授权发明专利2项，打造出一支高素质、专业化人才队伍。

（三）树立PDCA管理理念，推进党建工作闭环化

公司党委围绕PDCA循环，坚持以问题为导向，从计划、实施、检查、整改进行全过程管控，使党建工作由“粗放”变“精细”，由“敞口”变“闭环”，切实落细落小落实，让党建工作精益起来。

1.工作部署清单化

年初，公司党委安排工作“菜单”，通过编制全面从严治党主体责任清单、党建工

作责任清单、党风廉政建设责任清单，将目标任务、工作责任压实到各基层党支部。围绕中心工作和战略目标，组织指导基层党支部编制党建策划书。

2.支部工作纪实化

搭建主题实践载体、阵地建设载体、党群共建载体、创新创效载体、典型示范载体“五大载体”，在方法路径上指引各级党组织党建工作抓什么、怎么抓、如何抓实建强。通过“一本一册”，对支部建设和党员管理进行记实管理。

3.考核评价科学化

通过党建督导、内部巡察、专项监督检查、领导班子成员联系基层等方式，加强对各级党组织党建工作的指导和监督检查。持续深入抓实党建责任制考核、党建工作年度报告、党委书记党建工作述职、基层党组织书记抓党建述职评议考核四项制度，督促各级党组织守好主业，精耕责任田。

4.反馈提升常态化

梳理汇总党建考核、巡视巡察反馈、调研督察等问题，找准问题根本原因，逐级逐个销号整改落实，确保问题见底，不断推进党建工作持续改进。针对基层党建工作新形势、新部署、新要求，以及存在的薄弱环节，近5年修编党建相关制度42项，强化制度执行，推动基层党建机制常态长效。

（四）树立绩效管理理念，推进党建工作绩效化

公司党委对党建工作实施绩效考核，从定性和定量两个维度确定评分标准，既依据工作台账进行动态考核，又依据目标任务进行结果考核，对党建工作的“显绩”与“潜绩”进行综合评估。

1.推行党建KPI（关键绩效指标）考核管理

围绕党建工作目标定位，坚持指标量化、任务量化，建立5大项14小项KPI考核指标。细化评分标准，将各项指标量化为分值。合理设置各评价主体权重，从支部自评、支部互评、党群部打分3个维度开展综合测评。既依据工作台账进行动态考核，又依据目标任务进行结果考核，把中心任务完成情况纳入党支部考核，把考核的关注点放到基层党支部作用发挥和价值创造上，使考核更具科学性和指导性。

2.强化考核结果运用

发挥好考核指挥棒作用，将考核结果与干部任免、薪酬奖惩等挂钩。基层党组织党建责任制考核结果占年底部门考核结果的15%，使党建工作真正从“软指标”变成

"硬约束"。通过责任倒逼强化党建工作，让责任落实不缺位。

（五）树立信息反馈理念，推进党建工作系统化

公司党委构建党建工作经验反馈机制，将基层党建的工作亮点、创新理念、良好实践通过调研分析进行总结推广运用，促进支部间互学互鉴、对标提升，促进基层党建工作系统化改进提升。

1.加强项目党建

组织召开多场项目党建工作研讨会及对标交流，在现场观摩中"比学赶超"，在听取经验介绍中启迪思维，促进共同进步。深入分析境外项目党建工作面临的形势和特点，制定完善《公司党委关于加强境外项目党建工作办法》，明确了境外项目6个方面党建职责任务要求，确立了9个工作着力点，为境外党建工作的规范化建立了制度保障和指导方向。编制发布了《项目党建工作指导手册》，进一步提高公司项目党建工作的规范化、制度化、标准化、科学化水平。组织开展项目"四个一"（干好一个项目、拓展一片市场、树立一个品牌、培育一批人才）活动，推动党建工作与项目建设相互融合、共同发展、互为促进，为项目建设提供了强大的动力源泉。

2.推行支部立项解题

聚焦解决问题、发挥作用，指导基层党组织设立53项课题，探索破解基层党建深层次、瓶颈性问题方式方法，推进党的建设提质增效升级。开展"一支部一特色"党建工作品牌创建活动，形成基层党建工作亮点频出、40余个特色品牌交相辉映的良好局面。通过创建12个五好党支部、54个党员先锋岗、72个党员突击队，促进党组织战斗堡垒作用和党员先锋模范作用有效发挥。

（六）树立效益创造理念，推进党建工作价值化

公司党委紧密结合企业生产经营开展党建工作，广泛开展"党建+"活动，引导基层党组织融入中心，建设服务型、创新型党支部，提高党建工作价值创造力，实现党建工作与中心工作同频共振、互融互促。

1.开展"党建+数字化开发"

通过建设劳模创新工作室、成立党员突击队，让党员成为促进公司数字化转型发展的先锋骨干力量。党员技术骨干带领数字化小组自主开发各类业务系统近40个，建成原材料行业工业互联网赋能与公共服务平台，构建了覆盖设计、建造、装备制造、工厂运维、矿山、双碳等全业务链的数字化解决方案。"工程数字化平台"入围工信部2021年工业互联网平台创新领航应用案例名单，"数字化交付平台"入围工信部

2021年度智能制造试点示范优秀场景名单，“基于工业物联网的水泥生产智能化应用示范”项目成功入选工信部2021年物联网示范项目名单。

2. 开展“党建＋双碳建设”

深入开展“三亮三比一争先”党性实践活动，争创星级党支部、争当星级共产党员“双星联创”活动，“为党旗添彩，让党徽闪光，献礼建党百年”主题实践活动，不断激发党员先锋模范作用，助力碳达峰、碳中和目标落地实践。自主研发并发布工厂碳排放数字化平台、装备产品碳足迹数字化平台，已在20余个工程项目和6类装备产品上落地，数字孪生模型量达200余个，模型元素量达700万余个，计算数据量达900万余条。构筑了碳减排技术专利池，公司获得碳标签授权评价机构资质证书、工业领域低碳服务公司综合能力5A级证书。

3. 开展“党建＋科技创新”

坚持创新驱动发展，大力培养创新人才队伍，开展全员创新创效活动，党员主动“打头阵”、争当“排头兵”，开展科研攻关，取得丰硕成果。2016年以来，公司获得授权专利327项。其中，发明专利61项、PCT（《专利合作条约》）专利2项。主持、参与制定国家标准37项、行业标准16项、国际标准1项。荣获国家技术创新示范企业、国家知识产权优势企业、工业企业知识产权运用试点企业、中国工业大奖及提名奖等多项重大奖项。获得省部级科技奖项13项，中国建材集团科技奖18项。中国建筑材料联合会、中国建材集团、中材国际9个“揭榜挂帅”项目。公司2022年入选科改示范企业名单。

三、实施效果

党建管理“六化”体系从国有企业党的建设弱化、淡化等问题入手，较好地解决了公司党建工作存在的不系统、管理粗放、方法陈旧、考核不科学等问题，是确保公司党建工作科学规范高效运行的实现路径。党建管理“六化”体系作为公司党建工作品牌，2018年被中国建材集团命名为“优秀党建工作品牌”。

这套党建管理体系实施以来，公司转型升级动力明显增强，科技创新引领作用凸显，自主创新能力大幅提升，管理创新也不断产生新效益，有力推动了企业战略目标落地。近年来，公司主要KPI指标稳步提升，先后获得中国改革开放40年建材机械行业优秀企业、新中国成立70周年中国建材机械行业杰出企业、建材机械行业“走出去”示范企业、中国建材服务业100强、全国勘察设计行业海外工程标杆企业、优秀勘察设计企业、企业信用评价AAA级信用企业、中国建材集团“六星企业”、中国建材集团先进基层党组织、中材国际先进基层党组织等荣誉称号。公司多人享受国务院政府特殊津贴，多名员工入选国家百千万人才工程，多个员工和集体获得全国劳动模范、全国五一劳动奖章、全国工人先锋号、天津市劳动模范、天津市五一劳动奖章、天津市三八红旗手，天津市模范集体、天津市五一劳动奖状、天津市五四红旗团支部等荣誉称号。

主创人：陈增福　王君颖　祝　娇

参创人：胡　谦　徐红丹

探索党建工作新模式　赋能高质量发展新引擎

——关于“1146”党建工作模式的探索与实践

宝武环科武汉金属资源有限责任公司

宝武环科武汉金属资源有限责任公司（以下简称“金资公司”）是宝武集团环境资源科技有限公司（以下简称“宝武环科”）旗下专业从事冶金固废资源综合循环利用的公众化公司。金资公司党委下设党总支3个、直属党支部9个，共有党员648名，在册职工中党员比例43%。自“不忘初心、牢记使命”主题教育开展以来，金资公司党委深入贯彻落实全国国有企业党的建设工作会议精神，坚持党的领导、加强党的建设，铸牢国有企业的“根”和“魂”，以融入中心、树标提质为创新发力点，提出了“紧扣一条主线、固化一个成果、聚焦‘四一’创建、实施‘六红’工程”的“1146”党建工作模式，开启以高质量党建引领企业高质量发展的探索之路。经过三年的有益实践和有效探索，公司各党总支、党支部在“1146”党建工作模式布局下，挂图作战、精准发力，全面加强基层党支部建设，用工程化、项目化、竞赛化方式推动各项工作落地，将国有企业党建工作独特的政治优势转化为引领推动企业高质量发展的内生动力，成效显著、成果丰硕。

一、实施背景

（一）新形势下加强党的建设、发挥国企党建独特优势的必然要求

习近平总书记在全国国有企业党的建设工作会议上指出，国有企业是中国特色社会主义的重要物质基础和政治基础，是我们党执政兴国的重要支柱和依靠力量。坚持党的领导、加强党的建设，是我国国有企业的光荣传统，是国有企业的“根”和“魂”，是我国国有企业的独特优势。坚持党对国有企业的领导是重大政治原则，必须一以贯之。国有企业是具有鲜明政治属性的市场主体，也是政治属性与经济属性的统一体，这是由建设中国特色社会主义和发展社会主义市场经济共同决定的。

凡事预则立。作为党最可信赖的依靠力量，国有企业党组织必须始终践行初心使命，用更高的政治站位做好前瞻性思考和全局谋划，推进新时代党的建设；必须将党

建工作融入企业生产、经营管理各个环节，真正实现融入中心、进入管理、发挥作用，以实际行动为高质量发展做出卓越贡献。

（二）巩固与扩大主题教育成果的深度思考

2019年，全党开展了“不忘初心、牢记使命”主题教育。这是党的十九大作出的重大决策，是新时代深化党的自我革命、推动全面从严治党向纵深发展的生动实践。金资公司党委围绕“守初心、担使命、找差距、抓落实”的总要求，实打实、硬碰硬、真对真地推进各项措施，尝试了新的实践、积累了新的经验、取得了新的实效。要想沉淀经验、深化成果，必须深度思考、及时总结，依靠科学系统的顶层设计和务实管用的模式创新党建工作。

（三）党建创新的内生需要

创新是党建的生命力，是开创新时代党建工作新局面的必由之路。坚持守正创新，有利于新的理论与实践相结合，有利于最大限度发挥国有企业在社会生产经营建设中的作用，有利于增强基层党组织的生机和活力。在新的形势和任务下，理念创新、思维创新、载体创新、方法创新，对于国有企业党组织融入中心抓党建，抓好党建促发展具有重大意义，必须从更新起点、更宽视野、更大格局出发，创新工作模式，激活每一个党建“细胞”，从而更加有力地推动党建高质量发展。

二、实施内涵

“1146”党建工作模式：紧扣一条主线、固化一个成果、聚焦“四一”创建、实施“六红”工程，具体内容：

1——紧扣“树标提质、固本强基”主线，不断提升基层党的建设工作质量；

1——固化“不忘初心、牢记使命”主题教育成果，坚持党建工作与生产经营深度融合，以企业改革发展、实践成果检验党组织工作成效；

4——聚焦“一名党员、一面旗帜、一个支部、一座堡垒”创建；

6——大力实施“红色引擎”“红色初心”“红色堡垒”“红色头雁”“红色熔炉”“红色齿轮”六项工程。

三、主要做法

深入学习宣传贯彻习近平新时代中国特色社会主义思想，以及党的十九大和十九届二中、三中、四中、五中、六中全会精神，紧紧围绕新时代党的建设总要求和新时代党的组织路线，贯彻落实《中国共产党国有企业基层组织工作条例（试行）》，在中国宝武钢铁集团有限公司党委、宝武环科党委的领导下，巩固深化“不忘初心、牢记使命”主题教育成果。充分发挥基层党委把方向、管大局、促落实的领导作用，落实全面从严治党主体责任，不断增强基层党组织的政治功能和组织力，把基层党组织打造成为坚强的战斗堡垒，为公司保产经营、全面深化改革，助推高质量钢铁生态圈建设，给力“无废工厂”、发力“无废城市”、助力“长江大保护”提供坚强保证和强大力量，以高质量党建推进高质量发展。

（一）锚定着力点，点燃“红色引擎”

以党的政治建设为统领，贯彻落实党对国有企业的领导。一是旗帜鲜明讲政治，进一步增强“四个意识”，坚定“四个自信”，做到“两个维护”，坚决贯彻执行习近平总书记重要指示批示、党中央重大决策部署、上级党委工作要求。坚决落实“第一议题”制度，专题学习习近平总书记“七一”重要讲话精神、生态文明思想等，坚持“三学”互联，开启“自学、互学、研学”模式，精读原文悟原理、集中交流促思考、专题研讨助实践，认真领会、贯彻落实习近平总书记重要讲话和指示批示，特别是习近平总书记考察调研中国宝武时的重要讲话精神。2019—2021年，金资公司共组织开展党委理论学习中心组学习30次，落实第一议题39次。二是加强党的领导，坚定不移把党中央决策部署落到实处，积极响应号召，迅速开展行动，充分发挥党员先锋模范作用，为打赢新冠肺炎疫情防控阻击战提供坚强政治保障。三是扎实推动国有企业党建工作要求写入公司章程，进一步优化“三重一大”事项决策程序，研究制定党委研究讨论重大经营管理事项清单，结合实际划分党委与其他治理主体权责边界，健全党委发挥领导作用的制度机制。四是着力深化理论武装，把学习贯彻习近平新时代中国特色社会主义思想作为首要政治任务，以实际行动贯彻落实好新发展理念、供给侧结构性改革、长江经济带发展、“一带一路”倡议等习近平总书记重要论述和指示批示精神。努力扩大产值，统筹项目落地，为宝武环科实现战略目标，为金资公司迈向城市领域注入活力。加快推动实现碳达峰、碳中和目标，肩负起新时代钢铁再生资源综合利用行业绿色低碳发展的使命担当。

（二）找准关键点，传承“红色初心”

一是注重发挥示范效应。复制扩大“学传改聚”样本，启动“四学驱动”模式、传承“红色基因”、坚持查改贯通、凝聚发展共识，深入开展“不忘初心、牢记使命”主题教育，固化主题教育成果。二是注重知行合一。在党史学习教育方面，开展“传初心、办实事”实践活动，继承发扬伟大建党精神，各支部在“我为群众办实事”活动中，解码精神谱系，认领专属“金钥匙”。各支部选取中国共产党精神谱系中的15个精神，制定了37项目标任务，解决群众急难愁盼问题114个。三是注重载体创建。积极开展“一本档案、一张导航图、一套清单、一个红色驿站”创建活动，制作“1146”党员学习档案，并发放到每一名党员手中，锁定学习要点，帮助党员强化学习自觉、把准学习方向、完善学习方法、提升学习效果。绘制党史学习教育指定书目学习导航图，分专题、分书目、分节点列出详细的学习计划，为党员提供学习导航服务，引领党员跟着导航学，保障学习进度。设计“4+X”学习清单，引入开放式理念，以中心组、党员大会（党课）、党小组和特色学习载体组合的模式，鼓励基层党组织创新方式方法，活化学习载体，实现学习信息的可视化。建立“1146”党史学习教育站台，利用企业微信的微盘App，以“一图、一册、一仓、一库、一集、一屋”构建红色资源的共享交互平台。

（三）找准结合点，筑牢“红色堡垒”

一是坚持压实党建责任制，进一步完善党组织考核评价机制，构建科学动态的考核体系，从基础工作、党组织发挥作用等多个方面优化考核指标，引导基层党组织加强政治建设，提升党建引领能力，助推公司生产经营取得更大成绩。二是坚持党建与中心工作融合原则，以基层所需、党员所能、群众所盼为结合点开展支部工作，将学习与研讨、学习与实干结合起来，提高党员参加组织生活、发挥先锋模范作用的积极性，持续开展党员责任区等主题活动，激活公司基层党支部活力。三是坚持党组织共建共联，携手社区开展“大党委”共建活动，与武汉市青山区钢都花园125社区党委签订共建协议，深化新时代党建引领加强基层社会治理。四是坚持推进党支部标准化、规范化建设，编写党组织换届、发展党员等党建工作“红BAO书”，为党支部规范有序地开展基础党建工作提供指南。五是坚持加强党员活动室创建，指导和鼓励各基层单位根据工作需要，因地制宜地建设一批适应新时代工作特点的党员活动室。

（四）挖掘闪光点，培育“红色头雁”

一是守正创新引领方向。聚焦践行社会主义核心价值观，抓焦点、写重点、聚亮点。以共抗新冠肺炎疫情为切入点，加大对身边“舍小家、为大家”增援隔离医院建设，用爱接力、为一线众筹“战衣”等先进典型的选树力度，激发奉献社会的正能量。二是典型引路凝聚力量。以企业订阅号为宣传主阵地，用身边事感染身边人，广泛树立党员群众看得见、学得着的先进典型，让一个典型树起一面旗帜，一个榜样带来一分力量。组织各级党组织对标先进典型开展党性分析，营造学习先进、赶超先进的浓厚氛围。三是党员先行对标提升。积极开展“党员先锋”行动，面向党员骨干明责任、压担子，结合“党员登高计划”推进岗位改善，将党员队伍打造成为具有坚定理想信念和严密组织的一支力量。

（五）抓牢发力点，打造“红色熔炉”

一是规范选人用人。加快后备干部培养，增强选人用人透明度，实行动态管理，定期对后备人才库进行调整。二是完善体系建设，制定各类人员选拔任用管理办法，建立系统化、规范化、科学化工作体系。坚持精干高效、价值创造、分层分类、持续优化、实事求是原则，重构和完善员工岗位体系，畅通公司人才流动、晋升渠道，引导和鼓励各类优秀人才脚踏实地做贡献，立足岗位求发展，实现企业和员工共同发展。三是构建立体培养模式。打造横向“三级培养平台”、纵向“四个发展通道”的立体式职工培养体系，采取“一个辅导、两个学习、三个锻炼”等多元化措施，通过学习教育有针对性地将职工综合素质提升工作落到实处。四是丰富培养渠道。择优推荐青年参加“天王星计划”，参与“固废不出厂”“产城融合”项目课题，试行见习岗位制度、主副岗制，配备辅导员，制订学习协同计划，加大公司青年人才岗位实践锻炼力度。

（六）用好支撑点，撬动“红色齿轮”

一是坚持党的政治引领，抓实统战、群团工作。大力开展劳动竞赛、创新创效等群众性活动，持续开展“青年说”“青年突击队”等青年活动，凝心聚力推动企业发展，不断增强职工群众的幸福感、获得感。二是切实维护和保障职工群众的合法权益。进一步提高职工参与民主管理的热情，加强对职工“三最”问题的关注和办理，及时掌握职工诉求，推进“我为群众办实事”实践活动常态化。三是以创建安全“1000”班组为基础，持续深入开展职工岗位安全风险描述活动，夯实基层安全基础管理。四是高度关注企业改革发展过程中的维稳信访工作，在“突发信息报告、重大风险评估、突出矛盾排摸、协同应急处置”等方面加大力度，努力把矛盾和问题消灭在萌芽状态。

四、实施效果

（一）复工复产跑出加速度

2020年春，在“红色引擎”的导航引领下，金资公司各级党组织吹响“将堡垒牢固在一线”的战“疫”集结号，一手抓防疫不放松，一手抓生产不动摇，开展“战疫情保生产”系列活动，为疫情下的企业撑起“保护伞”，为复工复产按下“快进键”。

坚持把使命落实到行动上，党员干部带头取消休假，始终奋战在防疫保产一线，保证生产平稳有序，确保钢厂、铁厂满负荷高产时所有产线24小时不间断。把疫情防控常态化工作纳入日常管理，“DIY码”上进厂微信小程序，全面落实联防联控措施，筑牢了防疫保产“安全防护墙”，保障了特殊时期业务的顺利开展。建立“党建+疫情防控”机制，党员亮身份、见行动、做贡献，纷纷解锁疫情防控“监督员”“服务员”“调度员”新身份，助力双战双赢，获评2020年度中国宝武“防疫先锋党组织”。

（二）学比赶超呈现新热度

以“1146”党建工作模式，开启“初心矩阵”。

读史鉴初心。发起党员接力读原文活动，让党员们对党史的主要脉络有基本了解，对党史上的重大事件、重要会议、重要人物有基本掌握。

党课悟初心。打破学习地点、平台、对象的束缚，开展“一心向党”情景沉浸式党课、“世界读书日”公开课、“1146”微课等“无边界课堂”，形成“人人当老师、处处是课堂”的学习氛围。

誓词铭初心。向全体党员发出“重温入党誓词，共过政治生日，牢记责任使命”的号召。党员在“政治生日”当天，发放“政治生日”卡、手抄入党誓词，从仪式感中感悟崇高，加强理想信念，涵养红色初心。支部书记与党员开展谈心谈话，为党员“充电补钙”，传递组织的关爱，实现了学习有标尺、内容有保障，效率倍数增长。

积分强初心。党员教育管理实行“微积分”制，以简便、易于操作、全员参与、量化考评的评价方式，实现了对党员学习、工作和生活等日常行为的动态管理。

创建亮初心。开展“党员示范岗”“党员示范线”“党员示范车”系列创建活动，以亮身份、定岗位、明承诺、强监督、抓管理、比业绩、树标杆党员示范创建“七步走”，掀起党员“比学习、比业绩、比创新、比服务、比奉献”的热潮。

扶贫守初心。以“产业扶贫+消费扶贫+智力扶贫”三位一体的模式，发动生态圈伙伴在黄冈市罗田县成立公司，购买价值41万元的农副产品，帮助销售32万元；爱心助学，向希望小学捐赠20万元，超标准完成了扶贫决胜收官之年的政治任务，凸显了金资公司的政治担当、国企担当和社会担当。

（三）融入中心带来新深度

聚焦生产经营难点、痛点、堵点，党员责任区硬核攻关、突击队硬招出击。在三四炼在线改造的保产期间，党员们率先垂范、冲锋带头，加入现场滚筒新工艺扒渣头更换工作，实行24小时跟班制，推进环保改造项目实施；为消除2021年上半年因疫情给收车工作带来的不利影响，报废汽车党支部党员骨干组建突击队，深入分析、研判形势，对回收价格政策进行调整，抢占了汽车回收市场；开展“对标提质强管理”主题活动，围绕二渣场环保方面重点项目，推进提升新设备整改及生产效能、降低低利润产品产能、提高高附加值产品产量等工作。

开展“嵌入式”实践，推进“我为群众办实事”活动落地见效。以“特区精神”为引领，发扬敢闯敢试、敢为人先、埋头苦干的特区精神，党员自己动手设计了可移动伸缩的卸车架，解决了因残液飞溅污染地面、易打滑问题。传承迎难而上、无私奉献的“焦裕禄精神”，携手共建促改善。与供水分厂党总支开展环境整改支部共建活动，高效推进武汉钢铁股份有限公司大院内的原料回收水站等区域的全方位环保整治。

（四）党建提升彰显强力度

牵住党建责任制“牛鼻子”。以“1146”党建工作模式下党建要点和上级党委下达的重点工作为检查清单，每季度对直属党组织党建工作责任制落实情况进行考评验证，在党群工作例会上晒结果、亮成绩，开展点评和交流，以查促改、以评促进、以进促优。认真开展基层党组织书记抓党建工作述职评议考核工作。

开准问题整改“药方子”。落实党支部工作联系点制度，建立党支部工作联系点，坚持全面联系、问题导向原则，班子成员积极到联系支部上党课，开展座谈调研，了解支部建设方面的经验做法和存在的困难问题，通过现场沟通、协调、答疑等方式解决实际问题。带动之下，党总支对支部启动“摸底式”走访，“把脉”各支部的基本情况，找准党建工作的发力点，协调解决基层实际困难，为推进“1146”党建工作模式支招。

刻好标准化创建“红模子”。针对“红色堡垒”工程，打造“三会一课”标准实践案例，进一步细化完善“三会一课”的内容分类、流程要求、注意事项、记录模式等一系列的标准，在党群工作例会上进行推广，在宝武环科党务工作培训班上交流。根据选举制度，精心制作换届流程清单、材料模板，加强对党组织换届党支部的指导，推进党支部标准化建设。

编制固化主题教育成果小册子。开展“不忘初心、牢记使命，以习近平新时代中国特色社会主义思想推动企业高质量发展”主题征文活动，及时跟进了解掌握各基层党支部的工作情况，印发《红BAO书——基层党支部建设典型经验材料汇编》，促进各基层党组织相互学习、相互借鉴。

（五）下沉共建增添新温度

携手深化新时代党建引领加强基层社会治理。以“1146”党建工作模式推进党员下沉服务，携手社区开展“大党委”共建活动，以“红色引擎”引领党员积极参与社区治理。与武汉市青山区钢都花园125社区签订共建协议书，将企业资源与社区需求有效对接、形成工作项目，针对社区老旧、小区人行道破损情况，为其铺设1000余平方米的透水砖，为社区治理增添助力；在武汉新冠肺炎疫情再度紧张的情况下，发动党员服务队第一时间下沉社区，派驻服务队接力社区值守，让党旗在抗疫一线高扬，得到社区居民的好评。发动党员服务队参与“学党史　践行动”活动、为民服务“赶集会”，将拍照、打印、过塑、修伞等服务开展到社区，做到群众有所呼、党员有所应。在庆祝中国共产党成立百年之际，将《百年大党正年轻》等百本党史类红色书籍赠予钢都花园125社区党委，丰富了社区党员群众精神食粮。金资公司在职在鄂的505名党员全部到各居住地社区报到，利用工作之余和周末空闲时间，到社区党员群众服务中心“打卡”，积极到社区参加人口普查、文明城市创建宣教、防疫巡察等各类公益行动。

（六）创新发展闪现新亮度

改革创新有效度，推进瘦身健体，完成厂办大集体改革、废钢及钢渣业务相关资产瘦身、法人户数压减、退休人员社会化，提升了公司体系效能；完善以绩效为导向薪酬分配模式，激发了干部队伍接续奋斗的活力。

践行绿色低碳发展理念，融入共建钢铁生态圈，“工业服务水平”和“资源管理效率”持续提升，依托武汉基地钢铁主业，挂牌成立“青山区一般固废处置中心”，实现资源化处置废弃油（漆）桶（铁质）项目对外运营，在城市服务领域实现突破，获得湖北省专精特新“小巨人”企业、全国绿化模范单位荣誉称号。

主创人：严　莉　肖厚福　罗　贝
参创人：陈汉红　李方舟　代新军

G150氧气调节阀研发及产业化

艾坦姆流体控制技术（山东）有限公司

一、产品的技术开发及产业化水平

（一）产品开发背景

随着工业生产对氧气用量的逐年增加，氧气管路变长、阀门分布变广，而氧气介质的化学性质比较活泼，是强烈的氧化剂和助燃剂，任何微小的引火源都能引发严重事故，再加上急开或速闭易造成管道和阀门燃烧爆炸的事故。针对此情况，艾坦姆流体控制技术（山东）有限公司（以下简称“艾坦姆公司”）有针对性地研究了氧气苛刻工况，分析了阀门运行中存在的隐患，开发出了新一代安全性高的氧气调节阀。这项技术优化了阀结构设计，提升了材料选择标准，制定了新的降压方案，解决了氧气调节阀易燃易爆、介质外泄漏或内泄漏等难题，提升了氧气调节阀的综合性能，使其更好地适应各类苛刻氧气工况。

（二）技术支撑情况

本项目采用以问题为导向的研发思路，基于研发过程中需要攻破的技术难点和待解决的瓶颈难题，分4个研发小组并行进行研发难点攻克，为难点问题分配更多的资金和人力资源。在项目的中期阶段各个小组完成研发，并在中期后进入整合阶段。整合阶段涉及结构整合，以及仿真和试验整合，即对4个研发小组的成果进行联合仿真，在仿真结果理想的情况下进行实际运行试验。

第一研发小组：经过了多次试验，试验的对象包括各种清洗方式及清洗结果，最终通过多次的优化试验，选择超声波清洗+紫光灯检测的方式解决脱油禁脂问题。

核心要素：通过多次尝试，优选合适的清洗方式，以满足氧气阀门的脱油脱脂要求，符合相关安全标准。

第二研发小组：经过长期实例积累，结合以往经验，对阀门及内部零部件进行选材，推导出合适的加硬处理方式，根据不同的介质状态，选择不同的处理方式。

核心要素：通过不同的材料及加硬方式，对阀芯座进行试验，根据实例，寻找一种合适于单一工况的最佳解决方案，进而推广到各种不同的工况，为其提供全面的材料选择和加硬方式的解决方案。

第三研发小组：通过数百次仿真、实际运行试验，针对氧气调节阀在使用过程中外泄漏、内泄漏的问题。在本次研发中创新设计了双向V级结构、安装特性、动作规则，进一步克服了该问题，并取得了明显的效果。

核心要素：对研发成果进行全方位局部仿真试验，经过长期试验得到的不同的泄漏结果，推导出可能的泄漏形式。

第四研发小组：创新设计氧气调节阀，根据结构试验，寻找最合适的阀内抗波动方案。

核心要素：对研发成果进行全方位局部仿真试验。通过仿真试验，在阀芯与阀座的下方加装额外的导向，这种双导向结构的设计初衷就是消除阀芯在小开度下的振动，保护阀芯座的使用寿命与安全性，有效抵抗阀门在开关过程中的振动，改善阀门的波动问题，为阀门的长期安全使用提供保障。

联合仿真和实际运行试验：

（1）创建流道模型：对于调节阀内部流体的流动特性，从统计的角度理解其控制性能，由于传统的计算分析方法无法获得其内部流体的流动特性，因此在此采用CFD（计算流体动力学）技术对调节阀主阀芯部分内部流场进行数值解析，获得压力损失、速度流场等参数，并对参数的合理性进行分析。

（2）网格划分：应用Fluent软件的前处理工具GAMBIT对计算域进行网格划分。由于调节阀内部阀腔的结构复杂且对称，为节省计算成本和时间，对计算模型进行了简化，对其一半流道进行几何建模及网格划分，网格单元为四面体，并利用尺寸函数对流态变化激烈的节流孔及其附近流道进行了网格细化。其中最小尺寸处有5个网格，模型最小面上有20个网格。

（3）边界条件：计算模型选用RNGk-ε湍流模型，基于密度的隐式耦合求解。流体区域材料物性设置为：氧气密度选为理想气体，边界条件设定为：入口边界条件为压力进口，其中绝对压强为26MPa，表压强为25.2MPa；出口边界条件为压力出口，绝对压强为6.7MPa。运用Fluent软件求解时以进口进行初始化，各项残差取10^{-5}。

（4）氧气调节阀内部流场仿真解析：在Fluent软件中，设定显示计算残差图和出口速度监视图，进行稳定性、阀门开度与马赫数的关系、压力分布、速度分布、流线分布仿真。

（5）对仿真与理论计算数据进行对比分析：在完成仿真后，在同等外界条件下对仿真数据和计算数据进行可视化对比分析。统计对比分析数据，通过大数据定位偏离数据并进行产品改进。

二、重点关键技术及该技术的突破对推动本行业技术进步的作用和意义

艾坦姆公司对多个项目现场的氧气调节阀进行技术分析和科研探讨后发现，氧气调节阀容易发生内泄漏和外泄漏，阀内件容易损坏，需要经常检修，否则影响阀门的调节性能和使用寿命。有的调节阀受设计、制造、材料等因素影响，质量不高，未到1～2年的检修周期就各类问题频发，如未到检修周期就发生内外泄漏问题。由于这些都是外在表现，难以有针对性地解决和改进。

经过深入的研发，艾坦姆公司还发现，根据对使用条件的归纳，现有的氧气调节阀在开关过程中存在调节波动，这种波动影响着阀门的调节精度，而气化炉对于氧气流量的波动极为敏感，同时由于调节阀的波动，阀内零部件的横向及纵向震动会导致阀杆断裂，震动频率高时会造成金属部件之间因摩擦产生火花而发生爆炸事故的恶性危害。虽然这种问题也能通过提供大量备品备件进行辅助检修，但是多频次的维修影响产品的口碑与稳定性。因此，解决阀门内泄漏、外泄漏，以及氧气调节阀的波动是后期设计需要改善的内容。

总的来看，现有的氧气调节阀主要存在如下四个问题。

问题1：需要严格的脱油禁脂及匹配的抗爆措施。对现有脱油禁脂及抗爆措施进行相应的改进，提供相应的条件，才能满足阀门安全稳定运行的前提条件。

问题2：需要基于流速及工作压力的考虑选择阀体的材质，对整体氧气调节阀的阀内件进行选材，寻找适合氧气运行工况的金属组配。

问题3：应对氧气工况下的密封措施。由于氧气工况的特殊性，其对金属材质有着特殊要求，这就意味着对密封件有着对应的要求。而且氧气工况下需要满足V级甚至双向V级的密封，因此需要一种对应的密封方案。

问题4：应对氧气调节阀运行时的波动与振动。由于氧气绝热压缩的特殊性，零部件需要能够抗振动、抗波动，才能稳定阀芯的调节作用，保证氧气调节阀长期稳定运行。

对于上述问题，艾坦姆公司逐一拟定出如下有针对性的解决方法。

对于问题1：针对氧气工况的易燃易爆问题，需要从氧气组分及注意事项进行考虑。

（1）几种常见的氧气管道、阀门燃烧爆炸原因分析。

① 管道内的铁锈、粉尘、焊渣与管道内壁或阀口摩擦产生高温而发生爆炸，这种情况与杂质的种类、颗粒及气流的速度有关，如铁粉易与氧气发生燃烧，且铁粉颗粒越细，燃点越低；气流流速越快，越容易燃烧。

② 管道内或阀门存在油脂、橡胶等低燃点的物质，在局部高温下易引燃。

③ 绝热压缩产生的高温使可燃物燃烧。阀前为15MPa，温度为20℃，阀后为常压0.1MPa，若将阀门快速打开，阀后氧气温度按绝热压缩公式计算可达553℃，这已达到

或超过某些物质的燃点。

④ 高压纯氧中可燃物的燃点降低是氧气管道、阀门燃烧的诱因。氧气管道和阀门在高压纯氧中，其危险性是非常大的。试验证明，随着氧的纯度和压力的增加，金属在氧气中的反应会显著加剧，这对氧气管道和阀门构成了极大的威胁。

（2）影响氧气调节阀使用的其他重要因素。

① 氧气调节阀脱油禁脂时，压缩氧气接触到少量的油脂会立即剧烈燃烧并引发爆炸，因此氧气管道的管子、配件、垫片，以及所有与氧气接触的材料都必须在安装使用前进行严格的除锈、吹扫、脱脂。工业上常用的脱脂剂包括工业用四氯化碳、精馏酒精和工业用二氯乙烷等。碳素钢、不锈钢及铜的管道、管件的阀门宜用工业用四氯化碳。四氯化碳与二氯乙烷都是有毒的，在使用时必须有防毒措施。二氯乙烷与精馏酒精是易燃易爆物质，脱脂工作现场应严禁烟火，遵守防火的有关规定。

② 脱脂完毕后，应按设计规定进行脱脂质量检验。艾坦姆公司氧气调节阀在制造时采用严格的禁油措施，并且所有零件在安装前均进行了严格的脱脂处理。艾坦姆公司采用的是超声波清洗机，能够将零部件的各个角落清洗干净，杜绝油脂的安全隐患，脱脂质量检验的方法及合格标准规定如下：①用清洁干燥的白滤纸擦拭氧气阀门通道内壁，纸上应无油脂痕迹。②用紫外线灯照射，脱脂表面应无紫蓝荧光。

（3）氧气调节阀的连接。

① 氧气管道的连接应采用焊接，但与设备、阀门连接可采用法兰式、丝扣连接。丝扣连接片应采用一氧化铅、水玻璃或聚四氟乙烯薄膜作为填料，严禁用涂铅用的麻、棉丝或其他含油脂的材料。

② 氧气管道应有导除静电的接地装置。所有通径阀门的进出口法兰端均应设有导电螺孔，以防静电。阀杆外露部位有防尘圈，防止尘土和油类污染。外层防护罩设有红色“禁油”标识，杜绝外界引火源的安全隐患；厂区管道可在管道分岔处无分支管道每80 ~ 100m处以及进出车间建筑物处设一接地装置。直接埋地管道可在埋地之前及出地后各接地一次；车间内部管道可与本车间的静电干线连接，接地电阻值应符合规范。当每对法兰或螺纹接头间电阻值超过0.03Ω时，应设跨接导线。对有阴板保护的管道，不应设接地装置。

③ 氧气管道的弯头、分叉头不应紧接着安装在阀门的下游，阀门的下游侧宜设长度不小于管外径5倍的直管段。

以上均为氧气调节阀的抗爆措施，本项目依照欧标及国标要求，为氧气调节阀的使用提供安全保障。

对于问题2：针对阀内件的材料选择，根据欧标IGC与国标GB 16912—2008的要求，对氧气调节阀的金属材料进行筛选与处理，以满足流速与压力的要求。

关于氧气调节阀的选择，需尽量选择流通效果好的单座柱塞阀或笼式阀，避免使用迷宫式阀芯，以尽量减少阀内湍流及局部流速过快的情况。一般情况下，小口径的优先选择流道设计简单的柱塞阀。基于流速及工作压力的考虑，对于阀体材质宜选择欧洲标准对氧气的具体规定，即IGC标准，这是目前最严苛的标准。在IGC Doc 13/02E有关章节中已对用于氧气介质的多种材料的流速及耐压限制情况进行了界定，例如对于材料Monel（蒙乃尔），IGC Doc 13/02E中已明确说明只要压力在21MPa以内，Monel材料可以豁免流速限制。我国颁布实施的《深度冷冻法生产氧气及相关气体安全技术规程》（GB 16912—2008）对氧气的规定与欧洲标准基本相同。

本项目内阀内件及阀门壳体均采用豁免材料（Inconel 600、Inconel 625、Inconel X-750、Monel 400、Monel K-500），完全符合标准基础要求，阀门内流道经过压力、流速仿真，根据氧气特点设计成各处圆滑过渡，氧气流阻小，通体镍合金能够适用于各种高压、高流速氧气工况，杜绝铁粒、金属粉尘的内部引火源的安全隐患。如表1、表2所示。

表1 碳钢与奥氏体不锈钢材料管道的流速 v 限制

<table>
<tr><th rowspan="2">管道材质</th><th colspan="6">工作压力 p（MPa）</th></tr>
<tr><th>$p \leq 0.1$</th><th>$0.1 < p \leq 1$</th><th>$1 < p \leq 3$</th><th>$3 < p \leq 10$</th><th>$10 < p \leq 15$</th><th>$15 < p \leq 21$</th></tr>
<tr><td>碳钢</td><td rowspan="2">根据管道压降确定</td><td>< 20m/s</td><td>< 15m/s</td><td>不允许</td><td>不允许</td><td>不允许</td></tr>
<tr><td>奥氏体不锈钢</td><td>30m/s</td><td>25m/s</td><td>$pv \leq$ 45MPa·m/s
（撞击场合）
$pv \leq$ 80MPa·m/s
（非撞击场合）</td><td>4.5m/s
（撞击场合）
8.0m/s
（非撞击场合）</td><td>4.5m/s</td></tr>
</table>

表2 受压力、流速限制的材料选用

<table>
<tr><th>最高工作压力 p（MPa）</th><th>$p \leq 0.1$</th><th>$0.1 < p \leq 0.6$</th><th>$0.6 < p \leq 3$</th><th>$3 < p \leq 10$</th><th>$10 < p \leq 21$</th></tr>
<tr><td>壳体材料</td><td>碳钢、不锈钢</td><td>不锈钢、碳钢，优先选用不锈钢</td><td rowspan="2">不锈钢及铜合金，或两者的组合</td><td rowspan="2">不锈钢及非铁基材料，或两者的组合，优先选用非铁基材料</td><td rowspan="2">铜合金、镍及镍基合金</td></tr>
<tr><td>阀内件材料</td><td>不锈钢</td><td>不锈钢</td></tr>
</table>

艾坦姆公司氧气调节阀主要承压件均为铸造一次成型，通过光谱仪鉴定金属材料组分，把握材质金属元素相对含量，对关键部件须进行无损检测。通过射线、超声的检测，杜绝由材料缺陷导致的来自材料内部的安全隐患。

对于问题3：针对氧气工况，氧气调节阀需要解决的密封问题有两种，即内泄漏与外泄漏。外泄漏是对氧气调节阀安全性的一大考验。艾坦姆公司氧气调节阀主要密封组件为镍合金等豁免材料的金属缠绕垫，配以适用于氧用工况的特制复合填料来保证外泄漏概率为零，进而保证阀门及其周围环境的安全。

对于内泄漏，分为两个方面：一方面是阀芯座造成的泄漏，艾坦姆公司氧气调节阀改变了密封方式，由原有面对面密封变为面对线密封。这种通过曲面密封面的局部微形变实现“可配合式”的面对面密封，能够明显避免由加工精度不够造成的密封等级不达标问题，提升阀芯座的密封效果，减少因阀芯座造成的泄漏。另一方面是平衡式阀芯造成的泄漏，对于气化炉，每次开停车，气化需要氮气吹扫；气化炉在作为备炉时，氧管线需要氮气安全密封，因此氧气调节阀后需要引入高压氮气管线，因此氧气调节阀会经常出现背压的情况，而单座Globe调节阀通常会有一个流向，如果不做特殊要求，往往会忽视背压情况的发生，背压对单座Globe调节阀内密封元件的破坏也很严重。因此艾坦姆公司氧气调节阀采用双向平衡式阀芯，能够满足阀芯在不同方向、不同压差下的密封效果，同时内部采用圣戈班系列氧用平衡密封圈，以此杜绝内泄漏、外泄漏的安全隐患。

艾坦姆公司氧气调节阀在实现氧气工况需求的同时还完成了作为调节阀的功能，能够有针对性地对氧气介质进行调节。阀芯下部设有用于调节流体的调节孔，阀门在可靠地完成平衡压力任务的同时，也具备调节介质流速流量的能力，调节孔节流结构可以减少抗流对阀芯座的单边局部破坏作用，降低流速、减少噪声。因为调节孔喷流方式承受了大部分（约60%）的阀节流压降，可以将气蚀破坏作用由阀座迁至小孔，保护了密封面，提高了氧气调节阀使用寿命，可达普通高压差阀的2~3倍。同时可以通过调整调节孔的数量、位置和直径，来达到不同需求的流量特性。

对于问题4：应对氧气调节阀运行时的波动与振动，根据实际氧气工况进行研究。原有的氧气调节阀在应对阀门波动问题方面并不有效，随着使用年限的增加，氧气调节阀的波动有加重的趋势，氧气流量的波动幅度也开始慢慢变大，气化装置开车对氧气流量控制要求非常严格，氧气流量调节阀在开车过程中开度都是逐渐增大，如果氧气流量波动，将对气化装置的安全开车及稳定运行造成很大影响，也给工艺开车带来较大难度。造成阀门波动的根本原因是高压差工况使阀门产生振动，造成导向套不断磨损，导向间隙加大造成阀门无法稳定运行，从而导致了氧气流量的波动。氧气调节阀通常会选择单座阀，同时开车时阀门调节不稳定、有波动现象，会导致氧气量不稳定，气化炉跳车。

针对阀芯、阀座磨损严重导致的设备使用寿命变短问题，艾坦姆公司创新设计的阀芯、阀座密封副，通过不同的方法进行加硬处理，提升阀芯、阀座本身的抗冲蚀、抗磨损的性能，延长使用寿命。为了保证阀门运行稳定，应从两方面稳定波动。一方面，在设计过程中提升阀杆在使用中的强度，通过增加直径、增加与阀芯连接的长度，提升阀芯组件整体的抗振动能力，通过增加导向直径，更好地改善阀杆的抗轴向、抗径向的能力，被动地提升阀内件的抗波动性。另一方面，为了取得更好的阀杆导向效果，选择双导向结构，在阀芯与阀座的下方加装额外的导向座，并为阀芯添加导向杆，这种双导向结构的设计初衷就是消除阀芯在小开度下的振动，保护阀芯座的使用寿命与安全。这种结构能够有效地抵抗阀门在开关过程中的振动，改善阀门的波动问题，为阀门的长期安全使用提供保证。

三、关键技术创新点及性能指标

（一）关键技术创新点

（1）研发了阀芯、阀座曲面密封面的密封结构，采用镍55+镍60材质，提高了抗冲蚀、抗磨损的性能，延长了使用寿命。

（2）设计了具有自密封功能的支撑环结构，可满足高压氧气工况下，正反双向的V级密封要求。

（3）开发了三级降压结构及双导向结构，减少了阀门在高压差工况下的振动。

（二）性能指标

（1）调节阀的填料函及其他连接处应保证在1.1倍公称压力下无渗漏现象。

（2）装配后阀门应采用无油干燥的压缩空气或氮气进行壳体强度试验、气密性试验和高压气体密封试验，壳体强度试验、气密性试验应按GB/T 26480—2011的规定；高压气体密封试验压力为最大允许工作压力的1.1倍。

（3）调节阀以1.5倍公称压力的试验压力进行不少于3分钟的耐压强度试验，试验期间不应有肉眼可见的渗漏。

（4）调节阀额定流量系数的实测值和规定值的偏差应不超过规定值的 ± 10%。

（5）泄漏量满足GB/T 4213—2016或其他欧洲/美洲体系标准中规定的泄漏要求。

主创人：冯　岚　付　豪

参创人：孙　文　冯　雷　程　迪　张　蒙　张　潇

传承红色基因　引领绿色冶炼

——金冠铜业分公司党委“一抓五建”强化党建品牌创建案例

铜陵有色金属集团股份有限公司金冠铜业分公司

一、实施背景

1949年年底，刚刚成立的新中国百废待兴，中央依然投资9500吨小米开发铜官山，建设铜官山冶炼厂。老一辈“铜陵有色人”为了炼出中国自己的铜，付出了无比艰辛的努力，甚至是用血换铜也心甘。他们完全依靠自己的智慧和力量自行设计、自制设备，建成了新中国第一座铜冶炼厂。1953年5月1日，第一炉铜成功产出，奏响了新中国铜冶炼史上的开篇序曲。

经过2008年的世界金融危机，2009年国家出台《有色金属产业调整和振兴规划》。铜陵有色金属集团股份有限公司（以下简称“铜陵有色”）全面审视自身铜冶炼板块，加快转型升级，启动铜冶炼技术升级改造，累计投资100多亿元，分期建设金冠铜业分公司，于2012年年底投产。

铜陵有色始终保持着传统，即每一座新的冶金炉投产，火种都来自上一炉型。炼铜人以自己的方式传承着“红色基因”，短短几年内，金冠铜业分公司在铜冶炼技术上实现了由“跟跑”到“伴跑”的飞跃，正积极向全面“领跑”努力。2018年，金冠铜业分公司党委严格按照发展定位，结合打造世界铜冶炼样板工厂的内在需求，把党建品牌建设与企业发展战略高度融合，与铜冶炼企业目标追求相结合，凝练出“传承红色基因　引领绿色冶炼”党建品牌，引领全体党员职工干在实处、走在前列，清洁生产、绿色冶炼。

二、实施内涵

金冠铜业分公司是铜陵有色的主力工厂，是我国第一大单体矿铜冶炼工厂，具备年处理铜精矿240多万吨、年产电铜60万吨规模，年产值470多亿元。集世界先进的成熟冶炼工艺技术于一体，多项生产技术指标国际领先，现有正式员工1000多人，其中党员近400人，下设19个党支部。金冠铜业分公司党委深入贯彻落实习近平总书记关于国有企业改革发展和党的建设的重要论述精神，切实把党建政治优势转化为公司治理效能，创新实施“一抓五建”工作法，即抓牢“传承红色基因”这条主线，突出“红色信念、责任担当、忠诚可靠、团结协作、人民情怀”等核心要素，建设“红色教育、绿色发展、人才成长、党建共建、共同发展”五个平台，全面推进党建品牌创建，努力以高质量党建推动公司高质量发展。“传承红色基因　引领绿色冶炼”党建品牌的品牌标识如图1所示。

传承红色基因　引领绿色冶炼

图1　党建品牌标识

注：标识以金冠铜业分公司的“冠”字的首字母“G”来延伸设计，上方是红旗衬托党徽的造型，下方是“绿水青山”造型，象征着党旗指引着金冠铜业分公司传承红色基因，引领绿色冶炼，在传承铜陵有色创业、创新、创造的优良传统基础上，坚定产业报国初心，勇担振兴民族铜工业发展使命，全力打造世界铜冶炼样板工厂。

三、主要做法

金冠铜业分公司“传承红色基因　引领绿色冶炼”党建品牌，是将红色基因烙印转化为企业打造世界铜冶炼样板工厂的独特优势，把党建品牌建设融入公司中心工作中，在实践中不断提升品牌创建成果，提升公司绿色发展水平，保障生产经营工作顺利开展。

（一）突出“红色信念”，搭建红色教育平台，围绕阵地抓品牌

传承红色基因，牢记初心使命，既是一项重要的政治任务，也是开创新时代各项工作新局面的精神支柱和力量源泉。金冠铜业分公司党委深入发掘、充分运用铜陵有色红色资源，强化理想信念教育，薪火相传铜陵有色肩挑手抬的“箩筐”精神、以血换铜也心甘的奉献精神、爱国爱厂的敬业精神、与时俱进的创新精神，将新中国第一块铜锭诞生背后的艰苦奋斗史不断发扬光大，努力谱写好新时代国企党建新篇章。

一是积极发挥思想建设正本清源、立根固本、补钙壮骨、凝心铸魂作用，教育引导全体党员干部筑牢信仰之基、补足精神之钙、把稳思想之舵。持续巩固深化“不忘初心、牢记使命”主题教育和党史学习教育成果，从党的百年历史中汲取智慧和力量，筑牢守初心、担使命的思想根基，坚定做强做优做大国有企业的信念。二是多层次开展红色思想教育，带领全员走进铜陵有色展示馆，引导广大职工从铜陵有色创业史、改革发展史中汲取智慧和力量。开展“全体党员进党校”培训活动，不断加强全体党员党性教育、宗旨教育、警示教育，不断提高思想政治素质和党性修养，增强群众感情，从思想深处拧紧总开关。定期举办红色革命基地研学活动，引导党员领导干部更加深入了解党的历史、学习革命先辈的崇高精神、树牢理想信念。三是打造更多具有特色的廉洁文化阵地，丰富廉洁文化载体，定期举办“清风金冠·廉润我心”廉洁文化作品展，发挥好公司廉洁文化教育展厅及教育基地功能，打造铜陵有色党员干部廉政教育示范平台，营造风清气正的良好政治生态。四是将先进的党建文化与企业文化相融合，针对公司多厂合一、员工来自多家单位的实际，始终深化“一种文化、一个标准、一个组织规程”文化理念，并将企业文化创新与公司发展定位综合考虑，使企业文化理念更加贴近实际，使“打造世界铜冶炼样板工厂”目标深入人心，成为职工的自觉行动，推进公司深度融合。五是加强对意识形态工作的领导，将意识形态工作融入公司管理各环节，通过管思想、管意识来凝聚发展合力，管好发展大局，唱响“主旋律”、筑牢“主阵地”。六是深入开展“学习型企业”建设，强化两级党组织及员工政治学习，提升全员政治理论素质。充分发挥金冠书吧、公司及各单位宣传长廊和读书角等文化阵地作用，将学习能力转化为助推企业发展的内核动力，让“书香金冠”历久弥香。

（二）突出“责任担当”，搭建绿色发展平台，围绕方向抓品牌

党的十八大以来，习近平总书记高度重视生态环境保护，提出了一系列重要论述，逐渐形成了习近平生态文明思想，成为我国抓好环保工作的根本指针。作为一家铜冶炼企业，金冠铜业分公司党委坚持贯彻习近平生态文明思想，充分发挥“把方向、管大局、促落实”作用，大力营造忠诚履职的政治环境，提升和保障绿色发展效果，努力实现生产过程洁净化、运行智能化、控制数字化、废物资源化，促进环境效益与经济效益的高度统一、共同增长，坚决当好生态优先、绿色发展的先行者和排头兵。

一是牢固树立“绿水青山就是金山银山”的发展理念。坚持把“绿色冶炼”作为公司发展最鲜明的方向，把推动绿色发展作为打造世界铜冶炼样板工厂的内在要求，以及实现高质量发展的先决条件，持续开展“强化意识、防控风险”主题活动，全力消除安全环保风险隐患，持续提升公司绿色发展水平，构建企业发展与环境保护相协调的新格局。坚定不移贯彻新发展理念，始终不渝地把安全环保作为企业发展的前提条件，抓实抓牢，引领全体员工树牢红线意识、增强底线思维。坚持党政同责、一岗双责，层层分

解安全环保指标，一级抓一级、一级对一级负责，切实把安全环保责任落实到岗、落实到人。多年来公司环保形势稳定受控，多次在各级政府、铜陵有色开展的评比活动中获得较高荣誉，保障了公司长周期生产稳定。二是认真落实中央关于推进碳达峰、碳中和工作的部署要求。大力实施节能减排方案，坚持系统节能、结构节能、技术节能、管理节能，保持各类技术经济指标处于行业领先水平。大力发展清洁能源，大幅削减能源消耗总量，推动“双碳”工作落实落细，加快绿色低碳转型发展。三是加强资源综合利用。发挥循环经济先发优势，增加资源回收种类，提高资源综合利用效率，积极拓展产业链延伸，通过阳极泥资源回收、渣资源利用、多金属回收利用等项目充分回收金、银、铜、锌等冶炼副产资源，提高循环经济发展水平，实现可持续发展，增强公司抗击市场风险的能力。四是坚定担当行业领跑责任。深入推进挖潜改造，进一步巩固冶炼产业优势，继续保持行业领跑势头，公司闪速冶炼技术及节能环保升级改造项目即将建成，奥炉挖潜改造项目正在积极推进，“十四五”期间，公司阴极铜产能规模将由目前的60万吨提升到76万吨。引领全体员工深入挖掘和释放最大潜力，不断强中做优，坚定不移向指标要效益，持续提升企业核心竞争力，力争打造世界铜冶炼样板工厂。公司荣获国家级“绿色设计产品”和安徽省“绿色工厂”称号，双闪和奥炉两个厂区双双荣获安徽省“环保诚信单位”称号。五是构建锚定领跑的科技创新体系。瞄准行业竞争前沿领域，通过建立科技创新体系、大力实施技术革新改造、持续开展课题攻关，获得更多的原始性创新技术，牢牢掌握发展主导权，抢占技术竞争高地。加强产学研合作，与中国科学技术大学、中南大学、合肥工业大学等高校建立长期合作关系，通过共同研发，聚焦核心技术攻关，推进公司在有色冶金领域转型升级、智能工厂建设中持续领跑。六是积极开展党建项目化攻关。坚持把生产现场作为党建工作主战场，围绕“生产工艺改进、技术攻关、设备技改、革新改造、挖潜降耗”等方面需要协调解决的问题，成立攻关组，由党组织负责人牵头，积极开展党建项目化攻关，有效解决了生产经营过程中的重点、难点、堵点问题，实现党建工作与生产经营工作目标同向、工作同步，形成相互促进、共同提升的良好局面。

（三）突出“忠诚可靠”，搭建人才成长平台，围绕队伍抓品牌

坚持党管干部、党管人才，搭建发现、锻炼、培养人才平台，形成“有为就有位、有位要作为”的正向选人用人机制。一是树立重实干、重实绩的用人导向。突出选人用人标准，坚持新时代国有企业好干部“20字”标准，坚持事业为上、人事相宜、人岗匹配，提高政治标准和专业化素养，严格执行干部选拔任用工作程序，着力培养造就一批“想干事、能干事、干成事、不出事”的干部队伍，打造符合“十四五”发展要求的高素质专业化干部队伍。拓宽选人用人视野，坚持把党支部书记岗位、党务工作岗位作为培养企业复合型人才的重要平台。二是加强年轻干部人才培养。落实党委书记第一责任人职责，建立年轻干部日常发现、动态管理、持续培养机制，分类

别、分专业建立优秀年轻干部信息库。制定年轻干部培养规划和年度计划，对年轻干部进行轮岗换岗、个性化培养，使一大批年轻干部在企业发展中成长起来，挑起大梁。2021年金冠铜业分公司“80后”干部占比超过40%，15名年轻干部走上车间、部门主要负责人岗位，成为公司中坚力量。除此之外，近两年公司培养5名“80后”干部走上铜陵有色中层管理人员岗位。三是进一步健全公司员工职业生涯通道体系建设。规范各通道职位体系设置，完善职位体系聘免、晋升、考核等相关管理规定，建立多通道多途径培养人才及拓展人才使用空间的育人用人机制，做到人岗匹配、人尽其才、才尽其用，充分发挥员工的积极性、主动性和创造性。制定并持续改进《科研课题管理办法》《论文管理办法》《知识产权管理办法》等创新激励制度，为专业技术人员提供创新平台，积极营造创新发展氛围。成立劳模创新工作室和技能大师工作室，大力倡导工匠精神。四是进一步激励广大干部新时代新担当新作为。严格贯彻落实“三个区分开来”重要思想，鼓励探索创新，支持担当作为，允许试错，宽容失误。加强实践锻炼，建立领导班子成员结对带徒培养制度，注重把德才素质好、发展潜力大的好苗子放到基层一线、艰苦岗位、重大项目中历练成长。加大干部综合培训力度，开展“金冠讲堂”活动，提升管理人员业务能力和管理水平。

（四）突出“团结协作”，搭建党建共建平台，围绕体系抓品牌

创新措施载体，多途径拓宽品牌建设渠道，积极推进新时代国企党建工作创新。一是确保公司党建品牌与党支部特色工作建设相互联系、相互支撑。将公司党建品牌创建的各项措施全面分解落实到各党支部，保证基层党支部紧紧围绕公司中心任务开展工作，确保公司党建品牌创建有效实施。通过责任分解，同步充实基层党支部特色工作内容。各基层党支部集思广益，总结提炼出反映本单位党建工作成效的党建特色活动，覆盖率达到100%。比如奥炉精炼车间党支部“炼就辉煌”、双闪电解车间党支部“卓越阳光”、动力车间党支部“动力无限”特色工作等，都紧扣各自党支部实际工作，较好地发挥了示范、引导、激励和带动作用。根据公司党建品牌，履行环保管控的单位如双闪冶炼、双闪硫酸、奥炉熔炼、奥炉硫酸车间党支部分别开展的“心系安环”“党旗下的环保卫士”“打造样板奥炉”“争当绿色冶炼样板车间”党支部特色工作，均紧扣公司“绿色冶炼”目标。公司机关共有四个党支部，围绕服务基层目标，根据各自实际，共同开展“抓牢主阵地·建起连心桥”特色工作，党政工团共同努力，持续加强和改进作风建设，强化部门现场服务意识，营造公司良好的工作氛围。二是加强“党建共建”。进一步创新党建活动载体，提高品牌建设水平，金冠铜业分公司党委跨行业、跨地区拓展党建交流渠道，相继与安徽省特种设备检测院、合肥燃气集团有限公司、中钢集团耐火材料有限公司、河南中原黄金冶炼厂有限责任公司党委等开展党建共建活动，在互相学习、互相借鉴的基础上，进一步提高党建品牌和特色工作品质。通过共建平台，实现了互动交流、优势互补、资源共享、共同发展的目

标。同时与铜陵有色内部企业赤峰金通铜业有限公司、金昌冶炼厂党委等开展联建活动。公司党委要求每次参加共建活动的人员，都要把活动中的收获进行总结，同时把吸收亮点、提升工作的打算形成工作报告并组织实施，由此提升了党建品牌创建工作成效。三是在公司内部积极变“各自为战”为“协同作战”。公司党委利用党支部书记例会等时机，展现各党支部特色工作亮点及存在的不足等，促进相互学习，共同提升。开展现场观摩活动，组织相关党支部现场参观亮点党支部，现场取经，提高自身党建创建效果。提供党支部间相互检查、相互学习交流的机会，开阔党建工作思路，把检查过程中发现的党建特色亮点、经验做法与自身实际工作相结合，取长补短，共同提升。同时，公司党委进行经常性督导检查，及时发现和解决党建品牌创建过程中存在的突出问题，促进各党支部在党建特色工作创建过程中出实招、创特色、显成效。四是“三个加强”保障党建品牌建设不断取得实效。加强宣传工作，充分运用各类媒体，积极宣传和推介党建品牌，确保全体党员熟知公司党建品牌，切实扩大党建品牌的影响力和知名度，积极营造创建工作的浓厚氛围。加强工作考核，将党支部开展特色工作纳入党建考核，促进党支部特色工作和生产经营各项目标的有效融合，不断健全科学合理、行之有效的党建工作机制。加强总结提炼工作，不断修改创建活动方案，持续完善创建措施，发掘典型、打造亮点，进一步丰富内涵。

（五）突出“人民情怀”，搭建共同发展平台，围绕共享抓品牌

全面贯彻以人民为中心的发展思想，不断满足全体员工对美好生活的向往，充分发动和依靠员工，凝聚员工力量和才智，努力实现人企共同发展。一是坚持举旗帜、聚民心、育新人、兴文化、展形象。践行社会主义核心价值观，抓好员工思想政治工作，大力宣讲有色故事、传播有色声音、凝聚有色能量，持续开展“快乐工作，简单生活”作风建设专项宣传教育，增强员工凝聚力、向心力。二是开展“幸福金冠　感恩同行”员工家属参观体验等活动。金冠铜业分公司利用每年春节等节日的机会，开展员工家属参观体验活动，让员工家属切身感受生产现场如火如荼的大干建设气氛，以及公司的发展成就，使员工家属提高对公司的认知度，加大对公司发展和员工工作的支持力度，共谋发展、共享成果，从而为公司发展营造良好氛围。三是创新员工思想了解掌握途径。公司每季度都举办基层一线员工座谈会，了解掌握广大员工的思想动态，倾听员工心声，听取员工对公司的意见和建议，进一步加强与员工的沟通交流。针对员工所提意见，除现场答复落实外，还书面答复公示，逐项落实，接受员工监督，使员工满意度不断提高。同时还通过问卷调查、员工代表专项检查等形式，及时了解员工所思所想，积极为其释疑解惑、排忧解难，最终赢得了员工对企业的信任，有序推进和谐企业建设。四是加快建设花园式工厂。摒弃传统理念，全面营造绿色清洁文明的生产环境，策划和定位好现场管理工作，全力推进厂区规划整改、绿化亮化提升，不断新增绿化面积，实施管网桥架亮化、主厂房和建筑物外墙翻新、车间班组控制室

整改、厂区道路拓宽和亮化等多项现场专项整改工作。公司整体环境焕然一新，四季花开，花园式工厂建设新成效，不仅提升了员工的工作热情，还得到了来公司检查、调研的国家和部委、省市领导的认可。五是牢固树立依靠职工办企业思想。成立“爱心帮扶驿站”，持续开展向困难职工“送温暖、献爱心”活动、“结对帮扶”送温暖活动。成立8个文体协会，每年拨付专项经费，举办员工喜闻乐见的经常性文化体育活动。分批次组织开展员工疗休养活动，每三年轮流一遍。发挥员工的积极性、主动性和创造性，每年收集的合理化建议都在600条以上；每年开展劳动竞赛、技术比武和岗位练兵等活动40项以上，多名员工在铜陵有色技术比武中取得好名次。坚持以党建带团建，扎实有效开展青工竞赛、导师带徒、青年安全监督岗、五小科技等活动，认真做好“推优入党”和“推优上岗”活动，充分发挥青年员工的优势和作用。六是统筹抓好疫情防控和公司稳定发展工作。深入学习贯彻习近平总书记关于新冠肺炎疫情防控工作的重要讲话指示精神，切实担负责任，有力有序做好各项疫情防控举措，不间断组织专项检查、专项巡查、巡逻检查，确保各项防控措施落在实处，进一步提升常态化疫情防控能力，保障公司生产经营秩序持续稳定。

四、实施效果

通过党建品牌创建活动的开展，不断巩固提升党建工作优势，促进党的建设与企业发展深度融合，取得了良好成效。

（一）为国企党建开辟了新途径

公司各级党组织在确定品牌、创建品牌的过程中，坚持将抓党建、促发展的根本理念贯穿始终，自觉把党建工作与中心工作紧密结合起来，融入生产经营、提质增效、降本降耗、精细管理等工作中。自觉把职工是否满意作为检验创建成效的衡量标准，把党建品牌的创建与服务企业、服务职工紧密结合起来，创新了新形势下加强基层党组织建设、保持党的先进性的工作思路，使党建品牌理念被各级党组织、党员和群众广泛认同，并使其日益成为党组织和党员的共同追求、自觉行动。总结提炼党史学习教育中好的经验和做法，推动公司党史学习教育走深走实，督促开展好“我为群众办实事”实践活动，仅2021年就为职工办实事102项。公司先后获得安徽省、铜陵市、安徽省省属企业“文明单位”，安徽省环保诚信企业、安徽省劳动竞赛先进集体、铜陵市“五一劳动奖状”等荣誉称号。公司党委先后获得省国资委、铜陵市先进基层党组织，铜陵有色“先进党委”荣誉称号。公司团委获全省“五四红旗团委”荣誉称号。

（二）为企业发展注入了新动能

在党建品牌创建过程中，公司党委积极将党的政治优势转化为公司发展的竞争优势，保障了公司持续保持全国第一大单体矿铜冶炼工厂的地位，使得多项生产技术指标国际领先，核心竞争力不断提升，打造世界铜冶炼样板工厂目标不断取得新的突破。公司利润继2018年突破10亿元大关后（创造了铜陵有色70余年历史上二级单位年度利润首次突破10亿元大关的新纪录），2021年公司利润突破20亿元大关，再次创造新纪录。主产品"铜冠"牌高纯阴极铜在伦敦金属交易所、上海期货交易所注册挂牌。创新创造成果丰硕，截至2021年年底，公司共获各类专利158项，其中发明专利40项、软件著作权15项、地方标准3项，获省级科学技术进步奖4项、三等奖2项，市级科学技术进步奖一等奖1项，中国有色金属工业科学技术奖一等奖1项、二等奖1项，省发明专利金奖1项。智能化工厂建设不断取得新的实绩，电解智能交互系统提前1个月投用运行，并成功入围国家工业互联网创新领航案例名单，主产品电铜运输实现无人化、智能化，奥炉转炉渣智能化无人运输项目年节约费用200万元左右，阳极板、阴极板、不锈钢板自动检测自动化系统建成投用。

（三）为绿色冶炼明确了新方向

公司各级党员干部及广大员工坚持守土有责、守土尽责，坚决扛起环保政治责任，主动深入一线查问题、解决问题，品牌引领效应持续增强，企业环保和员工精神面貌由里及表都发生了深刻变化，厂房亮丽，绿树成荫，建成了花园式工厂，成为铜陵市工业重点参观企业。公司多项环保技术指标国际领先，含重金属废水零排放，冶炼废渣综合利用，实现高效、绿色生产。持续保持废气在线监测合格率100%，清净下水合格率100%，硫捕集率99.9%以，水的循环利用率接近99%。绿色发展、循环经济建设再上新台阶，通过阳极泥资源回收项目回收金、银、铜、锌等资源，金银回收率达到98%以上，同时硒、碲、铂、钯等有价元素有效回收；二次资源回收与综合利用项目有效实现了生产过程中产生的危险废物资源化、减量化、无害化就地处理，为铜陵有色发展循环经济、实现可持续发展、打造绿色环保型冶炼企业做出积极贡献；铜冶炼渣资源综合利用项目提前建成投用，年回收铜量增加3600吨，相当于中等矿山生产规模，实现了资源"吃干榨净"的目标，在有效延伸产业链的同时，大幅度增加了企业绿色发展效益。

（四）为两个作用输入了新动力

公司各级党组织在党建品牌创建过程中，通过各种行之有效的载体和实践，进一步增强了党组织的凝聚力、向心力和创造力。广大党员在本职岗位上主动亮出身份、做出承诺、树好形象，主动接受员工的监督，主动转变作风，切实成为推动企业绿色发展的骨干力量。党建项目化攻关产生积极效果，有效解决了生产经营中的难点问题，2021年23项攻关顺利结题，2022年28项攻关活动正在积极开展。持续开展"党员安环先锋队"创建活动，发挥党员先锋模范作用，广大党员在活动中真正做到了"三先"：履行安环职责党员干在先，增强安环工作能力党员学在先，做好安环隐患排查党员冲在先。始终坚持党建引领，狠抓疫情防控工作，特别是2021年3月20日开始封闭生产，公司上下坚决贯彻国家防疫政策，切实担负责任、发挥作用，引领全体员工统一思想、坚定必胜信念、发扬连续作战精神，经过17个昼夜连续奋战，公司疫情防控工作取得阶段性胜利，2000人（含协力人员）的就餐、住宿等后勤保障工作在短时间内全部到位，“战疫情、保生产”主题党日活动接力开展，“帮厨”等具体活动有效实施，充分彰显了党组织的战斗堡垒和党员先锋模范作用，真正做到了哪里有需要，哪里就有共产党员。

（五）为企业文化植入了新内涵

公司党委有力发掘好、运用好红色资源，传薪火、勇担当、践使命，“红色基因”传承工作有效开展。弘扬积极向上的文化理念，增强企业文化的辐射力、融合力和创新力。公司持续整合双闪、奥炉、新技术等厂区，新建投产稀贵金属、多金属回收等项目，统筹规划、协调好厂区合并、项目投产后机构设置和人员安排，建立统一机构，充分考虑文化融合、思想融合、管理融合，保持生产经营稳定，使职工队伍始终保持昂扬奋进的精神状态，公司发展进入快车道。抓好主题宣传，围绕庆祝中国共产党成立100周年等重点工作，精心开展系列宣传活动。先后开展“主人意识”“手机集中保管”等专项宣传活动，激励先进、鞭策落后，塑造高效规范、积极向上的优秀企业文化，为公司持续高质量发展提供和谐的人文土壤。持续开展“简单做人，快乐工作”专项宣传，用“身边人、身边事”教育广大员工在各自岗位上拼搏奉献、创先争优。抓好形势任务教育，广泛宣传、全面动员，把打造世界铜冶炼样板工厂作为主线，向全体员工讲清楚重要性和必要性，真正做到了思想统一、发动到位，全员参与，积极作为。

五、主要启示

金冠铜业分公司党委通过“传承红色基因　引领绿色冶炼”党建品牌创建，有效引领了公司各级党组织和全体党员充分发挥作用，形成鲜明工作导向，推进企业党建与中心工作深度融合，以高质量党建促进企业高质量发展。主要启示有以下五点。

（一）必须坚持融入中心

党建品牌创建的根本目标是服务企业发展，所以一定要围绕服务公司生产中心工作这一目标做好定位，才能确保党建品牌创建工作始终沿着正确的方向推进，促进党的建设与企业发展深入契合，充分发挥优势，真正做到紧扣中心、服务大局，彰显品牌的影响力和推动力。

（二）必须坚持突出亮点

产品品牌的生命在于特色，同样，党建品牌的创建要根据各单位的不同情况和特点，紧密结合生产经营实际，因地制宜地开展创建。工作中要防止简单化，防止与日常基础党建工作相混同，要不断增强品牌创建的针对性和实效性。

（三）必须坚持问题导向

要以党建品牌创建工作为抓手，顺应党建工作规律，在紧贴中心、服务发展中找准定位，扩大影响力。要尊重职工的首创精神，充分调动和发挥广大党员干部的积极性和创造性，不断探索和创新党建品牌创建的实践载体，将党建品牌创建的过程变为破解党建工作难题、加强组织建设的过程。

（四）必须坚持创新引领

品牌创建是一个长期的过程，既要坚持做好基础工作，又要开阔眼界，积极吸收和借鉴外部成果，也可组织内部单位“一对一”“多对一”互帮互学，开展现场观摩等活动，相互取长补短，共同提升党建工作水平。

（五）必须坚持科学评价

建立健全与企业发展相适应的品牌建设评价体系，加强检查考核，提出改进空间。同时应给予一定经费扶持，鼓励有针对性地开展党建品牌创建学习、总结、提炼等活动。

主创人：丁阳成　赵荣升　张　明
参创人：齐宏明　姜　蕾

发挥引领示范作用　探索党建品牌创新与生产经营“最大公约数”

深圳市鹏程出租汽车有限公司

一、指导思想

深圳市鹏程出租汽车有限公司（以下简称“鹏程公司”）坚持以习近平新时代中国特色社会主义思想为指导，深入贯彻党的十九大和十九届历次全会精神，紧紧围绕“员工归属感”“群众获得感”主题，按照发挥特色优势、培育党建品牌、服务内涵发展的工作理念，创建特色鲜明、实效突出的党建工作特色品牌，发挥示范带动效应，提升公司党建科学化水平。

二、实施背景

为献礼中国共产党成立100周年，切实落实“为群众办实事解难题”的工作要求，践行深圳巴士集团股份有限公司（以下简称“巴士集团”）“以人民为中心，让城市出行更美好”发展理念，鹏程公司聚焦女性出行安全等社会热点问题，打造深圳首支女性驾驶员特色车队——“鹿小安”车队。

三、项目目标

鹏程公司始终坚持党建引领，推动党建与业务深度融合，紧紧围绕中心工作，增强改革意识，突出改革实效，推动改革更好地服务经济社会发展；融合传统业务开拓创新，打造“鹿小安”车队品牌，强化党建引领，助推业务发展。鹏程公司打造此项目的初心和期望实现的目标是为深圳市民提供优质安全的出行服务，同时为更多女性提供工作机会和良好的就业环境，彰显了党支部“党建带妇建、妇建促党建”工作原则，充分发挥了党支部的桥梁和纽带作用。不断完善组织网络、改善队伍结构、创新工作载体，持续巩固群团组织改革成果，以党的建设带领和推动群团妇女组织工作建设，凝聚共识、汇聚力量，构建工作新格局。

四、项目筹备

（一）致力于为市民提供特色出租车服务

鹏程公司通过设置意见征集箱、走访调研、开座谈会、公司微信公众号留言、发放意见征集表等形式广泛征集员工的意见和建议，其中设立“女性专属特色车队”是鹏程公司为市民办实事的创新举措之一。近年来，国内网约车安全隐患时有发生，因为相比男士而言，女士夜间独自出行的危险性更高。针对女性独自出行的安全需求，鹏程公司成立了一支特色出租车车队，司机以女性驾驶员为主，平时照常营运，不拒绝男性乘客，但女性乘客优先，后续将通过平台，实现女性乘客夜间预约用车专用通道特色服务，确保她们可以享受到安全、安静的出行服务。

（二）开展品牌设计及确定品牌名称

该项目根据建设实际需求，从品牌策划、视觉设计等方面将车队的队名与车身进行设计与制作，呈现出耳目一新的视觉感受和别出心裁的乘坐体验；同时在出租汽车行业安全生产、营运服务全过程中，展示女性的价值和地位。

1. 车队队名

（1）中文名：鹿小安；
（2）英文名：Miss Go；
（3）口号：鹿小安，一路心安！
（4）寓意：鹿同“路”。鹿的形象灵动、可爱，与女性司机形象吻合。
（5）内涵：女性乘坐安全、安心。

2. 车内外设计

“鹿小安”车辆的车灯以可爱、俏皮的红色蝴蝶结呈现，从车身外观可明显看到“鹿小安”品牌标识，呈现出可爱、俏皮的女性化的视觉效果。车内布置为女性主题，配备女性贴心物品，供乘客使用。

（三）获得行业主管部门的肯定与支持

鹏程公司制定并发布了《女性专属车队营运方案》，并向行业主管部门深圳市公共交通管理局汇报了“鹿小安”车队筹建情况及车身涂装更改的请示，深圳市公共交通管理局对此项目表示十分认同，并且通过了该项目的实施与推进计划。

（四）成立专项工作小组推动营运方案落实

1. 开展管理人员选拔及女驾驶员招聘

鹏程公司选拔了优秀女司机担任“鹿小安”车队队长，并开展女性驾驶员招聘、宣传工作，从政治素质、职业道德、身体状况、适应能力、沟通应变五个方面，面向公司内部以及社会选拔女性驾驶员，同时考验其是否具备应急情况处置的能力，因为她们肩上扛起的除了保障自身的安全之外，还有千千万万女性乘客的安全。

2. 开展女性驾驶员座谈会及培训

鹏程公司对“鹿小安”车队的服务理念及服务标准进行宣导，针对“关心关爱女性驾驶员”“提升行业管理及服务效率”“更好地吸引更多女驾驶员加入”等话题进行了深入讨论。

3. 开展人文关怀及专项奖励

为提高“鹿小安”车队的吸引力及驾驶员的凝聚力，鹏程公司基于人文关怀并结合实际给予专项奖励：为提升车队驾驶员的整体形象，给予车队女性驾驶员化妆用品补贴；为提升车队驾驶员安全营运服务工作，在每月发放月度安服奖金的基础上，向每季度“四无”的驾驶员提供季度评优评先奖励。

五、主要做法

（一）品牌内涵差异化

有别于传统出租车，“鹿小安”车队的外观经过了精心设计。为了能体现女性特色，“鹿小安”车辆的顶灯上加装了可爱的蝴蝶结，车身上还有“鹿小安”标识，寓意一路平安，旨在为女性乘客提供安全优质的出行服务。独特的外观设计彰显了车队三大重要特质：“安心”——友善、温暖、亲切的形象，为乘客带来安心、靠谱的视觉感；“时尚”——讨喜的标志令人耳目一新，是点亮城市、引人注目的良好品牌载体；“创新”——外观从整体到细节，创意别出心裁。除此之外，车内放置香氛，让乘客在乘车的过程中通过香味舒缓疲惫。车内还提供专属的爱心便民包供乘客使用，包里不但配备了风油精、纸巾、发夹、发圈、一次性雨衣等应急用品，以及消毒湿巾、一次性手套、口罩、免洗消毒洗手液等防疫用品，根据女乘客特殊时期所需，还准备了女性护理巾，十分贴心。

（二）运营服务专业化

“鹿小安”车队驾驶员中有在深圳交通行业奋斗多年的优秀“的姐”，也有初入行业的驾驶员。为了给市民提供优质、安全、快速的出行服务，每一名驾驶员在入职前都将接受入职培训，入职后还会接受礼仪培训等。除此之外，鹏程公司每个月都会举行一次安全服务例会，集中培训安全营运注意事项、紧急事件操作流程等内容，确保驾驶员的服务专业化、品质化。培训包括以下主要内容。

1.行驶前

（1）提醒乘客系好安全带。

（2）确认目的地。

（3）确认路线：按导航或按乘客指定路线行驶。无法按既定线路行驶的，应提前向乘客说明情况，并征得乘客同意。

2.行驶中

（1）安全驾驶：不超速、不抢道、不闯红灯、不强行猛拐、不乱停乱放、不违章掉头、不违章停靠，做到安全行车，在斑马线、路口主动礼让行人及其他非机动车辆。

（2）室内温度：主动询问乘客车内温度是否适宜，无特别要求的，夏季空调可设置21～25℃，冬季空调可设置25～28℃，空调出风口需向下，且车内外的温差控制在10℃范围内。

（3）交谈：在保证行车安全和遵守交通法规的情况下，尽量满足乘客需求，有问必答，文明礼貌热情；交谈内容健康文明，不信谣、不传谣；乘客间谈话时不插话；乘客需要时主动关怀。

3.到达前

（1）提醒乘客即将到达目的地，询问停靠地点。

（2）当乘客要求在禁止停车的地方停车或提出违反交通法规的不合理要求时，须委婉拒绝并耐心向其解释，以取得谅解。

4.到达后

（1）礼貌道别并提醒乘客携带随身物品。

（2）雨天时，主动下车为乘客提供遮雨服务。若乘客未携带雨具，为乘客遮蔽到安全地点或提供雨具给乘客。

（三）爱心公益常态化

作为国有企业和深圳市出租汽车行业的标杆企业，鹏程公司多年来始终坚守公益初心，不断探索爱心公益服务的新路径。在鹏程公司党支部的引领下，“鹿小安”车队自成立以来，就活跃在深圳爱心公益事业的舞台上。

2021年9月26日是深圳公交出行宣传周的最后一天，由鹏程公司与深圳市儿童医院共同举办的“公益公交·爱心乐行”活动在深圳市儿童医院内开展，“鹿小安”车队首次亮相公益活动。致力于为乘客提供安全、优质、便捷的出行服务的同时，积极创新弘扬时代精神，带领出租车行业的女性从业者立足岗位、服务大局，打造品质交通、美丽交通、幸福交通、创新交通、平安交通。助力公司以人民为中心，打造公益品牌，建设安全、可靠的公共交通出行环境。

2022年1月7日，深圳新冠肺炎疫情暴发以来，“鹿小安”车队化身成疫情防控的“移动堡垒”。1月11日22时，鹏程公司紧急接到巴士集团下发的任务，要求负责中山大学附属第八医院在福田街道片区的核酸检测保障任务。面对时间紧、任务重的情况，鹏程公司积极响应，“鹿小安”车队全员出动，支持防疫转运保障工作，在疫情防控中彰显巾帼力量。

2022年1月18日，深圳第十九届“爱心年夜饭”派送活动温情启动，在疫情防控的关键时期，为表达对坚守在疫情防控一线工作人员的敬意，以及为被隔离群众及有需要的家庭送去新春关爱，“鹿小安”车队加入“爱心年夜饭”派送大家庭，开启爱心之旅。

2022年1月25日，鹏程公司党支部开展“情暖春运　你我同行”志愿者活动，组织党员、入党积极分子和群众志愿者在火车站等重要场所，针对春运旅客的普遍性需求开展志愿服务，“鹿小安”车队的女驾驶员们积极主动加入志愿服务队伍中，为市区内孕妇、老年人等出行不便的特殊旅客提供免费接送服务，温暖旅客回家路，传递了服务人民、奉献社会的正能量。

2022年2月28日，受疫情和寒冷天气的双重影响，深圳街头采血站的血液采集量下降超60%，临床血液保障面临严峻考验，深圳市血液中心发出“抗疫情　保献血”的号召。“鹿小安”车队的女驾驶员们通过鹏程公司党支部与社区的党建共建活动，参与到献血抗疫的队伍当中，用实际行动诠释了关爱社会和无私奉献的精神，用奉献传递爱心、用热血点亮生命，展现了作为“鹏程人”的担当与责任。

2022年3月8日国际妇女节当天，为了助力正处在疫情防控的关键时期的深圳市以“双统筹”夺取“双胜利”，“鹿小安”车队驶上街头，为社区工作人员提供无偿爱心接送服务，保障疫情防控工作的稳定开展。

每年高考期间，所有考生凭准考证即可免费乘坐贴有“爱心车队”车贴的爱心出租车。为保证考生能安全、便捷地到达考场，“鹿小安”车队2022年也加入了“爱心车队”，为莘莘学子顺利赴考保驾护航，充分彰显了“鹏程人”的社会责任感。

六、实施效果

（一）扩大企业品牌影响力，提升行业品质

在鹏程公司党支部的引领下，目前“鹿小安”车队共有33名女性驾驶员，该车队不

仅是深圳首支女性驾驶员车队，也是深圳首支规范化运营的女性驾驶员车队。从2021年成立起至今，车队已为深圳市10万余人次提供日常接送服务，受到了广泛好评。

“女司机”常常被人调侃驾驶技术差，但“鹿小安”车队的女司机驾驶技术丝毫不输男司机，尤其以女性特有的细腻、温柔与耐心，为乘客提供了安全、舒适的乘车环境。每一位“鹿小安”车队的驾驶员都是经过严格的培训才能上岗，充分保证了服务品质。

（二）擦亮文明窗口，创巾帼文明岗

鹏程公司坚持党建引领工作，在“我为群众办实事”实践活动中，充分发挥基层党组织战斗堡垒作用和党员先锋模范作用，带动身边群众做好疫情防控工作。“鹿小安”车队积极主动响应号召，组建了疫情防控“移动堡垒”，积极参与疫情防控、爱心公益、志愿服务等10余场次活动，在经营岗位上充分展现“她力量”，实现了个人价值和社会价值的有机结合。在舆论宣传方面，省市各级主流媒体先后对“鹿小安”车队进行了集中报道，鹏程公司在深圳市打响了品牌知名度。未来，“鹿小安”车队将在各项爱心公益活动中不断擦亮鹏程公司品牌，在党支部的带领下，以品牌立根基，以创新谋发展，赋能公司经营工作，并以车队为载体，积极申报各级“巾帼文明岗”荣誉称号。

七、未来发展规划

“鹿小安”车队是鹏程公司党建引领业务的品牌创新项目，是2022年重点开展的党建创新项目。鹏程公司党支部打造此项目的初心和期望实现的目标是为乘客提供优质安全的出行服务，同时为更多女性提供工作机会和良好的就业环境，未来将重点关注“鹿小安”车队建设和品牌发展。

（一）车队建设

一是扩大车队的规模。“鹿小安”车队将逐步扩大规模，打造成为深圳市首支规模最大、服务态度最优秀的女性驾驶员车队。二是制定“鹿小安”车队服务标准。“鹿小安”车队将不断完善服务标准，驾驶员将继续以高质量的专业服务，为市民提供更加安全、便捷、绿色、舒适的乘车环境。三是完善出行平台女性专属出行板块建设。

（二）品牌发展

一是拓展正面宣传途径和载体。二是挖掘“鹿小安”车队形象代言人。三是探索品牌实体化及衍生产品。四是申报“巾帼文明岗”荣誉称号。

主创人：林文涛　吴淑红　刘　亚
参创人：任寰宇　邱惠娴　张雅琳　潘秋冶　陈桓港

“和合城建”企业文化建设的实践

中铁武汉电气化局集团有限公司城市建设分公司

一、实施背景

中铁武汉电气化局集团有限公司城市建设分公司（以下简称“城建公司”）与中铁新基建（河南）建设有限公司按“两套机构、一套人马”进行管理，是世界“双五百强”企业中国中铁股份有限公司所属中铁武汉电气化局集团有限公司的二级公司，历经两次重组整合，职工队伍来自10多个单位，组成复杂，因此，领导班子、管理团队、职工群众的融合非常重要。重组整合之初，城建公司改革发展面临着重重困境。

2020年以来，城建公司党委在充分听取党员干部、职工群众意见的基础上，经过调研总结，提出开展以“和睦友善、合心合力、合作共事”为主线的“和合城建”企业文化建设方案，着力构建纪律严明、政令畅通、令行禁止、步调一致的团队文化；客户至尊、信誉至上、言出必行、行则必果的诚信文化；企业为重、事业为重、爱岗敬业、绩效为先的责任文化；盈利光荣、亏损可耻、精细管理、降本增效的效益文化；锐意改革、勇于开拓、除旧布新、与时俱进的创新文化；不图虚名、讲求实效、脚踏实地、真抓实干的求实文化；稳健经营、规范管理、注重细节、数据说话的科学文化；艰苦奋斗、勤俭节约、不事张扬、力戒骄奢的俭朴文化；克己奉公、执政为民、廉洁自律、风清气正的廉洁文化；不忘初心、牢记使命、加强党建、维护核心的央企文化。经过近两年的实践，“和合城建”文化在城建公司扎根发芽，迸发出蓬勃的生命力，为推动企业转型发展做出了积极的贡献。

二、主要做法

（一）以“三个认同”为基础，推动“和”文化建设

“和合城建”企业文化中的“和”代表承认与尊重，表现在个人修养上，“以和为贵”；表现在持家上，“家和万事兴”；表现在人与人的关系上，“和睦相处”。城建公司从培育职工贵和尚中、善解能容、厚德载物、和而不同的宽容品格入手，引导职工摒弃重组企业职工互不信任的不良风气，要做到相互理解、相互忍让、相互帮助、互敬

互爱、和睦相处，共同营造和谐企业环境。

1. 强化思想认同

城建公司党委坚持把理论学习作为强化思想认同的重要手段，牢牢把握习近平新时代中国特色社会主义思想精髓，以贯彻落实为重点，着力解决文化融合、管理互补、企业发展等问题。在学习方法上，建立健全党委中心组、党支部“三会一课”等学习制度，以系统培训和专题辅导为重点，结合企业实际和自身思想，开展学习研讨和联学活动。通过系统的学习思考，领导班子成员和党员干部自觉从“肩负着国家使命，担当着企业责任，承载着员工期盼”三个层面统一思想，提高认识。城建公司先后邀请广州市委党校、广州大学黄埔研究院/研究生院、广州大学马克思主义学院等院校的专家、学者授课，通过外脑引进不断拓展公司改革发展的战略思维。同时，注重把理论学习融入具体工作实践，两者进行思想碰撞。在党史学习教育中，以“三个学之、四个聚焦”为主题进行专题研讨，从“星星之火可以燎原”中坚定推进企业转型发展的信心，从“建立井冈山革命根据地精神”中演绎区域经营理念，从“游击战”“农村包围城市”中借鉴差异化发展的理念，把学习党史理论成效进一步深入转化为推动企业经营发展管理的助推剂。注重开展形势任务教育，坚持每半年编制形势任务宣传提纲，客观分析公司面临的内外部形势，提出推进企业改革发展的措施，领导班子成员带头到各项目进行宣讲，进一步坚定企业发展的信心。注重调查研究，公司领导班子紧密结合企业面临的内外部形势，深入研讨，把好脉、定好向，主要领导带头深入各单位、项目部开展广泛深入的调研，摸清家底，掌握实情。注重集聚民智，开展征集转型发展合理化建议活动，征求广大干部职工对公司发展的良策。

2. 强化理念认同

企业理念是企业文化的基石，贯穿企业生产经营活动的各方面、各环节，给人以理想、以信念，给人以鼓励、以荣誉，也给人以约束。城建公司坚持宣贯和践行“创新、绩效、和谐、责任”核心价值观和“敬畏、感恩、谦恭、得体”行为准则，以理念认同促进文化融合。2020年11月，城建公司新任领导班子上任后，开展企业文化理念征集活动，提炼职工群众认可的文化内涵，提出纪律严明、政令畅通、令行禁止、步调一致的团队文化；客户至尊、信誉至上、言出必行、行则必果的诚信文化；企业为重、事业为重、爱岗敬业、绩效为先的责任文化；盈利光荣、亏损可耻、精细管理、降本增效的效益文化；锐意改革、勇于开拓、除旧布新、与时俱进的创新文化；不图虚名、讲求实效、脚踏实地、真抓实干的求实文化；稳健经营、规范管理、注重细节、数据说话的科学文化；艰苦奋斗、勤俭节约、不事张扬、力戒骄奢的俭朴文化；克己奉公、执政为民、廉洁自律、风清气正的廉洁文化；不忘初心、牢记使命、加强党建、维护核心的央企文化共十项子文化。尤其是在人才选育用留上，实施“六授”工作法，即授人以“鱼”，保证职工正常合理的工资待遇；授人以“渔”，教会职工做事的思路和方法；授人以“欲”，激发职工上进心，使其树立奋斗目标；授人以“娱”，把快乐带到工作中，让职工获得幸福感；授人以“愚”，教育职工做事要扎实稳重、大智若愚，不可走捷径和投机取巧；授人以“遇”，给予职工成长、学习、发展的机遇，成就灿烂人生；授人以“誉”，善于鼓励和赞誉职工取得的成绩，满足其精神层面的需求。通过企业文化建设，营造出了干事创业的积极氛围。

3.强化战略认同

发展是解决一切问题的基础，企业要发展必须团结全体干部职工，城建公司注重用形成共识的发展愿景来凝聚职工，在公司“十四五”规划制定过程中，注重听取干部职工的意见，通过宣贯、座谈、调研等形式，用愿景和目标鼓舞职工。城建公司结合“十四五”规划制定中的交流探讨，以及集团公司对城建公司转型发展定位，提出“十四五”期间“打造一流城建，建设幸福企业”的战略愿景。提出发展目标：到2025年年底，发展成为区域内最具竞争力的城市综合建设承包商，跨入中国中铁专业工程公司20强，在总承包业务规模、经济效益、竞争实力、科技创新、企业品牌等方面达到同行业先进水平，推动广州基地建设，确保职工安居乐业；定位品牌形象：建设专家、城建伙伴、共赢典范；确立“十四五”战略方针：坚持“房建市政专业化、城轨交通区域化、新型基建品牌化、科学管理标准化、人才队伍职业化”的具有公司特色的“五化”战略方针，进一步转变发展观念、优化产业结构、创新经营模式、提升管控能力，扎实推进业务结构调整升级、增长方式转变升级和企业管理优化升级，努力成为中铁武汉电气化局集团有限公司推进新战略的“先行者”和新发展的“示范者”。推进“五大工程”“五个一流”建设，实现“五个提升”，全力打造现代、品质、活力、阳光、幸福城建的愿景目标和具体措施，通过公司党代会、职代会等工作会的广泛宣传，城建公司“十四五”宏伟战略目标和发展愿景有力鼓舞了干部职工，增强了干部职工对企业发展的信心，凝聚了发展合力。

（二）以“两个融合”为核心，推动“合”文化建设

“和合城建”企业文化中的“合”指凝聚与合作，表现在人与自然的关系上，追求“天人合一”；表现在人与社会的关系上，崇尚“合群济众”；治理企业讲的是“善解能容”。城建公司坚持对内讲融合、凝聚人心，对外讲合作、塑造品牌，实现合心合力、合作共赢。

1.对内融合、凝聚人心

团结协作对合并重组的企业至关重要，城建公司必须建立健全以制度规则为基础、以各尽其责为保证、以情感沟通为纽带的团结协作机制。一是坚持决策透明。构建和

落实集体决策制度体系，修订完善了《党委会议事规则》等制度办法，细化党组织研究讨论前置程序清单，严把决策程序关、范围关和讨论表决关，做到“抓住大事定议题，个别酝酿求共识，集体讨论做决断，分工负责抓落实”，在企业发展思路、发展战略、发展定位、重大原则、重大决策等方面把关定向，确保党对企业发展的正确领导。二是发挥班子合力。重视发挥公司领导班子的整体合力，认真落实民主集中制、干部日常谈心谈话制度、民主生活会制度，增强领导班子和谐共事的能力。党委工作与行政工作相互融合，党政工组织关系协调，互促共进，整体作用得到了有效发挥。领导班子成员本着求大同、存小异的原则，努力做到宽以待人，严于律己，在政治上互相勉励，在思想上坦诚沟通，在工作上及时补台，在生活上给予关照。领导班子的示范作用深刻影响着干部队伍和职工群体，使得干部大局意识普遍增强，职工精神状态更加饱满。三是用好文化阵地。构建党宣、企宣、文宣、外宣“四合一”的宣传思想文化阵地，建立各级党组织“党建书屋”、党员（支部）活动室、企业文化长廊等文化阵地，丰富职工群众精神文化生活。四是开展系列活动。开展“未来可‘期’、‘惜’你同行”员工关爱主题活动，有效增进员工与家属之间的情感交流，营造家庭和睦温馨的良好氛围。联合属地园区总工会开展篮球友谊赛、联合华南指挥部开展中秋联谊活动，在豹澥项目部开辟职工菜园、心理咨询室，开展职工夜校活动，激发干部职工爱企创业的精神动力。开展“喜迎二十大、聚力再出发”企业文化节系列活动，通过举办“学制度、抓执行、强管理”网络知识竞赛、“我为转型发展献计”、书画摄影展、“书香城建”读书分享等系列活动，厚植企业文化根基，凝心聚力推动公司改革发展。五是讲好城建故事。开展思想道德教育活动，做到“身边人讲身边事、身边人讲自己事、身边事教身边人”。创新传播手段，建设“一网一微一刊”宣传平台，创办《和合城建》文化季刊，邀请主流媒体、学校、社区等走进企业和项目部，多方位、全角度宣传展示公司改革发展成就。通过这些举措，公司内部沟通顺畅，关系融洽，干部职工“劲往一处使，心往一处想”，营造了“家和万事兴，业兴人气旺”的浓厚氛围。

2. 对外合作、塑造品牌

城建公司党委积极探索“共驻共建、资源共享、合作共赢”的企地协作机制，主动融入地方组织，开展一系列企地联建、企校共建活动。参与广州市黄埔区庆祝建党百年暨校企项目签约活动，与广州大学签订“智慧交通与安全的研究与应用推广”项目框架协议；与广州大学开展党史教育实地践学活动和党的十九届六中全会联学研讨活动，与武汉光谷建设投资有限公司共同开展“传承红色基因、建设精品工程”党建活动，与西安电子科技大学广州研究院深入探讨党的建设共建、智慧交通领域等方面事宜；加入广州市党的建设学会、广州市轨道交通产业联盟及联盟党组织，探索打造企地区域化党建共建品牌，推动党建工作与生产经营深度融合，力破“两张皮”问题，有效促进了企业转型发展。公司各级党组织用实际行动践行承诺，组织党员投身企业改革发展和生产经营一线，组织党员突击队参与方舱医院、隔离酒店建设，2020年、2021年新冠肺炎疫情期间，城建公司华中区域项目部、武汉豹澥项目部先后组织15名党员参与湖北省妇幼保健院、武汉潮漫酒店隔离点改造，疫情时向广州市番禺区石楼镇官桥村，武汉市江夏区滨湖街道、豹澥街道万年台社区等地的一线人员捐赠口罩、消毒液、凉茶等物资，派出党员干部志愿者服务队助力社区疫情防控，履行央企社会责任与担当。尤其是2021年，城建公司组织党员参加武汉东湖新技术开发区关东街道隔离酒店升级改造项目，只用33个小时就完成了改造任务，创造了“城建速度”。2022年春节前夕，武汉地区收到暴雪天气预警，城建公司所属豹澥项目部党支部立即响应，组成党员突击队主动请战，在武汉东湖新技术开发区开展抗冰除雪，得到了社会的广泛认可。

（三）以“五大工程”为载体，推动“和合城建”落地生根

1. 学习工程

城建公司积极构建学习型企业、学习型党组织、学习型领导班子、学习型领导干部、学习型机关、学习型班组、学习型员工“七位一体”的学习机制。加强领导干部教育培训，打造“引领型”培训机制，联合广州大学黄埔研究院/研究生院开展党的十九届五中、六中全会精神领导人员集中培训班，邀请广州大学马克思主义学院教授进行授课，联合广州地铁运营总部开展廉洁从业主题参观教育，推动领导干部政治理论素质提升。加强房建市政专业知识、建筑商业模式学习，定期开展对标学习和调查研究，多层次、多渠道、多工种开展岗位成才和创新创效活动，积极构建全员、全时、全程“三全”学习教育机制。在广州大学举办市政房建专业技术管理培训班，社会招聘人员培训班，以及党组织书记、党群干部和入党积极分子培训班，邀请广州市委党校、广州大学的教授进行授课。通过中国大连高级经理学院开展公司中层干部及新任职领导人员网络培训，精心选择与企业转型发展相关的课程，促进了各级管理人员综合素质的提升。开辟公司“本部夜校”课堂，结合企业施工实际，有针对性地对项目施工进展、施工技术、施工工艺要点等内容进行授课，并安排技术专家对近期施工现场发现的重要性、紧迫性疑难问题进行剖析解答；以QQ群、微信群等为载体，定期在群内分享直播、讲义等资料和相关信息，职工之间相互解答学习疑问，相互交流心得，不断提高专业技术能力和综合素质。2021年，城建公司有4名职工取得本科学历；6名职工通过一级建造师执业资格考试、3名职工通过注册安全工程师考试。开展发展对标活动，先后组织职工到中建三局集团华南有限公司、中建三局第一建设工程有限责任公司基础公司、武汉市汉阳市政建设集团有限公司等开展对标学习交流活动，为公司转型发展积蓄动力。

2. 聚力工程

城建公司坚持定期分析研判和通报意识形态领域情况，对思想文化领域的重大问

题、重要情况，职工队伍思想动态中的倾向性、苗头性问题，有针对性地进行宣传引导，把干部和职工拧成一股绳，汇成一股劲。认真开展“为群众办实事”活动，坚持把职工群众满意作为工作落脚点，形成公司领导牵头、各部门负责人协同配合的“我为群众办实事”工作机制。根据自查、调研等方式梳理出职工群众不满意、不理解、不认可的三大类问题，逐项认领、拿出措施、明确时限。针对职工反映年终绩效发放问题，随即召开会议，为机关职工及时发放2019年、2020年绩效；针对职工反映收入不高的问题，及时修订公司各单位及本部职工薪酬绩效考核办法，提高薪酬待遇水平；针对职工反映异地医保、住房公积金提取问题，及时编制《关于广州、武汉、襄阳公积金与社保政策办理流程》，并在全体职工中传阅；针对职工反映办公条件差、幸福感不强的问题，主动与黄埔区对接，积极推进新办公基地搬迁工作，改善职工办公和生活环境。开展“党员过政治生日”活动，统一制作政治生日贺卡赠送党员，增强党员荣誉感。结合工会“送温暖”活动，为分流职工发放安家补贴；为新入职员工购买纪念品；委派专职人员前往太原看望慰问大病住院职工，先后前往广东省人民医院、四川大学华西医院为大病医疗职工打印报销单据，减少职工后顾之忧。与业主开展“联创共建”茶艺沙龙活动，邀请广州大学教育学院知名心理学教授张豹为公司女职工进行“情绪管理”专题授课，用科学有效的方法帮助女职工管控负面情绪，使其保持快乐工作、愉快生活、积极向上的精神状态。

3.典范工程

城建公司坚持优化企业典型选树培养和表彰机制，着力塑造企业“五大典范”，充分发挥先进典型的示范带动作用。总结宣传管理最精、效益最高、发展最好的项目；总结宣传公司最具影响力的标志性建筑工程，争创工程典范；总结宣传爱岗敬业、创新创效的先进典型，培育人物典范；总结宣传“最美城建人”“城建道德楷模”等先进事迹，着力培育道德典范；总结宣传“六个一工程”“项目文化示范点”，着力打造文化典范。公司荣获江苏省“工人先锋号”荣誉称号，中铁武汉电气化局集团有限公司广州分公司陈伟荣获中国中铁股份有限公司劳动模范、湖北省五一劳动奖章，陈伟劳模创新工作室被命名为湖北省“职工（劳模）创新工作室”。深化导师带徒活动，制定实施《中铁武汉电气化局集团有限公司城市建设分公司建立“三阶段培养、五年跟踪”人才培养机制实施方案》。开展优秀大学生评比表彰活动，营造人才选育用留的积极氛围。

4.品牌工程

城建公司坚持深入推进“中铁武汉电气化局”统一品牌战略，完善企业品牌标识管理制度，逐步形成“建设专家、城建伙伴、共赢典范”的中铁武汉电气化局城建品牌。开展“双心行动、幸福企业”“五双”党建品牌创建活动，加大企业品牌宣传力度，提升中铁武汉电气化局品牌的知名度、美誉度和影响力，先后在《人民日报》、中央电视台等媒体刊发反映公司改革发展的稿件100余篇，有力展示了企业品牌形象。《中铁武汉电气化局城建公司开展“五双”党建活动推动转型发展》党建成果被中国中铁股份有限公司简报专期刊发，在“国企党建研究”微信公众号和全国党建研究会国有企业党建研究专业委员会指定刊物《国企》上刊发，《五融入、促转型》党建成果在《国企管理》杂志上刊发。《“双心行动、幸福企业”党建品牌工程创建实践》获第二届工业企业管理创新优秀成果奖。城建公司坚持让每一名员工时刻牢记公司“打造一流城建，建设幸福企业”战略愿景，把诚信、精品、科技、安全、绿色、人文等文化概念融入品牌建设。公司在建项目安全生产有序可控，连续8年实现“安全年”，其中承建的深圳市龙华新区现代有轨电车示范线工程BOT项目及同步实施工程获得国家优质工程奖、广东省土木工程詹天佑故乡杯奖，企业品牌影响力得到有力彰显。

5.创新工程

城建公司坚持以“双创”为平台，推动发展质量提升。“双创”即党员科技创新、党员管理创效。公司党委充分发挥党员在科技攻关和企业管理中的骨干示范作用。科技创新方面，在参建的海南西环铁路、梅汕铁路客运专线等国家重点工程建设中，针对现场的需求和不同的技术标准，研发出客运专线铁路定位预配流水线平台、移动式隧道作业平台等20余项新型实用的接触网施工机具及设备，其中4项成果取得国家实用新型专利，8项成果获企业科技创新奖，累计为工程节约成本或创造价值上千万元。在管理创新创效方面，结合公司发展方向，开展“四电”非主业人员分流、房建市政专业人才社会化招聘，推动人才结构优化；创新构建大学生“三年跟踪、五年培养”及“双导师带徒”培养机制，探索复合型人才培养的新模式；实施薪酬制度改革，建立差异化薪酬体制，激发员工干事创业的动力；实行劳务用工 ABC 分类管理，为突破用工管理模式、提升队伍活力进行积极探索；开展项目管理成本包干试点，激发项目管理团队的内生活力。目前，公司已挂牌成立2个职工创新工作室，在研课题3项，在房建施工、城际轨道交通等领域进一步创新，为公司转型发展做出更大的贡献。

三、实施效果

“和合城建”企业文化的创建，有力促进了城建公司经营管理，有力提振了职工士气，有力推动了改革发展。特别是2021年以来，公司各项指标取得历史最好成绩，先后中标武汉豹澥片区新增还建房、汕汕高铁等项目，建成广州银行大数据中心、广州大田铁路物流基地等项目，实现新签合同额较2020年增长500%，完成施工产值较2020年增长100%。公司承建的深圳市龙华新区现代有轨电车示范线工程BOT项目及同步实施工程获国家优质工程奖，梅汕铁路“四电”工程获“2021年中国中铁杯奖”，连镇铁路项目部获“江苏省工人先锋号”称号。公司党委荣获“献礼中国共产党百年华诞——企业党建实践创新典范单位”“新时代党建+企业文化优秀单位”称号。

四、几点启示

1.融通职工情感是“和合城建”企业文化建设的基础

城建公司历经两次重组，干部职工来自不同企业、不同地域，有着不同的工作理念、文化认同、生活习惯等差异，只有互相尊重、相互包容，才能真正实现和谐和睦。公司要从职工切身利益出发，对职工以心换心、以情动人，进行亲情化管理，只有多办好事、办实事，满足员工内心情感和发展期盼，才能为改革发展创造和谐稳定的氛围。

2.融进企业管理是“和合城建”企业文化建设的关键

文化理念是企业管理的重要元素，文化被认同，管理才顺畅。文化建设只有融入企业管理，才能促进改革发展。要把“和合城建”十项文化建设与企业管理体制机制结合，取长补短、兼容并蓄，及时融入优秀的管理理念、思维模式，促进管理理念融合，推动管理水平提升。

3.融汇党群组织是“和合城建”企业文化建设的保证

企业文化建设必须坚持党的领导，注重发挥群团组织优势，才能收到实效。只有做到把党的政治优势转化为引领企业发展的能力、组织优势转化为攻坚克难的能力、群众工作优势转化为凝聚职工共谋发展的能力，才能彰显“和合城建”企业文化建设的成效。

主创人：黄　进
参创人：钱　程　王鑫宇

以“宝钛聚为党建”为引领　助推企业高质量发展

宝钛集团有限公司党委

宝钛集团有限公司（以下简称“宝钛集团”）始建于1965年，是我国最大的以加工钛及钛合金为主的专业化稀有金属生产科研企业，拥有宝鸡钛业股份有限公司、南京宝色股份公司两家上市公司，综合实力位居世界钛行业前三。宝钛集团党委下设二级单位党组织29个、车间级党支部78个，共有党员1470名。近年来，宝钛集团党委坚持以习近平新时代中国特色社会主义思想为指导，深入学习贯彻习近平总书记关于国企改革发展、党建工作的系列重要论述以及三次来陕考察重要讲话重要指示精神，以“宝钛聚为党建”品牌创建为抓手，有力推动党的建设与生产经营深度融合，积极探索出了一条以“宝钛聚为党建”品牌建设引领企业高质量发展的经验之路，为建设世界钛业强企提供了坚强政治保障。

一、“聚为党建”的实施背景

习近平总书记在2016年10月10日召开的全国国有企业党的建设工作会议上指出，国有企业是中国特色社会主义的重要物质基础和政治基础，是我们党执政兴国的重要支柱和依靠力量；坚持党的领导、加强党的建设，是我国国有企业的光荣传统，是国有企业的“根”和“魂”，是我国国有企业的独特优势。这段论述为新时代坚持党对国有企业的全面领导、做强做优做大国有企业指明了方向、提供了根本遵循。宝钛集团党委牢记嘱托不放松，坚持以政治建设为统领，把服务生产经营、深化国企改革、提高企业效益、实现保值增值作为出发点和落脚点，强根铸魂、守正创新，全面推进党的各项建设，形成了较为完备的体系。在“宝钛聚为党建”品牌建设引领下，党组织的领导力、组织力、凝聚力和战斗力持续提升，党建优势持续转化为企业的改革发展优势，宝钛集团实现了跨越式发展，经济效益持续增长，钛产品产量突破3万吨大关，位居世界第一。宝钛集团党委先后被陕西省国资委、陕西省国资委党委评为“思想政治工作先进单位”“先进基层党组织”，在陕西有色金属控股集团有限责任公司党委近两年的党建工作考核中连续名列第一。

为了继续保持引领地位，实现自我突破，宝钛集团党委以“12351”党建为指导思想和目标，在系统总结和提炼公司党建工作成绩和经验的基础上，立足实际，以品牌创建为抓手，扎实推进公司党建标准化、特色化、品牌化建设，实现党建工作由系统领先向区域品牌转变，由规范扎实向“标准化+特色化”转变，争取高度、构建角度，着力打造更加契合新时期企业特点和发展需要的“宝钛聚为党建”品牌，切实推动公司党建工作出新出彩。

二、“聚为党建”的体系构成

“宝钛聚为党建”品牌主要由理念、制度和传播三个体系构成。

（一）理念体系

1. 核心理念

确定以“聚智改革、聚力发展、强根铸魂、兴钛富民”为主要内容的核心理念，是宝钛集团党建工作的根本价值所在。改革是企业永恒的主题；发展是企业的第一要务；加强党的建设是国有企业的“根”与“魂”；发展中国钛工业、建设世界钛业强企是“宝钛人”的初心和使命；职工共同富裕是企业的根本目标。

2. 内涵

古人云，“上下同欲者胜”。宝钛集团建设投产以来，几代“宝钛人”不畏艰辛，攻克了一个又一个难关，实现了一个又一个“不可能”，取得了一项又一项荣誉，靠的就是全体党员干部和职工群众上下同欲、和衷共济、拼搏奉献的精神。在新时代，公司确定了建设世界钛业强企的目标，这不仅是宝钛集团肩负的历史使命，更是每一位“宝钛人”的梦想，需要全体职工心往一处想、劲往一处使。

据此，宝钛集团党委搭建形成了“聚心同向、聚智同进、聚力同行，以人为本、创新为魂、务实为要”的“三聚三为”内涵体系（见图1）。

图1　宝钛集团“三聚三为”内涵体系

（1）“三聚”是宝钛集团党建工作的主要方向。

——聚心同向。用企业的美好前景凝聚职工，用企业改革发展的成效感召职工，用改革的红利惠及职工，引导公司党员干部和职工把建设世界钛业强企内化为履职尽责的价值取向、外化为干事创业的生动实践，引导公司全体党员干部和职工更加关注、支持、参与企业改革发展，努力为建设世界钛业强企汇聚更强人心、凝聚更多共识。

——聚智同进。建立机制、畅通渠道、搭建平台，努力建设好领导干部队伍、党员队伍和职工队伍，全力搭桥铺路，集中各方智慧，让更多智慧火花在公司激情碰撞，让更多创新思维在公司竞相迸发，让更多创造举措在公司落地生花。

——聚力同行。广泛动员公司全体党员干部和职工积极投身助推公司改革发展，把更多的力量聚合起来，共担神圣使命，努力把公司规划蓝图变成美好的现实。

（2）“三为”是宝钛集团党委工作遵循的基本方法。

——以人为本。坚持一切依靠职工，一切为了职工，把提升职工的安全感、获得感和幸福感作为工作的根本目标。坚持团结人、鼓舞人、激励人，把充分调动广大党员干部和职工投身改革发展的积极性、创造性作为党建工作的方向。坚持群众工作方法，把职工群众的想法和诉求转化为工作的着力点，实实在在为职工群众办实事、办好事。

——创新为魂。一个时代有一个时代的主题，要保持党的先进性，必须要做到与时俱进、守正创新。创新是引领发展的第一动力，也是基层党建工作的活力之源，要强化创新理念，寻求创新方法，建立创新机制，营造创新氛围，大力推进基层党建创新，不断解决企业发展和党建工作中面临的新问题、新矛盾。

——务实为要。党建工作必须围绕生产经营中心，必须结合企业实际，必须关切职工呼应，一切从实际出发，做实事、出实效，克服形式主义、官僚主义，防范脱离实际、脱离群众的风险，以实实在在的成效赢得基层的拥护、赢得职工群众的认可。把“虚”功做“实”，实现党建流程化、数据化和成效显性化的有效结合，提升党建标准化建设水平。

（二）制度体系

宝钛集团党委对现行的党建工作规章制度进行了全面系统的梳理，按名称、文号、发文时间列出清单，同时对制度适用性进行研判，根据专题研判的结果开展制度废、改、立。从党内政策法规、党委工作制度、基层组织和党员队伍建设、干部人才队伍建设、宣传思想和文化建设、党风廉政建设和信访维稳七个方面，共梳理规章制度57项，并形成《宝钛集团党建制度汇编》，为公司党建工作开展提供了有力的制度保证。

（三）传播体系

借助社会专业力量，内外联动，从品牌标识设计、宣传片、品牌手册、宣传平台四方面入手，搭建特色鲜明的传播体系，提升“宝钛聚为党建”品牌传播力。

一是品牌标识。“宝钛聚为党建”品牌标识是宝钛集团党建品牌的独特印记，整体设计由宝钛集团标识演化而来（见图2）。标识左上方三部分渐变的色块，代表宝钛集团党建工作要实现的“三聚三为”功能定位。标识从左右看，像抽象的数字“7·1”，也可以被看作抽象的锤头和镰刀；从整体看，像一只手举着火炬，向着红星前行，彰显了党建品牌的核心意义：既向党指引的方向发展，又在企业中传递着红色精神。另外，标识还可以被看作飘扬的旗帜，灵动间展现宝钛集团品牌的无限活力和传递力量的使命。总之，标识的整体设计既体现了“宝钛聚为党建”的特色，又意味着与企业元素的有机结合。

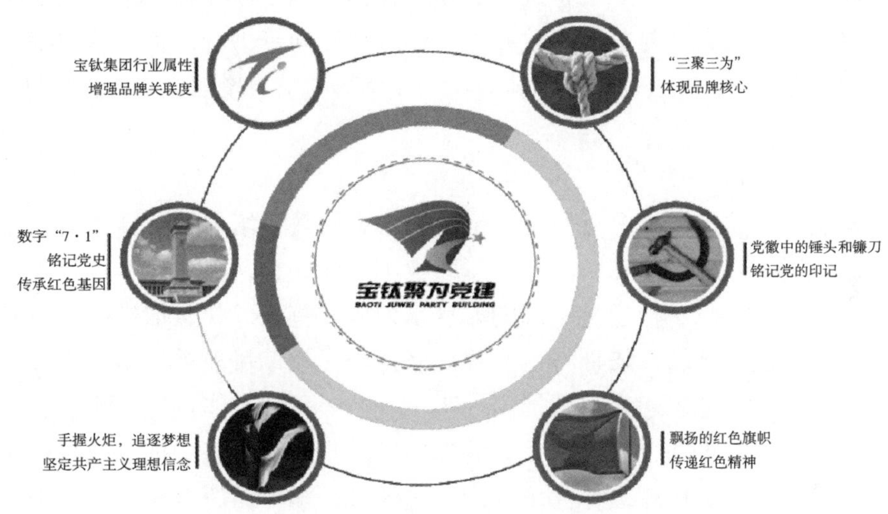

图2　“宝钛聚为党建”品牌标识

二是党建宣传片。宝钛集团以“永远跟党走、奋进新时代”为主题，拍摄制作党建品牌宣传片。宣传片以公司党建工作特色做法和亮点为主线，全方位展示了宝钛集团成立50多年来，高举党的旗帜、坚持党的领导，一代代“宝钛人”披荆斩棘、锐意进取的奋斗历程，充分体现了基层党组织的战斗堡垒作用和广大党员的先锋模范作用，进一步扩大了公司党建工作的美誉度和影响力。

三是品牌手册。“宝钛聚为党建”手册由公司简介、公司党组织建设及“宝钛聚为党建”品牌三部分构成，全面介绍了宝钛集团党委发展历程以及取得的成绩和荣誉，并对“宝钛聚为党建”的品牌名称、标识释义等内容进行了详细的诠释，全方位立体生动地展示了“宝钛聚为党建”品牌。

四是宣传平台。通过公司门户网站和“宝钛启明星”微信公众号等平台，搭建形成“宝钛聚为党建”信息平台，着力打造全方位、多角度的传播矩阵，有力提升“宝钛聚为党建”品牌的影响力和传播力。

三、“聚为党建”的主要做法

“宝钛聚为党建”品牌由八个具有企业鲜明特色、取得切实成效、已产生或将形成影响力的独立品牌建设构成，形成相应的品牌矩阵。

（一）创先争优品牌建设

同心逐梦、共创辉煌。宝钛集团坚持开展以“堡垒杯”“先锋岗”竞赛活动为载体的创先争优活动，丰富完善具有宝钛集团鲜明特色的党建品牌。保持创先争优活动的时代性和实效性，不断优化“堡垒杯”“先锋岗”竞赛活动评比办法，将生产经营业绩作为评判竞赛优胜单位的重要指标，以单位生产经营的显性成效评判党建工作的成效。将竞赛优胜单位的奖励与领导班子成员的绩效挂钩，提升领导班子成员履行管党治党责任的积极性。优秀党员与公司行政先进工作者评比同步进行，将业绩贡献作为评定优秀党员的前提条件，在公司先进工作者中产生优秀党员，增强党员的先进性。

（二）铸魂赋能品牌建设

铸魂赋能、领航护航。习近平总书记强调，干部教育培训的首要任务就是要抓好理想信念教育，确保我们的江山不易色、政权不丢失、道路不改变。近年来，宝钛集团党委立足新发展阶段，把党员干部的教育培训放在首位，扎实推进高素质专业化干部队伍建设，打造干部教育培训特色品牌。坚持公司改革每前进一步，干部教育培训就跟进一步，广大干部思想意识就提高一步；坚持公司的工作重心在哪里、干部教育培训就服务到哪里，推动公司改革发展的作用进一步凸显；坚持把企业目标任务、党的建设、改革举措、党风廉政作为培训的必选内容，学习与研讨相结合，干部教育培训的统筹性、针对性和实效性进一步增强。

（三）工匠培育品牌建设

工匠培育、大国重器。宝钛集团党委高度重视技术工人的培养，把以“宝钛工匠”为代表的技术工人队伍培养作为党管人才工作的重要内容，总结“宝钛工匠”命名表彰工作的经验，打造以“宝钛工匠”为领军的宝钛高技能职工队伍，增强劳模工匠创新工作室功能，形成具有宝钛品牌影响力的技能人才培养新模式。坚持“扩大规模、突出重点；提升水平、保证质量；多元激励、突出贡献”的人才培养选拔原则，建立健全选拔、培养、考核、激励机制，形成结构合理、后备力量充足的“金字塔”形人才梯队。

（四）文化聚能品牌建设

文化聚能、知行合一。文化是企业的灵魂，宝钛集团党委始终紧跟公司战略目标，保持文化的先进性，不断丰富完善“宝钛聚为党建”品牌的内涵和外延，增强企业文化的生命力和影响力，形成特色鲜明、传播影响力强的宝钛企业文化品牌。坚持以先进的文化凝聚人、引导人、激励人、塑造人，以文化聚心聚力，不断增强企业的文化自信，为企业发展凝聚更多力量，汇聚更多正能量。

（五）考核增效品牌建设

考核增效、追赶超越。充分发挥党建考核的“指挥棒”作用，健全完善科学有效的党建考评体系。明确目标导向，将党建工作目标任务一一转化为对应的考核标准体系。明确问题导向，将生产经营管理的显性指标作为党建成效考评的重要指标，促进党建和生产经营的深度融合。明确措施导向，实行积分制，鼓励主动工作、创新工作的党组织，树立鼓励成效和创新成果的导向；建立党建考核结果运用的常态化机制，考核成绩与领导班子成员年终绩效挂钩，切实增强抓党建的主动性。建立既奖优罚劣，又奖励进步、扣罚退步的动态考评机制，形成追赶超越的良好氛围。

（六）清风聚力品牌建设

清风聚力、保驾护航。良好的政治生态是企业发展的前提和保障，宝钛集团党委认真履行全面从严治党管党的主体责任，积极支持纪委监督执纪问责。加强干部的思想教育，提升干部拒腐防变的意识。加强干部作风建设，从干部执行中央八项规定入手，从机关干部转变作风、担当作为入手，切实从小切口做大文章。加强监督机制建设，建立健全三级监督体系，形成从上至下覆盖完整的监督体系。精准运用“四种形态”，用足、用好“第一种形态”，抓早抓小，防微杜渐。严格责任追究，对违规违纪人员严肃处理，为公司改革发展营造风清气正的良好生态。

（七）共融共建品牌建设

共融共建、互利共赢。党建共建聚合力，共融共享促发展。宝钛集团以聚力合作、互利共赢为目标，通过党组织的纽带链接，以党建工作带动业务工作，推动业务部门与上下游客户、供应商、协作单位深度合作，推动机关部门与基层单位沟通交流、解决问题，推动业务关联单位互相沟通、顺畅工作，从而实现党建与业务合作良性互动，形成“资源共享、优势互补、合作共赢、共同提高”的党建工作新格局。

（八）同心逐梦品牌建设

同心逐梦、共创辉煌。宝钛集团党委坚持以职工为中心，践行党的群众路线，把职工对美好生活的向往作为奋斗目标，将职工的思想统一到公司的远景目标、决策部署上来，组织群众、宣传群众、教育群众、服务群众，强信心、聚民心、暖人心、筑同心。整合各种社会资源，发挥好宣传平台作用，为公司改革发展营造良好的社会环境，汇聚更多助推力量。发挥精神文明建设导向作用，将职工的价值导向统一到公司的主流价值规范上来，形成积极向上的氛围。发挥好群团组织的桥梁纽带作用，宣传动员、团结带领职工群众、青年团员“奋斗新征程、建功新时代”。

四、“宝钛聚为党建”品牌创建的成效

“宝钛聚为党建”品牌创建是对宝钛集团50多年来党建工作经验做法的提炼总结和再创新，是宝钛集团几代共产党员精神血脉的传承和发扬。宝钛集团党委通过打造独具特色的党建工作品牌，突出了“聚”“为”的根本理念和方法路径，进行了新时代国有企业坚持党的领导、加强党的建设的有益探索，从而推动公司高质量发展并取得了实实在在的成效。

（一）为公司发展把舵定向，发挥了领导作用

宝钛集团党委坚持以习近平新时代中国特色社会主义思想为指导，充分发挥领导核心作用，把方向、管大局、促落实，切实以党的创新理论引领公司发展。按照党的十九大精神，宝钛集团制定“两步走”战略，明确了公司发展的目标定位，统一了干部职工思想，开启了改革发展新征程。在2020年习近平总书记来陕考察后，宝钛集团第一时间贯彻重要讲话精神，进一步提出了“15551”高质量发展行动纲领，明确了“十四五”期间建成世界钛业强企的任务目标。同时，提出新的区域发展布局、上市公司立体支撑格局。在明晰的战略指引下，公司上下思想统一、步调一致、干劲十足。“两步走”战略实施初始之年即实现扭亏，一举改变了过去多年企业经营持续低迷徘徊的局面；在设备、人员等没有大的变化的背景下，产量、产值、利润及职工收入连年实现跨越式增长。2021年，宝钛集团钛产品产量首次突破3万吨，跃居世界第一；职工人均收入超10万元，成功迈入系统内第一梯队，如期实现了“两步走”战略第一阶段目标。宝钛集团先后被评为“2019推动中国经济高质量发展先进单位”、陕西“十三五”建功立业模范单位。

（二）与生产经营深度融合，做强了战斗堡垒

宝钛集团将党建融入生产经营工作全流程，聚焦生产保障、市场营销等环节，在基层党组织建设标准化、示范化的基础上，向个性化、实效化迈进，在工作一线打造攻坚堡垒、速度堡垒。基层党组织积极推行积分制、评星定级、作风考核制度，强化典型示范带动效应，创先争优特色突出。22个基层单位党组织分别与外部企业、产业链上下游单位之间开展党建共建活动，推进党建工作与生产经营深度融合，顺畅了工作联系，极大提升了业务协作水平。特别是基层营销党支部与航空领域客户开展以“一百年、一百项，为党的百岁生日献礼”为主题的党建共建活动，组成新长征党员联合突击队，开展联合劳动竞赛，仅用3个月时间就完成总额近2000万元的100项钛合金材料合同保障任务，取得了良好的经济效益和社会效益。2021年以来，受宝鸡主城区新冠肺炎疫情影响，公司主要生产单位党组织主动作为，发动党员带头吃住在岗，应急值守人员封闭式生产，赢得了战疫情、稳生产工作的全面胜利，各项经

营指标逆势飘红，1—4月实现营业收入83.9亿元，同比增长14%；利润同比增长超460%。

（三）以人才强企涵养生态，焕发了创新活力

宝钛集团坚持党管人才，把好人才工作的方向大局，为建设世界钛业强企集聚人才优势、涵养创新生态。开创“宝钛工匠”评选、“宝钛专家”选聘工作，以点带面形成示范引领作用，在公司内部树立了重视技术、尊重人才的良好导向。建立技术技能骨干评选考核机制，实现优秀技术技能人才收入与所在单位领导班子收入标准联动，享受相应层级同等待遇，打通技术、技能、管理人才的成长晋升通道，全面激发了人才创新创造的热情和动能。2021年，宝钛集团宝钛新材料研发创新团队荣获“全国专业技术人才先进集体”称号。公司先后攻克深潜器钛合金载人球壳窄间隙焊接等多项技术难题，助推中国载人深潜装备在3年内实现从4500米到万米、从国产化到世界领先的大跨越；攻克航天用高精度精密型材、航空紧固件用钛合金丝材加工，以及蠕变校形炉、电子束冷床炉设计制造等10余项“卡脖子”难题。2021年，宝钛集团制定的首个钛领域国际标准发布实施，填补了空白，标志着我国在该领域工作中实现历史性重大突破。

未来，宝钛集团将进一步推动学习贯彻习近平总书记在全国国有企业党的建设工作会议上的重要讲话精神落实落地，持续深化用好“宝钛聚为党建”品牌，进一步激发全体“宝钛人”的团结奋斗精神，抓住发展机遇，努力练好内功，破解发展难题，实现公司的持续稳健发展。

主创人：张保生

制造型企业工艺管理标准化体系的搭建与实施

中铁建电气化局集团轨道交通器材有限公司

中铁建电气化局集团轨道交通器材有限公司成立于2008年9月，致力于设计研发、生产制造及面向国内外销售电气化铁路接触网器材及零部件、城市轨道交通器材及零部件，包括36大类，500多个产品，年生产量达1000余万套（件），是国内铁路电气化接触网制造行业中的骨干企业。目前，公司拥有时速300～350km/h、时速200～250km/h、时速120～160km/h电气化铁路接触网器材，H型钢柱，城市轨道交通接触网器材等产品制造平台，拥有锻造、铸造、钢结构等7大功能车间，主要生产设备600余台（套），涉及铸造、锻造、焊接、热处理、表面处理、压接等众多工序。

一、实施背景

制造业是立国之本、强国之基，是经济高质量发展的主战场。制造型企业的三个核心要素是基础设施、工艺工法和运营管理，目前，国内大部分企业在包括生产设备、工具等在内的基础设施方面都比较先进，但普遍存在“重设计轻工艺”“重生产轻工艺”“重产品质量轻工艺质量”的思想，再加上企业长期在工艺管理基础薄弱的状态下忙于应付市场需求，工艺管理混乱、工艺纪律松弛的问题一直没有得到根本解决。

当前，在建设制造强国的时代背景下，强化工艺管理工作的重要性日益凸显，搭建工艺管理体系，完善、规范工艺管理已势在必行。工艺管理体系是科学地计划、组织和控制各项工艺工作的全过程，主要作用于两个方面：一是在原材料、半成品转变为成品的过程中，对制造技术工作所实施的科学的、系统的管理；二是解决、处理生产过程中人与人之间的生产关系，并将这种能力持续提升，以适应生产发展的管理科学。工艺管理在保障企业的标准化生产中起着非常重要的作用。虽然工艺管理一直是制造型企业的薄弱环节，但其必将得到长足的发展。因此，亟须搭建工艺管理标准化体系，对工艺全过程进行管理和控制，以保证工艺活动在工艺管理系统的控制之下进行。

二、主要研究内容

企业工艺管理标准化体系主要研究内容如图1所示。

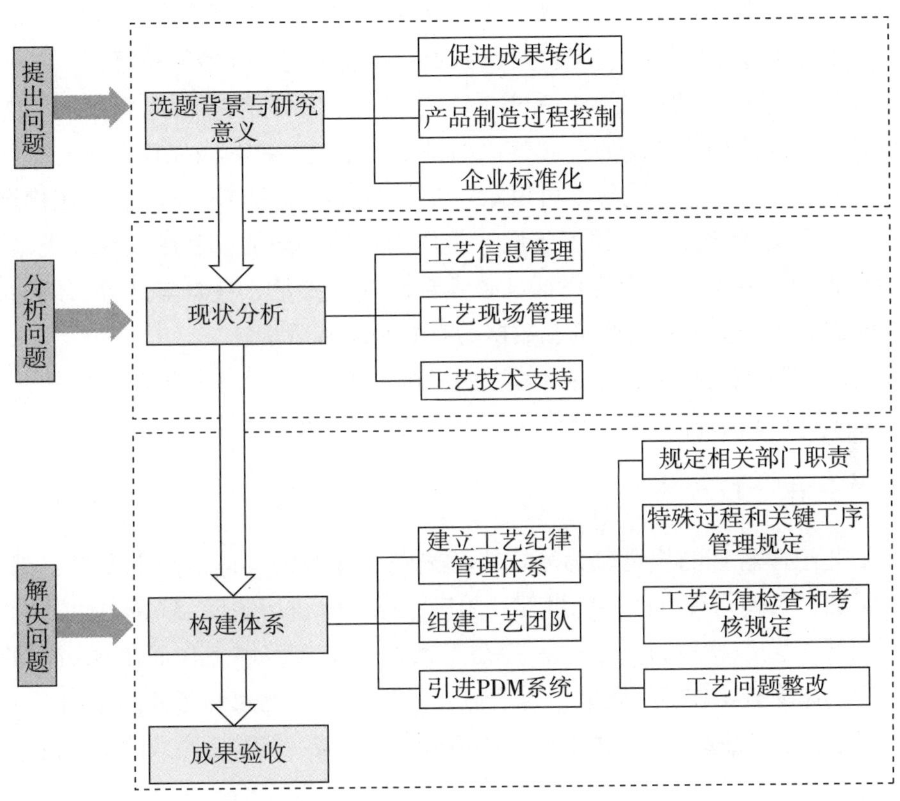

图1　企业工艺管理标准化体系主要研究内容

三、企业工艺管理现状

当前，公司处于快速发展期，业务范围逐年扩大，产品种类不断增加，客户对产品质量、供货速度的要求越来越高。然而，公司工艺管理仍停留在相对粗放的管理模式上，亟须改进。

公司内参与工艺管理的部门有技术工艺部、城轨事业部、研发中心、生产计划部、质量环保部，以及钢结构、铸造、锻造、城轨、金工、装配等车间。一般是由技术工艺部、城轨事业部、研发中心根据生产计划设计产品图纸和工艺文件，用于指导产品的生产及过程控制，但工艺与生产制造之间往往会出现脱节。在生产过程中，工艺在设计、审查等环节只停留于表面，缺乏系统性和严谨性；工艺指导文件缺乏规范性和完整性；技术资源利用率没有达到最大化，产品质量无法得到有效的保障。工艺管理中的不足具体体现在以下三个方面。

1. 工艺信息管理方面

（1）缺乏有效的工艺文件管理机制。目前的工艺文件管理模式为纸质文件的发放、回收与替换，存在效率低下、工艺文件版本混乱、工艺文件借用关系混乱、管理者不能实时了解工艺工作完成情况、工艺知识不能有效继承利用等各种问题。

（2）缺乏工艺资源的有效利用和管理。工艺设计中有很多可以利用的工艺资源，一类是由具体的制造环境决定的资源，比如设备、工装、夹具及工序名称，工序内容，工艺员的工艺经验，典型工艺等，可以对这些资源进行整理，形成相应的工序名称库、工序内容库、典型工艺库等，在工艺设计中作为一种资源加以利用。另一类是工艺员在设计中常查的一些手册，内容包括设备参数、材料参数、夹具参数等。然而，目前工艺文件的编制无法实现对这些资源数据的有效利用和管理。

（3）公司在发展过程中积累了很多关于产品、零部件设计及生产方面的工艺经验和知识，却未进行总结和共享，导致这些宝贵的经验和知识慢慢流失。

2. 工艺纪律管理方面

（1）工艺纪律管理的规定较为笼统，工艺纪律检查的具体内容不完整、相关部门的职责不明确，对公司现有的特殊过程和关键工序也未进行说明，总体上可行性不强。

（2）现场工艺纪律执行不到位，存在工人按照个人习惯工作而出现错误的情况。现有的工艺纪律检查工作流于形式，没有真正发挥监督、约束和考核的作用。

（3）工艺管理未注重人、技术、经营的集成，未形成一支稳定高效的工艺技术团队。

3. 工艺技术支持方面

技术工艺部、城轨事业部、研发中心均无专职工艺人员，产品的加工工艺由相应设计人员制定，而设计人员还需负责铁路项目的运营工作。因此，一方面设计人员由于经常出差，生产现场的工艺问题不能及时有效地得到解决；另一方面设计人员工艺知识不够全面，经验不足，在一定程度上影响了工艺的进步。

部分工艺问题的解决需要协调多方力量，由于涉及的部门及人员较多，需分清各方工作职责，此时就容易出现沟通不充分、不及时的情况，也容易出现相关人员不配合、互相推诿等现象，影响生产效率。

四、企业工艺管理标准化体系的搭建与实施

本成果通过调查公司工艺管理现状，分析当前管理方面存在的不足，结合公司发展以及生产过程的需要，针对公司产品多、零件多、工艺种类多、工序复杂的特点，将从建立工艺纪律管理体系、组建工艺团队和引进PDM系统三方面着手构建企业标准化工艺管理体系。

（一）建立工艺纪律管理体系

规定工艺纪律管理的要求和办法，确保生产工艺及流程在受控状态下执行，以达到稳定生产、保障安全、提升质量、完善工艺的目的。

1.规定工艺相关部门职责

（1）技术工艺部、城轨事业部、研发中心负责提供各自职责范围内必要的技术文件和工艺文件，如（国际/国家/行业）标准、技术协议、技术条件、图纸、检验要求、包装规范等技术文件；作业指导书、工艺规程、工艺流程图、工艺过程卡等工艺文件。负责相关技术、工艺文件宣贯和培训工作，必要时进行现场交底；车间技术员负责所属车间技术、工艺文件贯彻执行。

（2）当产品标准、关键材料及供应商、关键设备和工作环境发生变化，可能影响产品质量时，技术工艺部、城轨事业部、研发中心应及时进行工艺验证，必要时应修订相关技术、工艺文件。

（3）技术工艺部负责组织实施特殊过程和关键工序的识别、确认和再确认，并对其进行管理，相关部门参与。

（4）技术工艺部负责建立并不断完善工艺纪律检查体系，确保生产工艺及流程受控。

（5）生产计划部负责组织或督促落实生产作业人员的岗前操作培训和上岗资格考核。生产作业人员上岗前必须经过操作培训。特殊过程、关键工序和精密设备生产作业人员应通过上岗资格考核，合格后发放上岗证。焊接、机器人焊接、激光切割、火焰切割等特种作业人员的培训、考核、发证由有资质的专业机构实施，公司备案。

通过明确各相关部门的职责，规定了工艺工作具体做什么和由谁做，有效改善了过去工艺工作不明确、职责不清晰的混乱局面，由被动地解决生产现场的问题转为有计划地、主动地开展各项工艺工作，从而有序推进工艺工作的开展与落实。

2.明确特殊过程和关键工序的管理规定

特殊过程和关键工序确认是工艺质量管理核心要素之一，但是当前大部分企业存在对特殊过程与关键工序的识别不准确，对确认内容不太清楚、确认过程不规范和确认文件不健全的问题。因此，结合公司现状，识别出特殊过程与关键工序，并规定特殊过程与关键工序的确认内容是控制制造过程和提高产品质量的重要因素。

（1）特殊过程和关键工序的识别。特殊过程是指过程输出质量不能或不易由后续的检验、测量或试验加以充分验证，或其最终产品在投入使用后质量问题才出现的过程。技术工艺部负责组织实施特殊过程和关键工序的识别。经识别，明确现阶段特殊过程包括焊接（二氧化碳气体保护焊、交流电焊机、可控硅整流弧焊机、逆变直流手工电弧焊机、机器人焊接系统）、铸造（低压铸造生产线、重力铸造生产线）、锻造（400t、630t、800t锻造生产线）、热处理（铝合金热处理生产线、铜合金热处理生产线）、外包特殊过程（热镀锌、钝化、阳极氧化、微弧氧化）。

关键工序是指对产品质量起决定性作用，对下道工序或产品质量有较大影响，或工艺难度大、质量波动、问题发生较多的工序。经识别，现阶段关键工序包括机械折弯（热弯成型、热墩头成型、冷冲压成型）、压接或铆接（电连接跳线/整体吊弦/接触线中心锚结绳/定位器压接、简统化零件铆接）、抛丸或振动研磨（抛丸生产线、振动研磨生产线）、棘轮轴装配、滑轮轴装配。

（2）特殊过程和关键工序的管理。技术工艺部组织对公司内的特殊过程和关键工序确定质控点，编制并下发《工序质量控制点明细表》；并负责组织对公司内的特殊过程和关键工序进行确认和再确认。确认和再确认的内容应包括：

①产品标准和产品质量要求。具备必要的产品标准、技术协议或技术条件、图纸等，产品质量要求明确。

②工艺流程和过程方法要求。具备必要的作业指导书、工艺规程、工艺流程图、工艺过程卡等，过程方法流程清楚、要求明确。

③关键原材料要求。关键原材料（型号、厂家）在合格供方范围内。有CRCC（中铁检验认证中心）认证备案要求的原材料及供应商，应经过CRCC认证备案。关键原材料质量检验结果符合要求。

④设备、设施和监视测量装置要求。生产设备、工装模具、水电气等使用正常，用于工艺参数设定和监测测量的仪器仪表符合工艺要求。

⑤生产作业人员要求。生产作业人员应经过培训，能够按工艺流程和设备规程作业，动作规范，操作娴熟，且具备上岗资格证。

⑥作业环境要求。作业环境如温度、湿度、光线和整洁度满足正常生产要求。

通过对特殊过程和关键工序的识别、确认及再确认，把特殊过程、关键工序的影响因素控制在科学合理的范围内，并将各控制因素在生产产品的工艺文件中充分体现，使之成为指导生产的技术文件，从而保证产品质量的优良稳定。

3. 明确工艺纪律检查和考核规定

（1）明确工艺纪律检查的具体内容：

①查现场文件的管理情况。检查现场的作业指导书、工艺规程、工艺流程图、工艺过程卡、图纸、检验要求、包装规范等文件版本是否有效，内容是否完整。

②查工艺执行情况。检查生产作业人员是否经过岗前操作培训，特殊过程和关键工序操作人员是否具备上岗资格证；操作人员是否严格按工艺流程和设备规程作业，现场工艺参数设定是否符合工艺或设备要求；产品标识、外观、结构及尺寸是否符合工艺要求；原材料及半成品使用是否正确，重要原材料（型号、厂家）是否在合格供

方范围内，有CRCC认证备案要求的原材料及供应商，是否经过CRCC认证备案；产成品及原材料是否防护得当、辨识清楚，无磕碰、损毁、混淆风险；现场工艺文件描述的流程、参数、尺寸等是否能准确指导生产作业；等等。

③查设备、设施、检器具管理情况。检查设备运行状态，是否按要求进行点检；现场是否配备必要的检具/量具，具有检定（校准）要求的是否进行检定（校准），是否具备检定（校准）合格证并在有效期内；对特殊过程和关键工序有重大工艺影响的设备仪器仪表是否经过周期检定（校准），是否具备检定（校准）合格证并在有效期内；现场待用的工装夹具、模具是否妥善保管、防护得当，并建有管理台账等。

④查质量检验及控制。检查具有首检（封样）、自检要求的产品是否执行到位，检查流转卡、标签是否填写及其填写内容是否规范，检查生产记录、工艺过程记录是否填写及其填写内容是否与设备显示的参数一致，检查设备工艺显示参数是否与工艺文件要求的参数一致，检查产品的检验状态是否经过质量环保部质量专检，检查数据及判定结论是否符合技术要求；等等。

⑤查工艺纪律整改情况。对工艺纪律检查过程中发现的不符合项，责任部门（车间）应及时纠正。检查组对上次检查的不符合项整改效果进行复查，确保合格。对于不能及时纠正的不符合项，责任部门（车间）应制定纠正措施计划并进行整改，直至符合为止。

（2）明确工艺纪律检查流程和方法：

①车间级工艺纪律检查：车间技术员负责车间级工艺纪律检查，针对各车间的生产特点和工序控制要求，编制《车间工艺纪律检查记录表》，根据表单内容每周至少进行一次检查，并将检查结果向技术工艺部进行书面反馈。目前，按照车间级检查抓特殊过程和关键工序、公司级检查抓整体全面的原则，车间使用的检查表共有18种，包括《钢结构车间（焊接）工艺纪律检查记录表》《锻造车间（锻造）工艺纪律检查记录表》《锻造车间（热处理）工艺纪律检查记录表》《铸造车间（重力铸造）工艺纪律检查记录表》《金工车间（折弯）工艺纪律检查记录表》等。

②公司级工艺纪律检查：由技术工艺部牵头组织，城轨事业部、研发中心、车间技术员参与，按照《工艺纪律（抽查）检查记录表》执行，每月至少组织一次，并要求除当月不生产外，公司内的每一个特殊过程和关键工序应保证每月进行一次工艺纪律检查。其余工序和过程按照实际情况进行，但每季度至少进行一次工艺纪律检查。检查结果应向责任部门或车间进行书面反馈，并抄报公司总工程师和总经理，并在生产调度会上适时通报。

③工艺纪律检查结果考核：技术工艺部负责将公司级和车间级工艺纪律检查结果进行月度汇总，编制月度《工艺纪律检查考核汇总》，并按公司《绩效考核管理规定（修订版）》的工艺纪律检查考核评分细则，对责任车间予以考核，将考核结果提交至人力资源部执行。

通过建立工艺纪律管理体系，明确工艺工作相关部门职责，完善工艺纪律检查工作的流程，加强工艺纪律检查的监管，为工艺纪律制度的落实提供了有力的保障。

（二）组建工艺团队

工艺管理是“工艺”与“管理”的结合，它既包含对工艺文件、生产工艺过程的管理，也包含对工艺人员的管理。因此，在工艺管理中要充分重视“人”的因素，把管理的目标指向“人”，如在制度的制定、工作的安排、团队建设及其他方面的改革中，均把“人”放在首位。

构建标准化工艺管理体系的首要任务是对工艺人员进行管理，组建工艺团队。针对公司目前的工艺管理现状，规定技术工艺部履行工艺管理的主体职责，车间技术人员履行辅助职责。技术工艺部、车间技术员及其他部门技术员形成一个工艺技术团队，相互合作、优势互补，以提升公司的整体工艺技术水平。其中，配备有锻造工程师、铸造工程师、焊接工程师、工装设计师等各专业专职人员，以及年轻的工艺员，形成合理的年龄梯队，在完成各项工作过程中培养工艺人员后备军。同时，明确工艺团队的具体职责，包括编写工艺文件、审核工艺流程、组织工艺验证、进行生产现场的技术指导、实施工艺纪律检查、开展生产工艺培训、参与特殊过程和关键工序操作人员的技能鉴定考核。在工作安排上，本着“人尽其才，物尽其用”的原则，根据团队人员的性格特点合理安排工作，使工艺团队的每个成员都能够充分发挥出自己的水平，为企业的发展做出贡献。

（三）引进PDM系统

目前，公司在信息化建设方面实施开发了企业即时通信软件（BigAnt）、办公自动化平台（OA）、企业资源规划（SAP Business one）、业务财务综合一体化管理平台，以及企业网站、电子邮箱、视频会议等系统，并构建了一个完整的信息化管理体系，初步实现了管理的信息化与智能化。但其工艺管理大部分停留于传统的模式，存在多种问题。因此，引进PDM系统，即产品数据管理系统，并将产品数据管理的技术信息系统与用于企业资源计划管理的信息系统进行集成，保证了ERP系统所需产品工程数据的准确性及一致性，从而提高工艺人员的工作效率，缩短产品开发周期，加速产品从设计到制造的转化。

目前，公司引进的PDM系统主要包含图文档管理和工作流程管理两方面的内容。一方面，利用PDM系统建立图文档电子仓库，对设计图纸、工艺文件和技术文档集中管理，形成企业级的技术知识库，让各部门人员能快速地查找和检索，实现数据共享，并保证数据在权限控制范围内访问，避免非法调用、修改和泄密。图文档提交和修改时需通过签审流程，确保图文档不会因为误操作而被覆盖或删除。图文档管理保证了数据的一致性，因为一旦某数据被更改，所有引用这一数据的地方也会随之更改。利用PDM系统图文档管理模块的功能，避免出现多个引用错误，为后续生产带来麻烦，有效解决了过去图纸、工艺文件不规范，版本不一致，以及文件原稿遗失的问题，并实现了对工艺相关资料的分类与存放；安全存储的同时实现共享，提高了工艺人员的工作效率，减少了查找材料的时间。

另一方面，利用PDM系统工作流程模板的功能，将公司日常工作定义成工作流程，实现审批、更改管理数据化。工作流程管理减少了资料的传送和处理时间，促进了各个工作步骤之间的有效衔接，利用PDM系统电子化的审批流程及变更管理，有效控制和管理工艺数据的变更过程，从而提高产品的质量，提高公司运作的效率。

五、管理创新实施成果

工艺管理归根结底还是依靠人来运作，再先进的工艺、再完美的制度，如果缺少高素质的管理团队和维护执行团队，同样无法发挥作用。因此，公司通过组建工艺团队，明确分工、明晰职责，有效改变了过去工艺工作无专人负责、管理、落实的混乱局面。同时，通过工艺团队发挥的人才培养作用，可规避工艺技术团队出现年龄断层的风险，工艺团队的协同运作保证了企业旺盛的竞争力和持续发展力。

过硬的产品质量靠产品实现过程予以保证，因此严格产品实现过程管理、查找薄弱环节、落实主体责任、大幅降低人为责任和操作问题、扎实提高产品质量保证能力成为公司当前的重要任务。公司只有建立工艺纪律管理体系，规定工艺纪律管理的要求和办法，并有序推进和严格执行，才能有效解决过去责任落实不到位、过程控制不严格、关键技术未吃透的问题。

通过引进与使用PDM系统，转变了传统的工艺文件管理模式，实现了资源的有效整合，使公司产品生产的标准化、规范化及通用化等均得到保障。同时，有效改进了公司过去在工艺信息管理方面的不足之处，显著提高了工艺技术人员工作效率，对于公司业务扩展及长远发展起到积极的促进作用。

2018年4—5月，公司完成第一轮工艺纪律检查。检查组对钢结构车间、铸造车间、锻造车间、城轨车间、金工车间、装配车间共6个车间的20多个工序进行了检查，共检查出问题125项，其中现场文件问题8项，工艺执行问题42项，设备、设施、检器具问题24项，质量检验及控制问题32项，工艺文件问题19项。2019年4月，工艺纪律检查共发现问题21项，对比情况如图2所示。

对比质量环保部月度产品质量指标统计表可知，2018年5月，过程检验一次合格率为95.855%，成品一次交检合格率为96.402%；2019年5月，过程检验一次合格率为99.91%，成品一次交检合格率为100%，进步较为明显。

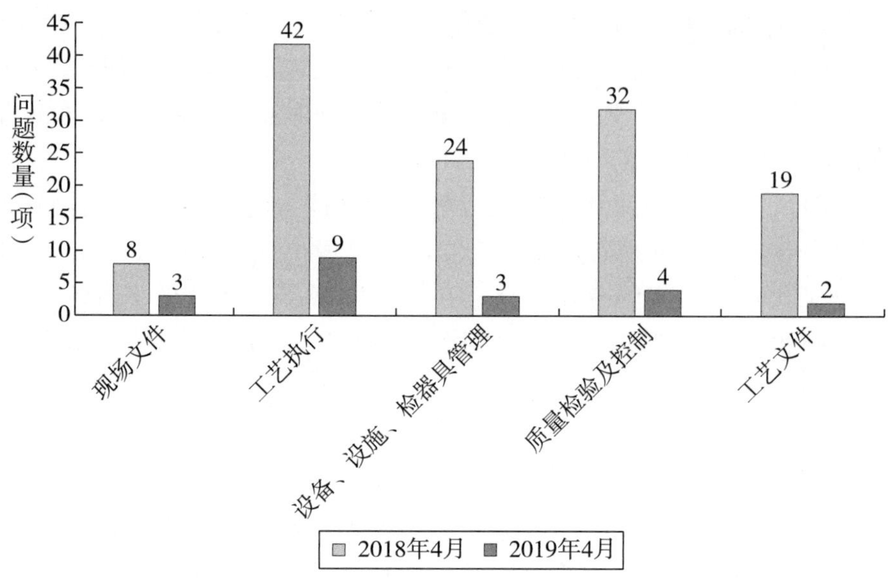

图2　2018年4月与2019年4月工艺纪律检查不符合项数量对比

公司通过开展“着眼于现场、突出过程、回归管理”的工艺纪律检查，一方面，不断提高了各级岗位人员的质量意识，促进责任制的完善和落实，促使各级岗位人员养成良好的工作习惯，细化工序流程，保证产品品质，提升工作质量；另一方面，做到公司级工艺纪律检查与车间级工艺纪律检查相结合，及时发现问题和隐患。通过检查—分析—整改—提升的闭环管理持续强化过程管控能力，以查促改，对存在的共性问题举一反三，促进整改措施和预防措施的有效实施，建立长效机制，不断提升产品质量。

公司自搭建与实施工艺管理标准化体系以来，取得了显著的成效。需要强调的是，为持续落实工艺管理标准化体系的要求，确保取得实效，仍需系统地策划和研究，进一步明确职责、落实责任，逐步解决深层次问题，严格管理，持续改进。目前，公司已将工艺纪律检查及其改进策划纳入公司的管理体系，按年度制订计划并逐步实施；同时根据具体情况开展工作，对公司工艺工作进行分析、总结，发现不足并及时改进，固化经验证的实践经验与成果，从而持续提升现场管控能力及工艺管理能力，为公司整体管理体系的高效运行、为提高产品质量、为提升客户满意度乃至增强企业竞争力提供强有力的保障。

主创人：周本建　吴晓君

参创人：储文平　陈可宁　张　琳　蒋文杰

基于PDCA循环的航空军工企业应收账款管控体系构建

中国航发南方工业有限公司

应收账款是企业流动资产的重要组成部分，它贯穿于企业生产经营的全过程，应收账款占用过高会造成企业流动资产短缺，因此应收账款的管控水平也反映了企业的管理水平，加强应收账款的管控是实现企业高质量发展的必然要求。本文通过分析中国航发南方工业有限公司（以下简称“南方公司”）应收账款管理现状，引入基于PDCA循环的应收账款管控模式，并以南方公司为案例，构建PDCA应收账款压控管理体系，实现应收账款管控目标，为应收账款压控探索出一条可行之路，同时该模式也对其他企业应收账款清收工作起到一定的借鉴作用。

一、公司概况及实施背景

（一）公司概况

中国航发南方工业有限公司隶属于中国航空发动机集团有限公司（以下简称“航发集团”）始建于1951年，是国家“一五”期间156个重点建设项目之一、国家首批试点的57家企业集团之一和我国早期六大航空企业之一。公司占地面积170万余平方米，建设面积39.5万平方米，在岗员工6499人。2021年经营收入78亿元。

南方公司于1954年8月研制出中国第一台航空发动机，此后，公司相继成功研制出我国第一枚空空导弹、第一台重型摩托车发动机、第一台地面燃气轮机、第一台涡桨发动机等产品，填补了国内10多项产品空白。目前，公司已发展成为我国中小航空发动机研制生产基地，主要研制生产军民航空发动机、燃气轮机、光机电产品等6大类别50多个型号的产品以及多种机载导弹，发展态势良好，经济规模和效益同步增长，致力于成为世界一流的中小航空发动机供应商。

（二）实施背景

1.落实国务院国资委对中央企业“两金”压控工作的需要

根据国务院国资委《关于进一步加强中央企业“两金”管控工作有关事项的通知》（国资发财评规〔2020〕54号）文件要求，南方公司持续压降应收账款，坚持业务源头管控与重点领域压控相结合，从严制定应收账款压控目标，同时对应收账款实行动态管理，确保应收账款增幅低于营业收入增幅，确保应收账款占流动资产比重同比下降。

2. 落实航发集团应收账款压控目标的需要

为加强应收账款管控，提高应收账款周转效率，减少资金占用，降低运营成本和风险，促进中国航发集团高质量发展全面加速、提质增效，提升经济运行质量，航发集团制订了应收账款压控重点工作计划。应收账款周转率同比上升，年度应收账款增幅低于营业收入增幅。

3. 落实南方公司战略目标的需要

作为中央军工企业，南方公司肩负着“动力强军、科技报国”的光荣使命，从目前公司资产运营质量来看，应收账款占用规模较大，资产效率不高。一是应收账款占用量逐年递增，二是公司总部应收账款占应收账款比重逐年加大，受这两方面因素影响，公司流动资金紧张，为维持正常的科研生产经营，银行贷款和财务费用不断增加，致使经济效益下降。为提高资产整体运营质量，有效防控经营风险，南方公司采取措施扭转应收账款快速增长的势头，加快货款回收，降低融资成本，从而促进公司经济运行高质量发展，保障公司战略目标的实现。

二、实施内涵

南方公司以问题为导向，以战略目标为牵引，实践PDCA管理理念，构建基于PDCA良性循环的应收账款压控管理体系（见图1），把战略目标落到实处，进一步提高应收账款过程控制和精细化管理水平，持续推动企业经济运行质量的提升。

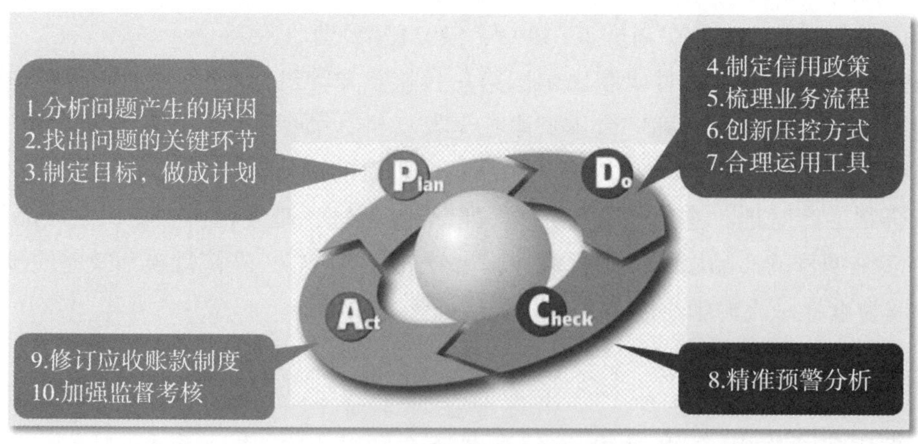

图1　PDCA应收账款压控管理体系

三、主要做法

公司领导高度重视，成立应收账款压控工作领导小组，运用PDCA理念，形成从计划、实施、检查到改进的管理模式，构建基于PDCA良性循环的应收账款压控管理体系，保障公司应收账款压控目标的实现。以“控制增量、压减存量”为目标，一方面控制增量，对于新增应收账款，要加速款项回收，合理控制规模，不断优化管理流程和关键控制点，动态跟踪统计应收账款增量情况，建立应收账款动态监测和预警机制；另一方面压减存量，对账龄长、清收风险较大的应收账款实施挂牌督办，明确责任人，落实责任目标，最大限度回收现金，有效降低坏账损失风险。

（一）计划（Plan）阶段

1.应收账款不断攀升的分析

2020年年底，南方公司应收账款中，公司总部应收账款占97.03%。造成公司总部应收账款不断攀升的原因如图2所示。

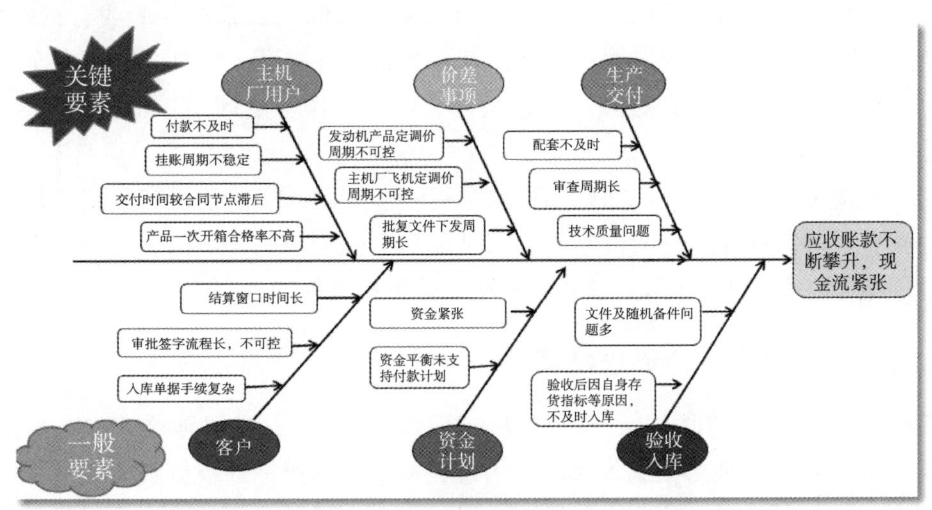

图2 应收账款不断攀升原因分析

（1）生产交付问题：生产准时、足额交付是客户满意和应收账款及时回收的前提条件。产品交付滞后的原因如下：公司技术质量问题较多；产品混线生产，资源冲突严重，部分长周期零部件准时交付率低；检查周期不受控等。

（2）用户货款滞后：由于产品交付进度滞后于合同要求节点，用户多在年底结算，导致公司货款回收协调难度大。

（3）价差事项：产品价格批复不及时，产生的大量账差无法解决。定型小批产品交付均早于产品定价，价格批复的滞后性，导致积压几年的应收账款无法正常回收。

（4）资金计划延迟：主机厂为维持自身资金正常运转，常采用采购部积压发票、延迟挂账、财务部停止支付等多种手段，限制对供应商的货款支付额度。

（5）验收入库滞后：验收入库是产品交付的重要环节，也是发票挂账的前提之一，对后续支付货款起着举足轻重的作用。由于公司书写的规范要求、数据缺失及备品备件不齐等问题，产品验收入库时间受到影响。

2. 应收账款成功回收关键环节

应收账款能否成功回收，取决于客户、主机厂、价差是否完成结算。

（1）客户完成结算：客户完成结算取决于四个方面，一是发动机按合同节点交付，包括发动机零部件及附件齐套、发动机试车合格、发动机随机备件资料齐全、发动机按时运输到指定地点；二是发动机入库单据齐全，包括发动机卸车、发动机验收合格后入客户仓库、客户开具接收单并盖章；三是请款环节办理顺利；四是客户结算周期充足。

（2）主机厂完成结算：主机厂完成结算取决于四个方面，一是主机厂收到客户货款，包括主机厂飞机转场及时、主机厂与客户结算及时；二是产品验收合格并挂账，包括产品文本备齐、飞机转场顺利、客户开具接收单并盖章；三是主机厂资金计划准备充分，包括发动机发票挂账顺畅、主机厂采购部报送资金计划、主机厂资金平衡；四是主机厂财务部付款及时。

（3）价差完成结算：价差完成结算取决于两个方面，一是公司产品定调价，包括产品定型、定调价审价、补偿价差款；二是配套主机定调价，包括主机产品定型、主机单位开展定调价审价、批复定调价、主机厂依据批复补偿价差款。

3. 制订行动方案，分解年度目标

根据2021年航发集团年度经营业绩考核责任书，南方公司承接应收账款考核指标××亿元，财务管理部根据集团下达的应收账款考核指标逐级分解，制定下发《公司2021年应收账款压控方案》，明确2021年年底应收账款控制目标，并将目标分解到业务部门、4家分公司、4家子公司及托管单位。

（二）实施（Do）阶段

1. 制定信用政策

为集中、统一掌握航空产品客户信息，全面、准确地评估、预测客户的资信能力和信用风险，最大限度地防范和控制风险，保障和维护公司的利益，南方公司制定《客户资信管理办法》，通过对客户所有相关财务及非财务信息的整理分析，得出客户的信用能力评估，对客户的信用等级进行评定，据此确定不同的销售政策。新增客户采用赊销方式的，销售部门需填写《新增赊销客户审批表》，提供新增客户简介、客户财务状况、赊销产品、客户地址、联系方式、赊销原因及预计回款周期，经部门领导审核、公司副总经理审批、公司总会计师批准后方可采用赊销方式。原则上如销售客户存在一年以上的应收账款，除军方及关联往来单位之外的客户将不予赊销。

2. 梳理业务流程，完善执行细则

应收账款业务流程从事前、事中、事后三个阶段进行管控。事前严控客户信用风险，确定信用政策及等级标准，签订合同；事中合同交付执行，开具发票，确认应收账款；事后收款，客户对账，欠款清收，坏账核销（见图3）。

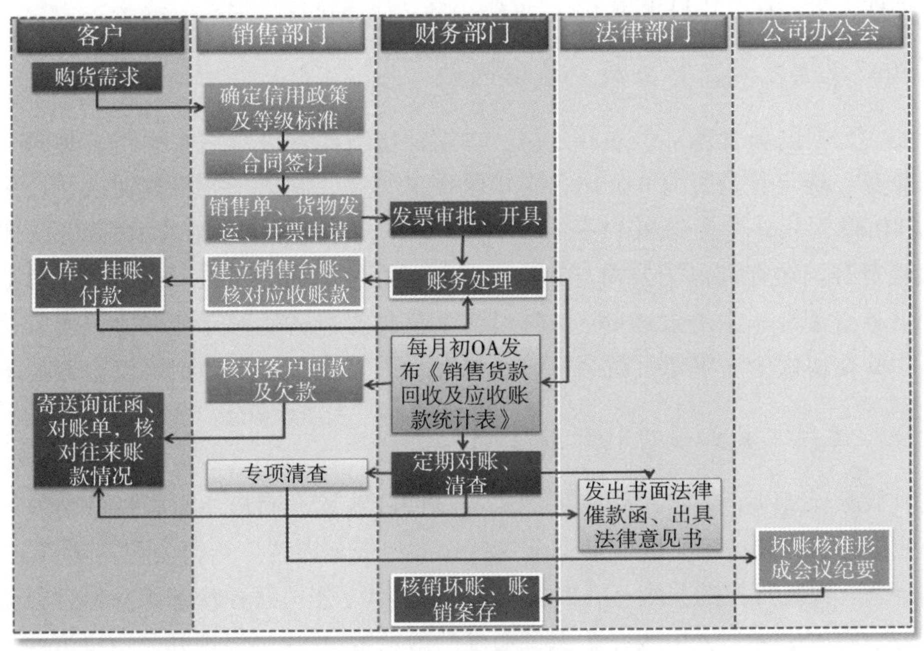

图3　应收账款业务流程

（1）合同条款管控：根据航发集团文件要求，南方公司积极协调各飞（主）机厂，以合同条款或补充协议的形式，明确发动机分阶段交付付款模式。

（2）落实责任机制：采取业务分片、人员分管、全程跟踪、全程负责的形式，落实“业务谁主管、结果谁负责”的责任机制。各单位制订清收计划，确定责任人和完成日期，建立台账、压实责任、跟踪考核。每月上旬由各主管确认本月回款计划落实情况和发票挂账情况，建立沟通渠道；每月下旬制订三个月回款滚动计划，对于偏离金额较大的用户，查明原因，必要时安排专人现场蹲守催款，同时报请公司主管领导，分析原因，制订后续回款计划。

（3）争取货款：一是公司主管领导带队，先后走访各主要用户，协调货款回收进度；二是根据各主机厂不同的挂账和付款模式，采取一厂一策，抓好回款工作，例如为减少年底应收账款，调整生产交付顺序，提前4个月完成主机厂某型发动机交付；三是公司副总经理带队主动协调客户，共同签署某型发动机价差补充协议，清欠历史应收账款。

（4）寻求法律支持：针对业务部门和分子公司在应收账款清收中遇到的难点问题，财务管理部组织相关单位和审计法务部召开应收账款清查专项会议，对存在较大损失风险、恶意拖欠款项的项目和客户进行分析，采取法律诉讼等手段催收。例如，2014年某能源公司向子公司借款30万元，对方一直拖欠未还。2019年11月，法院审理案件并下达了“民事调解书”，因该能源公司未按期偿还欠款，公司审计法务部于2020年6月向法院提交了“强制执行申请书”，目前该案正在执行过程中。

3.创新压控方式，解决历史遗留问题

例如，公司财务管理部针对B公司历史遗留应收账款进行组织研讨，梳理分子公司往来业务，确定其是否与B公司存在债权债务关系，制订三方抵账协议。公司应收B公司240.42万元，主要是2011—2014年形成的车间加工费、销售材料款、计量费、产品检验费等。经查询，子公司与B公司签订了加工合同，子公司形成应付B公司款项。经财务管理部、生产管理部、B公司与子公司沟通，就三方抵账协议内容达成一致意见，并在协议中注明每月就余额进行抵账，直至抵账金额达到协议金额为止。

4.合理运用工具加强应收账款管控

应收账款保理是企业将赊销形成的未到期应收账款在满足一定条件的情况下，转让给商业银行，以获得银行的流动资金支持，加快资金周转。结合公司营运资金需求，在成本合理、风险可控的原则下，2020年12月，南方公司财务管理部向经理办公会提交了《关于增加××亿元应收账款保理额度的请示》，并通过经理办公会决策。

为防范审计风险，确保完成年底应收账款考核指标，南方公司财务管理部积极与外部审计、银行机构充分沟通应收账款保理业务的出表事宜。与中国银行合作，签订无追索权国内融信达业务合同，办理应收账款保理业务××亿元。通过应收账款保理，一方面能有效拓展融资渠道，降低融资成本；另一方面能改善财务报表，加快应收账款周转速度。

（三）检查（Check）阶段

加大对应收账款的清收监控力度，采取督导检查、定期报告等形式加强过程管理。把一年以上款项、呆坏账、逾期款项、存在诉讼风险款项等应收账款存量作为重点压控对象，共梳理出30项风险款项，并逐项核实一年以上应收账款压控措施、完成节点、责任人。南方公司财务管理部每月上旬发布《销售货款回收及应收账款统计表》，销售

部门根据每一位销售业务员回款目标执行情况进行绩效考核，确保年度应收账款考核目标实现。

（四）改进（Act）阶段

1. 修订应收制度

南方公司完善了应收账款的绩效管理办法，修订《公司应收账款财务管理办法》，增加考核，将应收账款的回收情况与责任人的绩效挂钩，压实责任。

2. 加强监督考核

通过绩效指标的分解下达、动态监控和绩效考评，持续推动应收账款管控目标达成。一是将应收账款压控工作成效纳入内部经营业务考核；二是细分绩效指标，按照“谁形成的欠款，谁负责催收”的原则，明确责任分工，指定清收计划、责任人和完成日期，层层压实责任；三是积极发挥纪检、审计、风险控制的监督职能，定期评估应收账款管控效果，优化管控流程。

四、实施效果

公司通过构建基于PDCA良性循环的应收账款压控管理体系，通过计划、实施、检查、改进不断循环，分析现状，发现问题，提出解决措施并执行，检查执行结果是否达到了预定的目标，遗留的问题会自动转入下一个PDCA循环，如此，最终实现年度奋斗目标。

（一）航机回款增幅明显，财务费用大幅下降

通过制订应收账款清收计划，责任到人，每月考核，南方公司货款回收总额和现金回款同比上升，2021年1—12月，公司总部销售货款回收同比增加8994万元，增幅1.46%。

（二）清理历史遗留欠款，减少资金占用成本

公司重点清欠3年以上历史遗留欠款，针对2020年度货款仍未付清的单位，以公司的名义发催款函，将产品交付出厂与货款回收严格挂钩。截至2021年12月底，南方公司已通过应收账款专项清查，以催收、签订三方抵账协议、核销等方式收回逾期及3年以上部分应收账款，降低了资金占用成本。

（三）落实分解压控责任，实现年度考核目标

公司结合应收账款管理现状，从“控制增量、压减存量”入手，制定下发《公司

2021年应收账款压控方案》，分解压控目标、加强过程管理、强化绩效考核，截至2021年年底，公司顺利完成年度应收账款考核目标，同时实现应收账款增幅低于营业收入增幅的目标。

五、案例启示

应收账款清理压降是一项长期工作，必须常抓不懈，“清”是手段，“控”是目的。以PDCA循环为应收账款管控主线，加强客户资信评价，完善合同条款，明确质量标准、履约进度、验收结算、付款条件、违约责任等合同内容，细化与主机厂的合同管理；完善《公司应收账款财务管理办法》，增加考核，压实责任；建立和完善应收账款长效考核管理机制，将应收账款清理工作不断开展下去，促进公司提升资产运营效率，持续健康发展。

主创人：林　莉　罗俊力　姜蕴硕

参创人：王　雍　韦　英　段　昱　贺茂可　熊　立　刘　亚

“航天固体动力五型党建创新法”助力研究所高质量、高效率、高效益发展

西安航天动力技术研究所

中国航天科技集团有限公司第四研究院第四十一研究所（对外简称“西安航天动力技术研究所”，以下简称“四十一所”）成立于1964年12月30日，是我国首个固体火箭发动机设计研究所。经过50多年发展，四十一所已成为我国科研成果突出、技术水平领先、专业最为齐全的固体发动机设计研究所，拥有国家级国防科技重点实验室，是国家第一批重点统筹建设保军单位，是中国航天科技集团有限公司航天动力技术研发中心依托单位。

截至2022年4月底，四十一所共有党员373人，占比61.2%；下设1个党总支、18个党支部。35岁以下职工228人，博士53人，硕士358人。先后培养出国际宇航科学院院士1人、中国科学院院士1人、中国工程院院士1人。获部委级以上科技成果奖300余项，其中国家科学技术进步奖特等奖3项。先后被授予“高技术武器装备发展建设工程突出贡献奖”“中国载人航天工程突出贡献集体”“全国五一劳动奖状”“全国青年文明号”等荣誉称号。

一、实施背景

当前，新时代航天强国建设正处于关键阶段，作为我国第一个固体火箭发动机设计研究所，面对常态化的经济下行压力、日趋激烈的市场竞争、愈加繁重的高密度高风险科研生产任务、日益紧迫的全面深化改革要求和各种风险挑战，四十一所党委高瞻远瞩，将党建工作和生产经营工作视为“车之双轮”，共同发力助推航天固体动力事业的快速发展，二者相互依存、相互配合、缺一不可。

在新思想、新理念的引领下，以及在上级党组织的正确领导和精心指导下，四十一所党委不断适应新时代发展要求，准确把握发展规律，与时俱进地推进党建及思想政治工作，经过多年的实践，总结出了一套适应四十一所科研生产和改革发展的“航天固体动力五型党建创新法”，即将党建工作通过“党建工程、党建研究、党建赋能、党建文化、党建助手”五个方面，有效融入四十一所生产经营工作中，不断激发四十一所发展活力，促进研究所高质量、高效率、高效益发展。

二、主要做法

（一）谋定战略，实施“党建工程”强化政治引领

为全面系统推进党建高质量服务中心工作，四十一所党委在中国航天科技集团有限公司党组和中国航天科技集团有限公司第四研究院党委的指导下，结合研究所五年规划、三年滚动计划和年度工作内容，实施了以政治引领和支撑发展为核心的“四十一所党建工程”，以此作为开展党建工作的总纲领，并结合研究所的发展战略进行动态调整，从顶层确立了四十一所党建工作的政治统领地位。

四十一所党建工程提出了以“一条主线、三大体系、一个目标”为核心的党的建设总体布局，即“以高质量党建促高质量发展”为主线，重点推进党建基础体系、能力提升体系和党建科学化体系三大板块内容（见图1），最终实现“将四十一所建设成为保军强军、创新驱动、充满活力的国际一流航天动力高科技公司和国内知名的弹箭系统总体研究所”总目标。

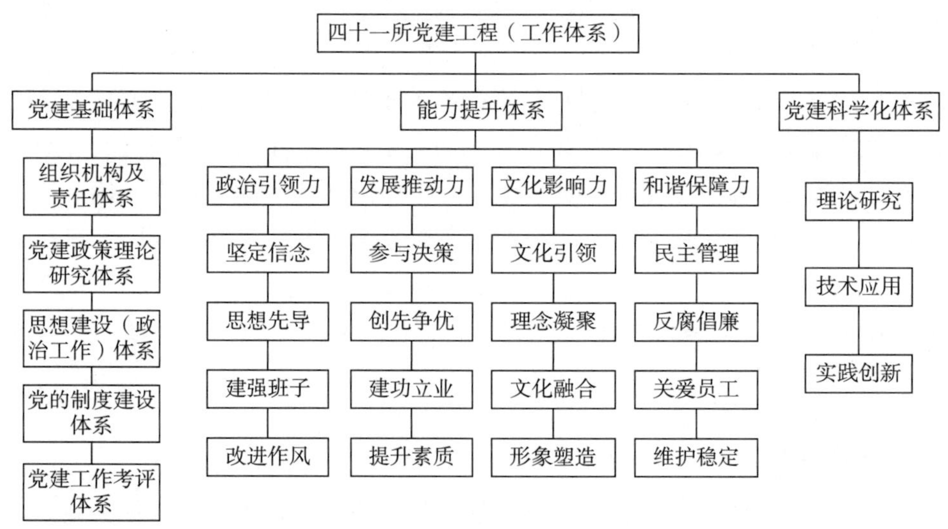

图1　四十一所党建工程工作体系

（二）问题导向，深化“党建研究”打破发展瓶颈

四十一所党委高度重视理论研究工作，针对党建工作与业务工作“两张皮”、航天精神无法入脑入心、航天质量意识薄弱等问题，进行理论研究并转化为实际成果，逐步解决了实际工作中的难题。

1. 制定了四十一所《党建融入科研生产工作指南》，科学指导各级党组织助力发展

四十一所党委秉持“抓党建从科研生产入手，抓科研生产从党建出发”原则，加

强党建融入科研生产理论研究，制定了《党建融入科研生产工作指南》，提出了“把党旗插到科研项目上、把思想工作融入管理中”的工作思路，明确了“责任分配、责任落实、工作机制、学习教育、科研工作、制度建设、考核评估”七条党建融入科研生产实施路径，促进党建与科研生产“四同步”。根据该指南，基层党组织加大党员攻关、党旗领航力度，建立了重大试验、重大项目成立“党员突击队、党员攻关队、党员先锋队”机制，为圆满完成世界最大推力3.5米500吨大推力固体发动机试验、固液捆绑发动机CZ-6A火箭首次飞行等任务保驾护航。

2.编制了四十一所《航天精神永放光芒　不负重托共筑伟业》学习读本，凝聚奋斗力量

该读本作为研究所全体干部职工学习、传承、弘扬航天“三大精神”的重要学习资料，分“航天精神理论”“航天团队人物”“纪念中国航天日”三个篇章，近16万字。全体干部职工通过学习航天精神的重要内涵、温故航天团队及人物的感人事迹、结合航天日开展了“航天精神进校园”“我为航天精神代言”等30余项活动，不断弘扬爱国主义精神，坚定航天报国志向，坚定航天强国信念，领会精神实质并将其转化为服务科研生产的实践动力，凝聚起攻坚决胜的强大热情，更加努力地投身航天强国建设，为四十一所高质量发展贡献智慧和力量。

3.以四十一所发展中存在的问题为导向，通过撰写党建政研课题解决发展中的实际问题

党的十八大以来，四十一所党委积极探索政研课题研究，实现了从数量到质量的提升以及从理论研究到成果应用的转变，先后承担了全国、集团公司、陕西省，以及中国航天科技集团有限公司第四研究院（以下简称“航天四院”）、四十一所100余项课题。近年来，四十一所以发展中存在的问题为导向，采用“支部自选课题组”集智攻关模式，先后开展了“弘扬航天精神、提升质量意识、突发疫情事件下发挥党组织作用、建立总体事业文化、固体火箭发动机发展史”等多项课题研究，不断提升党建理论水平，切实解决了许多管理桎梏，并实现了多项党建研究课题的成果转化，服务中心工作。

（三）融入中心，通过“党建赋能”激发基层活力

四十一所党委将党建的着力点放在基层党支部，通过“资源配备、规范管理、互助共建、考核倒逼”等方式为基层党支部赋能，充分发挥党支部在科研生产与改革发展中的战斗堡垒作用。

1.加强党务干部的配备及能力提升

四十一所党委采用“交叉任职、提升职数”的模式加强对支部班子及支部书记的

配备，任命非领导干部的优秀党员为支部书记。在支部书记任职期间，其可享受研究所部门副职待遇，并纳入中层干部编制管理，其年度考核工作纳入研究所中层领导干部评价考核体系，这极大地激发了年轻的优秀党员干事创业的激情。同时，加强对党支部书记履职能力的培训，每年制订培训计划，开展形式多样的线上线下培训及实践活动；针对专职党务干部，以党小组为单元，通过专项学习交流研讨和系列微课堂等方式深入学习，不断提升履职能力。

2.推进党支部标准化和品牌化建设

四十一所党委大力实施“组织力提升工程”，制定了“党支部梯队化建设”工作方案，提出了“规范—品牌—卓越”的培养模式。2018年，以“组织健全、制度完善、运行规范、日常活动、档案齐备、作用突出”为标准积极推进党支部标准化建设，形成了“一项指南、两级制度、一套流程、三本三袋”等资料，进一步规范了基层党组织的自身建设标准。在标准化建设基础上，2020年又启动了“一支部一品牌一特色”建设工作，该项工作经历“首批试点、全面推进、查漏补缺”三个阶段，覆盖全所18个党支部，旨在落实高质量党建促高质量发展，将党支部实际业务与党建抓手紧密结合，通过提炼支部特色、建立支部阵地、形成支部品牌，坚定不移地把党建工作融入科研生产和改革发展全过程。后续，还将推进支部卓越建设工作。

3.力推党支部互助共建和创先争优

2016年以来，四十一所党委持续推进党支部互助共建工作，制定了“四个一”要求，即编写一份精练的策划案、签署一份郑重的承诺书、制订一份详细的工作计划、建立一套严肃的考核标准。通过该项工作的实施，夯实了共建双方的党建基础，促进了业务发展及市场开拓等工作，目前四十一所各党支部已与所内所外22个党支部开展共建。2022年4月26日，四十一所党委与西安交通大学航天航空学院党委签订“校企党建共建协议书”，双方将通过党建共建、科研合作、人才互访、文化互通等方式，共同推进高质量发展。四十一所党委鼓励创先争优，高度重视红旗支部创建工作，目前已有两个集团级红旗党支部和两个院级红旗党支部，四个红旗党支部均发挥了示范引领作用。

4.构建全方位的考核评价体系，指导基层党建

四十一所党委坚持把解决党建和业务“两张皮”问题作为考核重点，通过双向赋予适当权重等方式，把安全、质量、保密、双效等完成情况纳入党支部的工作考核机制内，把支部工作开展情况也纳入部门经营业绩考核中，把考核结果作为薪酬和奖惩兑现、评先树优、选人用人等的重要依据。同时，四十一所党委建立了每季度党支部书记例会“点评和通报”机制，对党员领导干部不担当、不作为情况进行点名问责，

对问题严重的进行全所通报批评。党建融入中心工作的工作模式，促进了四十一所科研生产和改革发展工作顺利完成。

（四）紧扣主业，构建“党建文化”支撑动力事业

四十一所党委注重文化熏陶的作用，与时俱进，结合航天任务和发展要求，打造了基于发展变革的航天品牌文化管理模式，用文化凝聚职工队伍、培育一流人才、推动主业发展。

1.党旗引领四十一所结合实际建立了CIS文化体系

在中国航天科技集团有限公司企业文化的引领下，在航天四院“国家至上、争创一流”固体动力文化的指导下，四十一所党委牵头建立了完善的航天固体动力品牌文化体系。该文化体系主要包括四大模块：基础模块，包括企业建设、理论研究、思想政治、精神文明、制度建设等；形象模块，包括企业形象识别系统的设计及融合推进；保障模块，包括实施载体、阵地、新技术及经费等支撑内容；评估模块，主要包括企业文化落地效果的评估。航天品牌文化体系有效整合了四十一所的发展模式，推动各项工作高质量发展。

2.构建“心箭”文化模型，坚定主业发展的文化引领

“心箭”模型全面展现了四十一所文化的理念系统和职能系统内容（见图2），理念系统主要由战略理念、价值理念两部分组成，战略理念包括企业使命和企业愿景，

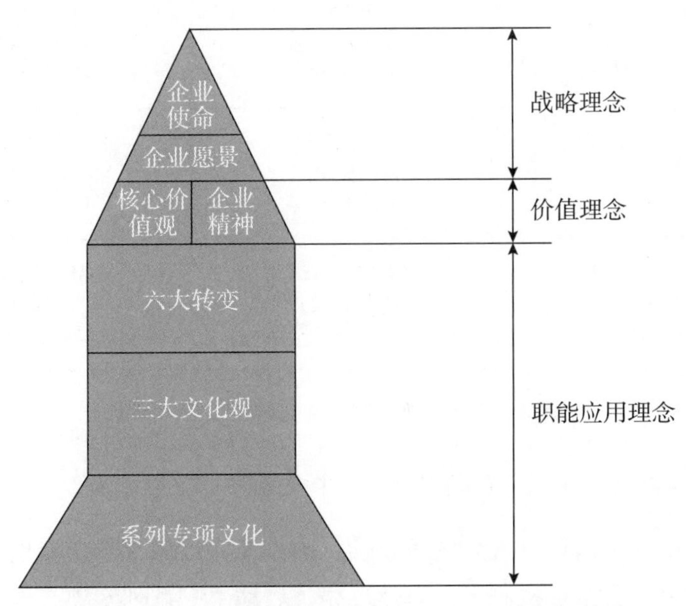

图2　四十一所固体动力文化模型——“心箭”模型

价值理念包括核心价值观和企业精神。职能系统包含战略管理、科研主业以及基础管理等。理念和职能两大系统七个层次互为关联，整个模型呈“火箭”升空状，展示了四十一所人为固体动力事业不懈奋斗、蓬勃向上的坚定信心和万丈豪情。四十一所结合航天强国建设新征程要求，与时俱进完善新时代文化理念，提出了“引领固体动力发展、支撑航天强固建设”的使命，凝练了“爱国敬业、主动担当、科学务实、拼搏奋斗”的企业精神；紧扣发动机、总体事业、民用产业三大主业建立了文化观；依托十二个“专项文化月”推进专项文化建设，不断发挥文化的熏陶作用。

3. 打造特色“专项文化月”宣传体系，实现职能文化拓展

四十一所依托十二个月，结合实际业务建立了“专项文化月”宣传体系，通过业务部门承担的专项文化活动，将安全、质量、保密、创新、成本等文化与业务管理深度融合，如图3所示。以九月质量文化月为例，构建了“理念育质、依法治质、以德保质、强质取胜”的特色质量文化体系，开展质量警示教育、诚信教育等，提升全员质量意识。开展“质量信得过班组”建设、QC小组、“放心设计师”等质量活动。持续推进“质量之星”“质量示范区”评选活动，将最佳实践、六西格玛等项目开展纳入班组考核，实现质量文化在一线落地。“专项文化月”模式的实施进一步促进了四十一所的职能管理工作，为可持续发展创造了隐形价值。

1 JANUARY 回顾展望月 （所办公室）	2 FEBRUARY 责任文化月 （合署办公室）	3 MARCH 廉洁教育月 （合署办公室）
4 APRIL 知识产权月 （知识管理处）	5 MAY 保密教育月 （保密处）	6 JUNE 安全文化月 （安全生产处）
7 JULY 红色文化月 （合署办公室）	8 AUGUST 和谐感恩月 （工会办公室）	9 SEPTMBER 质量文化月 （质量处）
10 OCTOBER 成本文化月 （科技处）	11 NOVEMBER 班组建设月 （工会办公室）	12 DECEMBER 创新文化月 （知识管理处）

图3 四十一所“专项文化月”宣传体系

4. 坚持人本文化管理，不断发挥人才效能

四十一所党委深刻认识到人才的重要性，确立了“以职工专业发展为抓手，健全职工职业发展通道及配套激励机制”的总体思路，启动了一系列专项工作。包括建立健全

四十一所“技术、管理、技能”三类人员多层级的职业发展通道，其中技术职务通道7层级、管理职务通道8层级、技能职务通道6层级；建立了与多层级职业发展通道协调一致的14级14档宽带薪酬体系，通过分层分级的绩效考评和岗位竞聘晋级进档，不断优化人员岗位，全面激励职工立足岗位、创新创效、创造价值，激发人才工作效能。

（五）融合发展，巧用“党建助手”助力改革发展

四十一所党委充分团结一切能够团结的力量，积极发挥群团组织的桥梁纽带作用，为发展添砖加瓦。

1. 顶层策划激发基层“品牌班组”活力

四十一所党委制定了《关于进一步加强班组工作的通知》，提出加强班组建设七项要求，确保班组成为推动研究所高质量发展的基础力量。重点推进以评选“金银铜牌班组”为牵引的“班组品牌工程”建设，着力打造“博士班组”“巾帼班组”等特色班组，消灭“零品牌班组”。同时通过定期召开班组建设推进会、召开班组主题研讨会、完善班组制度、制订班组结对帮带计划、量化班组考核标准、开展名师带徒等完善班组建设，激活最基层组织的活力，为研究所“三高”发展服务。

2. 高度重视并持续强化青年创新工作

四十一所党委定期专题研究青年创新工作，制定了《四十一所青年创新创效工作管理办法》，把青年创新工作纳入科技创新整体规划，统筹推进实施。团委充分利用钱学森青年创新基金、创新创意大赛、五小成果等平台，对青年创新素养、创新作风、创新能力进行全方位的淬炼，引领青年在科技创新、技术攻关、项目研发的主战场实现价值；通过前沿技术论坛、科技英语竞赛、博士沙龙联盟等活动，为青年创新思想交流碰撞提供活力平台。

三、实施效果

（一）助力四十一所高质量完成国家重大科研任务，捍卫国家安全

四十一所经过近年来坚持不懈、与时俱进的党的建设，总结出了一套“航天固体动力五型党建创新法”，使其潜移默化地成为引领四十一所科学和谐、持续发展的政治自觉和行为习惯，为研究所健康发展提供了强大推动力。“十三五”期间，四十一所重点战略型号飞行试验一一告捷、批产型号顺利交付；战术型号攻关取得了一批具有工程应用价值的研究成果；固体运载及宇航型号任务均获圆满成功；总体事业取得突破。四十一所实现了营业总收入五年增幅99.34%，年均增速14.79%；利润总额五年增幅209.09%，年均增速25.32%，全面完成了经济目标，实现了国有资产的保值增值，

四十一所在航天四院经营业绩考核中蝉联第一。这些成绩的取得充分说明了四十一所建立的“航天固体动力五型党建创新法”在凝聚人心、确保中心工作上发挥了重要作用。

（二）为四十一所的转型升级提供了坚强的政治保障

四十一所党委紧扣战略发展目标，充分发挥“把方向、管大局、促落实”作用，将“航天固体动力五型党建创新法”融入研究所的改革发展中，助力研究所由单一的固体动力发展模式转型为多领域发展的综合性研究模式，实现了研究所长期的奋斗目标。已基本形成了以发展固体动力技术及相关领域为核心，以国防重点实验室为依托，以打造夯实的基础技术储备和优秀的专业人才队伍为保障的产业结构框架。同时，站在“十四五”新的起点上，四十一所提出了“牢牢把握固体动力技术的引领者、航天四院长远发展的推动者、原创技术的策源地、支撑‘三高’发展的人才高地”总体定位。预计到2025年，实现营业收入和利润总额翻番，50%以上技术指标达到国际领先水平，将四十一所建设成为保军强军、创新驱动、充满活力的国际一流航天动力高科技公司和国内知名的弹箭系统总体研究所。

（三）提升四十一所的可持续发展能力和综合竞争能力

多年来，经过“航天固体动力五型党建创新法”的不断渗透，四十一所党员干部和职工群众的大局意识、责任意识、忧患意识明显增强，参与四十一所发展决策的主动性和积极性大大提升，全体干部职工呈现出蓬勃向上的精神风貌，各项工作不断取得新成绩，在不同的战线上获得了诸多荣誉。四十一所打造出了一支思想素质高、主业技术强、工作作风好的职工队伍，以高级管理人员为代表的管理团队和以高级工程师为代表的专业技术团队。拥有国家及省部级突出贡献专家7人，拥有国家批准设立的硕士学位授权点和博士后科研工作站。硕士及以上学历人员接近70%，副高及以上职称人员超过55%，科技人才队伍接近全员的80%；1人入选国家高层次人才特殊支持计划，多人获得国务院政府特殊津贴，入选集团学术技术带头人、青年拔尖人才等。四十一所航天品牌的无形资产价值同步提升，过去五年来无形资产价值实现了50多倍的增长。

（四）增强了研究所全体员工的整体凝聚力和战斗力

十年来，四十一所党委先后荣获国务院国资委“天宫一号与神舟九号载人交会对接任务”先进基层党组织，多次获中国航天科技集团有限公司“创先争优”先进基层党组织、陕西省国防科技工业系统先进基层党组织等荣誉称号，多名党员获得中央企业、集团公司和院级“优秀共产党员”荣誉称号。四十一所多年连获集团公司文明单位“标兵单位”和陕西省国防科技工业系统“文明单位”称号，其研究课题《党建引

领　基于发展变革的航天品牌企业文化管理模式》获2021年“新时代全国企业文化优秀成果”，并作为陕西省唯一代表在中国企业文化建设峰会上做交流。四十一所被中华全国总工会授予“全国模范职工之家”，获陕西省“军民融合重点项目劳动竞赛优胜单位”称号，被陕西妇女儿童发展基金会授予“爱心合作单位”；多个班组获“全国‘安康杯’劳动竞赛优胜班组”“陕西省工人先锋号”“陕西省职工（劳模）创新工作室”和集团公司“航天金牌班组”“六好班组”荣誉称号；多个青年团队和个人荣获省部级以上表彰奖励，研发中心副主任褚佑彪获“全国向上向善好青年”，111室长征系列运载火箭固体大推力发动机研制团队荣获第26届“中国青年五四奖章（集体）”，多支团队荣获“最美三秦青年科创团队”“陕西省青年文明号”“陕西好青年集体”等，多名青年荣获“最美三秦青年科技之星”“陕西省青年科技新星”“陕西省青年岗位能手”等称号。

主创人：杨卫东　樊　钰　陈　旭

参创人：赵本利　白晶晶　李巧云　张茜茜　王思彤

院所重组型企业以市场为导向的多元化薪酬激励机制构建与实施

中核矿业科技集团有限公司

中核矿业科技集团有限公司（以下简称“中核矿业科技”）是经中国核工业集团有限公司（以下简称“中核集团”）批准设立的一类成员单位，2019年7月成立于北京，由中核集团骨干科研、设计单位——核工业北京化工冶金研究院（以下简称“核化冶院”）、中核第四研究设计工程有限公司（以下简称“核四院”）整合而成，是国家天然铀及共伴生放射性资源综合利用的重要创新基地，是中核集团先进核科技工业体系的重要组成部分，是国内一流、国际先进的科技服务供应商和产业运营商。

中核矿业科技设有12个职能部门、1个石家庄基地管理部、4个全资子公司、1个控股公司、20个科研生产及支持服务单位；拥有各类咨询设计监理资质资格86项，其中甲级资质39项；建有国防科技工业1113二级计量站等十余个重点实验室及研究中心；各类从业人员1300余人，其中高级及以上职称人员450余人；共荣获各类科技奖727项，其中，国家技术发明奖16项，国家科学技术进步奖19项；荣获优秀工程咨询、设计成果奖236项，拥有专利技术和专利产品345件。中核矿业科技业务涵盖铀矿采冶、矿产资源综合利用、安全环保、分析计量监测、仪器仪表、化工产品、矿山运行维护、核设施退役及三废治理、核技术应用、医药化工、民用建筑工程咨询设计、工程造价咨询、施工图审查咨询、工程勘察、工程监理、设备监造、工程总承包等，形成了集基础科学研究及研产一体化、全过程工程设计咨询及总承包服务、产业孵化及建设运营等业务于一体的综合型科技集团公司。

中核矿业科技成立以来，深入贯彻国务院关于国有企业改革部署，落实中核集团“人才优先”的人才理念、科研院所改革精神和科研院所薪酬改革指导意见，深入推进人员与制度融合，落实“一套人马、三块牌子”运行模式和“一总部三基地”管理模式，深化三项制度改革，强化三支队伍建设，着手通过薪酬改革，健全激励机制与薪酬管理制度，最大限度地调动以科研人才为主的各类人才创新创效的积极性，激发企业微观主体活力，为打造国内一流、国际先进的综合型矿业科技集团公司铸造人力资源战略高地。

一、实施背景

（一）建立与社会主义市场经济相适应的分配制度，是实现高质量发展的必然选择

党的十九大指出，我国经济已由高速增长阶段转向高质量发展阶段，必须坚持质量第一、效益优先，以供给侧结构性改革为主线，推动经济发展质量变革、效率变革、动力变革。习近平总书记强调“发展是第一要务，创新是第一动力，人才是第一资源”。强起来要靠创新，而创新驱动实质上是人才驱动，人才驱动则需要分配激励机制来保障。国有企业应充分认识到新时代深化薪酬激励机制改革的重大意义，建立健全与劳动力市场基本适应、与企业经济效益和劳动生产率挂钩的工资决定和正常增长机制，并推进全员绩效考核，以业绩为导向，科学评价不同岗位贡献，合理拉开收入差距，切实做到收入能增能减和“该高则高、该低则低”，充分调动广大员工积极性、主动性、创造性，建立健全市场化、多元、高效的薪酬激励机制，确保企业用工总量、工资水平与竞争力相适应，加快企业由做大向做强转型，推动企业实现高质量发展。

（二）落实中核集团科研院所薪酬改革战略部署，是建设先进核工业体系的必然要求

习近平总书记关于核工业创建60周年的重要批示，确立了核工业发展新的指导思想，开启了核工业发展的新时代。未来30年，是我国由核工业大国向核工业强国转变的关键时期，中核集团要在关键科研领域取得突破性创新，实现从跟跑向并跑、国际领跑、世界领先的跨越，在贸易摩擦、技术封锁的背景下完成核力量的超越，为“两个一百年”奋斗目标、为中华民族和平崛起和伟大复兴保驾护航。实现上述愿景，关键抓手是科技兴核、创新驱动，核心依靠是人才队伍。近年来，中核集团所属各科研院所扎实推进绩效工资改革，不断加大考核激励力度，优化科研人才成长路径，试点实施科技成果转化激励，积极完善福利保障体系，努力调动职工积极性，取得了一定成效。但仍然存在核心骨干待遇偏低、激励手段单一、效能不显著等问题，在很大程度上桎梏了科研人员的创造性和科研院所的发展。因此，必须下大力气推进科研院所薪酬改革，破除体制机制障碍，理顺内部分配关系，充分认可和尊重科研人员贡献，使薪酬分配向拔尖人才、做出重大贡献的人才和核心骨干人才倾斜，切实提升激励效能。中核集团计划用一年左右的时间，在科研院所建成战略引领、市场匹配、业绩联动、差距合理、富有竞争力、符合科研管理规律的薪酬管理体系，最大限度调动以科研人才为主的各类人才创新创业的积极性，激发科研院所组织活力，提升科技创新质量，推动科研院所多出成果、快出成果、出好成果。

（三）推动改革重组战略发展，是激发企业内生动力的必然需要

由事业单位性质的科研院所与院所转制企业战略重组成立的中核矿业科技，内部环境错综复杂，亟须深度融合。整合重组的中核矿业科技有一个总部和北京、石家庄、葫芦岛三个基地，企业编制、事业编制两种员工身份和三地的人力资源管理模式存在差异，有待协调统一，总体薪酬和人才结构有待优化，人才激励机制有待完善，人才创新能力有待进一步激发，整体上缺乏掌握国内外前沿理论与先进技术的高层次人才，在较大程度上限制了中核矿业科技科研生产水平的提升，不能满足企业做大做强的迫切需要。在国有企业改革和经济发展进入新常态的大背景下，中核矿业科技要敢于直面公司存在薪酬体系不统一、平均主义大锅饭、科技人员激励方式单一、中长期激励政策工具运用不全面不充分等突出矛盾和问题，必须深化薪酬激励体系改革，构建一套符合时代变革需要、符合企业长远发展需要、符合人才成长需要的，以市场化为导向的多元化薪酬激励机制，进一步激发企业各方面的微观活力。

二、内涵和主要做法

自核四院、核化冶院重组整合成立中核矿业科技以来，为推动两院从资源、组织、业务、管理、文化等方面全方位多层次的深度融合，亟须对薪酬激励管理进行市场化改革融合，构建与新公司发展战略相匹配的多元化薪酬激励机制。其内涵就是以改革重组为契机，打破事业单位和科研院所传统的管理模式，变身份管理为岗位管理，建立能上能下的岗位管理制度；将现有的岗位设置、职级体系进行调整重构，着重拓宽专业技术人才职业发展通道；科学选取评估要素开展岗位价值评估，开展市场薪酬对标，实行以岗定薪，精准激励核心骨干人才；加大科技成果奖励力度，推进科技成果转化激励，丰富激励举措，强化考核作用，使薪酬分配向科研一线和核心骨干人才倾斜，着力解决薪酬管理不统一、不能体现岗位价值、分配导向有偏差、官本位突出、薪酬水平缺乏竞争力、科技成果转化激励机制不健全等问题，实现基础科研高保障、科技创新强激励、成果转化高分享。主要做法有以下几点。

（一）开展市场对标，明确市场化薪酬目标

基于中核矿业科技于2019年7月由核四院、核化冶院重组成立的特殊情况，其不适合进行整体对标，因此分别按照单位的性质，地域和业务领域的不同，结合中核矿业科技的发展战略和经营业绩情况，由第三方专业化公司分别为核化冶院选取了“北京有色金属研究总院”等14家对标样本、为核四院选取了“中国核电工程有限公司河北分公司”等16家对标样本进行对标，制定相应的薪酬目标。对标结果显示，中核矿业科技整体薪酬水平偏低，且岗位层级越高的员工与市场薪酬水平差距越大，不利于

优秀人才的吸引和保留，尤其是对高端领军人才的吸引力度不足，对公司的长远发展不利。

综合考虑自身发展定位与现阶段薪酬水平，中核矿业科技选择“混合型”薪酬策略，使整体薪酬水平向专业技术人员、高层级人员倾斜，即专业技术最高层级岗位的薪酬水平参照市场75分位确定，较高层级岗位的薪酬水平参照市场50～75分位确定，低层级岗位的薪酬水平参照市场50分位确定；职能管理与工勤技能岗位的薪酬水平参照市场25～50分位确定。通过与市场薪酬水平对标，根据核心骨干人才薪酬与市场水平的差距，确定中核矿业科技目标薪酬水平。考虑到员工薪酬也不宜快速大幅度提升，中核矿业科技分阶段实现目标薪酬策略，即在核心骨干人才薪酬水平平稳提高的同时，有重点、分步骤提升不同类型、不同层级人员的薪酬水平，分三年逐步达到目标薪酬水平。

（二）构建统一的薪酬体系，突出考核分配联动

1. 贯彻市场薪酬理念，建立统一的薪酬结构

为打破以行政职级、职称确定工资水平的薪酬机制，准确体现岗位价值和贡献，采用“以岗位定薪、以绩效定薪、以能力定薪”的市场化薪酬理念，建立新的岗位绩效薪酬体系，薪酬结构为“基础工资＋绩效工资＋一次性奖励＋中长期激励”，其中基础工资为固定部分，绩效工资和奖励激励为浮动部分，执行按季度考核发放季度绩效，且季度绩效不超过上年绩效总额的60%，切实提高浮动部分比例，合理拉开差距。对于市场化程度较高的子公司，其销售人员收入采用底薪加提成奖金的方式，每月按上年度薪酬的30%发放底薪，起到基础保障作用，年底奖金根据其销售额5%发放，提成奖金动态调整，工资弹性大，以提高业绩激励效果。

2. 开展岗位价值评估，合理设计基础工资差

建立以岗位体系为核心的工资管理体系，坚决打破以往以职工身份、行政级别、任职资历为基础的工资定级模式。在梳理完善岗位体系基础上，科学选取评估要素开展岗位价值评估，实施以岗定薪、同岗同酬、岗变薪变，打破官本位体系，打通专业技术职业发展通道，使收入分配向核心科研业务和科研岗位倾斜，并合理拉开差距。同时考虑北京和石家庄两个基地所处地区的经济发展和消费水平的不同，基础工资设置区域差，实现对两地员工收入水平的动态调剂。

3. 绩效考核分类实施，坚持管理与生产联动

围绕目标考核激励管理体系，坚持战略导向和目标导向，建立导向明确、结果量化、符合科研和市场规律的绩效考核体系，对二级生产单位和职能部门试行分类考核，

并建立二者绩效联动机制。

二级单位按照战略定位、业务性质及市场化程度等具体情况划分为科研单位、生产单位、新设立公司三类，对其分别设定考核指标体系，实行分类差异化考核。科研单位加强对重点科研项目和重点任务的考核，并遵循科研规律适度加大固定发放部分，以单位考核年度前两年度的绩效工资平均值为基数，70%作为固定部分发放；生产单位强化对经济指标特别是利润指标的考核（权重占88%）；新设立公司突出对重点任务的考核，实施前两年不考核经济指标的扶持政策。

职能部门设定常规任务、重点任务、约束项等考核指标，实行以重点任务为导向的精准化考核，并与二级单位绩效联动，职能部门绩效分配基数为生产单位平均绩效的0.8倍。重点任务按照重要性、难易程度和工作量等赋予一定分值，并按照进度计划完成度等进行量化考核。完成多项重点任务，得分累加，有助于推动急难险重任务的落实，有助于体现按劳分配、多劳多得。

4. 绩效分配科学分级，充分向核心骨干倾斜

绩效分配采取季度预发和年终结算的方式执行。季度预发绩效根据季度考核结果兑现，年终绩效根据年度考核结果核算全年绩效，减去四个季度预发绩效，以年终奖形式一次性兑现。绩效额度由考核部门下达各二级单位和各职能部门，各单位（部门）以员工的考核结果为依据进行分配，分配结果报备公司归口部门。

二级单位的单位负责人由经营管理部考核，一般员工由本单位考核。对一般员工考核以工作业绩、工作量等可量化指标为主，辅以技术难易程度、工作质量、工作态度表现等指标。考核要充分体现多劳多得，效率优先，兼顾公平，绩效分配向骨干、年轻员工倾斜，同时兼顾长远。专业室级管理岗位要考虑对部分管理工作给予一定绩效。职能部门负责人由人力资源部考核，一般员工由本部门考核。对一般员工考核以多维度测评方式，从“作风形象、团结协作、学习创新、服务意识、业绩成果”维度进行考核，突出对重点任务完成情况的考核。

考核不仅要合理拉开薪酬差距，更要使绩效分配向科研生产核心骨干充分倾斜。绩效分配相关制度规定：公司首席专家绩效不得低于总经理助理；公司科技带头人绩效不得低于所长；科技骨干人才、一级项目负责人（经理）绩效不得低于副所长，且不得低于单位人均绩效的2倍；二级项目负责人（经理）绩效不得低于专业室主任，且不得低于单位人均绩效的1.7倍；三级项目负责人（经理）绩效不得低于专业室副主任，且不得低于单位人均绩效的1.4倍。

（三）重构岗位体系，拓宽职业发展通道

中核矿业科技通过开展岗位调查，梳理各部门（单位）的岗位职责，进行岗位价值评估，将核化冶院现有的事业单位岗位序列与核四院的企业岗位序列融合，发布

《中核矿业科技集团有限公司岗位体系管理办法》，构建新的岗位体系，建立岗位体系管理办法，主要包括：岗位序列设置、岗位任职条件、员工定岗定级、岗位晋升和降级、首次套级操作细则等。根据中核矿业科技的业务领域分类管理，将岗位划分为专业技术、管理和工勤技能三类岗位序列，每个序列设置9个岗位层级，实现“同等待遇、平等发展”。专业技术序列设置四级、三级、二级、一级、首席工程师、首席专家等岗位，管理序列划分为科研设计管理、工程管理、产业公司、职能管理四类。

科技人才、项目负责人和项目经理的薪酬水平分别平行对应岗位体系中的各个层级，同时设置岗位和层级能上能下规则，实现薪酬水平能上能下。科技人才、项目负责人和项目经理等岗位通过竞聘上岗，如有解聘的，岗位等级降级至受聘前等级；年度绩效考核结果为“不称职”的，直接降低一个岗位等级；因违规违纪受处分的，按处分决定或有关奖惩规定中的要求降低相应岗位等级。运用薪酬分配杠杆，使各类人才的薪酬通过各个不同岗位序列通道予以实现，与身份、资历、职级等脱钩，重点提高专业技术人才薪酬水平，为员工做好职业发展通道，引导科技人才去“行政化”，破除“官本位”思想，使其安心学术。

（四）识别核心骨干人才，加强精准激励

中核矿业科技根据各类人才贡献价值的重要性和影响力，将核心骨干人才分为三个层次。其中第一层次核心骨干人才包括集团公司首席专家和科技带头人、省部级设计大师、享受国务院政府特殊津贴人员、国家国防科技工业局“511”人才、集团公司“111”人才；第二层次核心骨干人才包括部级突出贡献中青年专家、中国铀业专业总师、公司首席专家、科技带头人、一级项目负责人、一级项目经理等；第三层次核心骨干人才包括集团公司精英人才、启明星人才、中国铀业项目总师、地矿英才，以及公司二、三级项目负责人，二、三级项目经理等。另外，核心骨干人才还包括岗位体系上对应这三个层次的关键管理岗位人员。

薪酬激励体系聚焦高层次人才，充分向第一、第二层次人才倾斜，合理利用工资总额增量、合理拉开薪酬差距，精准激励核心骨干人才，充分体现核心骨干人才的价值和贡献，让核心骨干人才在公司发展中发挥标杆引领作用。同时，薪酬激励体系适当向第三层次人才倾斜，促进公司人才梯队可持续发展。中核矿业科技定位为高科技企业，其核心骨干人才以科技人才为主，薪酬改革采用“领先型”薪酬策略，工资总额增量优先应用于高层次科技人才，并将其薪酬水平提高到市场的中高位，以解决科技人才待遇低、队伍不稳定的问题。对于职能管理与工勤技能岗位，薪酬定位为市场中下水平，少涨或不涨。

对于高层次人才，除实行岗位绩效工资制外，中核矿业科技还积极探索了年薪制和协议工资制等多种薪酬模式，以满足公司未来发展和不同类别人才引进需要。对公司引进的高端人才，针对不同人才层次，分类施策，制定差异化薪酬制

度。对市场化程度高的子公司负责人和职业经理人实施年薪制，坚持市场化选聘和契约化管理，明确聘期以及双方权利和责任，强化刚性考核，建立退出机制。对于市场上紧缺人才、关键专业领域等高端人才，根据协议与工作考核结果，兑现薪酬待遇。

（五）健全科技成果转化奖励和中长期激励机制

1. 加大科研成果转化奖励力度

为进一步激发科技人才对科技成果转化的积极性，中核矿业科技加强科技成果转化顶层设计，出台《中核矿业科技集团有限公司科技成果转化管理办法》《中核矿业科技集团有限公司科技成果转化细则》等制度，鼓励将知识和技术作为生产力要素参与分配，建立科技成果转化全过程机制，注重科研项目立项前约定成果转化激励方案，保障科技成果完成人的技术权益和经济利益。

采用技术许可或技术转让方式的科技成果完成单位，可从转让（许可）该项科技成果所取得的净收入中提取50%～70%用于奖励。其中，充分竞争领域、国家投资项目按照知识贡献度最高可提取70%，国家投资为主、集团补贴项目按照知识贡献度最高可提取60%，集团投入项目（含中国铀业有限公司及中核矿业科技投入）按照知识贡献度提取不低于50%用于奖励；采用技术作价投资方式的，从该项科技成果形成的股份或出资比例中提取50%用于奖励。有3个项目在2020年天然铀产业科技创新大会上实施了公开奖励，完成各项目的专业技术人员共获奖励110.39万元。加大科技成果转化奖励力度的同时，不断建立健全科技成果转化管理体系，加强科技成果转化平台建设，面向市场大力推进科技成果转化。

2. 探索实施岗位分红激励

为加快实施创新驱动发展战略，推动高新技术产业化和科技成果转化，进一步增强技术和管理人员的获得感，充分调动核心骨干员工积极性和创造性，中核矿业科技制定了《矿业科技岗位分红激励管理办法》，对公司重要技术人员和经营管理人员实施岗位分红激励，2020年选取了2个二级单位作为试点，探索实施岗位分红激励，未来将视实施效果和公司经营发展情况逐步向全公司推广。

3. 稳步实施股权激励

根据公司战略规划，在市场化程度高的子公司实施混合所有制改革，以其股权为标的，采取股权出售、股权奖励、股权期权等方式，对公司重要技术人员和经营管理人员实施股权激励。总结成功实施虚拟股份的经验，进一步优化虚拟股份激励机制，规范推行虚拟股份。

（六）推动“工资总额备案制”，释放企业活力

为建立健全与劳动力市场基本适应、与企业经济效益和劳动生产率挂钩的工资决定和正常增长机制，增强企业活力和竞争力，根据《中国核工业集团有限公司工资总额预算管理办法》，中核矿业科技推动实施“工资总额备案制”，改革工资总额决定机制，强化工资总额预算执行，工资总额由核准制向备案制转换，建立与经济效益紧密联动的工资总额决定机制，不断完善工资能增能减机制。

工资总额由主要与年度JYK（计划预算考核一体化）考核结果挂钩变为与利润增幅挂钩。单位工资总额增幅及人均工资增幅满足“两低于”原则。未实现国有资本增值保值的，工资总额原则上不增长。经济效益增长的，工资总额可在不超过经济效益增长幅度范围内适当增长。其中，劳动生产率未提高的，工资总额微增长或不增长；经济效益下降的，工资总额相应下降。其中，劳动生产率未下降的，工资总额可适当少降或不降。

（七）丰富激励举措，营造尊重人才氛围

1. 加大科技奖励力度

为切实加强公司荣誉体系建设，传承和发扬核工业功勋人物杨承宗先生勇攀科学高峰的精神，发布《杨承宗科技奖管理办法》，设立杨承宗科技奖为公司最高荣誉，每两年评选一次。经推荐、评审、党委审议，2020年度公司授予2人杨承宗杰出贡献科技奖，每人奖励20万元；授予5人杨承宗优秀中青年科技奖，每人奖励5万元。

为表彰在保障国家战略任务、落实中国核工业集团有限公司及中国铀业有限公司发展规划目标、促进中核矿业科技业绩和核心竞争能力提升等方面做出突出贡献的团队和个人，制定《中核矿业科技兴矿伟业奖励计划管理办法》。为奖励在科技创新工作中，加快新理论、新工艺、新技术、新产品的研究开发和应用，为中核矿业科技改革发展总体目标实现做出突出贡献的单位和个人，制定《中核矿业科技集团有限公司科学技术奖励办法》，奖励范围包括科技成果、知识产权，标准，优秀设计咨询，优秀工程监理、工程管理及总承包，论文和国防报告，科技论文比赛及重大科研项目申报等奖励。

2. 建立人才保障政策特区

为推动关键领域实现跨越式发展，为国家天然铀及共伴生放射性资源综合利用等领域提供人才支撑，中核矿业科技实施“梧桐工程”人才计划，在核化工、采冶、安全环保、医药化工、民用建筑、工程管理等领域对引进或培养的三个层次的高水平人才分类施策，制定差异化薪酬待遇及福利保障体系。建立专项人才基金400万元/年，聚焦高端人才，专门用于采矿、化工、冶金、材料等核心领域高层次人才引进。

3. 加大荣誉配套奖励力度

规范荣誉项目设置，统一荣誉奖励标准，加大荣誉奖励、表彰和宣传力度，经济奖励与精神激励并重，增强员工荣誉感和价值感。中核矿业科技每年组织评选“先进工作者”和“优秀共产党员”，获奖者除了荣誉称号外，还可以得到公司内外网、微信公众号等平台的宣传报道，还会获得岗位晋级积分，以此进一步激发员工创优争先、干事创业的激情活力。

4. 完善教育培训保障体系

强化培训资源投入，支持鼓励各类人才持续学习成长、不断进取提升。认真做好规划，积极创造机会，选派业绩表现优秀、成长潜力较大的骨干人才赴国内外顶尖高校、科研机构等深造，提升专业知识和创新能力。为保障人才顺利完成学业，在教育培训期间为其保留一定的薪酬待遇。

三、实施效果

（一）人才队伍质量显著提升

中核矿业科技通过实施以市场为导向的多元化薪酬激励机制，人才吸引力显著增强，2019年以来新招聘应届高校毕业生43人，其中毕业于一流大学建设高校32人，研究生及以上36人（博士3人），引进海外人才3人。核心骨干人才数量不断增多，新增中核集团精英人才5人，中国铀业专业总师4人、项目总师8人、地矿英才14人，杨承宗科技奖获得者7人，新增各类注册持证人员16人，“CO_2+O_2第三代采铀技术研发及应用团队”获中核集团“奋进中核人”荣誉称号。人才流失率大幅下降，科研人员流失率由2018年度、2019年度的4%左右下降到2020年度的2%。

（二）人力资源效率显著提升

随着薪酬改革的不断深入，中核矿业科技人力资源管理效率不断提升，人力资源配置明显优化，广大职工干事创业积极性和企业经济效益显著提升。劳动生产率由2018年的32.55万元提升到2020年的37.05万元；人工成本利润率由2018年的20.89%提升到2020年的23.36%；人事费用率从2018年的27.52%下降到25.45%。

（三）科技创新成果显著增加

伴随薪酬激励机制改革，中核矿业科技的科技成果数量稳步增长，2020年度获各级各类科技、工程、设计奖励14项，其中，国防科学技术进步奖一等奖1项，省部级优秀设计奖一等奖1项，北京市“结构长城杯”金质奖工程1项。2020年全年申请专利151项，比2019年专利申请量增长幅度超过100%。获得授权专利37项、软件著作权登记10项，发布国家标准1项、行业标准2项。科技成果转化效果显著，自主研发的高气压电离室实现美国GE产品国产化替代、放射性核素检测树脂实现商品化销售等科技成果转化项目在国内外市场得到广泛认可。

（四）助推改革重组成效显著

多元化薪酬激励机制的构建与实施，有效推动了中核矿业科技整合重组的战略目标实现和各项综合改革措施落地，“1+1>2”的改革效果初步体现。2020年中核矿业科技实现营业总收入14亿元，利润总额8300万元，同比营业总收入增长33.4%（其中市场化收入同比增长46.3%），利润总额增长20%，高质量完成各项考核目标，2019年、2020年连续两年获得业绩突出贡献奖，取得了显著改革成效，实现了“十三五”圆满收官。

中核矿业科技由两地的院所改制企业与事业单位重组而成，其多元化薪酬激励机制构建与实施的成功经验对同类或类似企业具有很强的借鉴价值和参考意义。

主创人：邢拥国　陈军利
参创人：闵　苹　荣　峰　贺双柒　马步杰　孙立梅　程子一　李　宁　唐林军

第二部分　理论类成果

推进党建工作与科技创新工作深度融合实践探索

中铝洛阳铜加工有限公司

摘　要：当今社会科技创新已成为推动企业可持续发展的强大引擎，而科技创新作为企业的中心工作之一，离不开企业党组织的全面领导。党组织发挥引领作用，使党建工作与科技创新工作深度融合，是企业党组织实现全面领导、推进企业高质量发展的方向。本文主要从坚持党在科技创新工作中的领导，发挥党的政治核心作用，坚持党的领导与科技创新工作相统一，加快创新文化建设等方面，阐述了科技创新在企业发展中的重要性，以及企业党组织在科技创新工作中如何把方向、管大局、保落实，让党建工作与科技创新工作深度融合的结合点更加清晰。

关键词：党建引领　科技创新　深度融合

科技创新是企业发展的动力和源泉。作为科技创新主体地位的企业，研究如何发挥党建引领作用，积极探索党建工作和企业科技创新工作的深度融合，深入研究企业在科技创新工作过程中面临的新情况、新问题，不断推进企业科技创新能力的提高，对新形势下企业党建工作具有深刻的实践意义。

一、贯彻落实两个“一以贯之”，坚持党在科技创新工作中的政治领导

习近平总书记强调，坚持党对国有企业的领导是重大政治原则，必须一以贯之；建立现代企业制度是国有企业改革的方向，也必须一以贯之。两个“一以贯之”是国有企业各项工作的指针，在企业各项工作中必须严格贯彻落实。

（一）从党的历史和企业发展史中汲取营养、汇聚动力

习近平总书记在党史学习教育动员大会上强调，我们党的历史就是一部不断推进马克思主义中国化的历史，就是一部不断推进理论创新、进行理论创造的历史。从“毛泽东思想”到“邓小平理论”到“习近平新时代中国特色社会主义思想”，党不断进行理论探索和研究，坚持创新发展，不断用理论创新指导中国特色社会主义实践，

从而取得了一个又一个伟大成就。

中铝洛阳铜加工有限公司（以下简称“洛阳铜加工”）的发展历史也是不断推进科技创新的历史。洛阳铜加工创立于1954年，是国家“一五”期间兴建的156项工程之一。一直以来，洛阳铜加工秉承创新精神，在铜加工行业创造出多项历史。20世纪60年代建厂初期，老一辈的洛阳铜加工技术人员不断开拓创新，问鼎科技难关，填补了国内铜及铜合金领域的多项空白；80年代，洛阳铜加工技术人员自主研发出引线框架材料，实现了产业化，填补了当时国内的空白；90年代，开展欧元造币合金研究，仅用3个月时间完成了任务，是国内唯一一家进行欧元造币合金供货的企业；2018—2021年，洛阳铜加工开发的高强高导铜合金、蚀刻引线框架材料、高强耐磨铜合金，以及溅射高纯无氧铜靶材等新产品，实现进口替代，填补了国内空白；等等。这些历史都深刻地说明：科技创新是企业生存和发展的根本，企业要实现高质量发展，必须走科技创新引领之路。

（二）正确理解和把握科技创新工作在现代企业发展中的重要作用

习近平总书记在党的十九大报告中指出：创新是引领发展的第一动力，是建设现代化经济体系的战略支撑。科技创新工作是企业创新工作的一个重要组成部分。党组织不仅要深刻认识科技创新在现代企业发展中的重要作用，还要把科技创新作为引领企业发展的第一要务。

从企业战略发展的高度认识科技创新的重要性。现在正是世界新一轮科技革命和产业变革同我国转变经济发展方式的历史性交会期，铜加工行业既面临千载难逢的历史机遇，也面临一系列严峻挑战。一方面是电子信息、汽车、新能源、轨道交通等行业发展迅猛，对铜加工新材料需求不断扩大；另一方面由于行业产能过剩，产品同质化竞争严重，铜加工企业的利润空间不断被压缩。科技创新是大势所趋，“谁占领了科学技术的高地，谁就占据了未来发展的主动权”。要实现企业经济效益的不断提升，就必须以科技创新驱动高质量发展，这是贯彻新发展理念、破解当前经济发展中突出矛盾和问题的关键。

（三）在企业科技创新工作中发挥党组织的核心作用

习近平总书记强调：“党政军民学，东西南北中，党是领导一切的。”党的领导体现在国有企业工作中的方方面面。

科技创新在企业工作中技术性比较强，具有一定的特殊性，让人感到与党建的业务工作不易融合，与党组织的各项工作结合不紧。这也是我们在工作中容易产生误区的一个原因。企业的中心工作是生产经营，科技创新工作是生产经营的一个重要组成部分，党组织是围绕企业中心开展工作的，这说明了科技创新是党的重要工作内容之一，党组织应主动参与科技创新工作，深入思考在科技创新工作中党组织的作用和如何开展工作。其一，党组织要自觉把科技创新工作放到全党全国大局及本单位整体工作中去思考、去定位，要把创新工作放在极其重要的位置，集中精力抓好创新工作，促进各项工作快速健康发展。其二，在科技创新过程中，党组织要在决策、执行等过程中起到把关、监督的作用。其三，党组织要主动作为，通过组织化、制度化、具体化来发挥党组织在科技创新工作中的作用，从而实现科技创新对企业高质量发展的引领。

二、发挥党的政治核心作用，坚持把党的领导与科技创新工作相统一

习近平总书记指出：党对国有企业的领导是政治领导、思想领导、组织领导的有机统一。国有企业党组织发挥领导核心和政治核心作用，归结到一点，就是把方向、管大局、保落实，是体现在全局性的、方向性上的领导。

（一）坚持把握正确的政治方向

把方向，就是要落实“两个确立”、做好“两个维护”、增强“四个意识”，坚决贯彻党的方针政策和重大部署，确保科技创新沿着正确方向前进。一是在科技创新发展战略上把方向，比如充分发挥党组织在“三重一大”决策事项中的作用，在科技创新项目立项中严格把关，使科技研究与企业发展方向相一致，确保企业未来发展服务于国家战略，履行国家重大材料需求及社会责任。二是在科技创新发展体制和机制上把方向，要建立和完善适合于科技创新的科研项目实施办法、人才激励、成果评价、科研投入等一系列科技创新机制，形成完整的科技创新管理体系，在人、财、物以及产学研合作等多方面给予科技创新更多的支持，使科技创新部门和人员能放开手脚，干事创新。三是教育引导技术人员认真学习习近平新时代中国特色社会主义思想，坚持用马克思主义的立场、观点、方法来认识事物、分析问题；牢固树立正确的世界观、人生观、价值观和权力观、事业观，在关键时刻坚定立场，明辨是非，增强对中国特色社会主义事业的思想认同，与党中央保持高度一致，坚定“四个自信”。

（二）坚持准确定位，总览全局

管大局，就是要总览发展全局，坚持适应新形势、找准新目标，把握科技创新工作发展大局，在充分认识科技创新工作客观规律的基础上，既不要揠苗助长，也不要放任自流。科技创新是一项长期性的工作，自主研发往往是在长期积累和研究的基础上才能有所突破的，不是想当然就可以实现的。要及时把握机遇，提前布局，做好超前研究，党组织要团结广大科技创新人员勇挑重担、敢打头阵，勇当新技术的“策源地”，有效解决各项技术难题，加快关键核心技术攻关，不断增强企业核心竞争力、创新力、控制力、影响力、抗风险能力，实现企业科技创新能力的提高。

（三）协调各方，确保各项工作得到落实

保落实，就是要发挥党组织作为党联系群众的桥梁和纽带作用，积极协调，统筹

兼顾，确保各项工作有效开展。一要从强化基层党组织的基础工作入手，通过开展“标准化党支部”建设、党员“双提升”、“两带两创”等工作，不断强化基层党组织建设，发挥党支部的战斗堡垒作用和党员的先锋模范作用，凝聚起各方的力量，确保科技创新工作得到落实。二要做好群众的思想政治工作。要密切联系群众，统一思想、凝聚人心、化解矛盾、增进感情，激发员工主人翁意识和工作热情。三要做好廉洁自律教育。倡导和弘扬公道正派、艰苦奋斗、清正廉洁的价值观，加强社会公德、职业道德、家庭美德、个人品德教育，形成风清气正的政治环境。

三、加快创新文化建设，形成富有活力的创新文化氛围

创新是一个民族进步的灵魂，是一个国家兴旺发达的不竭动力。培育良好的创新文化是推动科技创新的重要基础。企业文化建设是党组织的一项重要工作，同时也是推进科技创新持续深入的有效手段。

（一）提倡创新的价值理念

创新需要打破常规，突破现状，敢为人先，敢于挑战未来，勇于突破思维定式，所以创新又具有极大风险，失败是在所难免的。正是因为创新难度大，才需要鼓励创新，弘扬科学精神，倡导求真务实、尊重知识、尊重人才、宽容失败的创新环境，构建有利于创新文化发展的评价体系，从成果评价和共享、荣誉、薪酬等方面体现创新价值，引导创新文化不断发展。

（二）加快高素质人才的培养

习近平总书记在党的十九大报告中指出：人才是实现民族振兴、赢得国际竞争主动的战略资源。要坚持党管人才原则，聚天下英才而用之，加快建设人才强国。

企业科技创新离不开高素质人才。其一，要加强对年轻技术人员的培养，调动他们的工作积极性，让年轻技术人员有充分施展才华的舞台，使他们学有所长，得到锻炼，从而迅速成长。其二，采用分期、分批选派优秀技术人员参加行业会议、外出学习、走访同行企业等方式，加强对外合作、交流，开阔眼界，拓宽知识范围，学习先进的技术和工作方法。其三，要培养和鼓励技术人员树立创新的意识和思维，敢想敢干，发挥自己的主观能动性。其四，科技创新要紧跟市场需求，让技术人员更多地面向市场、走向市场，了解客户需求，与客户做好对接。通过在企业内部一定时间的培养，技术人员能快速成长、成才。其五，要注重吸收引进人才，制定吸引高层次人才的相关政策，从待遇落实、目标考核等方面吸收和引进人才，解决企业遇到的难点问题或瓶颈问题，发挥高层次人才的作用，实现其价值的最大化。

发挥党组织政治思想工作的优势。思想政治工作是党的建设的重要组成部分，也是我们党的优良传统，党组织要关心技术人员的个人情况，要经常找技术人员谈心，了解

他们的思想状况，帮助他们解决在工作和生活方面的困难和问题；同时时代在进步，要求在提高，思想政治工作也要与时俱进，不断丰富内容，创新形式，简单的说教，不解决困难和问题的谈话起不到根本性作用。想留人，先留心，要留住技术人员并调动他们的积极性，就要根据每个人的不同情况，面对的不同问题，解决他们的不同困难。"一把钥匙开一把锁"，在新形势下，积极倾听技术人员的各种需求，从政治上、思想上、生活上帮助他们，才能提高他们的政治觉悟和思想认识，提高他们的科技创新积极性。

（三）完善政策和薪酬激励体系

构建科技人才薪酬体系，同时建立以创新价值、能力、贡献为导向的科技人才评价体系，激发价值创造潜能，激励约束相结合、责权利相统一，形成有利于科技人才潜心科研、多出成果、出好成果的良好机制。鼓励技术人员敢于思考、善于思考，提高对新知识的敏感度，对想干事、能干事、干成事的技术人员，在工资考核上给予充分的体现，以激发技术人员的积极性。对有重大贡献的技术人员给予重奖，对他们的贡献给予充分肯定，从制度上给予职务或职称晋升的办法，打开他们"上升"的通道。

（四）培育全员创新文化氛围

党组织要深入推进鼓励创新、保护创新的企业文化建设，培育全员创新的良好氛围，发挥工会组织联系群众的桥梁纽带作用，广泛开展技术革新、技术协作、发明创造等群众性技术活动，要营造宽松的创新环境，通过激励等措施支持各级各类人员参与创新，同时要转变思想观念，调动群众参与创新的热情，使群众的积极性、主动性和创造性得到充分发挥。

洛阳铜加工自实施市场化改革以来，发挥党建引领的重要作用，以实行职业经理人制度为契机，通过加快技术研发、改革用人机制，实施上规模、提质量、降成本、增效益等一系列举措，极大促进了洛阳铜加工生产经营的提升，生产规模、经营利润均创历史最高水平。在这种发展势头下，更需要党组织及时把握机遇，立足实践，未雨绸缪，深刻认识党建与科技创新工作相融合的重要意义，勇于探索党建工作在理论、观念、方法和机制上的新方法、新思路，推动科技创新工作水平持续提高，引领企业实现高质量发展。

作者：曹旗文　冷建伟

参考文献

[1]方力，任晓刚．为高质量发展提供科技创新支撑[N].经济日报，2022-01-06（10）.

[2]任晓刚．以科技创新支撑高质量发展[N].光明日报，2022-08-24（2）.

企业内部市场化模拟法人的财务管控探索与实践

陕西能源电力运营有限公司

摘　要：陕西能源电力运营有限公司（以下简称“电力运营公司”）是陕西能源集团有限公司按照供给侧结构性改革总要求，围绕集团改革发展、转型升级、提质增效的战略部署成立的专业化电力运营维护企业。主要承担火力、水力、风力、光伏新能源等发电机组的运行、检修及维护工作，同时提供电力试验、检验、监督等科技服务。现为集团内6家电厂提供检修维护服务，装机容量达9180MW，机组涵盖300MW、350MW、660MW及1000MW等类型。现有人员1206人（含正式职工、劳务派遣、劳务外包人员），汽机、锅炉、电气、热工、化水、灰硫、燃运、金属等各类专业技术人才齐全。公司机关设有七部二室，分别为综合办公室、党委工作部、人力资源部、财务部、内控审计部、纪律检查室、安全监察部、经营管理部、工程技术部，下设六个项目部、两个事业部和一个子公司。

电力运营公司成立以来，严格执行集团公司各项决策部署，围绕“质量提升年”主线和实现“十四五”高质量发展目标，强党建、保安全、促改革、抓管理、提技术、拓市场，以高质量发展提升公司的竞争力；同时狠抓生产现场基础管理，推行检修作业标准化，顺利完成了检修维保及承接各项检测试验工作，先后获得了电力工程施工总承包、建筑机电安装工程专业承包、特种设备生产许可等十三项资质证书，为积极拓展外部市场提供了保障。

公司具有各项目部驻地分散、管理难以集中、劳务密集、个体技术差异大及工作安全威胁大等特点，迫切需要通过有效的体制实现高效管控，同时激发自主经营意识，实现改革发展提质增效。在调研天津蓝巢电力检修有限公司、华润电力控股有限公司等公司财务管控实践的基础上，立足实际，全面分析公司运行体系，2019年建立了内部市场化模拟法人制财务管控制度，2020年全面推行，以生产经营目标责任制为抓手，实施内部市场化独立结算，有效激发了各项目部等生产主体的工作热情，加快了公司从生产型向市场竞争型转变的进程，经营业绩逐年向好。

关键词：模拟法人　内部市场化

一、企业内部市场化模拟法人的财务管控探索与实践背景

电力运营公司推行内部市场化模拟法人制财务管控，既是顺应供给侧结构性改革发展大势的客观要求，更是企业高质量发展的必然选择。重构公司经营管理机制，以机制创新带动经营观念转变，以观念转变促进效益提升，以效益增长保障公司健康发展。

（一）顺应供给侧结构性改革的客观要求

随着我国经济的高速发展，电力行业结构性供需矛盾日益明显，推进供给侧结构性改革势在必行，改革核心就是实行电力市场化，降成本、补短板。近年来，电力行业市场化程度不断提高，主业和辅业分离，电力运营维护企业应运而生，市场检修力量不断增多，同业竞争也愈加激烈。面对供给侧结构性改革大势和严峻的市场形势，电力运营公司内部需要引入市场化竞争机制，激发企业活力，提升企业竞争力。

（二）适应行业变化的迫切需要

在国家加大“调结构、稳增长”政策调控力度背景下，电力检修运维行业的利润空间受整个电力市场电价下行趋势的影响，经营压力有增无减。在此背景下，电力运营公司亟须顺应行业变化趋势，创新经营管控机制，扩大企业的利润空间，提升竞争实力。

（三）实现企业高质量发展的必然选择

公司成立时间较短，存在制约企业发展的诸多管理问题。一是管理人员经验不足，市场意识缺失；二是员工个人利益、内部单位创造的价值与公司整体效益尚未实现有机协调统一，无法充分调动员工的经营积极性；三是人力资源未实现最优配置，未能充分发挥协同效应。

按照公司的发展战略目标，致力于为客户提供专业化、协同化、整体化的服务，建设成为一流的电力服务提供商，这就需要聚焦制约公司发展的体制机制障碍和深层次的矛盾，重塑管理模式，调动生产经营积极性，实现“生产型向市场竞争型”的转化，推进企业高质量发展。

面对上述问题和挑战，电力运营公司立足实际，谋划未来，提出并开展模拟市场机制建设相关研究。2019年年初，公司开展以价值驱动的模拟市场机制构建与实施理论研究，研习国内外优秀企业内部市场、价值链管理等理论，开展内部模拟市场体系建设的详细设计。2019年年底，将研究成果全面应用于公司内部各单位，以机制创新带动经营观念转变，以观念转变促进效益提升，以效益增长保障公司发展。

二、企业内部市场化模拟法人的财务管控探索与实践内涵和做法

以价值驱动的模拟市场体系，基于“市场运作、全面覆盖、价值量化、过程考核”原则，在企业内部引入市场运行机制，将全业务链上的各经营主体、服务主体、管理主体全部置于市场之中，打通增利创效压力传递通道，客观反映各主体价值贡献。依托信息化平台，固化模拟市场运行流程，强化价值跟踪评价，模拟市场考核管理办法，实现模拟市场体系闭环管理。内部市场化模拟法人构建总体设计思路如图1所示。

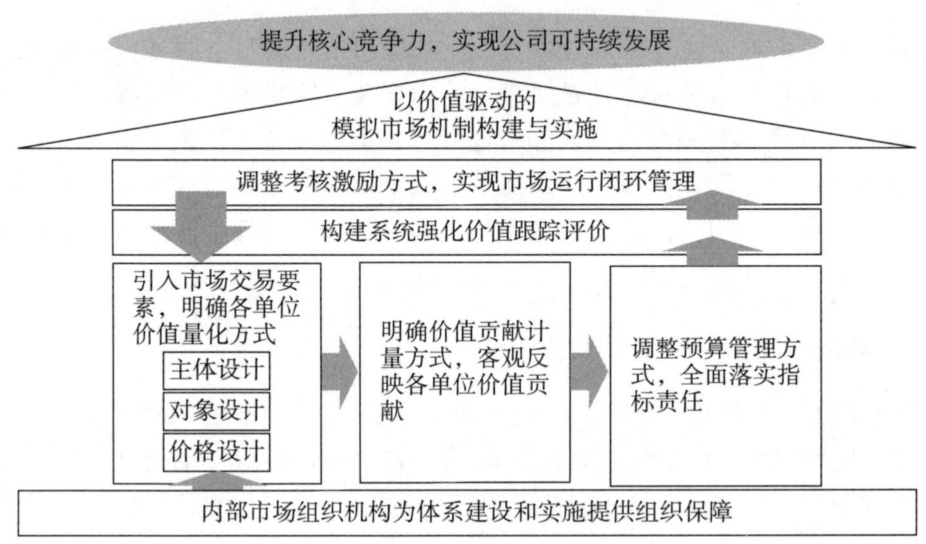

图1　内部市场化模拟法人构建总体设计思路

按照模拟法人运行机制，内部单位的财务权力是管理资产，财务责任是实现利润，实现利润后根据薪酬考核制度兑现相关人员的利益。电力运营公司重塑财务管控链条，对内部单位的财务管理通过全面预算管理、内部市场管理（授权与定价）、财务管控（内部财务报告）等方式，构建内部单位的财务责权利体系。同时以审计监督整改跟进为保障，推动内部市场化模拟法人制财务管控体系建设扎实推进并取得实效，主要做法有以下几点。

（一）明确建设原则，健全组织保障

坚持“市场运作、全面覆盖、价值量化、过程考核”的原则。其中市场运作是指在内部交易中坚持市场定价、服务有偿，建立市场运行机制，实现内部市场公平运作；全面覆盖是指内部市场覆盖各单位、各部门、各班组、各员工，将公司相关单位和人员全部纳入管理；价值量化是指将成本沿业务价值链层层传导至终端环节，实现投入产出的可视化对接；过程考核是指对各市场主体的价值目标和业务目标同步考核，引导各主体积极探索，多渠道多手段增供扩销、降本增效。

（二）构建内部市场化管理体系，实现提质增效

1.明确交易主体，确定价值链端的供需方

通过引入市场要素，将所有项目部、事业部置于市场环境，划定为市场交易主体，分析其在电力运营价值链中的定位，分别明确其价值链后端的需求方和价值链前端的供应方。

2.梳理交易对象，明晰交易过程对象管理

交易对象是各交易主体向内外部市场提供的各类业务，既包括对外销售的产品和服务，也包括对内提供的支撑服务。对外销售的业务，直接作为交易对象管理；对内提供的业务，逐项分析业务实质，形成业务清单和树形业务分类结构，进而确定交易对象。

3.设计交易价格，奠定业务价值量化基础

公司所有业务全部按照市场价值规律核定价格，向外部市场销售的业务，直接取用实际市场交易价格；向公司内部提供的业务，或参考外部市场价格核定，或比照市场成本定价方式测算核定（见图2），制定《内部市场化管理办法》，明确交易程序和指导价格。

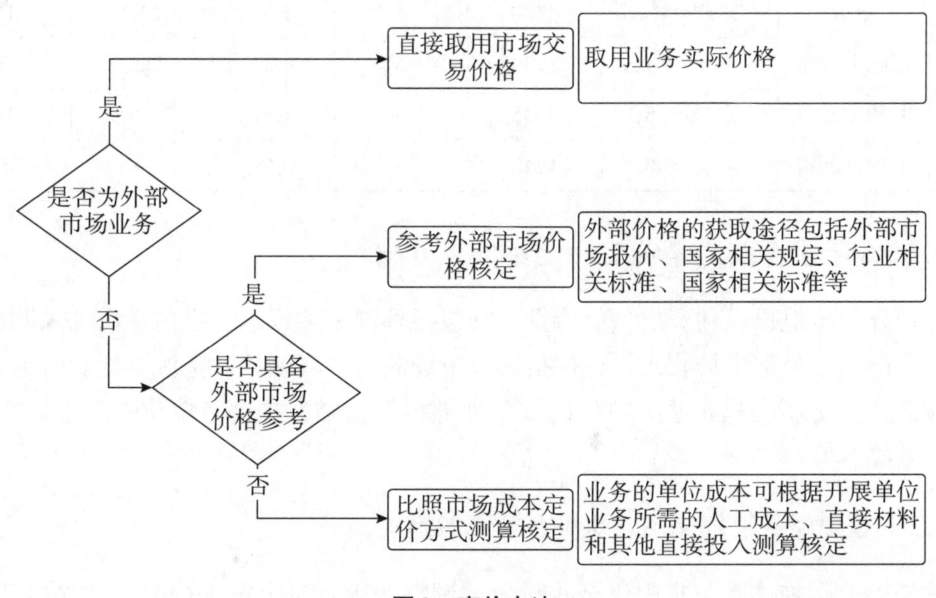

图2　定价方法

内部交易双方参照指导价格签订内部人员借用协议、工器具借用协议、内部分包协议等。项目部人员借用指导价格标准及工器具借用指导价格标准如表1、表2所示。

表1　项目部人员借用指导价格标准

序号	人员类别	指导价格（元/工日）				备注
		渭河及商洛	麟游	赵石畔	清水川	
1	主管	420	450	470	480	不含税，含住宿、差旅费
2	专工	380	410	430	440	
3	队长	420	450	470	480	
4	班长	380	410	430	440	
5	技术员	360	390	410	420	
6	高级工	360	390	410	420	
7	中级工	330	360	380	390	
8	初级工	280	310	330	340	

表2　工器具借用指导价格标准

序号	名称	型号	原始价格（元）	折旧年限（年）	折旧费（元/天）	5倍折旧费（元/天）	总租赁费（元/天）
1	电动扳手	牧田 TW0350	2560	5	1.42	7.1	10
2	气动扳手	BE56	2980	5	1.63	8.2	10
3	力矩扳手	380V100A	4800	5	2.63	13.2	15
4	充电手枪钻	充电式12mm	1150	5	0.63	3.2	5
5	电动角磨机	GWS 125	2535	5	1.39	6.9	10
6	电动直磨机	GGS5000L	1240	5	0.68	3.4	5

4.明确计量方式，客观反映交易价值贡献

全面计量价值投入和产出，价值投入既包括外部采购成本，也包括内部采购成本，价值产出既包括外部市场收入，也包括内部市场收入，真实反映资源消耗和价值贡献。结合预算指标分析各模拟法人单位内部、外部价值贡献，推动各单位提高市场竞争力和管理效能。

（三）重塑财务管控体系，保障企业高效运行

重塑财务管控体系，集中资金收付权，调整费用及资金审批权限；加强内部资金信贷管理，推行“存款计息，借款有偿”的内部资金使用原则；配套软、硬件设备系统，搭建信息平台；融合模拟法人单位收入、成本指标，编制内部管理报表；配备项目会计，为模拟法人提供数据分析和财务建议。

1. 构建完善统一的财务信息系统，为财务管控提供技术平台支持

运用集团公司久其共享财务系统和金思维软件（管理信息系统，MIS），搭建公司财务报销体系、会计核算体系、全面预算管理体系，以预算为源头，对费用报销和资金流出进行全方位、全过程控制。运用多项辅助核算功能，实现各模拟法人单位各项成本费用按业务项目的分别核算，建立收入、费用台账，清晰反映各模拟法人单位的收支状况。

2. 构建资金集中管控系统，确保企业战略目标实现

建立内部市场化模拟法人运行机制下的财务核算和内部银行财务管理体系，采用财务集中管控与内部单位独立核算相结合的方式，创建内部市场，实现盈亏独立核算，资金有偿使用。

内部银行统一管理：公司设立内部银行，所有部门在内部银行开设独立账户。内部银行负责公司内、外部银行账户的管理，开展内部交易、对外收付款、内部贷款等资金结算业务。

集中内部交易结算：对内部人工借用、工器具借用、业务分包以及折旧、材料领用通过内部结算单据，在其内部存款账户之间进行资金划转，实现内部交易业务财务核算的全覆盖。

应收账款责任管理：确定各模拟法人单位负责人为本单位应收账款回收主体责任人，制定信用、催收、管理政策，防范和控制资金风险，确保公司资金平稳高效运营。

3. 构建全面预算管控体系，实现经营全过程管理

（1）利用信息化管理平台建立预算控制系统，与物资模块和财务报销模块相互衔接。

（2）预算指标细化分解，将年度经营目标和计划按照费用类别逐级分解，形成公司→机关各部室（成本中心）、各模拟法人单位（利润中心+成本中心）→班组→岗位的经营预算管理模式。分工明确、责任清晰、级次分明、相互协同、高效配合，以模拟法人为单位充分发挥全面预算管理效能。

（3）预算编制基于业务明确价值贡献。把所有市场运行主体作为预算主体，从编制预算“数据”向梳理业务“事项”转变，围绕各单位各项业务量、产品、服务、价格、成本支出，形成各主体全口径的收入、成本、利润预算，改变以前只考虑外部投入和产出，不考虑内部收入和资源耗费的预算编制方式，注重对内部交易“事项”价值贡献量的据实反映，建立“以产出约束投入”的预算机制。

（四）建立绩效考核体系，充分发挥考核导向作用

建立价值目标和业务目标双驱动考核模式，制定《模拟市场考核管理办法》，加大

价值贡献和薪酬挂钩力度，实现价值提升的约束激励并重。考核管理实行价值目标和业务目标双导向模式，不仅考核价值结果，同时也考核价值结果形成的业务过程。考核结果与工资总额、单位负责人薪酬双挂钩，发挥工资分配的杠杆作用，有力推动内部市场化管理取得实效。

1. 价值贡献导向，建立差异化考核体系

建立以价值贡献为导向、价值目标和业务目标“双驱动”的绩效评价考核机制。结合集团内外各项业务类型，按照公司高管、模拟法人单位、职能支出部门差异化设置考核指标及权重，按月度、年度考核并与单位工资总额挂钩。按相关性从经营效益、投入产出、市场竞争、运营支撑、生产质量五个方面进行考核，以价值贡献考核促进经济效益提升、以业务过程考核保障业务目标实现，引导企业提升支撑服务水平和价值创造能力。

2. 明确考核标准，健全精益化考评机制

从目标完成、提质增效两个方面对各单位开展月度、年度内部市场考核评价。目标完成方面主要评价各单位生产效率、产值结算、资金回收、人员配置等重要工作质量；提质增效方面主要评价各部门价值贡献水平，选取内部利润、成本费用、营业收入等与市场、效益紧密相关的指标。通过综合考虑规模、竞争等因素，根据经营效益贡献合理拉开考核差距，引导各单位不断拓市场、增效益、降成本。

3. 业绩薪酬挂钩，发挥激励机制价值导向

实行考核结果与工资总额、模拟法人薪酬“双挂钩”，客观反映其价值创造水平，实现价值提升的约束激励并重。将年度工资总额的一定比例与内部市场月度、年度考核结果挂钩，激励政策向业绩优、效益好、贡献多、提升大的单位倾斜，完善了以效益贡献为核心的工资分配模型，激励各单位由被动管理向主动管理转变，由价值约束向价值创造转变。

（五）完善配套措施，确保高效运转

公司根据项目规划与技术难点制订审计年度计划，安排对模拟法人单位的内控制度有效性、经济活动合规合法性、合同执行情况等进行审计监督，以满足内部管理提升的需求。对模拟法人管理政策进行宣贯、对模拟法人报表进行分析、讲解税收知识、提出税收筹划建议、讨论财务管理制度。将公司业务流程、财务会计流程、管理流程三大主要流程进行有机融合。

三、内部市场化模拟法人的财务管控探索与实践成效

经过内部市场化模拟法人的财务管控的探索与实践，电力运营公司建立起市场化约束机制，激发了人员的市场意识、价值意识、服务意识、经营活力，有效促进了各项目部、事业部强基固本、降本增效，创建了“人人都是经营者，岗位都是利润源”的机制，实现了财务职能从“价值的守护者”向“价值的创造者”转变。

（一）经营理念彻底转变

自内部市场化管理模式运行以来，公司系统经营观念发生了巨大的转变，价值量化到基层，责任分解到全员，考核激励到个人，公司各项目部、试验中心的市场意识、价值意识、服务意识、经营活力被全面激发，经营理念深入基层，价值管理深入业务、深入部门。

（二）经营实力显著攀升

内部市场化模拟法人财务管控体系实施后，公司形成了压力层层传递、指标层层分解、责任层层落实、活力层层激发、绩效层层考核的经营机制，使模拟法人做到相对自主经营、自负盈亏，公司整体经营利润显著攀升。2019—2021年（剔除2020年新冠肺炎疫情社保减免外部因素），分别实现营业收入1.55亿元、2.01亿元、2.43亿元，营业收入年增幅分别达29%、21%，公司的发展能力、市场竞争能力逐步提高；2019年亏损437万元，2020年扭亏为盈，实现利润总额184万元，2021年保持平稳，实现利润总额36万元，取得显著的经营成果。

（三）财务管控效力增强

内部市场化模拟法人财务管控机制的建立，不仅划小了核算单元，更是带动了模拟法人单位“学算账”“会算账”的主动性，从过去被动接受的执行者转变为主动运筹谋划的管理者，从过去只关注结果到重视事情发展的过程，最终从成本中心转变为利润中心。财务管控有限的投入引起了杠杆效应式的增收，达到了压力传导、激励创收的效果。

（四）管理水平有效提升

公司结合实际情况，制定了20多项管理制度，全面规范各项业务流程，各项管理工作走向科学化、标准化、规范化，整体管理水平登上新台阶。

公司以价值驱动的模拟市场机制的构建与实施，增强了各单位员工的服务意识，提升了企业良好的社会形象，赢得了社会的理解、支持、信任和认可，优质的服务工作得到政府和客户的广泛认同，优质服务评价指数提升，极大提高了企业的影响力和竞争力。

四、企业内部市场化模拟法人的财务管控探索与实践成果

公司内部市场化模拟法人的财务管控形成的主要成果包括：

（1）《模拟法人制实施办法》：明确了管控原则，主要经营指标的管理、考核兑现，模拟法人机制实施的各项细节和主体责任，确保模拟法人机制稳步落地。

（2）《内部市场化管理办法（试行）》：规范了公司内部单位间的人员、工器具借用与分包管理工作，制定内部市场化结算指导价，全面量化业务产出价值。加强公司资源的有效利用和灵活调配，共享技术优势，实现公司经济效益的最大化。

（3）《年度目标责任书》《薪酬管理制度》：为内部市场体系的考核提供依据，充分发挥薪酬分配机制的保障、激励和约束作用。

（4）《内部银行管理办法》《内部贷款管理办法》：为内部市场主体建立资金使用规则，树立了“存款计息，借款有偿”的理念，在公司内部统筹运用、调剂资金，减少公司整体资金占用，提高公司整体资金使用效率。

（5）《内部市场化运作会计核算办法》：制定了各项内部交易业务的会计核算科目和方法，为准确计量内部市场的经营业绩提供了核算标准。

（6）《全面预算管理制度》《全面预算指标分解方案》：结合公司机构设置和模拟法人市场机制，确定了预算编制层级、管控层级、指标分解层级，按照业务类型对各项收入、成本指标进行分类，使预算管理与公司架构、模拟法人机制、实际业务操作最大限度地保持一致，保障预算管理工作有效开展，与各项经营管理工作顺畅衔接。

作者：郑　维　曹　丽　薛蕴华　施　颖　孙翊升　魏子乔

督查督办一体化管理机制创新及成效

中化学建设投资集团北京科贸有限公司

摘　要：督查督办工作是国有企业推动落实党的路线、方针、政策及各项重大决策部署的重要手段，也是现代企业管理学当中一门新兴学科。对于践行习近平新时代中国特色社会主义思想，抢抓“十四五”发展机遇，加快打造“两商”、建设成为世界一流工程公司的中国化学工程集团有限公司（以下简称“中国化学”）而言，督查督办工作的研究与探索，有助于不断提升企业管控水平和执行力。本文以中国化学下属三级公司中化学建设投资集团北京科贸有限公司为例，对当前现有的督查督办工作研究成果进行有效的梳理，设计出督查督办管理机制的优化方案：通过划分事前、事中、事后不同节点的工作清单和责任矩阵，借助自主研发的信息系统，持续优化督查督办业务主流程及配套子流程，固化“三单两表”，补充完善考核评价规范的各项内容，重新制订定量的督查督办考核标准及评价方法。真正从制度、组织、人员、技术等多维度创新督查督办管理机制，从而达到优化的效果，以高质量督查督办带动企业高质量发展。

关键词：中央企业　企业管理　督查督办　考核评价　信息化应用　执行力建设

一、督查督办工作研究的背景

（一）督查督办工作的内涵

督查督办工作是一项业务横向覆盖范围极广，管理纵向贯穿自上至下的管理行为，事关全局，不可或缺。在新形势下，对于贯彻党的路线方针政策、推动落实重大决策、提升企业管理能力及成效具有重大且深远的意义。当前国有企业面对经济变幻错综复杂、市场机遇转瞬即逝的重大挑战，执行力如何加强，流程管理如何优化，激励机制如何健全成为企业思考的方向。作为主管督查督办工作的办公室部门，应加强对督查督办的研究和创新，通过实施督查督办，切实发挥中枢部门“督促落实、参谋助手、信息反馈、协同联系”的作用。

（二）督查督办工作的特点

1.权威性

国有企业督查督办事项主要为贯彻落实党中央和上级领导的方针政策、决策部署、会议精神及各级领导针对上级要求做出的决策和要求。既需要督查督办的参与人员不打折扣地落实好督办事项；也要求督办人员和执行人员熟悉掌握各项方针政策，准确理解精神和要求，高度重视工作任务，自觉接受监督检查，在限定期限内，完成对任务的跟踪、监督、执行和反馈。

2.复杂性

一是层级的复杂性。督查督办事项跨多管理层级，各级领导立足不同岗位，会对一项督查督办任务逐层再分解与再部署，看似千头万绪的指令，实则都围绕着中心工作展开。这就需要督办人员具备抽茧剥丝的工作能力，善于抓住问题的“牛鼻子”，对关键节点、关键内容、关键人员进行精准跟踪，始终保证不偏离主线。二是内容的复杂性。督查督办工作涉及党建、生产、经营、技术、人力、财务、合规、宣传等各个方面，不同的部门在配合完成任务的过程中，所制定的工作完成标准形式各异，这就要求督办人员自身需具备综合的业务素质、出色的沟通能力及举一反三的灵活工作方法。三是协调组织的复杂性。督办人员不仅要在组织层面协助领导串联起决策层、执行层、反馈层、复核层的沟通协调，又要在督查督办过程中，立足自身不同的身份角色，承担起草拟文件、发布通知、转送文件、执行要求等系列工作。

3.时效性与实效性

督查督办工作的核心在于能否按时保量完成工作任务，如果缺乏对“双效”的评判，督查督办就失去其意义和目的。从职能来看，无论是决策层、执行层、反馈层，都需要将责任范围内的督办工作落到实处；从流程来看，无论是督促、监督、协调、反馈，都需要有明确的标准、内容和考核价值，确保做到立必查、查必果、果必报；从结果来看，若不时时关注任务的时限要求，则易贻误战机，甚至导致企业经营生产蒙受重大损失。

（三）督查督办工作的意义

习近平总书记关于督查督办工作的重要论述，是习近平新时代中国特色社会主义思想的组成部分。习近平总书记指出：没有督查就没有落实，没有督查就没有深化。要求以更大的决心和气力抓好督查工作，形成全党上下抓落实的局面。

国务院国资委明确要求中央企业要加大督促检查力度，做好督查督办的执行工作，加强对全系统办公室工作执行力的指导和督查，保证企业重要工作的执行落实。

在中国化学转型升级，加快打造“工业工程领域综合解决方案服务商、高端化学品和先进材料供应商”，致力成为世界一流工程公司的背景下，决策落地速率和效率成为左右其成败的关键之一。中国化学2022年企业负责人会议暨一届五次职代会上的工作报告中明确提出：着力强化督查督办，要提高站位、创新方法、优化系统、健全机制，进一步督进度、督落实、督成效，对于上级部署和中国化学中长期发展战略、“十四五”规划、国企改革三年行动，以及各种会议安排部署的重点工作、决定的重要事项、确定的工作任务，要及时进行任务分解，定人、定责、定时，建立落实台账，实行清单式管理、跟踪式推动、销号式督查，并进一步细化量化考核，与所属企业、部门和责任人员的绩效挂钩，切实做到“件件有回音，事事有着落”，全面提高执行力水平。

（四）当前中国化学建设投资集团北京科贸有限公司督查督办管理体系存在的主要问题及分析

1.公司概况

中化学建设投资集团北京科贸有限公司（以下简称“科贸公司”）成立于2019年12月，注册资本5001万元，是中化学建设投资集团有限公司（以下简称“建投公司”）的全资子公司，是集高科技研发和工程物资集中采、配兼营的复合型企业。

科贸公司作为建投公司唯一指定专业从事内部物资集中供应和贸易的子公司，填补了中国化学物资贸易板块专业公司的空白，肩负起中国化学降低采购成本、提高经济效益的重要使命。依托建投公司成熟、完整的产业链优势和终端市场资源，科贸公司不断加强与上下游的战略合作，致力于构建开放立体的全方位供应链生态圈，引领建筑业供应链集成服务、信息服务管理变革。成立至今，科贸公司通过提供物资集采服务，为中国化学钢材采购累计节约成本2541.18万元，一跃成为中国化学物资贸易板块最具影响力的物资、技术集成服务供应商之一。

立足保供促销的企业发展定位，主动拥抱“互联网+”，持续推进“物资贸易+科技创新”双轮驱动战略。由科贸公司自主开发建设的劳务实名制系统，作为中国化学官方指定集成系统之一，打通了与国务院国资委信息平台端口，被广泛应用于中国化学在建项目。同步开发的物资设备管理、物资贸易、安全质量环保监控、投资发展管理、竞价采购交易等系统，以信息化手段不断推进业、财、资、税一体化目标达成。

2.科贸公司督查督办管理现状

科贸公司是建投公司践行中国化学精细化管理提升的重要组成部分，不断求索于新领域、新内容的创新，在督查督办工作创新中具有一定代表性和研究价值。科贸公司督查督办工作以综合办公室作为职能管理部门，负责公司督办事项的发起、组织及考核工作。其他部门及下属单位按照职责划分，参与督查督办管理。督查督办管理按照母公司建投公司印发的《中化学建设投资集团有限公司督查督办工作实施与考核办法》严格执行。

3.存在的主要问题及分析

督查督办管理虽建立了相应的制度、流程、表单，但整体水平仍有待提升，主要体现在管理机制不健全、管理权威不高、管理水平不足等方面，使管理与控制脱节、指令与结果脱节、责任与义务脱节。

（1）管理机制不健全。

督查督办的事项来源分别为会议决议督办、领导要求督办、文件批示督办等，因没有建立详细的督办工作范围清单，在立项阶段仍依赖立项责任人个人判断是否应列入督办事项。由于立项责任人工作经验和专业限制，督查督办事项在立项阶段即出现了“应列未列”“小事全列”，大量日常工作被列入督办事项，而少量重要任务未被列入督办事项的情况，这就造成办公室人员在督查督办管理中“疲于奔走”而没有成绩，权威性消耗殆尽，督查督办工作浮于表面。

（2）管理权威不高。

督查督办事项覆盖企业各项生产管理工作和全体人员，需要公司各系统、各机构全力配合才有望实现督办目标。在缺乏科学的督办考核机制情况下，对逾期未完成的督办事项没有明确的奖惩约束，加上部分人员对督办工作的重要性认识不足，承办人态度敷衍，任务落实缓慢。上级不催不办、急催缓办时有发生，大量督办流程积压在任务反馈节点，管理水平得不到有效提升。

（3）管理水平不足。

一是督查督办统筹管理能力不足，业务链前后环节联系性不强，流程主辅责不清晰，容易造成管理缺失缺位；二是督办内容分散，缺乏集中统一管理，容易出现单一问题频率过高，多头重复等现象；三是督查督办人员专业素质有待提高，自身工作经验、业务熟练度、协调组织能力与当前督查督办工作要求不匹配。目前督查督办工作由综合办公室公文管理岗兼任，非专职人员在有限的时间和精力下，不利于保证督查督办工作的水平和质量。

二、督查督办工作创新的内涵及主要做法

（一）督查督办工作创新的内涵

创新督查督办工作的关键，在于能否用“手术刀”般的企业管理经验，围绕“机制、制度、手段、人力”4大核心维度（见图1），分解至职能分工、流程优化、技术应用、人员培训等20个细化方面，通过工作清单和责任矩阵、业务流程图、督查督办

专项KPI等管理工具，加大重点工作任务的督查督办力度，将完成得好不好、落实得快不快、反馈得准不准作为督查督办部门的考核准绳，以绩效考核为约束机制，提高督查督办效能。

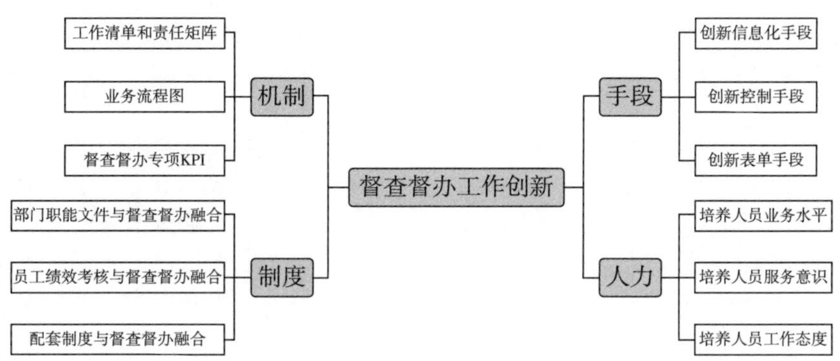

图1　督查督办工作创新内涵

（二）督查督办工作的主要做法

1.紧扣“三个全新”，再造督查督办机制

（1）建立以督查督办管理为核心的工作清单和责任矩阵。

将工作清单、责任矩阵两种新型管理工具，深度融合为“工作清单和责任矩阵”，合并二者“横向到底”“纵向到边”的独特优势，将制度内容、制度要求、制度范围、制度清单集合于一张表内（见表1），共计形成督查督办具体工作事项72项，重新审视并调整督查督办的管理结构，共计优化主责项72项、辅责项504项、配合项782项。从根源上改变传统企业管理方法和工作习惯，最大限度缩短员工接受和内部磨合需要的时间，着力解决跨层级中各配合单位职责不明、层级过多、任务过重等突出问题。

（2）制作以时间、任务节点为核心的业务流程图。

督查督办管理体系优化的目标，是通过流程再造、技术创新，将工作流程中的立项、交办、承办、催办、反馈、审核、报告和归档8个关键节点进行梳理，对不必要的审批、不明确的分工予以优化。

一是清除“督查督办登记编号”节点。在实际操作过程中，综合办公室督办岗在立项同时实际已进行了登记编号，工作主责人员与工作内容基本不变。如在流程中重复操作，则增加了经办人的工作量，并且对实际工作成效没有任何帮助。

二是简化审批节点。目前，在任务立项、交办、反馈时，都需要完成“综合办公室督办岗→综合办公室负责人→综合办公室分管领导”“承办单位经办人→承办单位负责人→承办单位分管领导”等三级审批后方可顺利实施，在上级领导没有第一时间进行审批和反馈时，下级负责人和经办人则无法继续进行下一步工作，这导致了工作停

表1 督查督办管理工作清单和责任矩阵模板

管理层次		下级机构层面	领导班子				综合办公室			采购管理部		党群工作部		法律合规部		财务部	
★：主责 ☆：辅责 ●：审核		下级机构层面责任矩阵	党支部书记	党支部副书记	副总经理	总会计师	主任	督办岗	其他岗	部长	业务岗	部长	业务岗	部长	业务岗	部长	财务岗
WBS	工作清单/工作职能																
1	督查督办立项阶段																
1.1	文件批示督办																
1.1.1	文件批示	物资站●	★	☆	☆	☆	●	☆									
1.1.2	计划立项	物资站●					●	★									
1.1.3	立项内容核实	物资站●	●	☆	☆	☆	★			☆		☆		☆		☆	
1.1.4	立项内容确认	物资站●	★	☆	☆	☆	●										
1.1.5	发布督查督办任务	物资站●		☆	☆	☆	●	★		☆		☆		☆		☆	
1.1.6	接收督查督办任务	物资站●	●	☆	☆	☆	★			★		★		★		★	
1.1.7	部署督查督办任务	物资站●						●		★	☆	★	☆	★	☆	★	☆
1.1.8	责任人汇总	物资站●					●	★			☆		☆		☆		☆
1.2	会议决议督办																
1.2.1	会议要求、决议	物资站●	★	★	★	★	☆			☆		☆		☆		☆	
1.2.2	形成会议纪要	物资站●					●	☆	★								
1.2.3	计划立项	物资站●					●	★									

滞不前，督查督办效率低下。同时，所有督查督办事项在审批和反馈时都需要通过综合办公室向领导报告，这就造成了大量督查督办事项严重积压，需要耗费大量时间和精力，也增加了综合办公室与分管领导的沟通压力。

因此，将“综合办公室分管领导审核”节点由关键控制程序改为可选程序，由综合办公室督办岗和负责人根据实际情况决定是否需要上级领导参与审核，进一步简化督查督办流程。同时，将督查督办流程中的“反馈”节点，由“经办人”统一调整为“部门负责人”，将内部汇报精简为负责人直接负责，节约沟通时间的同时，也保证信息沟通更加准确，减少综合办公室督查督办工作量、减轻办公压力。

三是将流程责任进行整合。目前，督查督办的大部分工作量主要集中在立项、交办上，使整个流程“头重脚轻”，综合办公室不能将主要精力放在反馈和考核环节。为此，应按照“谁牵头、谁承办、谁督查”的原则，依据督查督办事项来源由牵头部门督促落实，实行督查督办事项的分类、分级管理，如表2所示。

表2　督查督办事项分类、分级管理

督查督办事项来源	牵头部门	立项来源
上级公司督查督办事项	综合办公室	上级通过会议、文件、领导具体要求安排的决策部署和任务指令
本级公司督查督办事项	各主责职能部门	已列入督查督办事项的上级公司要求，本级公司分管领导就某一业务需要对督查督办工作进行反馈

分级管理有利于解放综合办公室繁重密集的工作负担，集中发挥其中枢组织、协调、督促、考核的作用，分类管理有利于督查督办工作更加清晰、简洁，提高工作效率。督查督办管理优化前、后流程分别如图2、图3所示。

（3）建立以可量化可考核为核心的督查督办专项KPI。

业务开展质量的内控关键手段在于考核与评价，实现正确考核与评价的关键则在于建立可量化、易操作的工作标准。在督查督办事项创新机制启动后，综合办公室连同纪检部门开始对流程运行时间进行监控。根据量化的15条督查督办评判依据，要求单项督查督办事项办结时间必须在7～14个工作日内完成，对办得好、办得快的机构和个人在年底给予经济和荣誉奖励；对办得差、办得慢的，特别是屡次出现问题的机构和个人，立即给予通报批评和处罚；对于造成严重负面影响、对公司造成经济损失的，由纪检部门对相关机构和相关责任人进行严肃追究。

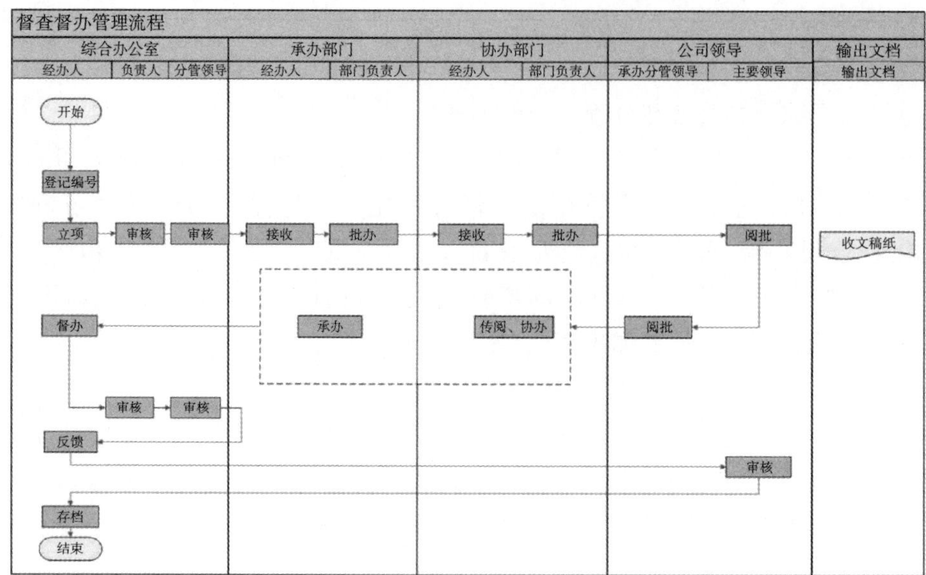

图2　督查督办管理优化前流程

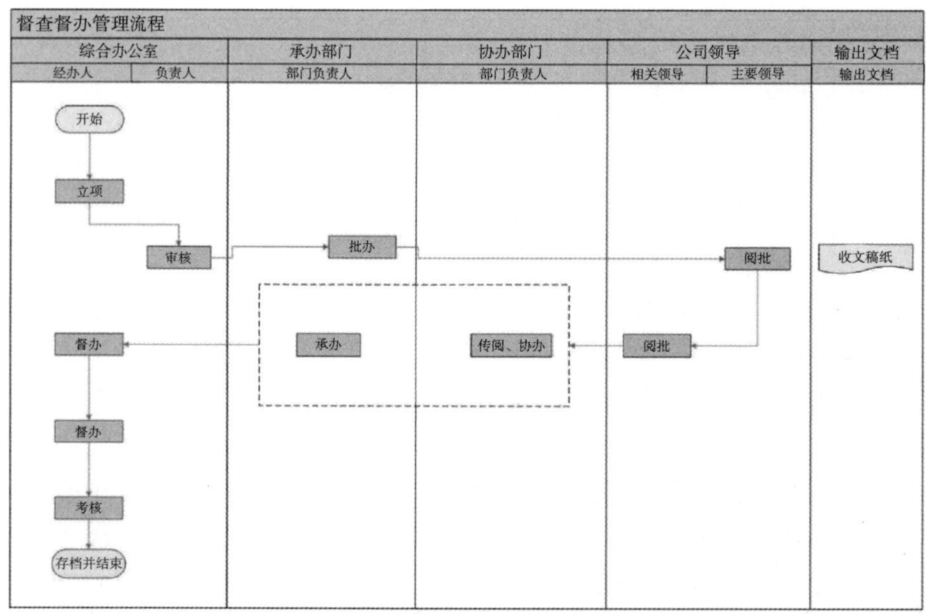

图3　督查督办管理优化后流程

2.加强“三项建设”，完善督查督办制度

（1）加强部门职能文件与督查督办管理的深度融合。

进一步通过修订《部门职能文件》，明确督查督办管理的职责与目标，将督查督办工作的要求和职责融入部门职能和员工岗位职责，在思想意识上将“人人为我”变为

“我为人人”，为跨层级、部门、岗位的督查督办工作提供制度依据和协同保障。

（2）加强员工绩效考核与督查督办管理的深度融合。

进一步通过修订《员工绩效考核管理办法》，在明确督查督办工作要求的基础上，将量化指标与考核指标相关联，将奖惩条件与奖惩标准相关联，固化绩效扣罚的比例，对出现重大过错造成企业经济名誉损失的，明确将取消其评优评先资格，甚至扣除当年所有绩效收入。以规章制度为刚性机制，提高督查督办工作的严肃性和权威性。

（3）加强督查督办配套制度与督查督办管理的深度融合。

以督查督办系列制度目标一致、要求一致、管理一致为方向，重新对督查督办制度本身与配套制度一致性情况进行梳理，借助督查督办制度，将管理内容、职责、形式、程序，以及要求、督查督办结果运用等工作进行明确，使督查督办工作有章可循、有据可查。同时，完善《部门职能文件》《奖惩管理办法》《内部公开管理办法》《会议管理办法》《员工绩效考核管理办法》《员工薪酬管理》共计6项关键制度的修订，改变“头痛医头、脚痛医脚”的政令不一问题。

3.创新“三种技术”，丰富督查督办手段

（1）创新信息手段，实现督查督办信息化管理。

借助自身技术研发优势，科贸公司通过自主开发的OA系统，创新设计形成一套新型督查督办信息流程。通过信息流程的运用，一是实现了督查督办事项的进展情况监控；二是打通了文件传阅流程、会议纪要发布流程与督查督办专项流程边界，保证文件批示、会议精神、领导要求第一时间自动发起督办流程；三是实现督查督办情况双向提醒和推送，督查督办执行人员可通过信息流程向领导汇报任务推进情况及发现的问题，领导可以对任务推进缓慢的关联人员进行点对点提醒和要求。此信息化手段的应用为各部门提供了一个集成化的工作环境，提高了员工督查督办业务工作的整体效率，节约了办公经费，规范了部门工作管理，逐步实现了办公电子化、资源管理信息化和决策科学化。

（2）创新控制手段，实现督查督办全过程管理。

科贸公司紧盯督查督办“立、办、结”三个环节，实行“年初建账、定期查账、年底结账”，做好事前、事中、事后控制，做到事无巨细、了然于胸；对督查督办事项关键节点实行预警，根据督查督办事项来源，结合工作层级、保密程度、紧急程度，将督查督办事项标记为“红黄绿”三种颜色，根据不同颜色实施不同频率的线上弹窗预警提示，用信息化手段对日常工作进行定期催办、对重大事项进行挂牌催办、对领导关注事项进行24小时跟踪催办，同时做到既准确掌握工作推进动态，又减少综合办公室督查督办主责人员的工作量。

（3）创新表单手段，实现督查督办标准化管理。

按照“工作制度化、制度流程化、流程信息化、信息表单化”的工作原则，推行

“三单两表”（督查督办立项单、督查督办审批单、督查督办反馈单，督查督办月报表、督查督办年报表）制，将固化表单与总经理办公会、党支部委员会、执行董事班子会的会议记录资料相结合，对于公司重大决策，第一时间在会上形成督查督办事项；对于领导批示指示，及时做好书面记录，归入督查督办台账；对已完成的督查督办事项，填写反馈单，持续对督查督办事项进行跟踪反馈，确保任务闭合。通过表单标准化补齐督查督办工作的“最后一公里”，将制度要求、领导要求、完成要求与任务同下达、同落实，使工作进度和效果一目了然。

4.练好“三项本领”，锻造督查督办铁军

（1）提高员工业务水平，锻造业务过硬铁军。

丰富培训方式与内容，鼓励业务人员特别是督查督办岗人员加强理论和实务学习，熟练掌握公司各项管理制度，全面了解党建、公文、业务、财务等相关知识，扑下身子、深入一线、摸爬滚打，在业务实操中锻造过硬本领。

（2）培养员工服务意识，锻造思想过硬铁军。

引导员工牢固树立“胸怀大局、服务中心”的意识，准确认知自身工作对于企业发展的重要意义；增强员工干事创业的责任感和事业心，激励其做好本职岗位，积极参与督查督办工作。

（3）培养员工工作态度，锻造作风过硬铁军。

督查督办工作容易给人留下“业绩出的少，出力不讨好，鸡毛当令箭，得罪人还多”的印象，作为督查督办人员，自己需坚定信心，敢于硬碰硬，敢于啃难啃的骨头，发扬朴素、扎实的工作作风，待人真诚，善于沟通，以自身执行力水平，不断提高督查督办的工作成效，从而提高企业整体的执行力。

三、督查督办工作质量的创新成效

（一）督查督办工作成效

自开展督查督办系列创新以来，科贸公司共计开展上级公司、本级公司各类督查督办事项287项，共计完成278项，完成比例达97%；平均完成周期由原先的21个工作日减少到15个工作日。其中按任务来源区分，会议部署任务40项、文件批示任务247项；按业务来源区分，其中管理类167项、财务类31项、党建类50、其他类39项。

（二）科贸公司业绩成效

2021年，科贸公司以“贸易促进科技，科技提升贸易”为循环战略理念，深耕物资贸易市场、细作科研创新领域；以“两利四率”为管理目标，推动企业在2021年从高速度开局向高质量破局；以“精细化管理”为前进方向，打造“一部门一亮点”、树

立三级企业标杆；以巩固基层党组织建设为党建目标，探索基层党建与法人治理深度融合。2021年，实现新签合同额14.5亿元，完成了年度目标10亿元的145%；实现营业额10亿元，完成了年度目标9亿元的111%。两年来为中国化学累计节约采购成本2486万元。

作者：刘江涛　李　洋　张建红　李文博

参考文献

[1] 中共中央印发《关于加强新形势下党的督促检查工作的意见》[EB/OL].（2017-06-05）[2022-12-21]. http://www.gov.cn/zhengce/2017-06/05/content_5200028.htm.

[2] 刘伟. 以督查督办工作助推国企改革变革举措落地落实［ J ］. 支部建设，2021（8）.

[3] 崔晓刚. 浅谈如何做好大型企业集团督查督办工作［ J ］. 中小企业管理与科技，2020（5）.

[4] 陈文好，李元昭. 国有企业督查督办工作机制探析［ J ］. 办公室业务，2019（2）.

管理会计在上市电力企业成本控制方面的应用

晋能控股山西电力股份有限公司

摘 要：管理会计可以帮助上市电力企业达到扩展营销渠道、增加企业之间联系的目的。本文主要研究上市电力企业的成本控制，选取了晋能控股山西电力股份有限公司作为研究对象，将营运资金的管理视角从单项转变为整体，从理论基础转变为管理模型，并通过管理模型进行指导工作。本文从管理手段、管理模式、管理观念切入，并提出了关于管理会计管理方面的建议，以供我国大中型企业借鉴和参考。

关键词：管理会计　电力企业

引言

近年来，受各种突发性事件及不可抗力因素的影响，许多行业发展速度放缓，导致经济增速减慢。电力行业由于需要大量的原材料进行发电，营运成本较高。本文以电力企业晋能控股山西电力股份有限公司（以下简称“晋控电力”）为研究对象，从供应链的视角对其营运资金的管理环节进行探究。目前，晋控电力在发电设施及相关技术的研究方面已做到了较为精细化的管理，但在资金管理方面仍需改进。

管理会计的应用研究，不仅要从理论入手，还要结合实际，创建全新的理论体系，以改善企业业务环节为目标，充实与丰富管理会计理论。

企业若要发展，就需要从源头上提高管理会计水平。在本次研究中，首先，晋控电力就供应链数据进行调查，优化供应链流程中的管理会计，实现管理会计由点到面的创新完善，改善公司存在的营运资金高的现象。其次，重点关注业务资金流向，防范资金安全风险。最后，结合其他电力企业的优秀经验，提出解决问题的思路。

一、管理会计与电力企业相关理论概述

（一）管理会计的内涵

管理会计包括成本会计和管理控制系统两大组成部分。企业通过对材料费用、人工成本和其他间接费用进行控制，能够减少成本，从而提高资源利用率，提高利润。

管理会计能够加强企业的成本管理，帮助企业节本增效，助力企业战胜竞争对手、占领市场份额。

（二）电力企业成本控制原则

电力企业在进行日常的成本管理时，主要以四个原则为基准：一是可控性，电力企业应关注可以直接控制的成本；二是全员控制，成本控制涉及每个部门和每个员工，因此，要想降低成本，需要提升每一位员工的节约意识，进行全员考核；三是成本效益，提高成本效益是电力企业提高收入的主要方式；四是及时性，不断优化生产工序的同时，要及时分析、评价生产过程中出现的成本差异，快速找到导致成本增加的因素，并针对这些因素及时作出科学的判断，积极采取改进措施，从而规避不利因素，减少损失。

（三）电力企业成本构成因素

一方面是工程建设成本。电力企业的主要成本与电力工程建设息息相关，其中，仅电力设备和基础建设投资就占总成本的80%以上。另一方面是维修支出。受发电材料等多种因素的影响，发电设备故障情况时有发生，需要对其进行维修，故电力成本则会因维修费用而有所增加。再加上现有的电力运维市场具有一定的垄断性，修理维护的用品常受厂家约束。因此，电力企业需要关注生产经营过程中的设备维护工作，进行更高效的生产管理，优化相关的检测、维护方式，选取合理的市场资源，从而降低设备维护及配件采购的成本。设备成本管理对降低电力企业的成本、提升电力企业安全性、提高经济收益有着重要的意义。

二、我国大中型企业在管理会计方面存在的问题

（一）没有明确的长期规划

在电力体制深入改革的背景下，大数据技术的应用为电力企业带来了更强的发展动力，能够从管理方面优化现行的电力企业的财务管理工作。电力企业应做好长期规划，加快管理会计与财务会计的融合，而不能故步自封，背离时代发展的方向。电力企业财务管理人员应做到与时俱进，创新财务管理理念、模式和技术。企业管理能力和财务分析能力的提升与财务管理人员综合素质的提高息息相关，因此财务管理人员需要对信息数据进行整理和分析，制定完善的管理体系，为企业决策提供可靠依据。目前企业的大数据技术多集中在对财务数据的收集、整理、分析等方面，财务管理人员多是利用大数据技术开展财务报表编制、了解资金支出情况、深入分析销售、生产、财务数据等，使用范围较窄，难以为企业科学决策提供支持。这种管理模式导致企业决策和财务管理之间出现断层，从而降低了企业的经济效益，阻碍了企业发展。

（二）缺乏良好的法人结构

电力行业是重资产行业，因此电力企业必须有比较完善的股权结构。然而我国大多数电力企业没有完善的法人结构，常常“一家独大”，占据超过50%的股份，制约企业的长期发展。因此电力企业亟须优化法人结构。

（三）缺乏专业的管理会计团队

企业的发展不仅受到内部因素的影响，还有可能受到外部因素的影响，如政策变革、市场调整等，会对电力企业日常运营，尤其是对核心业务的开展带来不良影响，进而降低企业的经济效益。当前，虽然表面上大数据技术的应用为电力企业财务管理带来了创新和改善，加快了信息数据的收集和分析速度，提高了数据利用率及企业的运营水平，节省了部分人力。但在大数据应用中，忽略了人为因素，财务人员要么过多地依赖信息数据制定相关决策，要么由于部分责任意识不强、操作能力不足，仍在过多使用传统模式，这与大数据要求不符，使得信息数据获取不全面，最终导致企业在经营管理中面临严重的风险隐患。因此，电力企业亟须组建一支专业的管理会计团队，以应对企业内外部因素所带来的风险挑战。

三、晋控电力管理会计应用现状

（一）公司介绍及组织架构

晋控电力，股本价值为30.77亿股，股票代码000767。截至2021年，晋控电力最大的股东晋能控股煤业集团有限公司持股比例达29.43%，与第二大股东的持股比例相差20%左右，不属于典型的“一股独大”的公司，控股股东在决策中具有主导作用。目前股东排名前十的占比相对比较大，持股数占总股本比例合计48%，其中前2到9大股东持股数仅占总股本比例19%左右，持股比例设置比较合理。

（二）供应链视角的管理会计应用

晋控电力管理不太完善，囿于只分析单一要素下的流动负债，以及单一要素下的流动资产，与公司的实际业务流程脱节，对营运资金的分析过于片面。从上文的阐述了解到，现行管理会计模式相对固化，存在一些比较片面的情况，应该分条划分为销售、采购、生产三大模式，进行细化分工。企业在供应链上的活动主要与经营活动相关，与实际经营过程中的理财活动关联较少。在供应链的链条上，每家企业都要参与，各环节企业都应通力协作，共建良好的战略合作关系，不能只关注自身的经营状况，要树立合作共赢的共同目标，提升管理会计水平。

1. 采购环节管理会计应用

采购是公司生产的源头，公司只有开源节流才能合理控制成本，避免资金浪费。假如公司原材料积累较多，便会遇到资金不足的问题。应付账款（票据）是公司从供应商购置材料时因得到物资和支付货款的时间不同而导致的负债，属于公司的流动负债，而一定程度的延期支付，有助于公司营运资金的周转，是一种无偿占用供应商资金的情形。

2. 生产环节管理会计应用

由于电力资源的不便储存性，企业无法进行预先的生产，容易占用大量生产环节的营运资金，降低资金的周转效率。应付职工薪酬是每月支付员工的负债类薪酬，属于流动负债，当企业资金紧张时，便会出现延期支付职工薪酬的情况，因此，在供应链管理下，企业为了保障自身信誉也要科学使用营运资金，但要尽可能降低此部分资金的使用量。其他应付款是公司必须支出的其他方面的负债，在供应链管理过程中，公司必须提高自身信用，减少其他应付款。一般生产环节的管理会计包含生产模式和产品管理两部分。

3. 回款环节管理会计应用

回款环节的各项资金包括应收账款、应交税费和预收账款。应收账款属于代购买方垫付的行为。而在供应链管理中，企业必然要面对风险，会造成比较大的资金耗用，因此为了避免生产环节营运资金的耗用，应该及时回收相应的款项。应交税费是企业在经营活动中需要缴纳的各类税费，在不影响征信的前提下可以充分利用，因其在未缴纳前暂时停留在企业，只能将其列为流动负债。

四、晋控电力管理会计理论应用的先进之处

（1）明确的中长期发展规划。晋控电力科学谋划“十四五”规划项目，塔山三期等5个项目已列入山西省2020年重点项目名单，为把握市场长期增长提供充分的市场边际。发展规划明确定位为“大容量、高参数、成本优、新能源占比高、效益好”的电源项目，加快建设漳泽电力百万机组等大容量、高参数机组，打造升级版电力产业，走好“煤电一体化”重组增效+外送通道建设的路子，实现清洁能源与传统能源的优势互补，实现发供电效益最大化。

（2）良好的法人治理结构。公司拥有健全的法人治理结构，股东大会、董事会、监事会及管理层职责明确，运行机制顺畅。重大事项的决策、执行、监督、披露内容合法，程序规范。晋控电力作为国有控股企业公信力较高。

（3）高效的专业化管理团队。晋控电力是全国最早上市的电力企业之一，也是山西省最大的煤电企业，较早地进行了独立的公司化运作，在能源项目开发、发电生产运维、经营与财务管理、电力市场营销等方面培育了成熟的专业管理团队。

五、提升会计管理能力的路径

（一）采用公开方式招标，加强对采购人员监督

按照晋控电力自己的生产和运营规划，必须制定合理的采购方式，并合理地挑选供货商，最大化保证晋控电力的利益。公司每年采购需求量非常大，资金消耗也非常大。因此供应商趋之若鹜，质量参差不齐，要从中挑选优质供应商，找寻最适合公司发展的合作伙伴，就显得尤为必要。这不仅是对供应商负责，也是对晋控电力自身负责。目前，公开采购方式是加强采购原材料中价值链管理的合理途径。公开采购方式使招标信息变得透明公开，招标标准和程序合乎逻辑，公司之间的竞争变得公平，进而采购方对招标公司的评估更客观详细。在公开招标的采购形式下，晋控电力可以发现不同种类的高质量的供货商，可以试着进行短期合作，在相互充分了解之后，再确定是否可以成为一起承担商业风险的长期同行者。当晋控电力找到牢固的可靠的优质供应商之后，可以尽可能降低存货储存量，甚至可以是零库存。晋控电力也应该建立一套高质量的供货商的管理数据库，详细记录各家供应商的实时数据，供货商的信誉，合同的执行情况，售后服务以及市场价格趋势，建立一个统一的评级平台，以便及时了解这些供货商的状态，跟踪好的优质供货商，抛弃不良的供货商，让晋控电力一直与高质量供货商保持合作关系，保证拥有牢固的供货源。

（二）完善生产制度，提高员工工作效率

提高生产效率是企业持续发展的关键。如果要大力提高晋控电力的生产效率，就要制定一套贴合自身的生产管理制度，做出科学合理的生产计划，并持续不断地加以完善。根据晋控电力以往年度和现在的各项数据和记录，对每个数据和记录进行详细分析，再将分析结果传达给各个下级部门直到个人，让每个员工都对指标有所了解，知道生产中的侧重点。生产部门是公司的核心部门，成为公司各个部门之间有效连接的桥梁，它把采购量、生产量等一系列信息及时地传达给其他部门，以便给它们留出足够的时间依照经销的状况修订购买量的指标。采购部门可以根据采买所需时间以及采买的难易程度对原材料进行归类。例如，煤炭是电力企业的核心原材料，对其质量要求比较高，需要采买时间较长，所以应对煤炭的利用做合理的安排。

（三）拓宽销售范围，提升盈利能力

（1）逐步推行全面质量管理。

目前晋控电力过于注重流程的管理与优化，对财务、营运资金、人事等方面的管理不够重视。这就要求公司在不断完善业务流程的同时，可以逐渐引入全面质量管理，进一步提高业务水平。

（2）继续深造公司业务流程。

目前，晋控电力领导层非常关注业务流程再造这项工作，已经取得了良好的效果，但库存管理仍有一些缺陷，比如没有细化产品的管理。因此，晋控电力的业务流程再造有待进一步深化，便于进一步提高企业绩效。

（3）加强税务管理。

可以在增加税务管理岗位及考核这两个方向上着手努力。增设管理人员，职责在于统筹公司的税务规划，构建税收管理的评价体系，保障晋控电力持续健康发展。

六、结语

本次课题研究全方位、深层次地探讨了晋控电力的管理会计理论应用现状，指出目前该电力企业的相关问题并提出改进策略，但结合电力行业发展状况而言，本课题提出的研究思路仍然不够全面具体，提出的研究论点不具有广泛适用性，仅能够给其他电力企业提供理论参考，关于电力企业的战略研究有待进一步深化。

作者：王　瑾

参考文献

[1]巩秋菊.试论管理会计在企业中的应用[J].中文科技期刊数据库（文摘版）经济管理，2021（16）.

[2]刘伟.财务共享形势下企业管理会计转型研究[J].财会学习，2020（23）.

[3]闫璇，冯韵竹.管理会计在电力企业成本控制中的实践分析[J].财讯，2021（16）.

[4]宋元.基于全面预算管理的电力企业成本控制[J].商业观察，2021（11）.

[5]徐晨.基于全面预算管理的电力企业成本控制[J].财会学习，2021（35）.

[6]余洋.管理会计在电力企业成本控制中的应用[J].中国战略新兴产业（理论版），2020（13）.

[7]罗琳琳.供电公司预算管理与成本控制的相关建议[J].环球市场，2021（16）.

[8]王亚奇.浅析电力企业施工的成本控制与造价管理[J].中国新技术新产品，2020（2）.

[9]宋琪，刘伟华.电力企业的财务管理以及成本管理控制研究[J].科技经济导刊，2020（14）.

[10]甘炳东.电力工程施工项目经营管理及成本控制措施分析[J].经济与社会发展研究，2020（14）.

[11]毕研兵.电力工程施工中项目经营管理及成本控制措施[J].水电科技，2020（4）.

[12]刘喆，沈芳.大型水电站库存控制策略研究与优化[J].水电水利，2021（6）.

新时代中小型国企内控、风控与内审职能研究
——基于IIA理论体系

陕西能源电力运营有限公司

摘　要：近年来，资本布局重塑、筹融资行为多元化等国企改革措施增加了国有资产被侵占、经营行为违法违规等风险隐患，国企按照党中央“强内控、防风险、促合规”的要求陆续建立健全内部控制和全面风险管理体系，完善人员配置，强化监管，同时增加了管控成本。部分中小型国企为保证经济效益，将内控、风控职能纳入内部审计机构职责范围，影响了内审的独立性和客观性。

在新时代背景下，内控、风控和内审的边界被打破，职能逐渐融合，在传统的监督职能基础上大量介入业务过程中的控制活动，须同时保证监督效力和风险防控、过程管理、事后审查的作用充分发挥。本文以全球应用广泛的国际内部审计师协会（IIA）发布的权威标准的概念性框架IPPF（《国际内部审计专业实务框架》）为理论基础，结合中小型国企管理实践及调研，采用辩证方法分析，发现三项职能融合利弊共存。不利方面：国企改革中内部审计机构面临着监控成本与效益的矛盾，职业规范遵从与突破的困境——企业压控成本提出三项职能融合的要求，违背了IIA理论体系，削弱了监督力度，降低了审计项目的质效，增大了内部审计师执业难度；有利方面：更好地促进了审计业务宽度拓展、审计职能纵向升级——管理效能迅速提高、风险管理效果更佳、整改措施易于落实、审计增值服务得以实施。

本文针对上述问题开展研究，从“促进单位完善治理、实现目标的活动”的审计定义出发，以为组织提供增值服务、为内部审计机构职能升级发展指明方向，打通三项职能融合、升级、发展路径，对如何正确处理中小型国企内部控制、风险管理与内部审计之间的关系提出了建议：首先，借助政府监管和社会审计的外力强化监督；其次，采取信息化审计手段提升审计工作质效；最后，提出了三项职能融合、升级的具体举措，将内部控制十八项指引、风险管理十八项管理活动按照内审机构参与度划分为积极介入、消极介入、避免介入三个模块，对实际操作时内部审计机构介入模块的程度，分别采取一般保障措施、严格保障措施、强化保障措施应对，化解职能融合对内部审计独立性和客观性造成的不利影响。

本文通过研究内控、风控和内审职能转型升级，建立全维度的内部审计综合体系，旨在助力企业实现降本增效、全面管理提升，成功完成改革转型，并为中小型国企治理实践提供可复制的有益参考。

关键词： 国企改革　IIA理论体系　内部审计　风险管理　内部控制

一、中小型国企改革中内控、风险和内审管理面临的问题（基于IIA 理论体系分析）

2020年6月30日，中央全面深化改革委员会第十四次会议审议通过了《国企改革三年行动方案（2020—2022年）》等重要决定，开启改革大局。两年来，国企结合企业特色和个性，强化制度和治理体系建设，着力解决深层次的体制和机制问题；优化企业资本布局结构，推动企业战略性重组和专业化整合，稳妥推进内部资源整合；进一步规范内部治理结构、开展公司制股份制改革；推进混合所有制改革，全力推进优质企业上市；拓宽社会资本参与混合所有制改革的渠道，创新金融工具，创新股权融合方式，采取“阶段性持股”、国企公开债券等具体措施，促进各类资本融合共赢。

目前改革已经进入了决战决胜收官之年，并购重组、各类所有制企业共同参与的产业联盟规模越来越大。在改革取得巨大成效的同时，资本结构优化也日趋复杂化，国企面临的国有资产被侵占、经营行为违法违规等风险隐患日益增加。为保证国企改革稳妥推进，党中央不断强化国家监督体系建设，将审计定位为监督体系的重要组成部分。大多数国企相继构建了较为完善的公司治理结构，设置了较为独立的内审机构，配备了一定数量的专业内审人员。为防范重大风险，国企纷纷推行全面风险管理体系，建立健全风险管理三道防线，培育、配备专业风险管理人员，夯实风险管理基石。

当前大部分国企内部审计人员按照审计署要求，加入了国际内部审计师协会（IIA），成为国际注册内部审计师（CIA）。他们运用其理论体系规范审计行为，实施审计业务。

IIA成立于1941年，在联合国经济和社会开发署享有顾问地位，其发布的《国际内部审计专业实务框架》（IPPF）是国际公认的权威内部审计标准。依据委托代理理论的经济监督动因，历经财务导向审计（20世纪40年代末之前）、业务导向审计（20世纪40年代末—70年代初）、管理导向审计（20世纪70年代末—90年代）、风险导向审计（20世纪90年代至今）四个阶段，现代内部审计将概念定义为：是一种独立、客观的确认和咨询活动，旨在增加价值和改善组织的运营。通过应用系统化、规范化的方法，评价并改善风险管理、控制和治理过程的效果，帮助组织实现其目标。

西方发达国家现代内部审计是源于企业内生管理需求的具有社会属性的经济组织，相较而言，中国的内部审计是应计划经济向市场经济转轨而生的，由政府推动，呈现出起步晚、发展快的特点。1983年中华人民共和国审计署正式成立，随后出台了一系列关于审计的规章制度，迅速促进内部审计的发展；1987年4月，中国内部审计学会成立，同年12月加入IIA；1998年国际注册内部审计师（CIA）考试经审计署批准引入中国，我国内部审计事业与国际接轨；2002年5月，经民政部批准，中国内部审计学会更名为中国内部审计协会，国内外交流不断加强，内审工作步入科学发展轨道；2018年发布《审计署关于内部审计工作的规定》，将内部审计定义为“促进单位完善治理、实现目标的活动”，与国际趋同。

现代内部审计清晰地将为组织服务的目标表述为组织“增加价值”，标志着现代内部审计已不仅是传统的差错防弊，还要评价并改善组织的风险管理、内部控制和治理过程的效果，促进组织完善治理。为达到上述目标，内部审计必须保持独立性和客观性。如果内部审计活动所处的环境中存在可能对内部审计人员的独立性判断产生重大影响的事项，内部审计人员就不可能基于其自身的知识、经验和技能自由地开展审计工作，依照相关的职业准则收集充分、适当的审计证据，并依据自己的专业判断做出客观公正、不偏不倚的结论。这就要求内审工作与内控管理、风险管理工作相互影响，又保持清晰的界限，科学履行确认和咨询职能。按照党的十九大后党中央对审计监督的新定位，IIA理论体系已被全面推行运用，将在我国国企改革中施力。

随着国企的治理结构不断健全，新增审计、风险管理成本也在同步上涨。经济效益较高且稳定的大型企业集团能够消化新增的监管成本，而正处于改革浪潮中转型期的中小型企业必须在监管效益与成本中进行抉择。

在改革实践中，中小型国企将内部控制、风险控制职能整合赋予内部审计机构，有的企业还增加了法律管理职责。鉴于成本控制，企业管理者往往不愿意将内部控制审计和风险控制审计业务外包，在控制审计人员数量的同时，要求人员具备内部控制、风险管理专业知识，介入相关管理工作。中小型国企的内部审计机构应兼容内控、风控和内审职责，同时保证风险防控、过程管理、事后审查的作用充分发挥，兼顾企业目标和自身从业规范，亟须厘清职责、升级职能、顺势借力发展。

二、中小型国企改革中内控、风险和内审职能融合的利弊（基于管理实践分析）

内部审计机构为内部控制提供确认和咨询服务，主要通过实施内部控制审计，及时发现组织内部控制在设计和执行过程中存在的各种缺陷和问题，并向组织治理层和管理层提出切实可行的改进建议，协助相关管理层修复存在缺陷的内部控制，实现对组织内部控制的持续改进。全球广泛应用的COSO报告和IIA发布的IPPF均将内部作为内部控制系统的重要子系统，置于监督要素层面。为保持评价客观公正，内审不应直接参与内部控制建设，如编制管理制度、设置流程、控制点审核等。

内部审计为风险管理提供确认，主要包括三个方面：一是风险管理过程的设计和运行情况；二是对主要风险进行管理的措施和效果，如控制的效果和其他应对措施；

三是可靠、适当的风险评估及对风险和控制情况的报告。具体的风险管理咨询主要包括四方面：一是将内部审计分析风险和控制所用的工具与技术提供给管理层；二是作为风险管理思想引入组织的倡导者，鉴于专业知识及对组织的总体认知提供风险管理和控制的舆论引导；三是提供建议，促进风险管理文化建立；四是发挥信息沟通优势，及时传递风险信息。国际通用的风险管理工具COSO-ERM（《企业风险管理框架》）、《ISO 31000风险管理标准》和我国的《中央企业全面风险管理指引》均把内部审计放在监督、监控、评价层面，IIA明确提出了内部审计在ERM中发挥作用的三个层次的18项行为：与企业风险管理相关的内部核心作用（积极作为）6项，需要安全保障的内部审计作用（消极作为）6项，内部审计不应对其发挥作用（不作为）6项。

基于服务于企业目标的实现，内部审计机构按照中小型国企要求直接负责内部控制、风险管理职责的，考虑自身转型发展，对三项职能的融合于企业、部门、个人及其他利益相关方的利弊进行辩证的分析。

（一）不利方面

1.削弱了审计监督效力

内部审计人员在内部控制管理中直接编制制度、设置流程、参与业务审批，在风险过程及风险管理中评价识别风险、决定风险应对方式，实施了控制活动和风险管控，再对自身参与的行为做确认和评价时，难以保证结论的客观性，监督与检查的效果和作用无法充分发挥。

2.降低了审计项目的质效

内部审计人员在日常担负业务的审核、风险及法律事件的处置工作，以及各项管理工作后，难以为审计项目投入足够的精力，造成审计项目开展不够及时，审计作业耗时较长，且不够深入，难以挖掘和发现问题。

3.增加了内部审计师执业难度

国企内部审计师大部分为IIA注册会员，在从业过程中遵守协会规则，按期接受检查。对于协会规则中不建议参与的活动，内部审计师需透彻领悟IIA理论出发点，均衡企业与个人的利益赋予更多的审慎，考虑原因及影响，尽可能避免影响后续监督职能的发挥，增加了保证独立性的难度。

（二）有利方面

1.管理效能迅速提高

内部审计人员知识面较广，审查企业类型全面，通过大量的分析总结积累了足够的管理经验，具有针对企业特色创新管理方法的基础，当他们进一步深入业务行为后，能更准确地发现问题细节，有针对性地解决管理问题，使管理质效加速提高。

2.风险管理效果更佳

源于职业审慎，基于风险审计中各类企业经营的成功经验和失误教训的积累，惯于案例剖析和数据分析的内部审计人员对风险的敏感性较高，在识别风险因素时具有独特视角，评估风险时能给予更精准的评分，提出应对方案时具备更广阔的思路，在内部控制活动中更有技术优势，直接参与风险管理能取得更优的防控成效。

3.整改措施易于落实

内部审计工作最大的难点在于整改措施难以落实，审计意见不能落地，审计建议不被采纳，审计成果无法转化。内部审计进行制度、流程等设置工作，可以达到强制执行审计要求的效果，有助于建立审计联动整改机制，促进各项举措落实。

4.审计增值服务得以实施

按照新的审计定义，拓宽审计职能、开展审计增值服务是内部审计机构的转型发展方向。当前内部审计采取的方法是拓展审计面，在方法上仍没有突破。特定条件下，管理活动的介入是增值服务实施的一种大胆的思路，可以为内部审计打破思维壁垒、开创新局面探索出实践经验。

综上所述，在避免对客观性和独立性影响的前提下，内部审计机构在业务实施过程中开展控制活动、风险管理活动，对提升企业管理、实现企业目标有益，对内部审计机构自身的发展壮大也是一种探索途径，应对发展路径进行研讨。

三、内控、风控与内审职能融合、升级、发展路径

在中小型国企的改革阶段，审计机构应始终服务于组织目标的实现，面对介入内部控制、风险管理的需求，积极进行职能的融合、升级，剖析问题，研究应对措施，消除不利影响。

（一）强监督，借助政府监管和社会审计的外力补充企业审计监督空缺

我国对企业内部审计机构实行双层领导机制，在行政上由主要负责人领导，在业务上接受国家审计机构的指导和监督。国家通过制定法律法规、下达文件等形式规定国有企业、政府部门、事业单位必须建立内部审计制度。因此，我国内部审计制度的建立带有明显的外部压力的倾向，并不是各单位自发的需要，是一种政府行为。

保证审计质量就是保证监督质量。目前，政府已建设了一套涵盖国有企业的审计

体系，下一步，构建审计体系的重心应向内部审计质量控制转移。科学合理的质量控制，包括完善内部审计计划阶段、实施过程和报告阶段三个程序控制；建立部门自评和同行评审相结合的考核机制；建立合理的内部审计质量评价机制，健全内部审计绩效管理模型，借助定量化的指标体系综合衡量内部审计工作成效；加大对企业内部审计机构的管理力度，建立政企沟通渠道，达到加强对企业监督的目的。

首先，企业内部审计机构强化内部协同机制，重视外部协调沟通，营造良好协作监督文化氛围。对内，与业务专业管理部门、纪检部门建立监督信息共享机制，对审计成果实行“双验收”，形成监督合力，接受纪检和被审计单位的监督。对外，积极配合国家审计机构的工作指导和检查，严格按照监管机构要求自查自纠自改；为确保特定领域审计工作的独立性，可通过向社会购买审计服务，提升审计建议的权威性。其次，内部审计机构内部建立岗位之间相互监督的机制，培育审计人员提高政治站位、全局意识和职业素养。通过党内的党史和理论教育，开展国家政策重大决策专项研讨，严格追究违反职业道德造成不良后果的行为人的责任。最后，企业可畅通投诉举报渠道，依靠舆论监督、利益相关者监督，对内部审计质量进行评价检查，建立审计监督和接受监督的双向质量保障渠道。

（二）提质效，采取信息化审计手段优化审计流程、打通部门间的信息壁垒

基于企业管理信息系统构建内部审计信息化模块。审计管理模块，固化审计计划、审计项目方案、审计现场取证、审计报告编写、审计档案管理的全流程；审计作业模块，规范审计项目从审计准备、实施、终结、出具审计报告到归档项目台账等各个环节的全过程行为，保证审计工作质量，降低审计风险；数据分析模块，主要辅助审计工作，提供数据分析工具，分析的结果可作为审计关注点回传到审计管理系统，也可作为审计证据回传到在线作业系统的审计疑点或审计底稿中，形成审计数据分析的闭环；审计整改模块，搭建信息沟通、业务衔接、整改检查、部门反馈相结合的联合整改工作机制，加强与业务部门的交流合作；审计案例库模块，积累内、外部资料，总结审计项目经验教训，制定审计计划、方案模板，以完备资源基础提升工作效能；审计监督模块，进行内部审计对业务部门的监督。

中小型国企在改革过程中面临的首要挑战是不稳定的利润和不断攀升的指标，审计信息化也存在成本与效益的抉择。审计信息化应被纳入企业总体信息化规划进行考虑，结合各个子模块，简化流程，科学安排，保证控本增效的双目标实现。

（三）三项职能融合、升级具体举措

增值型内部审计的立身之本不在于强监督，而在于控风险、促管理。对于重大风险尤其是外部风险的识别、评估与应对，以及对内部控制薄弱节点、烦冗内耗部分环节的优化，不仅应是内部审计职能升级的切入点，还应是内部审计凸显专业性与权威

性的根本。为充分发挥审计增值潜能，同时便于审计师工作中辨识控制活动的参与度，可将内部控制措施与风险管理措施相互参照比较后，制定行为准则，将个人判断固化为标准，以提高工作质效。

我国按照企业主要业务分类进行内部控制，编制十八项内部控制指引：组织架构、发展战略、人力资源、社会责任、企业文化、资金管理、采购业务、资产管理、销售业务、研究与开发、工程项目、担保业务、业务外包、财务报告、全面预算、合同管理、内部信息传递和信息系统。

COSO-ERM将风险管理分为十八项管理活动：为风险管理过程提供确认、为风险评估的准确性提供确认、评价风险管理过程、评价主要风险的报告、检查主要风险的管理、推动风险的识别和评估、指导管理层如何应对风险、协调企业全面风险管理工作、合并风险管理报告、维护和发展风险管理框架、倡导风险管理建立、制定风险管理战略并提交董事会审批、确定风险偏好、强制实施风险管理过程、管理层对风险的确认、决定风险应对、以管理层的名义实施风险应对、问责风险管理。

按照内部审计机构参与度划分为积极介入、消极介入、避免介入三个模块，对实际操作时内部审计机构介入模块的程度，分别采取一般保障措施、严格保障措施、强化保障措施予以应对，化解职能融合对内部审计独立性和客观性造成的不利影响。一般保障措施包括：增加审核层级，复盘审计项目，召开审计报告会，接受利益相关方的检查等。严格保障措施包括：在一般保障措施的基础上，按职责安排不同人员，保持独立性；对不具备客观性的项目，将审计业务外包，或依靠上级审计机构、政府审计部门监督。强化保障措施包括：在前两项保障措施的基础上，在内部控制审计中，针对参与的每项控制及参与度制定应对措施。例如，对于参与了设置组织机构、战略的业务，报董事会、上级审计机构备案，如后期开展相关评价，针对参与审计的具体内容和评价结论做特殊说明；对于介入人力资源、文化建设的，回避或加强参与部分的审核；对于参与了财务管理行为、工程项目、业务外包、合同管理的，不可开展相关审计项目，应借助上级审计或社会审计开展监督、检查；对于参与风险管理的行为，由未参与的审计人员开展确认和评价工作，等等（见图1）。

综上所述，中小型国企内部审计机构应根据企业实际情况，严格控制成本，严抓审计人员职业道德教育，提高执业素质、修养及专业能力，灵活调整职能，推行业审融合，始终服务于企业目标，构建新时代完善的企业内部审计机构。

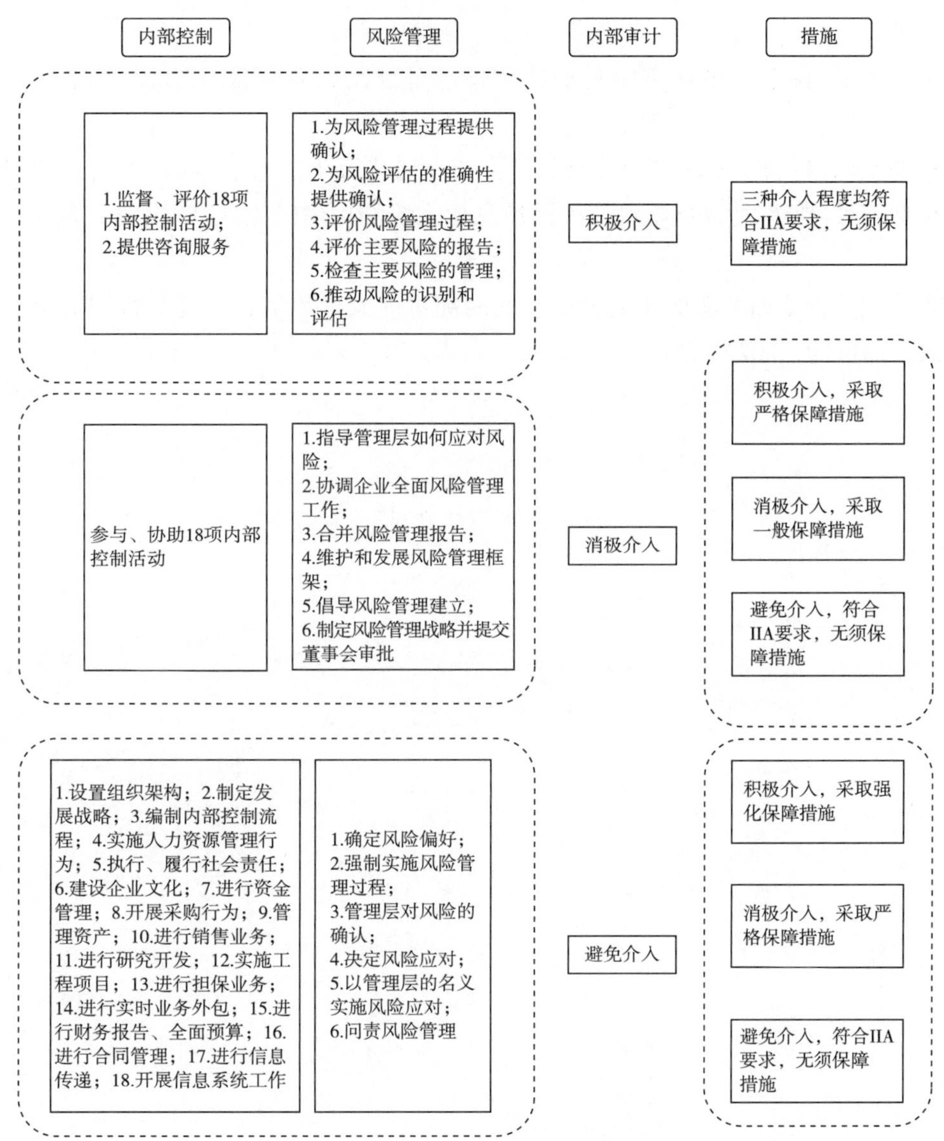

图1　内部审计机构介入模块及保障措施

作者：李　静

参考文献

[1] IIA.The Statement of Responsibilities of Internal Auditor[S].1947.

[2] IIA.The Statement of Responsibilities of Internal Auditor[S].1957.

[3] IIA.The Statement of Responsibilities of Internal Auditor[S].1971.

[4] 鲍国明，刘力云.现代内部审计（修订版）[M].北京：中国时代经济出版社有限

公司，2021.

[5] 王宏巍.国有企业内部审计职能定位与升级路径研究[J].中国内部审计，2020（6）.

[6] 刘双双.我国企业内部审计现状研究与发展建议[D].厦门：厦门大学，2006.

[7] 秦言坡.国有大型企业内部审计信息化系统的构建研究[J].中国内部审计，2021（9）.

[8] 许莉，铁心悦.基于大数据理念的内部审计流程数字化研究：以财务审计为例[J].中国内部审计，2022（2）.